U0596149

启真馆 出品

Theodor W. Adorno

阿多尔诺基础读本

［德］特奥多·阿多尔诺 著

夏凡 编译

ZHEJIANG UNIVERSITY PRESS
浙江大学出版社

导论　阿多尔诺学术思想述略

时至今日，德国思想家特奥多·阿多尔诺（Theodor Adorno，1903—1969）著作的汉语译本仍然寥寥无几。即便撇开译本的质量不谈，仅就数量而言，这种状况本身不仅与阿多尔诺在 20 世纪思想史上的地位不相称，也和汉语学界对法兰克福学派的热情不相称。有鉴于此，在将阿多尔诺的主要著作全部译为汉语之前，先出一个基础性的读本，是十分必要的。尽管这仍然是一个不得已的权宜之计。

本书试图从阿多尔诺的著作中选择那些能反映他思想基本面貌的文字。显然，挂一漏万是难免的。然而，这毕竟是第一步。只有进一步的翻译工作，才能弥补本书翻译的缺陷，改正其错误。

这里并不想对阿多尔诺的思想做一番研究性的分析，只想做些最基本的介绍，供读者参考。因此，这篇《导论　阿多尔诺学术思想述略》（以下简称为《导论》）并非学术论文，不完全代表这本书的译者及其学术伙伴们对阿多尔诺思想的全部理解和认识。阿多尔诺思想中的矛盾和错误，并不是这篇《导论》的议题，故存而不论。这当然意味着我们完全认同阿多尔诺的所有观点。

1903 年 9 月 11 日，阿多尔诺出生在德意志帝国的法兰克福市的一个上层资产阶级家庭。他出生时的名字叫特奥多·威森格伦特。他的父亲奥斯卡·威森格伦特是归化的（信仰新教的）犹太人，是一位酒商。母亲玛利亚的娘家姓氏为卡尔维利 – 阿多尔诺·德·拉·皮亚纳。母亲玛利亚信奉天主教，她是一位科西嘉的法国军官和一位德国女歌唱家的女儿，本人也是杰出的女高音歌唱家。终身未婚的姨妈阿加莎则是优秀的钢琴家，一直住在阿多尔诺家里。由此可以看到，阿多尔诺的家庭背景就呈现出"资本主义的文化矛盾"（丹尼尔·贝尔语）。至于阿多尔诺后来为什么用他的母亲姓氏中的一部分作为自己的姓名，原因其实不难理解。阿多尔诺这么做，不仅是为了淡化自己的犹太背景，更是为了凸显自己对音乐、艺术、文化的敬意。无独有偶，现代主义建筑大师勒·柯布西耶在决定以建筑为终身事业时，也弃用了父亲一方的姓，而改用外祖父的姓。

阿多尔诺的童年十分幸福，并且很早就展现了在音乐和思想两方面的天赋。他15岁就跟着年长他14岁的齐格弗里德·克拉考尔（1889—1966）阅读德国古典哲学，尤其是康德的《纯粹理性批判》。1921年，阿多尔诺18岁时中学毕业，入法兰克福大学学习。3年后便取得了哲学博士学位。在导师汉斯·柯奈留斯的指导下，以《胡塞尔现象学中的物质和浪漫主义的超越》为题的学位论文通过了答辩。1922年，阿多尔诺在一个心理学研讨班上认识了马克斯·霍克海默（1895—1973）。这一终生的友谊对后来的法兰克福学派产生了重大的影响。

大学毕业后，阿多尔诺偶然参加了阿尔本·贝尔格（1885—1935）的歌剧《沃采克》的演出，从而有机会结识这位新维也纳乐派的大师。1925年1月，阿多尔诺前往维也纳，跟随着勋伯格（1874—1951）学习音乐作曲，同时也跟着爱德华·施托尔曼（1892—1964）学习钢琴。勋伯格作为新维也纳乐派的旗手，开创了以十二音体系为标志的无调性音乐，这是西方音乐史上的一次革命。阿多尔诺认为，勋伯格否定了资产阶级的调性原则，相当于瓦解了资产阶级经济学的自然主义基础。这种理解显然不受勋伯格圈子的欢迎。音乐界的人觉得阿多尔诺太理论化，也太政治化了。在这种情况下，阿多尔诺回到了哲学圈子。1927年，阿多尔诺返回法兰克福。尽管他此时仍然继续担任维也纳的音乐杂志《破晓》的编辑。

1930年，霍克海默出任法兰克福大学社会研究所所长，并创办《社会研究杂志》。阿多尔诺在 1932 年第 2 期《社会研究杂志》上发表了一篇题为《论音乐的社会地位》的文章。但这并不说明阿多尔诺成为杂志的撰稿人，更不代表阿多尔诺成为所谓"法兰克福学派"的一员。阿多尔诺家境优裕，研究所没有考虑给他安排工作，阿多尔诺也没有这方面的打算。毕竟，他对卢卡奇、科尔施、马尔库塞等人信仰的新马克思主义学说抱着深深的警惕，虽然阿多尔诺在维也纳期间（1925 年）曾经拜访过流亡在那里的卢卡奇。阿多尔诺对 1932 年新发现的青年马克思的手稿《1844 年经济学哲学手稿》也没有表现出任何热情。这样看来，阿多尔诺是否像后来的学者认为的那样属于"西方马克思主义"，就要打上个大问号了。

为了谋取一份职业，阿多尔诺在 1927 年撰写了《先验精神中的无意识概念》一文，希望能够获得大学教师资格。但是这篇论文试图把弗洛伊德和胡塞尔结合起来，试图把新康德主义和马克思主义、精神分析结合起来，不但并不成功，而且也缺乏原创性。于是阿多尔诺听从建议，撤销了申请，并且另外写了一篇《克尔恺郭尔：美学的构造》，重新向法兰克福大学申请教师资格。这次申请通过了。1931 年 5 月 8 日，阿多尔诺发表了就职讲座，题为《哲学的现实性》，结果在学术圈并没有引起任何反响。1933 年，《克尔恺郭尔：美学的构造》一书出版，也一样毫无反响。

一、阿多尔诺和本雅明的争论

这一时期，对阿多尔诺哲学影响最大的是瓦尔特·本雅明（1892—1940）。本雅明和阿多尔诺结识于 1923 年，但在 1929 年的几次深谈之后，两人的关系才走近。本雅明申请教师资格的论文《德国悲剧的起源》对阿多尔诺有很大的影响。本雅明提出的"历史是一个正在衰败的自然过程"的观点，让阿多尔诺推崇备至。事实上，除了自然历史概念，本雅明提出的废墟、寓言、星丛等其他概念也影响了阿多尔诺一生。阿多尔诺的就职讲座《哲学的现实性》就是依照本雅明的《德国悲剧的起源》中的思想来改造哲学的纲领。难怪曲高和寡。阿多尔诺当上教师后，第一个研讨班讲的就是《德国悲剧的起源》。本雅明对阿多尔诺的影响之大，由此可见一斑。

1933 年 1 月 30 日，希特勒出任德国总理。纳粹上台后，阿多尔诺并没有跟着社会研究所流亡瑞士、法国和美国，而是去了英国。当然，这是在维也纳谋取教授资格的努力失败之后。阿多尔诺当时的判断是，纳粹的统治不可能长久，所以他在英国只是短期流亡，而且每年还会不时返回德国几个月。1937 年，阿多尔诺在柏林和化学博士格蕾特·卡尔普卢斯结婚。卡尔普卢斯家是开酒厂的，和阿多尔诺家里是生意上的伙伴，阿多尔诺和格蕾特早就认识多年了。

阿多尔诺想让恩斯特·卡西尔帮他在伦敦大学找个教职，卡西尔既没有能力帮他，也不想帮他。幸亏阿多尔诺的父亲（酒商）认识凯恩斯，于是把阿多尔诺塞到牛津大学的默顿学院，挂名为博士生。阿多尔诺在那里继续胡塞尔的研究，后来以《认识论元批判》为题出版（1956 年）。不过这一研究只是老调重弹，并没有讨论胡塞尔写于 1931 年之后的任何东西。

这时候的本雅明则奔波于巴黎和斯文德伯格之间——后者在丹麦，是布莱希特（1898—1956）的流亡所在地。受布莱希特的影响，本雅明这时转向了马克思主义，他写作了《作为生产者的作者》和《机械复制时代的艺术作品》等著作，表明自己接受马克思主义的诚意。在看到本雅明的《机械复制时代的艺术作品》手稿之后，1936 年 3 月 18 日，阿多尔诺从伦敦写信给本雅明，批评了本雅明的"无政府主义的浪漫主义"。阿多尔诺认为，艺术作品的"灵韵"并不一定会随着电影这种大众媒介的兴起而消失，电影是有高度灵韵的艺术。因此，本雅明高估了电影的解放潜能，与此同时也低估了自律艺术的解放潜能。阿多尔诺认为电影只能让无产阶级大众认同现实，而不能唤起他们的反抗意识，因此电影是反革命的，而不是革命的。本雅明的"艺术政治化"策略是注定要落空的。

另一方面，阿多尔诺和本雅明在 20 世纪 30 年代初共同拟定了一个计划，也就是用《德国悲剧的起源》一书的批判方法来研究 19 世纪的资本主义社会。这个计划被称作"拱廊街计划"，因为本雅明 1928 年曾经有篇文章提及了巴黎的拱廊街。早在 1935 年夏天，本雅明就写作了拱廊街计划的草稿，并寄给了阿多尔诺。这是总题目为《巴黎，19 世纪的都会》的一组随笔集。1935 年 8 月，阿多尔诺在德国的黑森林写信给本雅明，对拱廊街计划的这份草稿进行了严厉的批评。本雅明将巴黎拱廊街、万国博览会等等意象视为大众的乌托邦之梦，以为只要把大众从梦中唤醒，就能实现他们梦想的黄金时代——无阶级社会。阿多尔诺怀疑本雅明诉求的集体意识，认为那不过是中了有用性之魔咒的物化意识，不过是商品拜物教的神话而已。阿多尔诺在 19 世纪的"史前史"（马克思语）中看到的不是乌托邦，不是黄金时代，而是地狱，是灾难。

为了成为社会研究所的撰稿人，本雅明继续修改他的拱廊街手稿。1937 年，霍克海默让本雅明先写一篇关于波德莱尔的文章，作为拱廊街计划的先行稿。本雅明随即拟定了三部分的写作计划，并率先写出了第二部分《波德莱尔笔下的第二帝国的巴黎》。1938 年秋天，手稿寄给了在美国的霍克海默和阿多尔诺。此时的社会研究所已经迁到了纽约哥伦比亚大学，而霍克海默给阿多尔诺在普林斯顿大学找了个差事，参与一项关于广播音乐的研究。研究是由流亡在那里的奥地利社会心理学家拉扎斯菲尔德主持的。

阿多尔诺读了本雅明的手稿之后大失所望，1938 年 11 月 10 日，阿多尔诺致信本雅明，第三次严厉地批评了他。这次的主要批评意见是本雅明不懂辩证法，不知道"中介"为何物，而成为直接性的俘虏，成为庸俗的唯物主义者。12 月 9 日，本雅明首度回信给阿多尔诺，进行答辩。然而，本雅明还是被迫修改了手稿，最终以《论波德莱尔的几个主题》这个标题发表在《社会研究杂志》1939/1940 年的合刊上。

阿多尔诺和本雅明的争论，是 20 世纪西方马克思主义美学史上最重要的争论之一。放在整个 20 世纪的艺术理论史乃至美学理论史中，也是极其重要的争论。争论涉及艺术的社会功能、自律艺术和大众艺术的关系、艺术与政治的关系、审美距离、技术现代性与艺术的终结等重大美学课题。正是从这一争论中，阿多尔诺产生了他关于文化工业批判理论的若干重要论点。

二、从文化工业批判到启蒙的辩证法

1938年，阿多尔诺写下了《论音乐的拜物性和听觉退化》一文，标志着他的文化工业批判理论正式形成。这篇文章用卢卡奇的物化概念表明了文化工业的同一性逻辑，表明了在个人衰落的年代中审美经验的衰落。因此，他明显反对本雅明的《机械复制时代的艺术作品》中的观点。阿多尔诺利用马克思的商品拜物教理论，指出文化商品的使用价值已经被它们的交换价值所取代。购买托斯卡尼尼音乐会门票的观众真的崇拜他购买门票所付出的金钱。无论是严肃的古典音乐还是所谓轻音乐，都是商品。人们非常熟悉的那些音乐作品越被反复播放，人们也就越熟悉它们。于是曲目的选择越来越少，音乐世界成了拜物教的世界，明星制成了极权主义。当商品形式统治了音乐生活时，听众也就失去了选择的自由和感知音乐的能力。他们一遍遍听着自己熟悉的音乐，爱上这些音乐，就像囚犯爱上了他的牢房，反正也没有别的什么可以去爱。大众媒介和听众之间的关系是施虐狂和受虐狂的关系。

阿多尔诺对音乐的研究是和社会研究所对法西斯主义兴起的系列研究联系在一起的。阿多尔诺参加了关于"权威主义人格"（或者说是"极权主义性格"）的研究。最终，在1941年，霍克海默选择了阿多尔诺（而不是马尔库塞）和他一起写作《启蒙的辩证法》。更准确地说，写作一部系统反思法西斯主义的哲学著作。这部著作最初的油印稿标题就是《哲学碎片》，也就是后来出版的《启蒙的辩证法》（1947年）一书的副标题。

此时，阿多尔诺在普林斯顿大学的广播音乐研究计划夭折，只留下《论流行音乐》等几篇论文。不过，阿多尔诺在社会研究所的《哲学与社会科学研究》杂志（即原先的《社会研究杂志》更名而来的英文杂志）上先后发表了4篇文章，分别是1939年第8卷第1—2期合刊上的《探瓦格纳》、第8卷第3期上的《论克尔恺郭尔的爱的学说》、1941年第9

卷第 2 期上的《今天的斯宾格勒》和第 9 卷第 3 期上的《论凡勃仑对文化的抨击》。这些文章奠定了阿多尔诺和霍克海默合作的基础。例如,《探究瓦格纳》一文明显得益于霍克海默 1936 年的《利己主义和自由运动》一文,其中提出的历史进步和自然的统治的悖论,已经预示着后来的启蒙辩证法的主题。

1941 年,社会研究所搬迁到南加利福尼亚。霍克海默和阿多尔诺在那里写作了《启蒙的辩证法》。根据今天的考证结果,第一篇《启蒙概念》是两人合写的,由霍克海默主笔,该篇的两个附论则分别由霍克海默和阿多尔诺撰写。阿多尔诺写了《奥德修斯,或神话与启蒙》,霍克海默写了《朱丽叶特,或启蒙与道德》。下一篇《文化工业:欺骗大众的启蒙》则是阿多尔诺的力作。第五篇文章是《反犹主义要素:启蒙的界限》,由霍克海默主笔,洛文塔尔也参与了写作。最后是霍克海默的一组《笔记和札记》。

启蒙辩证法的基本思想是对资本主义的发展历史进行批判。弗朗西斯·培根的"知识就是力量"的启蒙口号被诠释为"知识就是权力":启蒙号称要用理性驱散神话,结果把理性变成了新的神话,新的统治权力。这一统治首先发生在人和自然的关系中,自然科学和机器大工业生产标志着人对自然的统治达到了前所未有的高度,而对自然的统治一定会转变为人对人的统治。于是,科学翻转为神话,进步翻转为野蛮,最终出现了法西斯主义这样极度野蛮的现象。《启蒙的辩证法》痛心疾首地指出:"一切物化过程都是遗忘过程!"在现代的市场经济王国中,事物是按照交换原则存在的,它们不得不与其他事物抽象地等值。等价交换的原则导致质性的差异(阿多尔诺称之为"非同一性")不得不被量化的同一性埋葬。于是,每个人都成了一个可交换、可替代、可牺牲的物品。个人被抹杀的时代,是野蛮的时代。阿多尔诺和霍克海默援引本雅明的话说:"一切文明的历史同时也是一部野蛮的历史"。

阿多尔诺在《启蒙的辩证法》中首次全面阐述了他的文化工业批判理论。根据阿多尔诺的同一性批判理论,电影、广播、杂志、建筑在全世界的统治反映了资本的同一性，技术的合理性其实就是统治的合理性。这种技术统治的合理性可以从电影、小汽车平滑地过渡到炸弹。其背后则是钢铁、石油、电力、化工等工业垄断资本。图书出版业、无线电广播和电影工业与其他垄断工业并没有质的差别。文化工业的商品是高度同一性的，其中的差别都是人为制造的。在同一性的强制下，消费者被迫放弃了思考，只能简单地接受文化工业灌输给他们的意识。文化工业复制现实，证明现实的神圣合法性，取消了个人与社会之间的对立。于是，任何反抗社会、改造社会的念头都被打消了，观众们无条件地认同了现实。文化工业的娱乐归根到底起的是社会劳动力的精神简单再生产的作用。作为 20 世纪的新神话，文化工业让观众意识到个人是微不足道的，失败是不可避免的，还是循规蹈矩，随波逐流，做个"聪明人"，不要想太多！

阿多尔诺指出，文化工业造成了意识的退化，束缚人的意识，造成了人的依赖性和社会的奴役状态的永恒化。显然，《论音乐的拜物性和听觉退化》一文是文化工业批判理论的先导。启蒙，作为对自然的统治技术的进步，在文化工业中变成了赤裸裸的欺骗。大众被排除在文化工业允诺的那种幸福之外。"这个世界想要的是欺骗"，已经变成了文化工业的口号。因为在文化工业中，大众即使看穿了欺骗，即使对文化工业深表怀疑，还是不得不踊跃购买那些垃圾。服从是他们唯一可做的事情，否则就是毁灭。这种独特的"看穿和服从"是现代社会的犬儒意识形态的根源。

在南加州，除了《启蒙的辩证法》，阿多尔诺还创作了《新音乐的哲学》（1948 年出版）《电影作曲》（与马克思主义音乐家汉斯·艾斯勒合作，1947 年出版）和《道德底线：残生省思录》（1951 年出版）等著作。

1941 年，阿多尔诺撰写了《勋伯格和进步》这一长篇论文。1948 年又写了一篇论斯特拉文斯基的文章，在加写了一篇导言后，合集出版为《新音乐的哲学》一书。阿多尔诺自称，《新音乐的哲学》是《启蒙的辩证法》的扩充附录。考虑到文化工业批判理论和阿多尔诺的音乐研究之间的渊源关系，我们应当认真对待阿多尔诺的这一声明。缺少了对阿多尔诺的音乐学的研究，对"启蒙辩证法"的研究就是跛脚的。

《新音乐的哲学》一书引发了轩然大波。一方面，斯特拉文斯基的新古典主义音乐被阿多尔诺称为施虐狂音乐。阿多尔诺认为它和晚期资产阶级社会中的极权主义主体是一致的，而在这方面，斯特拉文斯基比瓦格纳还有过之而无不及。瓦格纳、斯特拉文斯基和希特勒之间的这种简单连接，让我们想起了阿多尔诺曾批判卢卡奇的《理性的毁灭》是"卢卡奇的毁灭"，然而，在那里，卢卡奇正是将谢林、齐美尔等人和希特勒做了简单的连接。阿多尔诺的这种音乐学批判看起来似乎同样简单粗暴，遭到众多反对意见，也就在情理之中了。另一方面，阿多尔诺虽然赞同勋伯格的无调音乐，可是却认为勋伯格学派后来确立的十二音体系毁了无调音乐，似乎又是一种新的同一性强制。简直可以这么说，勋伯格堕落成了斯特拉文斯基。对于阿多尔诺的上述批评，勋伯格听了当然会勃然大怒。

三、回到德国

1949 年，阿多尔诺与霍克海默、波洛克回到了联邦德国（西德）。社会研究所的其他成员基本留在了美国：马尔库塞、洛文塔尔、弗洛姆、维特福格、诺依曼、基希海默等等。只有老牌的马克思主义经济学家格罗斯曼去了苏联。阿多尔诺回德国的原因，一是他不喜欢美国文化的极权主义气息，二是他觉得有义务用母语德语来表达自己的思想。他坚信德语是最适合思辨哲学的语言，是表达辩证思想的最好工具。

1951 年，在离社会研究所旧址的废墟不远处的一幢新大楼里，法兰克福大学社会研究所重新开张了。同年，霍克海默当选为法兰克福大学校长。阿多尔诺则继续着他的研究。《弗洛伊德理论和法西斯宣传模式》一文将弗洛伊德的精神分析理论中的性本能、破坏欲、受虐狂、自恋、认同、催眠等概念运用于对法西斯主义宣传的分析，从而拒绝了简单的群体心理学的假设。1952 年，阿多尔诺暂回美国洛杉矶，为哈克基金会从事大众文化的心理分析工作。成果是《电视和大众文化模式》、《地上的星星》(对《洛杉矶时报》星座专栏的分析)、《电视开场白》和《作为意识形态的电视》等 4 篇论文。不过,总的说来,阿多尔诺已经告别了流亡生涯,而在德国开始了新的研究历程。

在冷战的氛围中,重建的社会研究所缄口不言此前思想中的马克思主义成分。比如在《法兰克福社会学文丛》中放弃出版诺依曼的《巨兽》,因为这本书基本上是用垄断资本主义理论来分析法西斯主义的。霍克海默把他以前发表在《社会研究杂志》上的文章锁起来,不让人看,并且一直拒绝再版那些早期著作。

与此相比,德国的新左派不断盗印社会研究所 20 世纪 30—40 年代的那些具有明显马克思主义倾向的著作,例如《启蒙的辩证法》。霍克海默的名言"不批判资本主义的人没有权利批评法西斯主义"也不胫而走。在这种情况下,法兰克福学派这个名称流行起来,最终在 60 年代成为定论——当然也要感谢马尔库塞在美国的著作。群众的呼声越来越高,霍克海默也无法再坚持拒不出版自己的早期著作的想法。1967 年,霍克海默出版于 1947 年的英文版文集《理性之蚀》被翻译成德文,并增添了霍克海默 1945 年之后的论文,由阿尔弗雷德·施密特编辑为一卷本的《对工具化了的理性的批判》,在德国出版。1968 年,阿·施密特又将霍克海默在 1932—1941 年间写的论文编辑为 2 卷本的《批判理论》,重新出版。但是霍克海默仍然拒绝再次发表自己写于 1939 年的《犹太人和欧洲》一文,前面引的那句名言就出自这篇文章。霍克海默还在新版文集的前言里警告新左派,不要把批判理论简单直接运用于当下,否则会适得其反,只会推动批判理论想要阻止的东西(法西斯主义、野蛮、非理性)。霍克海默的这些举动令老法兰克福学派的成员洛文塔尔都看不下去了,他抱怨霍克海默背叛了批判理论。霍克海默回复说,"我们在这里为美好的事物而奋斗,为个性独立、启蒙思想而奋斗",希望得到洛文塔尔的理解。"为启蒙而奋斗!"这话从《启蒙的辩证法》的一位作者嘴里说出来,多少显得有些荒诞。同样荒诞的是,社会研究所为社会学文丛撰写的《社会学面面观》一卷中,有论"大众"的一章,却没有一章是论阶级的。

相比之下，阿多尔诺在 1965 年的《社会》一文中依然认为"社会仍然是阶级社会"。

阿多尔诺没有像霍克海默那样"悔其少作"。他不仅不后悔流亡中的著作，相反还努力出版它们。1952 年，《探究瓦格纳》全文发表（1939 年在《社会研究杂志》发表的只是其中的第 1、2、9、10 四章）。在 1955 年出版的《棱镜：文化批评与社会》（以下简称为《棱镜》）文集中，阿多尔诺收录了早年评论卡尔·曼海姆、凡勃仑、斯宾格勒、赫胥黎的文章，包含了对巴赫、普鲁斯特、卡夫卡以及爵士乐的评论，也收录了悼念勋伯格和本雅明的文章。同年，阿多尔诺夫妇合编了两卷本的《本雅明文集》。如果没有这一努力，汉娜·阿伦特和苏珊·桑塔格等人在美国鼓吹的"本雅明复兴"是根本不可设想的。而阿多尔诺对本雅明的批评意见也被本雅明的追星族们诟病，认为他是借助本雅明炒作自己。

1956 年，写作于牛津时期的《认识论元批判：对胡塞尔和现象学的二律背反的研究》得以面世。同年出版了音乐文集《不协和音：管理世界中的音乐》，其中收录了 1938 年写的《论音乐的拜物性和听觉退化》。这是阿多尔诺此后陆续出版的诸多音乐论文集的开端。这些文集包括 1959 年出版的《音乐的形象》，1960 年为纪念古斯塔夫·马勒诞辰一百周年而出版的《马勒：音乐的面相学》，1962 年出版的《音乐社会学导论》，1963 年出版的《音乐指南》和《准幻想曲》，1964 年出版的《音乐的要素：重新发表的 1928—1964 年间的音乐论文》，1968 年出版的《贝尔格：最小变调的大师》和《即兴曲：重新发表的音乐论文之二》，1969 年出版的《新音乐的核心观念》。音乐学对于理解阿多尔诺的思想至关重要，然而却是人迹罕至的孤岛。此外值得一提的是阿多尔诺死后出版的《贝多芬主义》和《音乐风潮》。前者汇编了纵观阿多尔诺一生的对贝多芬音乐的研究，后者收录了阿多尔诺在美国进行广播音乐研究取得的成果，主要是对流行音乐的研究。

1958 年，阿多尔诺出版了《文学评论》第 1 辑。打头的《随笔作为形式》堪称阿多尔诺思想方法论的檄文。此后，《文学评论》第 2 辑和第

3 辑分别于 1961 年和 1965 年出版。没有收录在这 3 个集子里的文章由《阿多尔诺全集》的编者汇集为《文学评论》第 4 辑，一并收进第 11 卷（1974 年）。

1963 年，阿多尔诺延续了《棱镜：文化批评与社会》的风格，出版了《冒犯：九个批判模型》（以下简称为《冒犯》）一书。收录的 9 篇文章是对战后西方社会的物化意识的激进批判。其中《为什么还要有哲学》一文对实证主义哲学和海德格尔的存在主义哲学进行了毫不留情的批判。书的标题中的"冒犯"（Eingriff，或译为"侵犯""干预"）再准确不过地表明了社会批判理论和辩证哲学的精神气质。对物化现象和物化意识的冒犯，是哲学家和社会批判家义不容辞的天职。1969 年，阿多尔诺又出版了其续篇《关键词：批判模型之二》（以下简称为《关键词》）。其中有许多重要的文章，例如《论主体和客体》。而《阿多尔诺全集》的编者在编辑第 10 卷时，不仅把《棱镜》《冒犯》《关键词》放在一起，还把阿多尔诺最后一年（1969 年）的两篇文章《论批判》和《论顺从》编为《批判模型之三》。

1963 年，阿多尔诺将他关于黑格尔的两篇讲演稿和一篇此前未公开的文章合集出版，这就是《黑格尔：三项研究》。1964 年，阿多尔诺出版了批判海德格尔哲学的《本真的行话》一书。"本真的行话"有两重含义，一是说德国大学里人人嘴里挂着海德格尔的哲学术语，被抛性啊，沉沦啊，本真性啊，这成了哲学这一行当的行话（专业术语）；二是说这些行话就像江湖黑帮的切口那样，是地地道道的黑话。1966 年，阿多尔诺又出版了《否定的辩证法》一书。除了继续揭露批判海德格尔，还正面建构了阿多尔诺的非同一性哲学。这部著作被认为是阿多尔诺哲学的精华和顶峰。这一点当然是毫无疑问的。然而同样不容忽视的是阿多尔诺在美学和艺术理论方面的建树。阿多尔诺死后出版的《美学理论》一书（生前已经修改好第二稿，正准备改第三稿）才代表了阿多尔诺哲学理论的最高深境界。不理解阿多尔诺的美学，是不可能理解阿多尔诺的哲学思想的。在这方面，即使是 1967 年出版的《没有榜样：小美学》（收录于

《阿多尔诺全集》第10卷）也是值得珍视的文献。在阿多尔诺的音乐理论暂时无法深入研究的情况下，认真研究阿多尔诺的美学思想，应该是当务之急。

四、奥斯维辛之后如何活下去？

综上所述，阿多尔诺回到战后的德国之后，一直笔耕不辍，终于著作等身。如果我们把阿多尔诺的出版物和同时期的霍克海默（法兰克福学派的所谓"主将"）相比，简直可以得出这样的结论：法兰克福学派是阿多尔诺一个人的学派！事实上，让法兰克福学派声名鹊起的，除了阿多尔诺与霍克海默合著的《启蒙的辩证法》（1947年）这部著作，除了马尔库塞在美国的著作《爱欲与文明》（1955年）和《单向度的人》（1964年），就要属阿多尔诺出版于1951年的随笔集《道德底线：残生省思录》（以下简称为《道德底线》）了。如果考虑到在德国的阅读量，这部随笔集才是最重要的因素。

战败后的联邦德国，满目疮痍，百废待兴。但是，比物质上的废墟更令人担忧的，是精神的废墟。用阿多尔诺提出的问题来说就是：奥斯维辛集中营之后，人们还能否照旧生活下去呢？"生活被毁掉了"，在被侮辱和被损害的岁月里，阿多尔诺坚持着哲学家的本分：反思。这些"来自被损害的生活的反思"，这些"残生省思"，被冠之以一个奇特的名称——道德底线（直译为"最小限度的道德"）。阿多尔诺的这部随笔集，道出了"人人心中有，人人笔下无"的心声，这恐怕才是它很快流行起来的成功秘诀吧。

《道德底线》全书由153篇长短不一的随笔构成，按照写作时间分为三个部分：1944年写的是第一部分，1945年写的是第二部分，1946和1947年写的是第三部分。前两个部分各为50篇，第三个部分有53篇。每个部分都从生活中的私人经验开始，继之以对社会和人类的思考，最后以哲学结束。然而全书无意得出什么哲学的结论，仅仅表明了一种反思的态度。

在全书的"献词"部分，阿多尔诺开宗明义地指出，哲学是一门

"忧郁的科学"。这一提法让人们很容易联想到尼采的《快乐的科学》,碎片化的随笔文体也加深了这种联想。哲学本应该快乐,因为它是对美好生活的思考。按照苏格拉底的说法,"未经审视的生活是不值得过的",因此反过来说,真正幸福的美好生活一定是经过了形而上学的反思的。可惜,在资本主义现代性的大潮中,"一切坚固的东西都烟消云散了",生活早已不存在。所谓生活,无非是私人的消费,而这个消费领域无非是社会的物质生产总过程的附庸而已。生活早已不复存在的事实,被生产的意识形态所掩盖。正因为如此,阿多尔诺才会在《道德底线》中说出那句名言:"总体是虚假的。"黑格尔的格言"真理是总体"之所以被阿多尔诺颠倒改写,是因为社会总体是虚假的物质生产的总体,而不是真正的人的生活的总体。个人的主体性被客观的物质生产过程及其非理性特征压倒,个人衰败了,崇尚个人和理性的西方文化也就失败了。在这方面,阿多尔诺继承了卢卡奇在《历史与阶级意识》中的主题,但进一步推进到对总体性概念的质疑和否定。这说明,阿多尔诺从来不是一个简单意义上的西方马克思主义者。在第一部分的"婴儿和洗澡水"一节中,阿多尔诺对西方文化的失败、总体的虚假性都进行了深入的分析。

按照阿多尔诺的想法,毁掉生活的是进步主义和生产主义的观念。生产的优先性原则等于是主体对客体的统治原则,是奴役的原则而不是解放的原则。在《道德底线》第二部分的最后一节中,阿多尔诺提出社会解放的目标并不是自由的生产实践,而是从生产的总体性中解放出来。自由的人不是忙碌于生产和创造的人,而是"像动物一样无所事事,躺在水面上,宁静地望着天空"(第100节,"在水面上")。这里也能够看出本雅明《历史哲学论纲》对阿多尔诺的影响。在全书的最后一节中,本雅明的"救赎"主题成为阿多尔诺的基本方法论。阿多尔诺认为,哲学不可能也不应该是远离尘嚣的(如海德格尔的存在哲学那样),更不可能是贴近现实的(如实证主义哲学),它必须是困顿、拙劣的现实的镜像,也就是说,是对现实的否定,是对乌托邦的允诺(第153节,"终曲")。

与其说上述这种救赎哲学的立场构成了阿多尔诺的"否定的辩证法"

的方法论基础，毋宁说表达了其方法论的困境。对文化的超越式批判（意识形态批判）和内在式批判（在文化的总体性内部批判文化）都是野蛮的。换言之，既不能彻底否定（已经失败了的）人类文化，又不能把现实存在的文化直接等同于文化的理念本身。基于这一困境，阿多尔诺在为其1955年出版的文集《棱镜》新写的文章《文化批评与社会》的结尾发出了著名的断言："奥斯维辛之后，写诗是野蛮的。"后来他对这一立场有所修正，但毫无松动之意。所谓修正，不过是补充了后半句"奥斯维辛之后，不写诗更是野蛮的"。换言之，奥斯维辛意味着西方文化乃至整个人类文明的失败，在失败的文化的基础上继续建设新文化，无异于"在泼出来的啤酒上撒面粉"（阿多尔诺原话）；确切地说，这是康德说过的"用筛子接公牛奶"——谬上加谬。

很多人都听说过阿多尔诺的这句名言，但阿多尔诺到底是什么意思，奥斯维辛之后写诗为什么是野蛮的，并不见得大家都清楚。其实，只要仔细读过《文化批评与社会》这篇文章，就会明白，阿多尔诺指认资产阶级文化（包括文化批判在内）是意识形态，是拜物教，是神话，是魔咒——是虚假的总体性，一味维护建立在交换价值基础上的那个市场经济社会。文化的这种肯定性质（马尔库塞批判的"单向度的""肯定文化"）造成了西方的理性文化无力阻止理性翻转为野蛮。意识形态批判在阿多尔诺看来也不是可行的替代选择：因为它像海绵一样擦去了文化的总体，同样是野蛮的。换言之，作为总体的"文化"这个观念应当予以否定，但是文化还是要予以保留。即使所有的文化都是有罪的，也不能因此就不要文化。文化必须争取戴罪立功，争取将功赎罪，虽然这很可能造成罪上加罪，被杀个二罪归一。可要是因为文化有罪，就因噎废食，不要文化，那么在起跑线上就输了。奥斯维辛之后，不写诗一定是野蛮的，写诗则还有一线生机。

无论如何，为了拯救人类文明，必须摧毁现有的艺术和文化。这是阿多尔诺的基本思路。在1966年的《否定的辩证法》中，阿多尔诺惊世骇俗地喊出了"奥斯维辛之后的一切文化，乃至对文化的最急切的批判，统统是垃圾"。也许这话过于激进，反而没有被人广泛引用。当然，还有另外一种可能性：由于这话非常激进，马尔库塞便从中得出了他的大拒绝理论，德国的大学生们便开始用子弹、莫洛托夫鸡尾酒（一种土造的燃烧弹）来宣传阿多尔诺的"否定的辩证法"了。此乃后话，这里暂且不提。

五、在实证主义和存在主义的夹缝中

在冷战中的联邦德国，阿多尔诺的政治倾向显得非常奇特，他对社会主义和资本主义两个阵营保持着不偏不倚的态度。当然，表面上看起来，他对苏联的敌意远远大于对美国的敌意。然而，他与当时德国主流意识形态的格格不入至少说明了一点，这位毫不妥协的知识分子不会因为政治的站队就无条件认同资本主义的物化意识。阿多尔诺不但用他的文化工业理论批判了大众文化的堕落，他对精英文化的批判同样毫不留情。因为他对技术和工具理性的厌恶、对全面管理的官僚统治的反感是一以贯之的。

阿多尔诺对德国精英中的主流意识形态的批判体现在两个方面，一是对以波普尔为代表的实证主义思潮的批判，二是对以海德格尔为代表的存在主义思潮的批判。左右树敌，两线作战，阿多尔诺的思想被迫在夹缝中求生存。

阿多尔诺从美国返回德国的原因之一就是他不喜欢美国的实证主义文化，这一点在20世纪30年代末阿多尔诺与拉扎斯菲尔德的不愉快合作中就非常明显了。阿多尔诺对经验研究技术在音乐研究中的运用感到莫名惊诧。阿多尔诺认为德语才是和辩证思维有着特殊亲密关系的语言。没想到的是，在他的祖国，精神同样面临着实证主义的挑战。

在1955年的《棱镜》文集中，收录了阿多尔诺对曼海姆的知识社会学的批判。在那里，阿多尔诺针对的并不是曼海姆的代表作《意识形态与乌托邦》，而是其更早的名著《重建时期的人与社会》。阿多尔诺认为曼海姆的实证主义方法用一般概念对社会现象进行分类，对社会矛盾闭口不谈，仅仅轻描淡写地说那是"文化危机"。曼海姆只字不提资本的集

中和集中化趋势，这种所谓价值中立的形式主义社会学只能是历史唯心主义和精英主义的。

1957 年，阿多尔诺又发表了《社会学和经验研究》一文。他认为，问卷、访谈等经验研究技术和社会理论是水火不相容的。经验技术虽然能够揭示个别问题上的真理，但不能揭示社会总体的意义（比如交换关系和社会分工），哪怕"总体是虚假的"。虚假的总体也只有通过批判的社会理论的反思才能达及。经验方法预先假定了研究对象的意义，陷入了循环论证。定量研究的一致性消除了世界的矛盾，消灭了普遍性和特殊性之间的不一致性，而后者才恰恰是社会学研究的对象。用自然科学的方法研究社会，只能达及对第二自然的认识，对原子式个人及其物化意识的再现。也就是说，它取得的关于社会的知识是意识形态的知识，而无法达及对社会及其意识形态的反思。经验研究一味复制现实，只能把事实败坏为意识形态。

阿多尔诺的这篇文章掀开了德国社会学界关于实证主义的争论之序幕。随后，于尔根·哈贝马斯、汉斯·艾伯特、哈罗德·皮洛特等人纷纷撰文加入了论战。公开交锋则要等到 1961 年，在德国社会学学会的图宾根大会上，卡尔·波普尔做了题为《论社会科学的逻辑》的讲演。阿多尔诺和达伦夫随后进行了反驳。阿多尔诺的反驳意见在 1962 年成文发表，《论社会科学的逻辑》一文对波普尔的批判理性主义思想进行了清算。波普尔这些"开放社会的卫道士们"一心追求科学的真理，确切地说，科学理论的证伪。阿多尔诺则认为，科学的真理概念是不可能从真理的社会概念上剥离下来的。换言之，在虚假的社会中谈论理性的真伪，是一件非常不合理的事情。此后争论愈演愈烈。1969 年，相关文章被收录成《德国社会学中的实证主义争论》一书。阿多尔诺为该文集写了长篇的导言。

1964 年，阿多尔诺还参与了德国社会学界关于韦伯社会学的争论。1965 年，他在《社会》一文中坚持认为，当前的西方社会仍然是阶级社会。在 1968 年德国社会学学会的大会上，阿多尔诺做了题为《晚期资本主义社会，还是工业社会？》的定调发言，他反对用"工业社会"这个暧昧的提法混淆资本主义社会与苏联社会主义社会之间的区别，而坚持认为西方社会是一种晚期资本主义社会。无论如何，阿多尔诺的左派观点是坚定的。

与此同时，在另一条战线上，阿多尔诺对海德格尔的存在主义哲学进行了同样坚定的批判。此时，海德格尔的哲学成为德国的显学。阿多尔诺集中火力，对这种"新德意志意识形态"展开了深入的揭露（可参考马克思在《德意志意识形态》中对青年黑格尔派的批判，尤其是对施蒂纳的批判）。这就是出版于1964年的《本真性的黑话》和出版于1966年的论文集《否定的辩证法》。

对海德格尔存在主义的批判是和阿多尔诺早年对克尔恺郭尔的批判以及对胡塞尔现象学的批判相一致的，共同构成了对现代唯心主义和新人本主义哲学的批判。阿多尔诺揭示了存在主义的非理性主义和法西斯主义之间的理论关联。存在主义哲学号称要捍卫差异，结果用"存在"这一个"不是概念的概念"否定了差异，重新陷入了同一性思维的强制中。海德格尔关于本真性存在的幻想导致了社会关系的神秘化。阿多尔诺认为，这种神秘主义的哲学非但没有能够把人从物化的工具理性中解救出来，反而提供了虚假的直接性的幻象，从而模糊了社会条件。它们不仅没有否定异化，反而成为异化的一种微妙的表现形式，结果只能是进一步加深社会对主体的统治，并且使这种统治得以永恒化。

阿多尔诺对实证主义和存在主义同时开火，使得他本人的立场变得十分晦涩难解。1962年，在《为什么还要有哲学》这篇广播稿中，阿多尔诺对他的哲学方案做了一些解释。事实上，这一方案成型于1931年的讲演《哲学的现实性》（阿多尔诺生前未发表），曲折地表现于1951年出版的《道德底线》中。只是在这里才有了第一次公开的、比较明确的表述。这一文本对于理解《否定的辩证法》是有益的。

六、不顺从的知识分子：阿多尔诺与马尔库塞之争

《否定的辩证法》诞生于20世纪60年代中期。那是一个"四海翻腾云水怒，五洲动荡风雷激"的年代。从反对越南战争开始，德国青年学生进行了一系列的抗议游行活动。1967 年 6 月 2 日，在抗议到访德国的伊朗国王巴列维的活动中，大学生本诺·奥内索格被警察的枪弹打中，不治身亡。事件发生之后，垄断了德国报业市场的施普林格出版集团旗下的《图片报》对抗议学生颇有微词，在报道中称抗议学生为"制造恐怖的人"。这导致了大学生们对施普林格出版集团的抗议活动，甚至纵火焚烧出版社大楼。

阿多尔诺支持学生的思想倾向，赞成建立一个议会外的反对派，反对实施紧急状态法。但是，阿多尔诺拒绝任何形式的过激行为，更不要说暴力行为了。在他看来，以革命自居的学生行动实际上是纳粹法西斯的余孽。阿多尔诺的立场遭到了远在美国的马尔库塞的反对，两人在通信中对此进行了激烈的争论。而将双方的分歧暴露于光天化日之下的，是他们俩 1967 年 7 月在柏林自由大学的演讲。无巧不成书，阿多尔诺和马尔库塞先后应邀去西柏林的柏林自由大学做讲座。在学生运动的激进氛围中，阿多尔诺不为所动，坚持演讲的标题仍然是《歌德诗剧〈伊菲革涅亚〉中的古典主义》。7 月 7 日，在阿多尔诺做讲座的时候，柏林的大学生们进行了抗议。抗议横幅上写道："柏林左翼法西斯分子欢迎古典主义者泰迪。"其中的"左翼法西斯分子"一词最早来自哈贝马斯对抗议学生的称呼，也代表了阿多尔诺的立场。然而，能够在紧张的政治局势中坚持美学的首要地位，这个阿多尔诺仍然是当年和本雅明争论的那个阿多尔诺。他始终认定美学高于政治。这一立场无人理解，遑论同情。当时的德国大学校园里流传着一个讽刺阿多尔诺的笑话："街上爆发革命了，你去不去？——不去，我要去听阿多尔诺的讲座。"

阿多尔诺做完讲座没几天，7 月 10 日和 13 日，马尔库塞又来到柏林自由大学，他的报告《乌托邦的终结》和《反对派的暴力问题》吸引了 2500—3000 名学生到场。讲演不时被热烈的掌声打断。1967 年 9 月 5 日，德国社会主义学生联盟召开大会，号召用子弹进行宣传。1968 年 4 月 11 日，学生领袖鲁迪·杜齐克被枪杀。学生们认为《图片报》捏造事实、煽动民众的报道难辞其咎，是真正的凶手。学生们开始罢课，蔓延到联邦德国的各大城市。法兰克福也不例外。1968 年 12 月，法兰克福大学的学生们占领了法大的社会学系，并将其改名为斯巴达克系。显然，这一名字来自罗莎·卢森堡和卡尔·李卜克内西领导的斯巴达克团。十天后，学生们被警察清场。但学生并未就此善罢甘休。1969 年 1 月 31 日，罢课学生找到了社会研究所的一间教室开会，其中就有阿多尔诺的博士生汉斯－于尔根·克拉尔（1943—1970）。阿多尔诺担心社会研究所被学生占领，于是打电话叫来了警察。多名学生被捕，包括克拉尔。

阿多尔诺的这一举动遭到了学生们的激烈反对。1969 年春天，6 名女大学生，在阿多尔诺的课堂上裸露了上身，手拉手围成一圈，"包围"了阿多尔诺。阿多尔诺羞辱难当，离开了教室。这是弗洛伊德意义上的弑父行为。然而，这一弑父行为不仅仅是象征意义上的，也是字面意义上的。该事件真的间接导致了阿多尔诺的肉身死亡。1969 年 7 月，克拉尔出庭受审。阿多尔诺在法庭上做了证之后就去瑞士度假了。8 月初，阿多尔诺在阿尔卑斯山上突发心肌梗死。8 月 6 日，他在瑞士的一家医院里与世长辞，留下了尚待修订完成的《美学理论》一书的手稿。作为阿多尔诺的天鹅之歌，《美学理论》于 1970 年被整理出版。

在最后的岁月中，阿多尔诺为了捍卫他的立场，写下了《论批判》和《论顺从》这两篇重要的文章。《论批判》是阿多尔诺 1969 年 5 月在南德意志电台上的广播讲话，7 月发表在《时代》杂志上。阿多尔诺对批判理论进行了正面的辩护，认为德国人对批判的压制，对实践的崇拜是一种认同权力的顺从主义。所谓建设性，所谓行动主义不过是掩饰破坏本能的借口。在《论顺从》一文中，阿多尔诺明确指责学生造反派的行动是"伪行动"。作为思想的退化，迫不及待地投身于暴力的政治实践中去的"伪行动主义"是真正的顺从。相反，批判的思想不会满足于为抵抗而抵抗，更不会一味蛮干，它对实践的构想远远比"为实践服务"的立场更接近于马克思说的"改变世界"。简言之，拒绝放弃批判、拒绝放弃思想的人并非退却和顺从的人。放弃思想和批判才是随波逐流的顺从。

阿多尔诺去世后，他的立场在一定程度上得到了验证。1972 年 5 月

19 日，红军旅用炸弹袭击了施普林格出版集团在汉堡的办公大楼。巴德尔和迈因霍夫等激进分子最终沦为彻头彻尾的恐怖分子。至此，阿多尔诺和马尔库塞之争，到底谁更接近真理呢？在彻底改变世界的革命形势尚不具备的时候，所谓"大拒绝"的燃烧瓶战略只能带来恐怖，带来法西斯主义的死灰复燃。阿多尔诺坚持革命的冬眠战略，坚持做革命的守夜人。他不放弃批判和思想，将书写的文字置于漂流瓶中，留给后人看。在资本主义全球化的今天，阿多尔诺的思想显然活得比马尔库塞的思想更长。在这个被全面管理的世界中，所谓反叛都是虚假的，是"二级顺从"。虽然抵抗在字面上不同于顺从，但实质是顺从。恐怖主义绝不会导致物化世界的任何改变，绝不会改变人们的物化意识，而只会加深人们的物化意识，使得他们更加紧紧地拥抱这个资本主义的世界及其权力。

七、阿多尔诺之死

有的人活着，已经死了。有的人死了，却还活着。阿多尔诺离开这个世界已经半个世纪了，这个世界却没有变好。阿多尔诺的思想仍然没有过时。统治着这个管理世界的，依然是同一性思维。互联网和智能手机的出现，使得阿多尔诺批判的文化工业插上了全球化的翅膀，飞入了每个人的脑髓。物化的控制加深了，奴役和统治变得牢不可破。

这里不是谈论阿多尔诺哲学的现实性的合适场合。但是只需要指出一点：阿多尔诺尚未过时，也永远不会过时——至少，在资本主义的总体性消失之前，永远不会过时。

那么，让阿多尔诺思想不过时的究竟是什么样的精神要素呢？答案是 3M：马克思主义（Marxism）、弥赛亚主义（Messiahism）和现代主义（Modernism）。

首先，马克思主义。无论阿多尔诺怎么看待马克思，但是有一点是共同的，坚持政治经济学批判的基本立场，从市场交换法则和商品形式中生发出对全部资本主义世界及其意识形态的批判力量。阿多尔诺批判的同一性，正是马克思批判的"抽象成为统治"。背离了阿多尔诺对价值形式的批判，就背离了法兰克福学派的初衷。无论冠以什么名号，无论是交往转向还是语言论转向，抑或是"政治哲学"转向，都已经和阿多尔诺的社会批判理论无关了。

其次，弥赛亚主义，或者说救世主义。阿多尔诺和本雅明共用了救赎的主题，该主题也是西方马克思主义的基本主题。如果说，卢卡奇在《历史与阶级意识》的 1966 年新版前言里供认自己早年是"救世主义"的话，那么阿多尔诺就是一个颠倒的救世主义者。他要的不是上帝的救赎，而是撒旦的救赎。既然就目前的形势而论，并不存在任何抵抗管理世界的总体力量的具体社会力量和机构，那么救赎就需要找一个避难所，就要在社会批判理论和自律艺术中先潜伏下来，这样才能继续忠诚于"幸福的允诺"。这是退而求其次，不得已而为之。严格说来，按照阿多尔诺的思想，这么做当然也是野蛮的，也是"二级顺从"，但这是唯一的希望之所在。否则就直接是"一级顺从"，就直接是野蛮了。就此而言，阿多尔诺是不是悲观主义，值得商榷。

最后，但也是最重要的，现代主义。这是阿多尔诺的理论最容易引起争议的地方。人们往往觉得，阿多尔诺仇视大众文化，是一个精英主义分子、文化保守主义分子。然而，事实上，阿多尔诺对自律艺术的批判不比对大众文化的批判少或者分量轻。阿多尔诺心目中并没有把高雅艺术或精英艺术直接等同于真正的艺术，而是将希望寄托在某一种特殊的严肃艺术上。贝克特的戏剧，卡夫卡、普鲁斯特、乔伊斯的小说，勋伯格的音乐……都寄托了阿多尔诺的希望。但这并不等于说阿多尔诺就完全认同这些艺术，否则他就不会批判勋伯格的十二音体系了。无论如何，阿多尔诺不是一位后现代主义者，更不是解构主义者。他对理性的批判只不过是为了重建一种更为健康的理性，现代主义艺术曾经是这种理性的希望所在。

时至今日，阿多尔诺对现代主义艺术抱有的希望似乎已经变成了失望。但是很难认为这出乎阿多尔诺的意料。因为阿多尔诺明确说过，社会的错误不能通过属于社会的文化来纠正。哲学也好，艺术也好，都不能纠正社会的物化。指望着在思想中克服现实中的分裂，克服普遍性对特殊性的统治、压抑和两者之间的对抗，只能是虚假的意识形态。存在主义哲学也好，苏式现实主义的文学作品也好，其中反映出的和解不仅是人为、虚假的和解，而且是被迫的和解、野蛮的和解。相反，阿多尔诺认为所谓"文化"就是在普遍性和特殊性未达成和解的条件下，特殊性对普遍性的不断抗议和要求。艺术和哲学只有坚持表达分裂、对抗、不和解，才忠实于和解的理念，忠实于"幸福的允诺"。阿多尔诺坚持否定的辩证法，坚持谈论那些无法愈合的创伤，谈论社会对个人的压抑、阉割乃至删除，正是"在个人被废除的年代中重新思考个人"的努力尝试。勋伯格、贝克特、卡夫卡和策兰的文学艺术创作证明了主体被大规模扼杀的痛苦现实。现代主义艺术冷酷而忠实地表现了现代人的痛苦和焦虑、空虚和麻木，展示了客观现实世界的无情，从而避免了虚假的安慰，并且否定地忠实于艺术对幸福的乌托邦承诺。通过拒绝交流和理解，我们才理解了这个管理世界。只有彻底的绝望才能拯救我们。只有置之死地，才有可能杀出一条血路。否则只能是温水煮青蛙，舒舒服服而死。

在阿多尔诺指认并批判的"被全面"管理的世界和文化工业中，没有任何"文化争霸"（葛兰西说的争夺文化领导权）的空间和可能性，也没有任何公共领域和真正交往（哈贝马斯语）存在的可能性。与阿多尔诺的理论气质最接近的，不是后来的所谓法兰克福学派第二代、第三代，不是后马克思主义，而是法国的思想家居伊·德波与米歇尔·福柯。德波的景观社会批判与阿多尔诺的管理世界和文化工业批判殊途同归。福柯的规训社会理论和生命政治批判更是法兰克福学派的余音。福柯后来自己也说，如果他早点儿看到法兰克福学派的著作，也就不用亲自写那么多著作了，他只要注解法兰克福学派的文本就行了。真理问题和权力问题的关联，启蒙和市场经济的母体关系，现代性的野蛮倾向，这些都是阿多尔诺与福柯的相似之处。无论如何，在生命政治成为显学的今天，阿多尔诺哲学的现实性实在是一个值得深入研究的课题。

目录

第一单元

哲学何为

1. 哲学的现实性 ①

今天，任何以哲学为职业的人都要拒斥一种幻觉，这一幻觉正是以往的哲学事业的开端：思想的力量足以把握现实的总体。任何正当的理性都不能在现实中找到自己，这个现实的秩序和形式压制着一切理性的要求。理性在认识者面前将自身说成是总体的现实，这只会引起争议：只有在痕迹和废墟中，理性才有希望遇到正确的、正当的现实。将现实描述为理性的哲学只不过是遮蔽了现实，并将现存状况永恒化。先于任何回答，哲学的这种功能就已经暗含于问题之中了——今天被称为激进（彻底）的问题恰恰是最不激进（彻底）的：存在本身的问题。这个被新的本体论蓝图特别陈述的存在问题，正是号称已被克服的唯心主义体系的最根本的问题（不管有多少矛盾）。这个问题假定了存在本身是适合思考的对象，是可以获得解答的对象，而存在者的概念是可以查明的——只有这样，这个问题才有可能解答。然而，把存在思考为一个总体，现在已经是不适当的，这就使得存在者概念本身无法追问，因为理念只有在循环封闭的现实之上才站得住脚，才像是一颗清晰明亮的星星，而现在我们的生活图景唯有历史这一保证，故而理念也永远消失在视野中了。存在的概念在哲学中是无力的，它不过是空洞的形式原则，其古老的尊严让它能够覆盖任何内容。作为总体，现实的丰满性并不处在某个赋予其意义的存在概念之下；存在者的概念也不能从现实的要素中建立起来。

① 本文是阿多尔诺 1931 年 5 月 7 日在法兰克福大学就任讲师时的就职讲演。载于《阿多尔诺全集》德文版第 1 卷，第 325–344 页。

存在概念在哲学中迷失了，因此它要求的"现实的总体性"从一开张就关张了。

哲学史亲自见证了这一点。唯心主义的危机同时也是哲学的总体性伪装的危机。据说，可以从"自律的理性"本身发展出现实的概念乃至全部现实——这是一切唯心主义体系的论点。这一论点业已瓦解。马堡学派的新康德主义最努力地从逻辑范畴中获得现实的内容，事实上也确实将其自足的形式保存为一个体系，但正因为如此也就放弃了对现实的任何权利，并退缩到形式领域，在其中，任何内容的规定都被谴责为无限过程的远端。在唯心主义内部，齐美尔的生命哲学及其心理主义和非理性主义倾向——作为对立于马堡学派的立场——表面上维持了和它所处理的现实的联系，但这么做的时候并不要求从挤压它的经验世界中得出任何意义，因此屈从于"生命"这一盲目的、非启蒙的自然概念，而这个概念徒劳地企图提出一种含糊的、虚幻的"高于生活"的超越性。李凯尔特的西南学派最终中和了两个极端，宣称它的"价值"代表了比马堡学派的概念更为具体、更可行的哲学标准，并且发展出一套将经验现实和那些价值联系起来（不管多么牵强附会）的方法。然而价值的位置和来源仍不明确，它们处在逻辑必然性和心理多元性之间的某个地方，而不是依附于现实之中，也不是思维可以明确把握的东西，关于现象的本体论既不能追问价值"从何而来"的问题，也不能追问价值的"目的为何"。离开了唯心主义哲学的一揽子解决方案的是科学主义的哲学，它从一开始就放弃了唯心主义的基本问题，不再追问现实的构成，而是在分门别类的学科框架中仅仅批准了自然科学的有效性，因此也就意味着占有了既定物的可靠基础，无论它是意识的统一性，还是各门学科的独立研究。失去了和哲学史上的问题的联系，就忘记了它们自身的每一个陈述做出的假设都是和历史问题，和那些问题的历史联系在一起的，是不能独立于它们而获得解答的。

干预这一情境的哲学，是哲学精神以我们今天所知的现象学的名义做出的努力：在唯心主义体系解体之后，这一努力继续使用着唯心主义的工具——自律的理性，以获得一种跨主体的、结为一体的存在秩序。这是现象学的意向性的最深刻的矛盾，它竭力用主观的、笛卡儿之后的思维产生出的范畴来获得一种原本与这些意向性相对立的客观性。因此现象学在胡塞尔那里一开始就采取了先验唯心主义的形式，这绝不是偶然的，后来的现象学作品越是试图掩盖这一起源，就越是无法否认它。胡塞尔真正有创造性的成果——比看似有效的本质直观方法更重要的——是他在"直接给予性"（*unableitbaren Gegebenheit*）概念的意义中发现了理性和现实的关系这个根本问题。这个概念是实证主义学派发展起来的。胡塞尔从心理学中拯救出"原初给定的直觉"这个概念，并且在哲学的描述方法的发展过程中，他在一定程度上赢回了几个分散的学科研究长期以来失去的对有限的分析。但是，不容否认——胡塞尔并不讳言这一点，这也说明了他的伟大和坦荡——胡塞尔对给予性的分析依然处于隐性的先验唯心论体系中。对此胡塞尔最终说，"理性的判决"仍然是理性和现实关系中的终审法庭，因此胡塞尔的所有描述都属于这个理性王国。胡塞尔提纯了唯心主义，去掉了过量的思辨，并且用他能达到的最高的现实标准衡量它。但是他没有炸开唯心主义体系。和柯亨、纳托尔普一样，胡塞尔的王国是由自主的思维统治的，但是有一个重要的区别，胡塞尔否定了思维对创造力的声称，即康德和费希特意义上的自发性，并且像康德曾经做过的那样回到了它自身，占有了它能充分把握的范围。对最近 30 年的哲学史的传统解释倾向于认为胡塞尔现象学的这种自我退却是他的局限，认为它是一个发展的开端（这个发展最终走向了对存在秩序的研究计划），认为胡塞尔描述的意向性和意向对象的关系只是从形式上提出了存在秩序。我明确反对这种解释。向"质料现象学"的过渡只是看上去成功了，付出的代价却是其发现的可靠性——只有这种可靠性才能证明现象学方法的合法性。如果说，在马克斯·舍勒那里，永恒的基本真理会突然改变，最终放逐到软弱无力的超越性中，那么我们立刻就会认识到，"思维"的不停发问的"冲动"（*Drang*）只有在从谬误走向谬误的运动过程中才分有了真理。但是舍勒的令人困惑和不安的发展需要更为严格的理解，它不全然是个人思想的宿命。相反，它表明了现象学从形式的、唯心主义的领域向物质领域、客观领域的过渡是不连贯的，或者说是不完全确定的；舍勒哲学如此诱人地在封闭的天主教学说背景上构想出一个超历史的真理图景，但只要试图在现实中寻找它，这一图景就变得凌乱和破碎——然而，对现实的理解恰恰是构成了"质料现象学"纲领的东西。对我来说，舍勒最后的转向似乎才拥有了它真正的、典范的有效性，因为他认识到永恒的理念和现实之间的鸿沟，克服鸿沟的努力就把现象学带入了物质领域，它本身也成为物质的形而上学。这样一来，他就把现实扔给了和理念的天国有关系的盲目冲动，而这一关系仍然是黑暗的、成问题的，只留下一点点最微弱的希望。和舍勒一样，物质的形而上学也辩证地取消了自身。从本体论设计中存留下来的只有冲动的形而上学；他的哲学设计中留下来的"永恒"只属于没完没了的、无拘无束的运动。从现象学的这一自我取消的角度看，海德格尔的理论也不同于从要为其外部效应负责的情愫（*pathos*）中看到的表象。

在海德格尔那里，起码在他出版了的著作中，客观理念和客观存在的问题被主体问题取代了。物质本体论的挑战被还原为主体性的王国，并在其深处寻找着开放而丰富的现实中不可能有的东西。并非偶然，在哲学史的意义上讲，海德格尔恰恰求助于西方思想对主体本体论的最终计划：克尔恺郭尔的存在主义哲学。但是克尔恺郭尔的计划已经无可挽回地破碎了。任何有牢靠基础的存在都无法达到克尔恺郭尔的主体内心的不得安宁的辩证法。它打开的最终的深度是主体性瓦解之后的绝望，这种客观的绝望把主体性的存在设计转换为地狱的设计。除了向超越性的"飞跃"，它不晓得还能有什么别的路可以逃离这个地狱空间。这是一种不可靠的、空洞的思维行动，主观的行动；对它的最高规定是一个悖论，在这里，主观精神必须牺牲自己，保留信仰，可信仰的内容对主体来说纯属偶然，仅仅是《圣经》上的词句。海德格尔只有通过假定一种本质上非辩证的、历史上在辩证法之前的"上手的"（*zurhanden*）现实，才能避免克尔恺郭尔的命运。然而，主体存在的"飞跃"（即一种非辩证的"否定"）同样是海德格尔最终的合法性依据，区别仅仅在于，在海德格尔对存在物（*Vorfindlichen*）的分析中，他仍然坚持着现象学，并在原则上同克尔恺郭尔的唯心主义思辨决裂，从而避免了信仰的超越性（它同时被理解为主体的牺牲）；但是，海德格尔仅仅在死亡中才看到向着活力论的"如此存在"（*Sosein*）的超越性。随着海德格尔的死亡形而上学，现象学从舍勒的冲动理论开始的发展就盖棺定论了。同样无法掩盖的事实是，现象学将终结于活力论，而活力论恰恰是它最初宣战的对象：在齐美尔那里，死亡的超越性只和海德格尔的版本有一个区别，它还是心理学范畴，而海德格尔已经用本体论说话了。但是就材料本身而言，例如在对恐惧（"畏"）现象的分析中，是很难明确区分两者的。

与解释从现象学到活力论的过渡相一致，海德格尔也就能够避免对现象学本体论的第二大威胁：历史主义的威胁。他只需将时间本体论化，也就是说把时间本身设定为人的本质，而质料现象学在人身上寻找永恒的努力就这样得到了悖论式的解决：作为永恒的东西，只是时间性。现象学的要求只得到了那些范畴的满足，而那些范畴却是现象学想要摆脱的绝对统治：纯粹的主体性，纯粹的时间性。一旦"被抛"成了人的存在的终极状况，那么生命本身也就像它在生命哲学中那样盲目而无意义了，而死亡并不能给此岸一种肯定的意义。思维的总体性要求被扔回给了思维自身，最终在那里化为齑粉。唯一要理解的是海德格尔的存在范畴（被抛、畏、死）有多么狭隘，这些范畴其实并不能放逐掉生命的丰富性，而纯粹的"生命"概念就完全囊括了海德格尔的存在论蓝图。如果现象没有欺骗我们，那么随着海德格尔的进一步发展，现象学哲学就濒临着自身的最终解体。哲学第二次在存在问题上栽了跟头，无能为力。它不能将存在描述为独立的、根本的东西，就像它从前不能从存在自身展开存在一样。

我已经讨论了最近的哲学史，并不是要做一个全面的思想史的回顾，而是因为只有从问题和解答的历史纠葛中才能准确把握哲学的现实性问题。这仅仅意味着，在宏大的总体哲学的尝试失败之后，哲学本身还能不能是现实的？这里的"现实性"不是指含糊的"成熟"或不成熟，那不过是和思想的普遍状况有关的松散概念。"现实性"的意思要更为明确：在最近的伟大尝试失败之后，哲学问题和解答它们的可能性之间还有没有足够的空间？在这些问题上新近取得的可靠成果是不是说基本的哲学问题是不可解决的？这里不是在反问或者设问，而就是疑问。今天，任何不依靠现行思想条件和社会条件保驾护航的哲学，也就是说，只以真理为准绳的哲学，都发现自己面临着哲学的废除问题。科学，特别是逻辑学和数学，已经用前所未有的热情来清算哲学了。这种热切是极为重要的，因为独立的科学（包括数学的自然科学在内）早就去除了自然主义的概念框架。而在 19 世纪，这一框架使得科学居于唯心主义认识论之下，完全沦为认识论批判的内容。借助于锋利的批判和认识工具，最先进的逻辑学——我指的是石里克以来的新维也纳学派，现在则是卡尔纳普和杜布斯拉夫从事的研究，并且和罗素及逻辑分析学者有着密切关系——试图将所有可靠的、幅员广阔的经验知识都保留下来，并且认为所有在经验范围及其相对性之外的命题都只是同语反复，只是分析命题。按照这种观点，康德的先天综合判断的构成问题就变得毫无意义了，因为绝对不存在与这样的命题对应的事物；超出经验的验证能力的每一步都被阻止了；哲学就成了排列和控制各门科学的场合，而不允许它将任何本质的东西添加到科学发现上。作为这样一种"绝对科学的哲学"的理想（可以确定，不仅仅限于维也纳学派，也包括所有那些想要在唯科学方法面前捍卫哲学的观点）的补充和完成，其实它自己也认识到这样的要求是一种艺术形式的哲学概念：它在真理面前缺乏约束力，但更糟的是，它不懂艺术，审美能力低下。最好一劳永逸地消灭哲学，把它拆解为各门具体学科，而不要用诗学的理想来帮助它——那仅仅意味着用拙劣的装饰来掩盖错误的思想。

这里必须指出，认为所有哲学问题原则上都可以分解为各门科学的问题，这种观点并不像它看上去那样是没有哲学前提的。我只简单谈两个问题，它们是这一观点的基础并不理解的东西。第一个问题是"给予性"本身的意义问题。"给予性"是所有经验论的基本范畴，它也存在于从属的主体问题中，而主体问题只能用历史哲学的方式解答，因为给定的主体并不是非历史的同一的主体和先验的主体，而是假定了不断变化的、可历史理解的形式。这个问题在经验批判的框架中甚至没有提出，哪怕是最现代的经验批判，相反，它天真地接受了康德的出发点。第二个问题与此相似，但它被武断地解决了，没有任何说服力。未知的意识问题，异化的自我问题，这个问题经验批判只能用类比来解决，完全以个人经验为基础，而经验批判的方法事实上必然假定了它处理的语言中包含着未知的意识。只提出这两个问题，维也纳学派的理论就被拉回了它想要与之保持距离的哲学连续体之中。这并不否定该学派的极度重要性。我觉得，与其说它的重要意义在于它成功地把哲学转化为科学，不如说：它的重要性在于，它在哲学中的严格的科学陈述将那些不屈服于逻辑学和各门具体科学的哲学内容变得棱角鲜明。哲学不会变成具体科学，但是在经验论的攻击下，它不再追问那些披着哲学外衣、却属于各门具体科学的问题。我并不是要建议哲学放弃或削弱它最终重新获得的与各门具体科学的联系，获得这一联系可谓是最近的思想史得到的最幸运的结果之一。我的意思恰恰相反。哲学只有在各门具体学科的现有基础上才能理解问题的材料内容和具体形式。它不能高居于各门科学之上，仅仅把它们的"成果"当作最终完成的东西全盘接受下来，也不能远离各门科学，作为它们的中介。相反，哲学问题始终只存在于各门科学的最为具体的问题之中，这在一定意义上是不可消除的。哲学和各门科学的区分不在于它具有更高层次的普遍性，那不过是延续到今天的陈腐之见。区分既不在于哲学范畴的抽象，也不在于其材料的性质。核心的差异在于各门科学仅仅将它们的发现（至少是它们最终的、最深刻的发现）当作不可破坏的、静止不变的东西接受下来，而哲学却觉得它看到的第一手发现是一个需要揭秘的符号。说白了，科学的理念是研究，哲学的理念是解释。这是一个大悖论，也许永远无法消除：哲学一直号称真理，却不得不从解释着手，而且解释从来没有确切的答案。除了存在物的图谜中的转瞬即逝的蛛丝马迹及其令人惊讶的交缠，哲学没有任何给定的东西。哲学史只不过是这些交缠的历史，于是其"成果"寥寥。它总是得从头开始，因此不能缺少先前的时代织出来的最小的线索，正是通过这些线索，将密码转变为文本的基本轮廓已经完成。

因此，"解释"这个理念并不对应于"意义"问题，这是它最让人困惑的地方。哲学的任务并不是要表达一种实证的意义，即把现实描述为"有意义的"并证明其合法性。对存在物的任何一种合法性证明都被存在本身的碎片性所禁止。我们感知的现实形象可能是一个格式塔，但我们生活于其中的世界则不是。它完全不同于从感知的形象中得出的东西。哲学要解读的文本是不完整的、自相矛盾的、破碎的，其中的大部分都是瞎眼魔鬼派来的。其实，解读它也许正是我们的任务，通过解读，我们能够更好地认清魔鬼的力量并消灭它们。同时，解释的理念也不意味着有一个秘密的世界、一个将被现象分析打开的"第二世界"。思维世界和经验世界的二元论是康德陈述的，也只有康德之后的观念才将它归于柏拉图，其实柏拉图的理念天国是没有伪装的，是思维可以把握的。最好把这种二元论归于研究的理念而不是解释的理念。研究的理念假定，问题可以还原为给定的已知元素，而且除了答案什么都不需要。在现象世界背后寻找自在世界（作为现象世界的基础和支撑）的解释者犯的错误就像是一个人把谜语当成存在的镜子，想要在谜语背后找到存在的映像。相反，猜谜语的作用是点亮谜语之格式塔，照亮它并扬弃谜语，而不是继续存在于谜语背后并模仿它。真正的哲学解释并不满足于已经藏在问题背后的固定意义，而是突然将其点亮，同时又将其消灭。猜谜语是一种构成，把问题的各个分散的要素放进不同的组合，直至它们接近于一个图形，答案便呼之欲出，而问题就消失了。哲学也是这样，把它从各门科学那里拿来的各个要素放进一个变化着的星丛中，或者用较少天文学味道的、更科学的通行语言说，放进一个变化着的试验组合中，直至它们符合一个可以解读为答案的图形，与此同时问题就消失了。哲学的任务不是要寻找现实的或隐秘或显白的目的，而是要解释无目的的现实。也就是说，通过从分散的现实要素中建构出图形或图像的力量，它否定了问题；准确表述问题是科学的任务，但哲学始终与这个任务有关，因为它的照明力只有在这些坚固的问题的基础上才能点着火。这里人们可以发现，解释的哲学和最强烈地拒斥目的和意义的那种思想——唯物主义——之间存在着奇特的亲和力。通过对分解开来的要素的排列来解释无目的的东西，并通过这一解释力来照亮现实，这是所有真正的唯物主义知识的纲领，唯物主义的探讨越是忠实地执行这个纲领，就越是远离一切对象的"意义"，就越是和准宗教的隐秘意义划清界限。很久以前，解释就和意义问题分开了，换言之，哲学的象征已经衰败了。如果哲学要学会否定总体性问题，那么它就必须学会在没有象征功能的情况下工作——在象征功能中，长期以来，特殊似乎表达着普遍，至少在唯心主义中是这样。必须放弃宏大问题，大得想为总体性做担保的问题，而今天，解释从大问题的空疏网眼中漏走了。如果真正的解释只有从最小元素的排列中才能获得，那么它就不再是传统意义上的大问题了，或者仅仅在以下意义上是大问题：它把总体问题放在具体的发现之中，而那个发现原本似乎是总体的象征表达。小的、无目的的要素组成的结构就是哲学解释的基本假设；转向弗洛伊德所宣称的"现象世界的残渣"，这在精神分析领域之外也是有效的，就像进步的社会哲学转向经济学的有效性不仅仅在于经济学的经验至上性，还在于哲学解释本身的内在要求。假如哲学今天要探询物自体和现象之间的绝对关系，或者用更流行的话说，要探询存在的意义，那么它要么就是形式的、松散的，要么就分裂为若干可能的、任意的世界观立场的杂集。

然而，假定——我举个例子作为思想实验，而不意味着它实际的可行性——有可能把某个社会分析的诸要素组合成一个图形，那么它肯定不是有机地摆在我们面前，而是首先得设置它：商品的结构。这几乎不能解决物自体问题，甚至也不能像卢卡奇认为的那样，答案将揭示让物自体问题得以存在的那种社会条件，因为问题的真理内容在原则上就不同于造成它的历史条件和心理状况。但是，从商品结构的适当建构出发，有可能让物自体问题彻底消失。就像光源一样，商品的历史图景和交换价值的历史图景将解放现实的形式，该形式的隐含意义是物自体问题的研究无法认识的，因为从它一次性的、第一次的历史现象中根本不可能救赎出什么隐含意义来。我不想在这里具体论证了，我只是想指出我认为的哲学解释的任务的大致方向。就连正确地说明这些任务也确立了几件关于哲学原则问题的事情，而我不想对这些原则进行明确的表述。大致就是说：传统哲学研究指望有形而上学意义和象征意义的概念所做的事情，已经由历史之中构成的、非象征的概念完成了。于是，本体论和历史之间的关系也要重新提出了：在原则上，不允许仅仅用"历史性"的形式就将历史本体化为一种总体性，这就丧失了解释和对象之间的所有具体的矛盾，只留下戴着面具的历史主义。与此相反，按照我的看法，历史不再是理念"产生、脱颖而出、然后又消失"的地方。毋宁说，历史图景同时就是它们自身的理念，是构成了无目的的真理的构象，而不是说真理像目的一样出现在历史中。

但是我要中断一下思路：最可疑的普遍陈述莫过于这种想要排除抽象的普遍陈述的哲学了，它只在有必要过渡的时候才要求普遍陈述。相反，我要指出解释的哲学和唯物主义的第二个重要联系。我说谜语的答案并不是谜语的"意义"，因为这两者可以并存。答案包含在谜语中，谜语只描绘了它自身的现象，而它包含的答案是目的。此外，答案严格对立于谜语，它需要从谜语的要素中建构出来，并消灭了谜语。一旦答案揭晓，谜语就不再有意义，而成了无意义的。发生在猜谜过程中的这种运动是由唯物主义认真执行着的。认真的意思是说，不把答案错放在封闭的知识领域中，而是允诺了对答案的实践。解释给定的事实和消灭给定的事实是互相联系着的。这当然不是指在概念中否定现实，而是说建构现实的构象就总是立刻要求着现实的真正改变。猜谜语过程中的改变原因的"行动"——而不仅仅是解答——提供了唯有唯物主义获得了的解答的图景。唯物主义用哲学上有效准的名称来命名这一关系：辩证法。对我来说，哲学的解释只能是辩证的解释。当马克思指责哲学家们，说他们仅仅用不同的方式解释世界，并将其置换为改变世界时，那么这一判决的合法性不仅仅来自政治实践，还来自哲学理论。只有消灭了问题，哲学解释的可能性才能真正得到证明，而仅仅通过自身的思考是无法完成这种证明的；因此，问题的消灭逼迫着实践。至于从中明确分离出一种实用主义的概念，让理论和实践像在辩证法当中那样互相作用，则是完全多此一举。

　　我完全意识到，要详细阐述我提交给你们的纲要是不可能的。这种不可能性不仅来自时间的限制，更一般的原因在于，既然是纲要，就不可能事无巨细、面面俱到。不过，我清楚地认识到我有义务给你们几条建议。第一，哲学解释的理念并不会因为哲学的清算而萎缩——对我来说，哲学清算的标志是哲学最后的总体性要求的瓦解。因为要严格排除传统意义上的所有本体论问题，要避免使用不变的普遍概念（也许包括人的概念在内），排除精神的任何自足的总体性概念或自满的"精神史"；哲学问题专注于历史内部的具体复杂性，它们并不能与此分开——这些要求确实很像是很长时间以来被叫作哲学的东西的解体。当代哲学思维（至少就官方哲学而言）都远离了这些要求，或者试图将其纳入一种掺水的形式，而对占统治地位的哲学思维进行批判乃当务之急。我并不害怕我的"否定"被指责为不结果实的——用哥特弗里德·凯勒的话说，是华而不实的"姜饼话"（*Pfefferkuchenausdruck*）。如果哲学解释只能辩证地发展起来，那么攻击的第一个辩证观点就是那些问题浇灌出的哲学给出的——与其在那些问题的无数旧答案上增添一个新的答案，更要紧的是消除那些问题。只有以非历史的真理为目标的、本质上非辩证的哲学才会认为，只要把旧问题忘掉，就能消灭它们，并从头开始。事实上，开端的骗局恰恰是海德格尔哲学最先遭到的批评。只有和近来哲学和哲学术语学的解答尝试进行最严格意义上的辩证交流，才能真正改变流行的哲学意识。这一交流不得不主要从社会学那里取得具体的科学材料，并按照解释的分组过程的要求，从细小的、无目的的要素中结晶出来，无论如何，这些要素仍然和哲学相关。

据说，当代最大的学院哲学家之一是这样回答哲学和社会学之间的关系问题的：哲学家就像是建筑师，描绘房屋的蓝图，社会学家就像翻墙而入的窃贼，拿走了他能拿的一切。我很赞赏这一比较，而且想正面阐述社会学对哲学的作用。因为房子，大房子，基础已经烂掉很久了，不但危及住在里面的所有人，而且会让储存在里面的一切事物都消失，而许多事物是不可替代的。假如窃贼偷走了这些东西，这些独特的、几乎被人忘掉的东西，那么是做了好事，只要东西没坏。他不可能长期保存这些东西，因为他只想拿去换钱。当然，哲学解释对社会学的感激有几个限制。"解释哲学"的关键是要在现实裂开之前就造好钥匙。至于关键范畴的尺寸，它们是特别定制的。旧唯心主义的范畴尺寸太大，甚至插不进锁眼。纯哲学的社会学主义尺寸太小，钥匙倒是进去了，门却开不了。无数社会学家过于坚持唯名论，结果概念小得都没法让它们排成一行，都没法把它们排成星丛。剩下来的只有这一个个规定得非常不连贯的联系，它藐视一切认识秩序，并根本不能提供一条批判标准。例如，阶级的概念被宣布为无效，并代之以对各个群体的无数描述，这样一来，它们就再也不是互相交叉的统一体了，哪怕在现实中确实如此。无独有偶，最重要的概念之一，意识形态概念，也被夺走了锐利的锋芒，仅仅从形式上将它定义为特定群体的意识内容的约定，而不允许提出这些内容本身的真假问题。这种社会学是一种普遍的相对主义，在其中，普遍性不能够再成为哲学解释的对象，而要纠正这一点，哲学在辩证法当中有着足够的手段。

关于哲学对观念材料的操作，我有意谈到了分组和试验安排，谈到了星丛和结构。历史图景并不是存在的意义，而是消解和解决存在问题，但它们不是自我给定的。也就是说，历史图景并不有机地陈列在历史中，要认识它们并不要求直观（Schau，胡塞尔）或直觉。它们不是上帝送来让人接受和膜拜的。相反，人必须把它们制作出来，而其合法性归根结底在于现实将它们结晶为令人吃惊的明晰性（Evidenz，胡塞尔）。这里它们彻底同精神分析揭示的古代的神话原型分离了，而克拉格斯希望将古代原型保留为我们知识的范畴。就算有一百个共同特征，它们在一个关键点上分道扬镳：原型描述了人类头顶上的宿命的轨迹。历史图景则是可以设法改变的、可以理解的人类理性工具，哪怕它们看起来客观地排列着，像是客观存在的磁力中心。它们是模型，理性用这些模型来考察和检验，从而进入了一个拒绝服从规律，但仍次次模仿着模型的图样（只要图样刻印正确）的现实。这里可以看到重建由培根阐述的、为莱布尼茨时代所热情追求的哲学老概念的尝试，而唯心主义对这个概念嗤之以鼻，视为疯狂：这就是"发明的艺术"这个概念。任何别的模型概念都是神秘的、站不住脚的。但是，这一发明艺术的"器官"是想象。一种精确的想象，严格保持在科学提供给它的材料范围内的想象，并且只在科学排列的最细微方面超越科学：当然，想象本身必须先产生出这些方面。如果我想要为你们发展的哲学解释的概念是有效的，那么它可以表达为"要求用想象来回答预先给定的现实问题"，这种想象仅仅重新排列问题的要素，而不超越这些要素的范围，它的准确性受制于问题的消失与否。

我完全知道许多人，也许是你们当中的大多数人，都不同意我在这里说的。就哲学的任务而言，我的信念不仅和科学思维相矛盾，也不符合基础本体论。但是，这种致力于与客体的关系（而不是其有效性本身）的思想已经习惯于不驳斥那些自以为是的反对意见，而是通过自己的丰富性（在歌德使用这个词时的意义上）证明自己的存在权利。不过，我还是要对最常见的反对意见说几句，不是按照我对它们的分析，而是按照基础本体论的代表性陈述：是它们最先引导我陈述上面的理论的，迄今为止，我的哲学解释实践只按照这一理论进行。

核心的反对意见是说，我的观念也建立在人的概念、一种存在的蓝图的基础上；只不过，据说是出于对历史力量的盲目恐惧，我并没有清晰地表述这些常量，让它们依旧被遮蔽。相反，我把实际上属于这些不变的、本体的第一原理的那种力量赋予了历史的事实性或者历史的设置，就造成了对历史产生的存在的偶像崇拜，破坏了哲学里的所有不变的标准，把哲学升华为一种审美的图画游戏，把第一哲学变成了随笔写作。

在答复中，我会承认这些意见指责的内容，但是我认为它们在哲学上是合法的。我不会明确我的理论是以哪一种人的概念或存在概念为基础的，但是我会否认诉诸这些概念的必要性。绝对的开端，只有纯粹的思想自己能够设定的开端，这是唯心主义的要求。这是笛卡儿的要求，他相信有必要把思想提升到"思想前提和公理"的形式水平上。然而，哲学不再假定自主性，不再相信现实是以理性为基础的，相反，它始终假定：自主理性的立法穿透的是不充分的存在，不足以构成合理的总体性——这样的哲学不会走完理性前提的道路，而是停在不可还原的现实挡住它的去路之处。如果它继续走向前提的领域，那么它只能形式地获得那些前提，付出的代价则是现实，而哲学的真正任务在现实之中。不可还原之物的闯入，具体地、历史地反复发生了，因此是历史延缓了思想走进它的前提的运动。思想的创造力只能在历史的具体性中辩证地证明自己。思想和历史都在模型中交往。为了获得这一交往形式，我并不在意被指责为随笔作家。英国经验论把他们的哲学文章叫作随笔，莱布尼茨也是这样。因为刚刚打开的现实的力量，让他们的思想不断碰壁的力量，不断迫使他们冒险一试。直到康德之后的世纪，试验的风险才随着现实的力量的消失而消失了。这样一来，随笔就从伟大的哲学形式成为一种无足轻重的审美形式，解释的详细阐述就只能在随笔这种表象中避难，而真正的哲学忙于处理宏大的问题，长期冷落了表象。

如果说，随着大哲学中的所有可靠性的瓦解，试验找到了入口，如果这些试验同美文学的随笔的那些有限的、轮廓分明的、非象征的解释结合起来，那么这不应受到谴责——只要正确地选择对象，也就是说，只要它们是现实的对象。因为精神尽管确实不能创造或把握现实的总体，但是它有可能穿透细节，于细微处炸开硕大的现存现实。

2.《道德底线》（节选）①

献辞

我献给我的朋友的这一作品属于"忧郁的科学"，而自打无法追忆的年代起，这门科学就被认定为哲学的真正领域。但是，鉴于哲学已经转变为方法，关于美好生活的教诲便沦为不受知识界待见的、掉书袋的怪诞思想，最终干脆被彻底遗忘了。哲学一度称之为生活的东西已经变成了私人领域，最终仅仅变成了消费领域，而这个领域不过是物质生产过程的附庸，既没有自主性也没有它自身的内容。谁要是想在直接的生活中认识到生活的真理，就必须仔细考察其异化形式，即决定着个人生存（乃至其内心最深处）的客观力量。直接谈论什么是直接性，就无异于那些怀着一种像喜爱廉价珠宝似的陈旧热情来操纵自己笔下的提线木偶们的小说家——小说家让那些充其量不过是机器零件一样的人物行动起来，却依然假装他们具有主体的行动能力，假装情节的发展真的取决于他们的行动。我们对生活的观点已经移交给意识形态，这种意识形态掩盖着"生活早已不存在"这个事实。

然而生活和生产的关系完全是荒谬的，实际上，它已经把生活贬低为生产的暂时的假象。手段和目的交换了位置。对这一颠倒的替代物的微弱直觉尚未完全从生活中消失。被损害和被降格的本质不屈不挠地抵

---

① 《道德底线》一书首次出版于 1951 年，是阿多尔诺的成名作。见《阿多尔诺全集》第 4 卷。

抗着将它变为幻象的魔法。生产关系本身的变革基本上有赖于"消费领域"发生的事情——尽管"消费领域"不过是生产的反映，不过是真正的生活的讽刺漫画：变革有赖于个人的意识和无意识。人只有对立于生产，只有作为某种尚未被生产秩序彻底包围的存在，才能成为更有价值的人。如果消费领域本身维护的生活假象也被消除殆尽，那么绝对生产这个怪物就将大获全胜。

尽管如此，生活在多大程度上成为假象，从主体出发的思考本身就有多虚假。因为在历史运动的当代阶段，君临万物的客观性仅仅包含了主体的消解，而没有用新的主体形式代替之，所以个体的经验就必然是以旧的主体为基础的——也就是遭到了历史的谴责的那种主体，它仍然是自为的主体，却不再是自在的主体。主体还以为自己的自主性安然无恙，殊不知，虚无——集中营向主体展示的那种虚无——已然吞没了主体性本身的形式。主体的反思，哪怕是批判地警惕着主体自身的那种主体的反思，里面都充斥着某些伤感的、无政府主义的调调：对世界进程的一声哀叹，这一哀叹之所以要被抛弃，不是因为其虔诚，而是因为哀叹着的主体威胁说要强化自身的如此存在，因而它将再次实现世界进程的法则。对人自身的意识状况和经验的"忠诚"永远面临着堕入"不忠诚"的诱惑，即否认任何超越了"个人存在"的观点，并且用名字称呼实体。

因此，黑格尔——本书思想的方法论来源之一——反对一切主体性水平上的单纯的自为存在。辩证法憎恨一切孤立的东西，它绝不承认单纯的格言。充其量，能容忍了它们作为"谈话"（借用《精神现象学》序言里的措辞）的存在。谈话的时代已经一去不复返了。尽管如此，本书既没有忘记体系的总体性声明（它不为体系之外的任何东西苦恼），也没有忘掉它抗议了这一声明。黑格尔没有尊重主体的要求，而他本应该热情捍卫这一要求的：这种存在停留在"事情"里，不是"永远脱离事情"，而是"掌握事情"。如果说如今主体正在消失，那么格言就得担负起"将自身在消失的东西指认为本质的东西"的重大责任。格言坚持着否定——尽管它们跟黑格尔的处理方式相反，然而却符合他的思想：
"神只当它在绝对的支离破碎中能保全其自身时才赢得它的真实性。精
神是这样的力量，不是因为它作为肯定的东西对否定的东西根本不加理
睬，犹如我们平常对某种否定的东西只说这是虚无的或虚假的就算了事
而随即转身往他向不再闻问的那样，相反，精神之所以是这种力量，乃是
它敢于面对面地正视否定的东西并停留在那里。"

　　黑格尔常常对个人不屑一顾，然而足够荒谬的是，这种与他自身的
洞见相矛盾的轻蔑姿态源自他和自由主义思想的必然纠葛。总体和谐是
通过其中的各种对抗才达到的，这一观念迫使黑格尔将个体化的地位摆
在总体的建构之中的较低地位，不管他多少次指出个人是过程的驱动要
素。在史前史中，由于个性的消亡，客观趋势始终压在人的头上，思维
中建立起来的普遍性与特殊性之间的"和解"并未在历史中实现。这一
事实却在黑格尔那里被扭曲了：他高贵冷酷地再度选择了清除特殊性。
他的著作在任何地方都没有质疑"总体的首要性"。在历史中，从反思的
个体化向光荣的总体性的转变越是像它在黑格尔的逻辑学里那样可疑，
哲学就越是热心地坚持把客观趋势的胜利大进军当作存在的合法性证明。
个体化的社会原则发展为宿命的胜利，这一点就为哲学的上述做法打开
了方便之门。鉴于黑格尔把"市民社会"及其基础范畴"个人"统统实
体化了，他不可能真正处理好两者之间的辩证关系。显然，他和古典经
济学一样认识到，总体性从其成员的不同利益的对抗性关系中生产及再
生产自身。但是他天真地以为个人是不可还原的既定物，虽然他的认识
论刚刚拆除了这一观点。然而在个人主义社会中，普遍性不是通过特殊
性的相互作用实现的，相反，社会在本质上是个人的内容。

　　因此，社会分析从个人经验所能学到的东西要比黑格尔承认的多得
多，与此相反，大的历史范畴尽管同时也得到了个人经验的帮助，却终
究再也不能逃脱诈骗的嫌疑。自从黑格尔的观念形成以来，已经过去了
150年，抗议的力量再度交到了个人的手上。同父权制下的贫乏（这是
黑格尔的处理方法的一个特征）相比，个人业已赢得了如此多的丰富性、

差别化和活力；而另一方面，个人被社会的社会化削弱了，内心被掏空了。在个人衰败的时代，个人对他自己、对周遭一切的经验可以帮助他重新认识社会，但是只要个人继续坚定不移地把他自己当作实证分析的主导范畴，就会遮蔽上述认识。面对以"消除差别"为己任的极权主义大合唱，解放的社会权力也不得不暂时退回到个人领域。停留在其中的批判理论并不会良心不安。

上述这一切都不是要否认本书这一尝试的可争议之处。本书大部分写于战争期间，是在被迫沉思的条件下写就的。迫使我流亡的那一暴力同时也阻碍了我对该暴力的充分认识。我不会承认自己是那些人的同党：因为集体遭遇的事情太难以启齿，只好讲述着完全是个人的事情。

本书共有三个部分，每个部分都是从最狭隘的私人领域——流亡知识分子的经验——开始的。随后是范围较大的社会思考和人类学思考，涉及与主体有关的心理学、美学和自然科学。结束每个部分的那些格言将主题引向哲学，但并不自居为结论和定论：这一切都旨在标明攻击的目标，或是为未来的思想操演做个表率。

写作本书的直接动因是马克斯·霍克海默的五十岁华诞（1945 年 2 月 14 日）。创作发生在这样一个历史阶段：由于外部环境的缘故，我们不得不中断我们的工作。本书希望可以通过拒绝承认这一中断来表达谢意和忠诚。它是内心对话的证明书：书中的每个主题都不仅仅属于有空执笔撰稿的人，也同样属于霍克海默。

《道德底线》的特殊方法，亦即从主观经验出发来表达我们共同的哲学观念的尝试，意味着这些段落不完全符合哲学的标准，尽管它们是哲学的一部分。这些段落不但形式上松散、没有联系，而且拒绝明确给出其理论联系，就表明了这一点。同时，这种禁欲主义风格应该能够补偿本书的某种不正当性——一个人独自继续完成只能由两个人共同完成的任务，我们不曾放弃的任务。

22. 婴儿和洗澡水

很久很久以来，文化批评的核心主题之一就是谎言问题：文化制造了一个有人性价值的社会的幻象，但这一社会是不存在的；它掩盖了一切人的产物赖以建立的物质条件；为了寻找安慰和减轻痛苦，文化最终保留了决定日常生活的坏的经济条件。这就是把文化视为意识形态的观念，而在这方面，资产阶级的暴力学说与其反面（尼采等）似乎都成了一丘之貉。然而，恰恰是这种观念，像一切反对谎言的告诫一样，本身就有成为意识形态的可疑倾向。这一点在私人领域是很明显的。关于"金钱及随之而来的冲突"的思想总是深入到最诚挚的、最崇高的精神关系之中。本着逻辑的自洽和对真理的热情，文化批评要求将这些关系彻底还原到它们的物质起源，认为这些关系是无情地、公然地根据参与者的利益形成的。由于意义总是不能脱离其起源，因此很容易在一切掩盖或中和了物质关系的东西当中辨识出伪善，多愁善感的痕迹，其实是被掩盖的，因而毒性倍增的利益的痕迹。如果谁想要彻底按照这一观念来行动，那么他就将一切真理连同虚假的东西一起根除了，就根除了一切不管多么弱小，却依然敢于试图逃出普遍实践之罗圈的东西，根除了一切对更高贵的状况的异想天开的期盼，最终就直接产生了野蛮——而文化一直被谴责为间接助长了这种野蛮。在尼采之后的资产阶级文化批评家那里，这种始料未及的颠倒总是很明显的：斯宾格勒热情地为之背书。一旦治愈了社会民主党对文化进步的信念，马克思主义者面对着高涨的野蛮主义大潮，总是忍不住要把它宣布为"客观趋势"，他们甚至寄希望于从他们的死敌那里获得拯救——据说，后者在"对立"的伪装下面，盲目而神秘地安排了一个大团圆结局。用物质因素来反对成了谎言的精神，这就跟服从于内在批评的政治经济学扯上了一种可疑的亲近关系，堪与警察和黑社会的共谋关系相媲美。自从放逐了乌托邦并提出理论和实践相结合的要求以来，人们就变得太过实际。对理论无能的恐惧成了膜拜全能的生产过程的借口，因此完全坦白了理论的无能。今天的商业精神与冷静的批判越来越像，粗鄙的唯物主义和另一种唯物主义越来越难以分辨，甚至连主体和客体都越来越分不清了。——把文化仅仅等同于谎言，这是一种灾难；而在文化已经彻底被谎言同化了的今天，这一灾难最为致命：今天，文化热切地呼唤着这种同一性，以便招安一切抵抗这种同一性的思想。如果物质现实被称作交换价值的世界，那么文化就是拒绝接受这一统治的东西，只要现状还继续存在，那么这一拒绝就是虚假的。既然连自由和平等的交换本身都是谎言，那么拒绝该谎言的东西同时就是真理：在商品世界的谎言面前，就连否认这一谎言的谎言也成了矫正物。不能在文化迄今为止的失败的基础上让它继续失败：就像童话故事里的女孩那样，往溢出的啤酒上撒面粉。互相属于彼此的人类既不应对他们的物质利益保持沉默，也不应将他们自己还原为他们的最小公分母，而应该反思地理解他们的关系，进而超越这一关系。

29. 小果实

普鲁斯特的礼貌在于他能让读者免于"自认为比作者更聪明"的窘境。

19世纪的德国人画出他们的梦，结果总是蔬菜。法国人只需要画个蔬菜，就已经是梦了。

盎格鲁撒克逊国家里，妓女看起来既免除了地狱的惩罚也免除了罪。

美国的风景之美：整个国家的幅员辽阔铭写在哪怕是最小的一块土地的表达中。

在移民的记忆中，每份德国烤鹿肉尝起来都像是充满了《魔弹射手》里的魔弹。

在精神分析中，没有什么是真的，除了它的夸张。

听风就能知道一个人是不是幸福。风让不幸福的人想起他们的房子弱不禁风，让他们辗转反侧，噩梦连连。对于幸福的人来说，风吟唱着安全保障之歌：呼啸不过证明了它没有威胁。

我们在梦里经常碰到的那种"沉默的喧闹"，在我们醒来的时候就在报纸的头版上嘟嘟作响。

神话里的灾难信使在广播里复活了。播音员以强硬的口吻广播的重要新闻全是灾难。在英国，"庄严"（*solemn*）一词意味着"正式"和"肃穆"。播音员背后的社会权力背对着听众。

最近发生的事情总是呈现为劫后余生的样子。

历史在事物中的表达仅仅是对过去的折磨的表达。

在黑格尔那里，自我意识是自我确定性的真理，按照《精神现象学》的说法，是"真理自家的王国"。即使资产阶级不再理解这一点了，他们的自我意识起码还在拥有财富的骄傲之中。今天，自我意识仅仅意味着把"自我"反思为难堪和耻辱，是一种无能的感觉：知道自己什么都不是。

在人群中说"我"，这已经是一种无礼的行为了。

你眼睛里的碎片是最好的放大镜。

最卑贱的人也能认识到最强者的弱点，最愚蠢的人也能认识到最聪明的人的千虑一失。

性伦理的第一和唯一原理：控方永远是错的。

总体是虚假的。

100. 在水面上

追问社会解放的目标的人，能得到的回答要么是人的可能性的实现，要么是生命的丰富。然而，正如不可避免的追问是不合理的，信誓旦旦的回答也就不可避免地令人厌恶——这令人回想起 19 世纪 90 年代那些大胡子的自然主义者阐述的社会民主党人的人格理想，他们可没赶上好时候。温柔只存在于最严厉的要求中：任何人都不该再挨饿了。别的任何追求都适合于一种由人的需要决定的社会条件，一种以生产本身为目的的人的活动方式。在无拘无束、充满活力和创造性的人类理想中，恰恰渗透进了在资产阶级社会中带来一成不变的压抑、无能和贫乏的商品拜物教。活动的概念是资产阶级社会的"非历史性"的必然补充，却被拔高为绝对；而在获得解放的社会中，作为对生产法则的人类学反思，活动一定会对人的需要采取批判的态度。不受节制的活动，永不停歇的创造，活力充沛的永不满足，疯狂忙碌的自由——这些概念是从资产阶级的自然概念中生长出来的，而自然概念只会有助于宣扬社会暴力是不可改变的，是有益的永恒的一部分。恰恰是在这一点上（而不是在所谓绝对平均主义中），马克思反对的那种实证社会主义蓝图建立在了野蛮的基础上。人们在优裕的生活中慵懒不堪，这并没有什么可怕的；打着普遍人性的旗号，让野蛮蔓延到全社会，让集体成为狂怒的盲目行动，这才真的令人恐惧。天真地把发展仅仅设想为生产的不断增长，这本身就是资产阶级的狭隘视界，只允许发展在一个维度上进行：资产阶级被整合到总体性之中，居于量化的统治之下，所以它敌视质的差异。如果我们把社会的解放设想为从那个总体性中解放出来，那么它的地平线就根本不同于发展生产以及它在人的头脑中的反映了。如果说，毫无节制的人根本不是最舒适、最自由的人，那么挣脱了锁链的社会大概就会想到，就连生产力也不是人的最终基础，而仅仅代表了与商品生产相适应的人的历史形式。也许，真正的社会将厌倦于发展，并且为了自由，不去利用各种可能性，而不是在征服外星球的盲目强制下狂飙突进。不知匮乏为何物的人类将开始懂得，迄今为止致力于消除匮乏的一切举措有多么虚假和无效，因为它用财富再生产出了更大程度的匮乏。只要人的享受还摆脱不了运作、筹划、追求成功和征服这一模式，享受本身就会受到影响。像动物一样无所事事，躺在水面上，宁静地望着天空，"活着，仅此而已，别无其他，没有其他愿望和满足"，这将取代所有的盘算、忙碌和满足，真正兑现辩证逻辑的回归本源的许诺。没有哪个抽象概念比"永久和平"的概念更接近圆满实现的乌托邦了。观察到进步的异轨的人，如莫泊桑和施特恩海姆，曾经怯懦地表达了这一意向，但也仅仅允许它出现一些片段而已。

153. 终曲

　　面对绝望，唯一能负责任地投入实践的哲学就是从救赎的立场来思考一切事物将如何呈现。唯有救赎之光能让认识照亮世界：其他的一切都不过是复建，仅仅是技术而已。一定要形成若干观点来重置这个世界并使之变得陌生，这些观点将揭示世界之本来面貌，揭示其中所有的裂痕与罅隙，让它们就像有朝一日在弥赛亚的光芒照耀下那般拙劣不堪。要形成这样的观点，不能凭借主观意愿，不能有任何暴力强制，而只能完全通过接触对象带来的感受：这是思想唯一的任务。这是最简单的事，因为现状迫切要求这样一种认识，实际上，一旦现状正对着完全的否定，就会描绘出其反面的镜像。但是，这也是完全不可能的事，因为它设定了一种远离尘嚣的立场，哪怕它离存在领域只隔着一根头发丝儿的宽度，但我们知道得很清楚，任何可能的认识如果想要成为可靠的知识，就不仅要首先挣脱现存的东西，而且也要因此染上认识原本要摆脱的那种拙劣不堪。越是为了绝对之物而热切地否定有对之物，就越是无意识地、如此灾难性地被发配到尘世中来。即使是为了可能性的缘故，它最终也必须理解自身的不可能性。不过除了对思想的要求，救赎本身的现实性或非现实性的问题本身几乎完全无关紧要。

3. 为什么还要有哲学 ①

对于"为什么要有哲学"之类的问题，我本人是有责任回答的。当然我不是听不出这个问题的业余。大多数人期待的回答大概是这样的：先罗列各种想象得到的困难和保留意见，最终诞生出一个肯定的结论，并加以适当的限制，从而回答了设问的问题。这种太过于熟悉的套路表现出了顺从的、为现实辩护的态度，用肯定的语言表述并依靠事先达成的一致。那确实是人们对一位专职的哲学讲师的期待，他的生活全部依靠继续从事这样的研究，而任何相反的建议都将伤害他的切身利益。然而，我有权利提出问题，哪怕我并不知道确切的答案是什么。

如果谁想捍卫一种古老的精神，认为它没有过时和落伍，他的处境都不妙。提出来的证据似乎都是跛脚的、夸张的。他向听众的说辞听起来就像是在推销某种他们不想要的商品。这一缺点被那些不打算被劝离哲学的人考虑在内了。他知道现代技术——既是比喻意义上的"技术"，又是本义上的"技术"——不适合控制我们的生活，而我们却逃不开、挣不脱技术的纠缠。哲学再也不是超越技术事务的文化媒介，像它在黑格尔的时代那样，比方说，有那么几十年，德国知识分子的紧密小圈子用共同的哲学语言交流着观念。自从康德去世，哲学头上就笼罩着阴云，因为它没有跟上其他更为精密的科学的步伐，尤其是物理学的步伐，从而丧失了领头学科的公共地位。这一趋势和教育中的人文研究的价值危

---

① 本文最初是阿多尔诺 1962 年写的一篇广播谈话稿。收录于《冒犯：九个批判模型》（1962），载于《阿多尔诺文集》德文版第 10 卷（下册），第 459 页起。

机有关，在这个问题上我不能多说。康德学派和黑格尔学派的复兴对这一局面并没有什么实质性的改变，而他们两人的学说中那些气势宏伟、给人深刻印象的方面也并没有充分表现出来。最终，在专业化的普遍要求中，哲学也陷入了专家研究的常规，成了对纯理论的研究，而一切偶然的内容都被清除掉了。这就否定了最初的哲学概念——精神的自由，或者说，拒绝承认技术科学的至上性。与此同时，通过拒斥固定的内容，哲学要么成了关于逻辑或科学的形式理论，要么成了脱离一切存在物的纯粹存在的神话，这样一来，一旦面对我们周围世界的社会客观对象，"纯"哲学就宣布自己破产了。在这方面，当然，哲学只不过是使一个与它自身的历史发展过程相匹配的判决生效。整个哲学的影响范围一直在缩小，并屈服于科学的方法，所以它几乎没有权力选择自己到底是成为一门科学呢，还是继续在狭小的、被容忍的飞地上苟延残喘，其实已经有违它的初衷了——成为普遍的真理体系。牛顿物理学当初也是被认作"哲学"的。现代科学精神会认为它是古代的遗迹，是古希腊的思辨的残余，在其中，对自然现象的大胆猜测和对事物本质的崇高的形而上学见解还混在一块儿，分都分不开。因此，有些坚决果敢的灵魂宣布这种不合时宜的古代玩意儿才是唯一真正的哲学，并且志在恢复它们曾经的卓越地位。但是这些幻想着能在过去的和谐统一中治好自己的精神分裂的头脑弄错了它所追问的本质。它有点儿像是选择用原始的语言来工作。在哲学中，也和别的地方一样，复辟是注定要失败的。因为哲学既要防止自己变成文化的夸夸其谈，也要防止自己变成意识形态的巫术咒语。无论是按照科学方法建议的路线进行的专家工作，还是其他人引以为豪的存在研究，都不能认为是哲学。最终，摆脱了所有那类货色的哲学方法就与时髦的思想针锋相对了。但它同样也摆脱了一切为现实辩护的色彩。哲学思辨如果满足了真正的形而上学探询的目标，而不是顺从地躲在哲学史的事实背后，就从反抗现代方法论中汲取了力量，并且用这一力量来反对今天对周围的物质世界的淡然默许。

就连哲学思辨迄今获得的最伟大的胜利，以黑格尔的著作为代表的那种胜利，也不再能够控制我们了。与公共舆论的范畴相一致——这适用于每一个人——恰恰是那些从事公共属性的活动的人，恰恰是那些辩证法的大师们，引用黑格尔的差异原则（differential dicta）。没有任何意见取决于个人的信念。观点内在于主题材料本身采取的方向，它全部的运动自由以及我们跟着它思考的自由：这不是任何别的权威规定的，而就是黑格尔本人规定的。传统哲学方法要求的全面性、综合性最终达到了"凡现实的都是合理的"这一观点，这跟它的辩护性质是分不开的，但辩护达到了荒谬的地步。哲学声称是一个包罗万象的体系，就要冒着一系列疯狂欺骗的危险。它立即放弃了无所不知的声称，放弃了它已经将一切真理包含在它自身中了的观念，从而否定了哲学自身的传统的全部重量。这是它为了用欺骗来交换现实而必须付出的代价，于是它清除了自身的所有疯狂观念，并把现实和理性联系起来。于是它失去了自足的、有说服力的辩护证据链。它在社会中的位置——它应该致力于提升这一位置而不是要放弃这一位置——和它自身的绝望的要求是一致的，也就是说，哲学想要为今天用陈腐的"荒谬"一词来定义的东西下定义。哲学被一种对万物负责的责任感引领着，但这种责任感不应该再要求绝对的统治地位，事实上应该放弃所有这样的观念，只有这样，哲学才能既不背叛万物，也不牺牲真理概念本身。哲学的领域就在这些矛盾之中。这些矛盾赋予哲学一种否定的性质。康德著名的论断"批判的道路是唯一仍对我们开放的道路"属于这样一种命题：产生了它们的哲学经过了它的检验；这是因为谚语或格言比构想出它们的体系活得更久。批判概念本身确实可以被包括在瓦解于现代的诸多哲学传统之列。但与此同时，每种知识的舞台都遭受了科学专业化的如此严重的入侵，以至于哲学式的思辨总是伴随着一种迫害情结和挥之不去的恐惧：它不应该再拒绝成为一个浅薄的行业。而在它确实说明了现实的某些实质方面的任何地方，原初真理的概念便抬起了它反动的头颅，并贪婪地咽下它不应得到的夸奖。我们的世界越物化，我们掩盖自然之面貌的面纱也就越厚，围绕那一面纱编造出来的概念就越是被接受为这个世界的、自然现象的唯一真

正的经验。自从被自吹自擂的前苏格拉底时代以降，传统哲学家们扮演
的角色就是批判。对色诺芬尼学派来说，存在概念是过时的（不像今天，
与任何固定的哲学观念相反，存在概念想要从神话内容中解放出自然的
力量）。然后，亚里士多德看到柏拉图主义想把一个命题提升到存在本身
的地位。近代以来，经院哲学家的教条被笛卡儿批判为"只不过是些看
法"。莱布尼兹成为经验方法的批判者。然后，康德同时驳斥了莱布尼兹
和休谟，黑格尔批判康德，马克思反对黑格尔。在所有这些例子中，批
判都不仅仅是为"筹划"（用三十年前的存在论行话说）添加的各种调料。
它并不试图记录下可以按照趣味或倾向来选择采纳的各种态度。相反，
它存在于有说服力的论证之中。这些哲学家在批判中表达了他们自己的
真理。为建构哲学史的统一性奠定基础的，是批判，而不是消极接受现
成的公认理论、不同问题之间的统一要素和每一论证中都有的成分。在
这一批判进路的进步连续体中，甚至那些以所谓永恒性、非时间性、真
理性为基础的哲学当中也凝结着它们的时代的形而上学思想。

现代的哲学批判应该在两大思想学派面前进行。在我们的时代精神
中，这两派思想的作用已经超出了学术圈了——不管它们愿不愿意。它
们彼此对立而又互补。尤其是在盎格鲁撒克逊世界，自维也纳学派开
始的逻辑实证主义实际上已经取得了垄断地位。由于它明显贯穿始终的
启蒙功能，它是现代的思想：在此意义上，作为最适合技术科学思维
时代之需要的学说，它吸引了许多人。它不能吸收的——不可消化的残
余——是形而上学的后裔，它不屑一顾的神话的遗迹——或者，用那些
对它一窍不通的人的术语来说：艺术。与之相反，主要是在日耳曼国家
中，是存在论的方法。存在论这个词本身有些过时了，至少从海德格尔
的《存在与时间》之后的著作看来是如此。海德格尔的方法是"古希腊
的"，而他的法国变体"存在主义"用启蒙精神和政治责任感重塑了存在
论的框架。实证学派和存在学派互相对立。一方面，海德格尔的学说被
实证学派重要的代表人物之一鲁道夫·卡尔纳普指责为"毫无意义"（顺
便说一下，这个指责并不公平）。另一方面，实证思维被海德格尔牌的存

在论者认为是"遗忘了存在本身":企图将最根本的问题庸俗化和贱卖。太沉溺于存在的事实本身——这是实证主义观点的工具——会弄脏使用工具的那些人的手。更令人吃惊的是,这两大立场有合流的趋势。形而上学是他们共同的敌人。由于它严重逾越了已知范围的界限,因此是实证论者无法容忍的:顾名思义,实证主义坚守着实际存在的东西和被认可的证明。这毋庸多言。但是,被视为传统形而上学的海德格尔也公然试图让他的著作远离形而上学的影响。他把哲学叫作形而上学,至少是亚里士多德时代之后的哲学(如果不是从柏拉图开始的话),因为他区分了存在和存在者、概念和意义——也可以用海德格尔本人不会同意的语言说:他把主体从客体那里区分出来。"思"试图分析、隔离和打破描述概念的词语所意指的东西——一句话,黑格尔说的"概念"的运作和劳作;"思"试图把背叛了存在的哲学、已经不可救药无法再修改完善的哲学直接等同于存在本身的性质所规定的"存在"。在这两个方面,实证主义理论和海德格尔的理论(至少他的后期作品)的趋势是反思辨的。独立地产生于事实并指示了事实的"概念"、不能和事实分开(即不能不留下任何一点事实的残留)的"概念"被污蔑为徒劳无功的思考:按照海德格尔,西方思想的历史演进所规定的思维方式实际上缺失了真理。真理自身是显露的,却被遮蔽了。正确的"思"不过是对真理的观照能力。归根结底,哲学的终审上诉法院是古文献学。既然认识到两者都厌恶形而上学,那么海德格尔在基尔的学生瓦尔特·布洛克纳的尝试也就没有乍听起来那么荒谬了:布洛克纳想要把实证主义和存在哲学结合起来,一方面,把全部存在领域都留给实证主义理论,另一方面,用一种精心设计的神话学的形式将存在哲学的原理叠加在该领域之上,即叠加在更高的层次上。在他看来,海德格尔哲学主打的存在概念似乎越来越接近于给被动消极的意识造成的印象,它就像实证主义者眼中的感官材料一样,独立于主体的中介。对双方来说,思维过程都是一种必要的恶,都不太尊重它,认为它有走火入魔的危险。思想丧失了作为独立性的力量。理性的自律消失了,因为它不满足于自己只是在测量、比较现在和过去的数据，并调整自身以适应这些数据。同样，思想自由的概念也消失了，事实上，连人类社会的自我决定概念也消失了。大多数实证主义者，要是他们没有深深浸染人文主义倾向的话，就将被迫在实践中设计若干对存在事实的适应形式，让思想毫无用武之地，把思想变成预测和分类。在海德格尔那里，思想只是一直不断复述着的存在模式的一个恭敬的、虔诚的、无意义的、消极被动的聆听者。它没有权利批判，被迫无条件地向存在概念指向的具有至高无上权力的万物投降。海德格尔认同希特勒的"元首国家"并非机会主义的行动，认为它符合精神的一种哲学态度："元首"和"存在"的统治权力实际上是同一的。

从不可追忆的年代起就有的哲学，作为一种批判方法的哲学，作为对不断扩张的他律之影响的一种阻遏，哲学还有没有存在的必要？按照哲学自身的真假标准，哲学思想是否在徒劳地维持它自身的统治，它是否已经皈依了一种虚假的神话和顺从的适应？除非哲学被禁止这么做，比如在古罗马后期的基督教的雅典，哲学都应该为精神的自由和解放提供避难所。然而，对于能否打破在全世界范围内窒息着物质自由和精神自由，并一直深刻影响着哲学讨论和论争的基础的政治趋势，哲学并不抱任何希望。无论如何，概念内容上的变化总是反映了某些外部现实。但是，假如两个对立的学派都排除了真理，并且用一种强制的方式，那么这不仅仅为绝望的哲学锁链增加了新的一环，也为消除奴役和压迫的希望带来了新的根据——恶并不需要哲学去证明它是恶，证明它的存在。批判的任务始终是证明哲学的两大思潮是真理的两个分开的、不完整的、不可调和的方面，真理在历史发展的道路上分裂了。然而两者几乎不可能融合起来，像人们常说的那样"综合"，但它们需要分别加以内部的反思。实证主义理论的错误在于它把社会强加的各门科学之间的分工当成了真理本身的标准，而不允许任何将分工解释为派生物、次生现象的理论，也就是说，否认分工的虚假权威的理论。如果哲学想要在当下的解放时代奠定一门科学，如果哲学自认为其形象是费希特和黑格尔解释的那样，即唯一真正的科学，那么实证主义借自各门科学的一般框架以及它精确、精练的方法，就变成了一种有待自我合法化的哲学——一种圆圈的思维方式似乎对逻辑简洁性的狂热拥护者的干扰是非常小的。哲学如果把它要解释的科学抬高到它自己的地位，它自己就只好退位了。科学的存在——正如它在社会生活的经纬中出现的那样，连同它的所有不完善和非理性——已经成为它自身的真理标准。实证主义，以及它对事实的物化表面的狂热崇拜，本身也倾向于被物化。它敌视神话，却背叛了哲学的反神话冲动，推翻了人类创造的成果，并将其意义贬低到人造物的水准上。

这种基础本体论没有看到中介的作用，不仅是事实的中介作用，也包括概念的中介作用。它压制了对以下事实的认识：真正的实体（或者用进步的升华过程对它的任何其他称呼）——它是和实证主义的事实相对立的——仍然是思想、主观的思维，是精神。恰恰是主观性和主观决定因素的存在使我们回到了那些并不完全起源于存在之事实的存在形式，比方说，人的社会群体。恢复原状的哲学精心构筑起了圣殿，以抵御单纯事实的亵渎，也抵御概念的理性的亵渎；在这一圣殿中，我们再次碰到了哲学的分裂，而统一性的先驱们、不可分割的总体的先驱们认为他们自己是不受分裂影响的。他们用的词语当然还是概念，因为它们想要有意义。存在哲学在它明确转向复古之后仍然想要思考。既然概念就其本性而言要求某种互补性，既然黑格尔的无与伦比的思辨知觉告诉我们纯粹的同一性思维带来的是什么，甚至要求对应的非同一性概念，只有针对着它我们才能说明同一性概念：那么，最纯粹的概念依然规定了它们相反的方面。"思"这个概念本身——所有概念都是思想的功能——是不能在思维活动缺席的情况下表述的，"思"这个词就意味着这一点。这一回顾已经包含了它的驱动力了。在唯心主义的观点看来，这一驱动力首先是由概念表述的，而在神话学的存在观点看来，它在概念之外，是附带现象，是第三因素。没有这两个冲动提供的规定，第三因素将是非常不确定的；仅仅提及它，就超越了这些力量遇到的规定的现实，其存在遭到了如此努力的否定。就连康德的先验主体——先验的、非主观的存在也会欣然继承其遗产——也要求一种互补的多样性才能成为总体；反过来，多样性也要求统一的理性的互补。离开了内容，总体的实体的内容，是不能把握总体这个概念的。而内容中的事实的痕迹就像它们和概念的差别一样，也是不可驱除的——它们是概念的必要成分。任何统一性的概念，无论它是多么形式的概念，还是它多么接近纯逻辑的抽象，都不能和它涉及的内容材料分离——哪怕在理论上也不能：形式逻辑的内容也包括了物质的本质，而纯逻辑以清除掉它为骄傲。君特·安德尔斯指出的海德格尔的存在哲学中的"伪具体"是以如下事实为基础的：它要求纯粹，最终只要求自身，而脱离了对它有益的具体性。它在战略撤退的道路上欢呼胜利。它那神秘的暧昧只不过掩盖了冲动的固定的反作用，它就像被决定的意识一样不能摆脱这一冲动。因为在存在的神话学中，事实和概念被人为地混淆在一起，被表述为既不是存在又不是概念的更高层面，因此，用康德的话说，偷偷获得了绝对性。它也是物化意识的产物，因为它压制了被拔高的概念中的人的因素，并崇拜这些概念。辩证法坚持强调的是看似直接的东西的"中介性"，强调在直接性的各个水平上的相互作用。辩证法不是第三种方法，但是它代表了用内在批判提升哲学观点的一种努力，为的是让这些哲学观点超越它们自身，也超越这些观点的专制。被控制的自由意识天真地以为它自身的限制和数据都是不受限制的。与这种天真相反，哲学有义务不天真。这个世界越来越渗透着社会秩序的结构，与一切个人主义的倾向相反，个人在这个世界中几乎毫无选择的余地，只有接受他们的现实存在：这种天真幼稚迅速繁衍，乃是不祥之兆。个人自己建构出来的、无所不在的机构强迫着个人，他陷入了机构强加于他的苦役，实际上排除了一切自发性的冲动——这一切在他看来都是自然的，天经地义的。物化意识完全是幼稚的，但它同时也完全丧失了幼稚性。哲学的任务是打破看起来显而易见的东西和看上去完全不可理解的东西。

　　仍然有争议的是，作为探索的知识分子的一种职业形式，哲学是否还适合于时代？或者说，哲学是否落后于它目前的任务——诊断驱使世界走向灾难的病根？思辨的时代似乎已经过去了。但现状的明显荒诞性使人诿罪于理解现状的概念。哲学的消亡早在一个世纪之前就被预言过了。哲学家们只有否定"反思过时论"才能继续其事业。马克思认为，从头到尾彻底改造社会的机会就存在于此时此地。但是，坚持马克思的这一期盼只能是顽固不化。他诉求的无产阶级当时还未被社会整合，当集体还没有手段来维护其统治（如果有需要）的时候，它显然陷入了不幸。哲学，作为自由而连贯的思想体，则处于完全不同的位置。马克思本来是最后一个把思想和历史演进的现实分开的人。黑格尔意识到艺术的非永恒性，并预言了它的终结，把它的继续存在归结为一种"匮乏意识"。适用于艺术的东西也适用于哲学，哲学包含的真理在本质上同艺术表达的真理是一致的，尽管方法有所不同。痛苦、焦虑、威胁继续存在，丝毫不见减少，这也使得无法有益地发展下去的思想继续存在了下去。在失去了提示之后，哲学不得不毫无幻想地追问：为什么今天是人间天堂的这个世界，到明天就成了地狱？这样的知识肯定是哲学。为了必定会维持现状的实际政治的缘故而取消哲学，将是时代错误：哲学的作用恰恰是批判现状。政治的目标是形成一个合乎理性的、成熟的人类，但人类仍然处于魔咒的支配下——除非他们获得一种理论知识，解释了虚假的总体性。这不是说人类应该重新加热唯心主义，而是说人类应当接受社会和政治现实及其力量对比的事实。

在最近的四五十年里，哲学总是很虚伪地宣称它反对唯心主义。这一论点里的真话是它反对装饰性的辞藻、赋予精神以绝对权威的那种思想的自负、以自由的名义对这个世界的赞美。一切唯心主义固有的人类中心论是不可救药的，我们只要想一想这一个半世纪以来宇宙论里发生的那些变化就够了。在期待哲学留意的任务中，根本不是最末一位的任务是让自然科学取得的经验成果适合于精神领域，而不靠一知半解的类比和综合。在这些经验和我们说的"精神世界"之间横亘着一道深深的、贫瘠的鸿沟，使得既关注精神本身又关注社会现象的思想像是一种徒劳的自负。如果哲学的唯一目标是把人类思想带到这样一个高度，使它能够认同人类从自然现象中学到的一切，而不是让人活得像山顶洞人——这个鲁莽的物种，人，躲在它自己的宇宙论的庇护下，粗野地走着它的路——那么，它至少可以得到些什么。认识到了这一任务，同时也彻底认识了社会的运动规律，那么就很难抵挡住诱惑，想要为世界赋予某种实证的"意义"。就此而言，它和实证主义有着共同的事业，然而它和现代艺术的共同点更多：现代艺术的宣言处在今天的哲学思想经过的大部分范围之外。但是，新存在论过于夸大的反唯心主义的倾向，最终导致的不是对哲学的目标和目的的动态重述，而是其废黜。思想允许它自己被吓坏了，不再有自信去超越"实际存在的再生产"。与这种顺从、退却的态度相比，唯心主义起码还保留了一点自发性的要素。唯物主义，如果将其逻辑贯彻到底，结论将是人类对物质环境的盲目而耻辱的依赖性的终结。人的精神当然不是绝对，但它也绝不是对野蛮事实的单纯复制。它只有正确认识到事物，才能避免自身的局限性。人类精神的抵抗力量是检验今日哲学的唯一标准。它就像柏拉图的热情一样，与物化意识水火不容；它对事实的超越使得它能够对普遍受到制约的现象直呼其名。它希望和一直被"肯定哲学"贬低的非同一性取得和解。"肯定哲学"只用功能来衡量万物，哪怕在对自然现象的适应中也只看到压制精神现象的借口。但是，存在的事物并不想被操控。任何有功能的事物在这个功能世界中都中了魔咒。唯有思想，没有精神保护区的限制，能够自由出入，也没有至上权力的内在幻象，它本身的缺乏功能和物质上的无能将保证一种尚未存在却可行的事物秩序的微光，在那一秩序中，人和事物皆各得其所。哲学还没有过时，是因为它百无一用。它甚至不要求引起注意，如果它想要避免不慎重复它的基本原罪——自我肯定的原罪——的话。

"永恒的哲学"这一观念是一个传统的错误，它内在地认可了永恒的真理。黑格尔用他的著名格言"哲学是浓缩在思想中的时代精神"跳出了这一陷阱。他认为这是一个明显的要求，所以他毫不犹豫地用它来定义哲学。他是第一个看到时代本身的暂时性内核的人。他把这一洞见和以下信念相结合：每个有重要意义的哲学都将它自身的意识阶段表达为总体的一个必然的、运动的环节，从而将该哲学自身表达为一个总体。这一信念以及哲学的效验都变得无效了。这不仅消减了后来的体系的要求，也降低了它们的内在质量。对黑格尔来说不言而喻的事情已经完全不适用于今天的时髦哲学。它们不再是它们时代的精华内容（表达在概念中的）。在它们的"乡土"领域中，存在论者的确给他们自己带来了一些好处。与此相映成趣的是，实证论者表现出了概念的无能的贫困。他们完全修改了游戏规则，无精神的"阳光男孩"的物化意识自认为是"时代精神"的精华。不过，它们是当代精神的症候，并且弄错了他们想要的"不被任何人欺骗"的这种美德。充其量，两大思潮代表着退化的精神。尼采的"边缘人"（Hinterweltler）已经从字面上颠倒为"林中人"。作为最高级的意识，哲学应该防止自己成为这种东西，而且要充满成为完全不同的事物的可能性（＝对退化力量的抵抗），应该将它吸收和理解的平衡力量提升到新的、前所未有的高度。如果在这样的要求面前——哲学完全清楚这一要求——今天的哲学复古主义回避了较为古老的真理，如果它随意地处理"进步"概念（它自身就是对进步的阻碍），假装自己有着比"进步"更好的东西，那么我们完全可以认定他们是骗子。没有哪一种进步的辩证法会认为这种思想态度是正当的：它之所以自以为是地认为自己是可靠的、"健康的"，只是因为它没有怎么感受到客观性的压力——而客观性使得任何对可靠性的直接诉求都强化了恶。伪善的沉思轻蔑地对待一切进步的思想类型，它已陈腐不堪。超越了新存在论的咒语也超越了实证主义的"事实的可靠性"的反思，不是时髦的两个极端，而是令人信服地有着积极的目的。只要哲学还留有三十年前的早期康德派的一本书名中透露出来的那种特殊风味的一丝残余——《来自哲学家的角落》，那么它就将继续成为其诋毁者的玩物。慈爱的忠告不足以让哲学超出科学活动的忙忙碌碌。所有智慧都降格为教皇式的傲慢武断。哲学并不会像前法西斯主义时代的教授那样，觉得有必要纠正时代的病症，于是检查《蓝天使》（玛琳·黛德丽的电影），以便掌握坏东西的第一手资料。对可感知世界的那种巡视将把哲学变成历史的废渣，带着对文化本身的拜物教信仰和它错认的主题材料。衡量哲学在今天的价值的正当标准是它反击所有这些倾向的能力。它不会仅仅轻蔑地搜集各种各样的事实并做出多多少少有些武断的裁决，而是要毫无保留地学会那些恪守宗旨的人想要避免的东西：受迷信的误导，以为哲学说了那么多，做了那么多，总得提供点儿建设性的东西吧。兰波的话"必须绝对的现代"不是一种美学性质的纲领，也不大可能吸引匀称健美的情人。它是哲学的绝对命令。那些公开想要回避它的探索路线，从一开始就成为历史偏见的受害者。它并不握有救赎的钥匙，但是它允诺了若干希望，只有跟随着精神前进、无论精神去哪儿都跟着去哪儿的概念运动，才拥有这种希望。

第二单元

批判理论何为

4. 文化批评与社会 ①

　　习惯望文生义的人会觉得"文化批评"（Kulturkritik）这个词很刺耳。这不仅仅是因为它和"汽车"（Automobile）一样，是由来自拉丁语和希腊语的词根缀合而成的。这个词让人想起一种臭名昭著的矛盾。文化批评家对文明不满，而且仅仅对文明不满。他说起话来就好像自己代表着未受玷污的自然或是更高的历史阶段。然而，究其实质，他跟他自以为高出一头的文明乃是一丘之貉。随着主体本身乃至其最内在的伪装都以它（独立的、至高无上的主体）所反对的"概念"为中介，（黑格尔在为现实辩护时所批判的）主体的不完善性——即偶然的、狭隘的主体对存在的力量评头论足——就变得不可容忍了。可是，文化批评的内容之所以是不正当的，并不是因为它对其批评对象缺乏尊重，而是因为批评给予文化一种令人眼花缭乱的、狂妄自大的承认。文化批评家几乎无法免于"他拥有文化缺失的那种文化"这一指责。他的虚荣心助长了文化的虚荣心。无论批评家怎么指手画脚，他也孤立地、毫无疑问地、教条般地恪守着文化的观念。他转移了攻击方向。在充斥着绝望和无尽苦难的地方，批评家只看到精神现象，只看到人的意识状况，只看到道德规范的衰落。批评对这一切的强调都旨在忘掉不可言说的东西，而不是为了挽救人类而奋斗（不论多么力不从心）。

　　由于文化批评家的立场与当下的混乱有所区别，这使得他在理论

---

① 本文发表于《棱镜：文化批评与社会》（1955），载于《阿多尔诺全集》第 10 卷（上册），第 11 页起。

上超越了混乱，尽管他实际上往往落在那一混乱的后面。然而他把这一区别纳入了他试图超越的文化工业之中，文化工业需要用这一区别来以文化自谕。文化假装的区别——文化因此免除了评价物质生活条件的责任——是无法得到满足的。文化的自吹自擂——这本身又内在于精神的运动之中——使得它越来越脱离了那些条件：只要用"触手可及的物质成果"和"无数受到死亡威胁的人"这两样东西来质疑，"崇高的价值"就越来越可疑了。文化批评家将区分视为自己的特权，从而丧失了自己的合法性：他与文化共谋合作，成了被文化付费豢养的、受人尊敬的"讨厌鬼"。这影响到了批评的内容。即使是批评用于讲述"不真意识的真理"时的那种严厉无情也被拘束在它努力挣脱的界限之内，受到其宣言的困扰。自谕超人一等的人同时也就觉得自己是房子里的人。要是研究一下资产阶级社会中的批评家职业向着"文化批评家"这一头衔往上爬的历史，无疑会被它的起源中就具有的"僭取"的因素绊倒——巴尔扎克之类的作家还能看到该因素。职业批评家一开始全是些"记者"：他们在精神商品的市场里做导购。在这么做的过程中，他们有时会对手头的材料有所感悟，哪怕他们仍然是流通的代理商——就算对个别商品有意见，跟整个行业还是同声共气的。即使他们最终放弃了代理商的角色，也仍旧保持着印迹。他们理应享有专家和仲裁的身份，从经济的角度讲，这一点是不可避免的，尽管它只是偶尔同实际的资质有关。他们身手敏捷，这不仅让他们在普遍竞争中赢得了特权地位，也使得他们的判断（貌似具有资质的判断）具有了特权地位——毕竟，那些被评判的对象的命运基本上取决于他们的投票。随着他们敏捷而灵巧地越过壕堑，声名鹊起，渐渐美名远扬，他们就具有了其职业早已预定好的那种权威性。他们的自命不凡源于以下事实：在这个"万物皆为其他事物存在"的竞争社会中，批评家本身也是用他的"为他的存在"的尺度来衡量的，也就是说，仅仅是用他的市场成功来衡量的。对事实的理解力并不是最要紧的，充其量是副产物；而它越是缺乏，就越是用压人一头和服从来代替。当游戏场（艺术）上的批评家不再理解他鉴赏的东西，并且热衷于自甘堕落为宣传家或审查官时，古老的假冒伪劣、以次充好等等商业欺诈就成了他们的归宿。讯息和立场的代理者身份使得他们表达的意见似乎有了客观性，但那不过是"占统治地位的思想"的客观性。他们助纣为虐，编织起了面纱。

　　"意见的自由表达"这一观念——即作为文化批评之基础的、资产阶级社会中的"精神自由"的观念——也拥有它自己的辩证法。当精神摆脱了神学的和封建的教条后，就不断陷入了现状的自动控制。这一严格管制，作为所有的人与人关系的不断社会化的结果，并非从外部强加给精神的。相反，它已经植入了精神的内在连贯性之中。它无情地强加于自动的精神，就像此前的异质性秩序强加于受束缚的精神那样。精神不仅为了可市场流通的缘故而改造了自身，并这样复制了社会上盛行的范畴；它还更加封闭了现状，哪怕是在它主观上并不想成为商品的地方。总体之网越收越紧，把交易行为作为塑造一切的模板。留给个人意识的躲避空间越来越小，精神越来越彻底地被预先规定，它的差异化的可能性被先验地切断了——所有的差异都沦为同一个供应垄断之内的细微差异。与此同时，自由的外观使得人们前所未有地难以反思自己的不自由（而此前这样的反思是跟明显的不自由相抗衡的），这样一来就强化了依赖性。一旦这些因素同社会对"精神领袖、思想翘楚"的选择结合起来，就导致了精神和思想的退化。与压倒性的社会趋势相一致的是，精神的责任成为空谈。从精神自由中只产生出一种否定的因素，无计划的单子状况的遗产：不负责任。尽管如此，它越来越成为它号称要超越的"物质基础"的粉饰。卡尔·克劳斯抨击出版自由时说的话不能仅仅从字面上理解：对出版商雇用的文人进行严肃的审查，就是用魔王（Beelzebub）驱赶魔鬼。不过，在出版自由的庇护下繁荣起来的野蛮化和欺骗并不是精神的历史进程中的偶然意外，而是代表了精神自由用来从事虚假解放的"奴役之烙印"。最令人震惊的地方莫过于精神打碎其锁链之处（即"批评"）了。当德国法西斯分子诋毁"批评"这个词，并代之以"艺术评论"这个无能的概念时，他们只是为了极权国家的粗鄙趣味，他们仍然害怕新闻界的无礼中蕴藏的波萨侯爵的热情。可是，志得意满的文化野蛮主义对批评的取消——野牛群冲进了精神的领地——是不知道"你敬我一尺，我敬你一丈"的。黑衫军①对"吹毛求疵的批评家"的兽性大发不仅仅源自他对一种将他排斥在外的文化的羡慕忌妒恨或是盲目的反叛，愤恨也不仅仅讲出了单个人不得不压抑的否定因素。关键在于，批评家貌似高高在上，让读者觉得他有一种自己并不具有的自主性，僭取了一种与精神自由的原则背道而驰的"领导地位"。这被他的敌人内化了。作为力量的伪装，批评家的施虐倾向独独受到弱者的青睐，这些弱者的独裁主义人格倾向于征服较弱小的暴君并取而代之。法西斯分子和批评家臣服于同一种幼稚性，同一种文化信仰——文化批评家用这种幼稚的信仰来鼓吹并赞同精神巨人。他们自认为是文化的外科医生，能为文化拔除批评之刺。他们不仅把文化降格为官僚，而且没有注意到文化和批评是交织在一起的（不论是好还是坏）。只有隐含着批评的文化才是真正的文化，忘记了这一点的精神就遭到了它哺育的批评家的报复。批评是"文化"（它本身就包含着矛盾）的一个不可或缺的因素：再不真实的批评也是真正的批评，就像不真实的文化也是真正的文化那样。批评之谬误并不在于它对文化的剖析（这可能是它最大的美德），它错就错在用"不回避问题"的方式来回避问题。

文化批评与文化的共谋不在批评家的思维之中。此外，它是由他同讨论的对象之间的关系规定好的。他以文化为对象，就将文化再度对象化了。可是文化的意义恰恰在于对象化的悬置。一旦文化被贬为"文化商品"，具备了"文化价值"（它隐藏着的哲学合理性），它的存在根据就已经遭到了玷污。蒸馏出这种"价值"（商业用语的回荡并非偶然）就将文化置于市场的摆布之下了。即使是在对外国文化的热情中也包含着

---

① 黑衫军（意大利语为 camicie nere，德语为 Braunhemd，字面意思是褐色衬衫），法西斯主义准军事组织，以穿着的黑衬衫命名，又称"国家安全志愿军"。该组织主要是在意大利，但德国、英国、爱尔兰、加拿大、美国、墨西哥、罗马尼亚等国也有类似组织，最著名的莫过于纳粹德国的党卫军和冲锋队。

对物以稀为贵的兴奋——那里是可以投资的地方。如果文化批评（即使是瓦莱里那样的最好的批评）与保守主义携手同行，那是因为它无意识地坚持一种文化观念，在晚近的资本主义时代，这种观念旨在获得一种稳定的、不受股市波动干扰的财产形式。这种文化观念与体制保持距离，以便在世界的动荡之中提供普遍的安全。文化批评家不仅以艺术批评家为榜样，也是赞不绝口的收藏家。一般来说，文化批评让人想到的是讨价还价的姿态，即质疑画作真伪的专家或将其纳入大师的不太重要的作品之列的专家的姿态。贬低其价值是为了得到更多。文化批评家一估价，就不可避免卷入了被"文化价值"玷污的领域，不论他多么愤怒地声讨文化的抵押。他对文化的沉思姿态必然包含着研究、调查、估量、选择：这一款适合他，那一件他不要——当文化批评诉诸一套收藏的观念并崇拜"精神""生命""个体"等等孤立的范畴的时候，它的最高统治权、它要求获得关于对象的更深刻的知识的声称、判断的独立性导致的观念与其对象的分离，这一切都屈从于对象的物化形式了。

　　然而文化批评的最高拜物教在于"如此这般的文化"的观念。因为就其本意而言，真正的艺术作品和真正的哲学的意义都不仅仅局限于它单独存在时的意义，即它的"自在的存在"的意义。它们总是处在和实际的社会生活过程的关系之中，并与该过程区分开来。它们拒斥生活"盲目而无情地自我复制"这一罪过，而坚持与通行的目的王国分离的独立自主性，这就意味着——至少是作为无意识的要素——承诺了自由得以实现的条件。只要文化仍然依赖于一个被施了魔法的现实而存在，归根结底仍然依赖于对他人的劳动的控制而存在，那么这就始终是文化的雄辩的承诺。整个范围的欧洲文化——包括消费者在内的文化，包括今天由经理人和心理技术专家为所有人定制的文化——都沦为纯粹的意识形态，这源于和物质实践有关的文化功能的改变：文化放弃了干预。这并非文化的"原罪"，而是历史强加给文化的改变。因为资产阶级文化只有在退回自身的过程中，只有间接地，才能设想一种摆脱了践踏一切生存领域的极权主义混乱的纯洁性。只有从走向了反面的实践中撤退，从同一物的越来越多的生产中退回来，从为了操控消费者而为消费者提供的服务中退回来——也就是说，只有从"人"那里退回来，文化才能效忠于"人"。可是，关注完全是人自身的内容（最佳的个例是保尔·瓦莱里的诗歌和理论）同时就导致了内容的贫乏。精神不再关注现实，其意义就改变了，即使它保留了最严格意义上的意义。精神在生活的事实面前退却，将自身孤立为一个单独的"领域"，从而就为现存秩序作伥，从而在现存秩序中获取一席之地。文化的阉割向来令哲学家愤怒：从卢梭的时代、席勒的《强盗》的"泼墨时代"到尼采的时代，直至今天"为介入而介入"的宣传家。这是文化自觉地成为文化的结果，反过来又使得文化处于和不断增长的"经济霸权的野蛮主义"严厉而持久的对峙之中。所谓"文化的衰败"其实是它想要成为纯粹的自我意识。只有被中立化、被物化，文化才能被膜拜。拜物教引向了神话学。一般来说，文化批评家膜拜偶像，从古代的偶像到自由主义时代那可疑的"余温"——让人想到衰败了的文化的"起源"。文化批评家拒绝将物质生产机构中的各方面的意识加以不断的整合。但是正因为他们看不破这个结构，所以他们只能转向古代，迷恋于"直接性的承诺"。这是他们自身的活动所必需的，而不仅仅是受到某种秩序的影响——这一秩序自认为应当用反对"去人化"和"进步"的呐喊来淹没它在"去人化"方面的进步。精神从物质生产中的脱离既提高了它的尊严，又使它成了弥漫于实践之中的普通意识的替罪羊。这个意义上的启蒙——不是作为实际统治之工具的启蒙——是负责任的：这就是文化批评中的非理性主义。一旦把精神从它和物质生活条件的辩证法之中抽离出来，它便不容分说、一往直前地将精神把握为命运的法则，从而就削弱了精神自身的抵抗。文化批评家看不到的是：生活的物化不是因为启蒙太多，而是因为启蒙太少；他们看不到人的残肢化虽然是特殊的理性化的产物，却是总体的非理性状况的标志。消灭这种非理性状况——同消灭脑力劳动和体力劳动的分离相一致——在盲目的文化批评家看来只意味着混乱：凡是赞颂这一秩序和形式的人必定会在石化的分工中看到永恒的原型。对文化批评家来说，"致命的社会碎片化将会在某一天终结"这种观点真是一种要命的命运。他宁可一切都毁灭，也不愿意人类消灭物化。这种恐惧也符合那些热衷于否定物质要求的人的利益。一旦文化批评家开始抱怨"唯物主义"，就加深了"人欲是罪"的信念，仿佛有罪的是人对消费品的欲望而不是阻止人获取消费品的那个总体组织一样。换言之，在文化批评家眼中，有罪的是满足而不是饥饿。文化批评家认为文化野蛮主义是精神太发达的结果，而不是落后的社会状况造成的；但是，倘若人类占有了物质财富，就会挣脱文化野蛮主义的锁链。文化批评家的"永恒价值"过于偏爱反映永恒的灾难了。文化批评之所以兴盛，乃是文化的这种神话般的执迷不悟使然。

话说回来，不管文化批评的内容如何，它的存在都取决于经济制度，因此它就与体制共命运。包含休闲在内的全部生活过程越是彻底地受到现代社会秩序（尤其是在东方）的统治，精神现象就越是携带着秩序的烙印。要么它们作为娱乐和教化直接效力于体制的永恒化，并且由于其被社会预先规定好的特征而被当作体系的表征来享用。它们很亲切，打上了"好管家"的认证徽章，献媚于一种退化的意识，表现得"很自然"，让人认同那个"粉碎了一切只留下虚情假意"的权力。要么它们就与众不同，成为可购买的稀罕物。在整个自由主义时代，文化都陷入了商业领域。这一领域的逐渐萎缩使得文化"躁动不安"。随着精心设计的工业流通体系消灭了商业及其不合理的漏洞，文化的商品化就达到了荒谬的顶点。文化被彻底征服了，被全面管理了，在某种意义上被彻底"繁荣"了，文化就灭绝了。斯宾格勒揭露说，只要精神和金钱联手就总是对的。可是他偏好直接的统治，所以他倡导的生存结构既清除了经济又清除了一切的精神中介。他满怀敌意地将精神连同实际上已经过时的那种经济类型一道扔掉了。斯宾格勒不理解的东西是，尽管精神是那一经济类型的产物，但是它毕竟也意味着克服经济的客观可能性。活跃于市场流通、交往和协商中的文化并不等同于为了个人生存而进行的直接斗争，它一方面跟资本主义时代的商业密切相关，其代表人物是以"中介"为营生的"第三人称"那类人，但另一方面，文化又在经济上再生产着自身，按照分类规则，它也是社会的必需品，最终文化将返回它的起点：仅仅是交往。文化和人类事务的异化终结于它对"人性"的绝对驯服——那个"人性"被供应商的魔咒变形为"主顾"。以消费者的名义，操控者将文化里头一切能让它超越现存社会的总体内在性的东西都压制下去，并且只容许那些效命于社会的不容置疑的目标的东西存在。因此"消费者文化"可以自吹自擂地说它并非奢侈，而是生产的延伸。操控大众的政治口号一致将委员会不爱看到的所有文化诬蔑为"奢侈""势利""曲高和寡"。只有当现存秩序成为万物的尺度时，它在意识领域的复制才会成为真理。文化批评指向了这一点，并且诟病其"肤浅"和"无内容"。但是这样的批评仅仅关注文化和商业的瓜葛，因此它同样是肤浅的。它采取的路线跟那些以"生产性资本"反对"掠夺性资本"的反动的社会批评家是一样的。事实上，所有的文化都分有了社会的罪。它只能用已经遍布于生产领域的"不正义"来维系自己的生存，而生产领域的不正义丝毫不比商业流通领域的少（参见《启蒙的辩证法》）。于是文化批评包庇了罪行：只要这种批评仍然仅仅是对意识形态的批评，那么它就始终是意识形态。两种极权主义政体——为了保护现状，它们都在鸡蛋里挑骨头，在最驯服的文化中搜查最后一丝不驯服的残余——最终能够宣判文化及其驯服的内在性是有罪的。它们压抑了早已怒不可遏的精神，并自诩为道德纯化者和革命者。文化批评的意识形态功能束缚了它的真理——其真理居于它对意识形态的反对之中。反对蒙骗的斗争转而为赤裸裸的恐怖服务。"当我一听到文化这个词，我就会摸我的枪。"希特勒的帝国文化部的发言人如是说。

然而，文化批评只能尖锐地指责文化的自我娼妓化，指责它的堕落违背了精神的纯粹和自主。这是因为文化起源于精神劳动和体力劳动的决裂。原罪就在这一决裂中，而文化从这一决裂中汲取力量。如果文化仅仅否定这种决裂并假装一种和谐统一，那么它就从它的观念那里大踏步后退了。处在绝对精神之幻象中的"精神"唯有彻底脱离存在本身，才能真正凭借其否定性来定义存在。只要精神还有哪怕一丁点儿参与了生活的再生产，它就是它自己的忠顺奴仆。雅典人的反市侩态度既是无须弄脏双手的人对养活他的劳动者的最傲慢的蔑视，也保留了一种打破所有劳动的限制的生存图景。这种反市侩态度的坏良心将受苦受累的人设想为"卑贱的人"，但与此同时也就指控了他们忍受的东西：将人压制在现行的生活再生产方式之中。所有"纯粹的文化"都始终是让权力的代言人感到不安的来源。柏拉图和亚里士多德知道他们为何不允许这样的观念产生。相反，在质疑艺术的价值时，他们倡导一种实用主义，而这是跟两位形而上学大家的性情大异其趣的。好生奇怪，不是吗？现代资产阶级的文化批评家当然过于审慎了，所以他们不能公开追随两位大师，可这些批评家偷偷找到了一种不安的源泉：就在"高雅文化"和"大众文化"的对立中，艺术和娱乐的对立中，知识和不受约束的"世界观"的对立中。无产阶级比奴隶危险几分，资产阶级批评家就比雅典的上层阶级高出几分。现代的"纯粹的文化""自主的文化"等等观念表明了对抗已经不可调和。这既是对"为他的存在"毫不妥协的反抗造成的，也是一种自夸为"自在之物"的意识形态傲慢所致。

文化批评同它的对象一样盲目。它不能认识到自己产生的缺陷，在体脑分工中产生的弱点。任何与社会的概念（人的社会）相矛盾的社会都不能充分认识到自身。为了阻断这一意识，无须将主观的意识形态陈列出来，尽管在历史的革命时刻它倾向于为客观的盲目性效劳。相反，由技术水平决定的各种压抑形式乃是社会的存在所需要的，而社会（不论它多么荒谬）也确实在现有条件下再生产了社会生活，客观上制造了社会合法性的表象。作为对抗性社会的自我意识的缩影，文化同文化批评（用文化来反对文化自身的理念）一样无法摆脱这一表象。在非理性和客观的虚假性隐藏在理性和客观必然性背后的这个历史阶段，表象成为总体。尽管如此，由于对抗的现实力量，它在意识领域再度确证了自身。既然文化肯定了对抗性社会中的和谐原则的正当性，那么不论它是不是为了夸赞那个社会，它都不可避免地用和谐观念本身质疑了社会，并且被混乱失序所绊倒。在理念的驱动下，肯定生活的意识形态转变为对生活的反抗。精神发现了现实在各个方面都不像自己，反而屈服于一种无意识的、宿命的动力学，于是精神被迫违背自己的意愿，超出了辩护的范畴。理论一旦掌握人就变成了现实的力量，其根据就在精神本身的客观性之中——虽然其意识形态功能的实现一定会消灭对意识形态的信仰。精神受到了意识形态与现实的不相容性的驱策，便在表现其盲目性的同时也表现出它把自己从意识形态中解放出来的努力。解脱了魔法的精神觉察到了"赤裸裸的现实"的赤裸裸，并将其移送给批评发落。精神要么就诅咒物质基础——这倒是跟它那可疑的"纯粹的原则"的标准相吻合，要么就意识到自己的立场是成问题的——因为它与基础不相容。作为社会动力学的结果，文化成了文化批评：文化批评一方面将文化现有的显现形式作为纯粹的商品和野蛮化的手段而加以消灭，另一方面又保留了文化的理念。这种批评意识仍然对文化过于恭顺谄媚，只要它对文化的关切偏离了真正的恐怖。由此产生了社会理论对文化批评的双重态度。文化批评这种方式本身是永恒的批评对象，无论它的一般前提（它内在于现存社会）还是具体判断都是批评的对象。因为文化批评的谄媚只能通过它的具体内容来揭示，只有这样才能在总体上把握文化批评。与此同时，不愿屈从"经济主义"（认为改变世界取决于生产的增长）的辩证理论必须吸收文化批评，其真理就包含着让非真理的东西意识到自身。对文化这种"附带现象"不感兴趣的辩证理论助长了伪文化的蔓延，参与了恶魔的复制。文化传统主义和新俄国专制者的恐怖基本上是一致的。两者都肯定文化是一个不可见的总体，同时又禁止一切非定制的意识形式。它们既是意识形态，又是文化批评：当它审判所有魂不附体的文化时，或者要求文化的所谓"否定性"为现实的灾难负责时。把文化当作一个总体接受下来，就是要夺走作为其真理的酵素——否定。对文化的欣然占有是跟战地音乐和战场绘画一致的。辩证法不同于文化批评之处就在于它将文化批评提升到扬弃"文化"这一观念本身的高度，也就是既否定文化的观念又实现了这一观念。

　　可以认为，对文化的内在式批评忽视了关键的东西：意识形态在社会冲突中的作用。在方法论上假设某种类似于"文化的独立逻辑"之类的东西，就是跟文化的本质（意识形态的虚假前提）串通一气。按照这一理论，文化的本质不在文化之中，而在它同某个外部的东西（即物质生产过程）的关系之中。就像马克思评论法律和政治制度时说的那样，文化既不能"从它自身来理解……也不能用精神的一般发展来理解"。这一理论做出结论说，谁要是忽视了这一点，谁就把意识形态当成了最基本的东西，因此就加固了意识形态。事实上，如果辩证地看问题，文化批评并不一定要以文化的标准为前提。文化批评保持了它对文化的流动性，因为它认识到文化在总体中的位置。没有这样的自由，没有超越了文化内在性的这种认识，就连内在式批评本身都是无法设想的：对象的自发运动只能跟着某个没有被它完全吞没的人走。而意识形态批评的要求本身屈从于一种历史的动力学。提出这样的批评，原本是为了对抗唯心主义——一种反映了文化的拜物教化的哲学形式。可是今天"用存在来定义意识"已经成为遣散一切"不符合存在的意识"的手段。真理的客观性——没有了它，辩证法就是不可想象的——被调了包，狡诈地用粗鄙的实证主义和实用主义替代了它，也就是说，最终被资产阶级的主观主义所替代。资产阶级时代盛行的理论是意识形态，与之对抗的实践处于直接的矛盾中。今天，理论几乎不能存在，意识形态发出的正是不可阻挡的实践的机器轰鸣。再也无法设想哪一种观点不曾欢欣鼓舞地包含了对其受益人是谁的公开说明——而那曾经是论战试图揭露的东西。但是，非意识形态的思想绝不允许自己堕落为"操作用语"，并且独自协助事物发出声音，不然的话，流行的语言就会堵住事物的嘴巴。既然如今所有的高级经济和政治委员会都一致同意改变世界是重要的，而解释世界是愚蠢无聊的事，那么就再也不能用《关于费尔巴哈的提纲》来反对费尔巴哈了。辩证法也包括行动和沉思的关系。当资产阶级的社会科学"掠走了"（舍勒语）马克思的意识形态观念，并将其稀释为普遍的相对主义，那么这个时代的最大危险就不再是小看意识形态的功能了，而是以统一的、行政管理的方式来判断精神现象，并将其纳入（思想本应予以揭露的）"现行权力座架"中。意识形态这个概念也和其他的诸多辩证唯物主义概念一样，从认识的工具蜕化为认识的紧箍咒。以"基础决定上层建筑"的名义，意识形态的一切用途都被控制了，而不是被批判了。只要意识形态有用，没有谁在乎它的具体内容。

意识形态的功能变得越来越抽象。先前的文化批评家担心的事情终于变成了现实：如果这个世界把真正的教育变为特权，并束缚住意识，从而将大多数人排除在对精神现象的真正体验之外，那么这些精神现象的具体内容相对说来也就没那么重要了。更重要的是填补被夺去的意识真空，将注意力从公开的秘密身上挪开。在这一社会效果的语境中，电影向其观众灌输的意识形态内容也就没有观众回家后对明星的名字和婚事的兴趣来得重要。将某个作家说成是"小资产阶级的代表"，将另一个作家说成是"大资产阶级的代表"，这些自命不凡的说法就没有"娱乐消遣"之类的粗俗说法来得贴切。文化之所以是意识形态，不仅仅因为它是"客观精神的主观显现"之精华，更因为它是私人生活领域。私人生活的虚假重要性和自主性掩盖了它仅仅是社会过程的跟从这一事实。生活把自己变形为物化的意识形态：一个死亡面具。因此批评的任务就不再是寻找文化现象为哪一个特殊利益集团服务，而是要解码这些现象中表达的社会总体趋势，最有权力的利益是靠这一总体趋势来实现自身的。文化批评应当成为社会面相学。总体越是扔掉各种自发性的要素，越是被社会中介和过滤，"意识"就越是成为"文化"。物质生活过程除了作为谋生的手段，最终还将表明它自始至终（从它起源于交换关系的那一刻开始）就是契约双方对彼此的虚假意识：意识形态。反过来，意识同时又不断成为总体运作中的一个过渡要素。今天，意识形态就是作为表象的社会本身。尽管意识形态被总体——其后是特殊利益的统治——所中介了，但是不可简单地将意识形态还原为特殊利益。事实上，它的各个部分和中心之间是等距离的。

两个选项：其一，用意识形态这个一般的概念从外部来质疑文化这个总体；其二，用文化自身结晶而成的规范来诘难它。两者都是批判理论不可接受的。坚持在内在性和超越性之间二选一，就回到了黑格尔反对康德时已经批判过的传统逻辑。如黑格尔所言，将自身限定在对象的界限之内的任何方法终将超越它们。在某种意义上，超越文化的立场是辩证法家提出来的，这一意识预先就屈从于精神领域的拜物教化。辩证法意味着对一切物化均毫不妥协。呼唤总体性的超越方法看似比内在方法更激进，但它是以可疑的总体为预设的。超越式批评家假定总体性是文化之外的一个支点，而意识可以将社会的盲目性投入到总体性（无论它多么巨大）的运动当中去。给总体性批评提供力量的是以下事实：随着物化的进展，也就是说，随着分工，总体性和整体的表象也发展起来了。但是，"彻底抛弃意识形态"采取的是一种禁止"客观主义"的形式，它给总体性以过多的荣誉。这种态度把文化从社会那里一股脑儿全盘收购进来，而不管文化意欲何为。如果意识形态的定义是"社会必需的表象"，那么今天的意识形态就是社会本身：社会的总体权力和不可避免性、它压倒一切的自在存在业已代理了被存在灭绝掉的那些意义。在现存社会的摇摆之外选择一种立场，这就像建构抽象的乌托邦一样虚幻。因此，对文化的超越式批评也就同资产阶级的文化批评一样，发现自己不得不依靠"自然性"概念，可这个概念本身是资产阶级意识形态的核心要素。超越式的文化批评往往讲述着虚假逃离的语言，"自然之子"的语言。它蔑视精神及其劳动，认为那是人为的，只不过掩盖了"自然的"生活。由于这种所谓的无价值性，精神现象听凭自己为了统治的目的而被操控、贬低。

　　这就解释了社会主义者对文化批评的贡献不足的问题：他们缺乏讨论的对象。他们希望把总体像海绵一样抹去，于是靠近了野蛮主义。他们不免越来越青睐原始的、未经分化的东西，无论它们与精神生产力的水平多么矛盾。全盘拒斥文化成了推广最粗野的、"最健康的"乃至压抑的东西的借口；首先就是固执地按照社会管理者的标准将个人与社会之间的永恒冲突取消了，为的是有利于社会。这不过是对文化的官方重述的第一步。竭力反对这一切的内在式批评则是更为辩证的。它严肃地采取了以下原则：意识形态本身并不是虚假的，它假就假在它假装自己与现实相符合。精神和艺术现象的内在式批评试图通过分析其形式和意义，以把握其客观理念与伪装之间的矛盾。它指出了作品的何种连贯性或不连贯性表达了存在的结构。这种批评不会止步于对客观精神之奴役的一般认识，而是试图把这一认识转化为对事物本身的更高认识。文化的否定性观点只有在揭示认识的真或假、思想的后果或不足、结构的内在一致性或不一致性、谈话者的言之有物或空洞无物的时候才是有约束力的。如果它发现了不足之处，它并不急于将其归咎于个人及其心理学——那只是失败的正面而已——而是试图从对象的诸要素的不可调和性中推演出这些不足。它追随它的困境——任务的不可完成性——本身的逻辑。在这些矛盾中，批评认识到了社会本身的矛盾。在内在式批评看来，成功的作品不是用虚假的和谐来解决客观的矛盾，而是暴露这些纯粹的、不可调和的矛盾，揭示矛盾的最内在的结构，从而否定地表现了和谐的概念。判决这些佳作"只是意识形态"是毫无意义的。同时，内在式批评有证据证明精神总是中了魔咒的。精神单靠自己是不能解决它的工作所处的环境的矛盾的。对精神的失败的最彻底的反映也受限于它仍然不过是反映而已这个事实，也就是说它没有改变精神的失败所证实的存在。因此，内在式批评无法在它自身的理念面前怡然自得。它取得的成就使得它不能相信只要完全沉浸于对象便可将精神彻底解放，它也没有幼稚到相信事物的逻辑能保证坚定不移地沉浸于对象（只要防止了对虚假总体的主观知识从外部干扰对象自身的决定）便可获得真理。今天的辩证法越是不能以黑格尔的主体和客体的同一为前提预设，就越是要留意要素的二元性。对社会总体性的认识、对精神在社会总体中的作用的认识，必须和理解对象的具体内容所要求的东西结合起来。因此，辩证法不允许任何逻辑上的严整性妨碍它从一个类属走向另一个类属的权利，妨碍它观察社会以解密对象的权利，妨碍它把对象不能兑现的支票提交给社会的权利。最终，在辩证法看来，从外部穿刺的知识和从内部打孔的知识之间的对立是可疑的。辩证法认为这一对立恰恰是辩证法指控的物化现象的一种症候。抽象的分类法和前者的管理思维正好对应于后者当中"看不到事物的起源"（那已经成了专家的特权）的拜物教。如果说，顽固的内在式沉思有沦为唯心主义的危险，即产生一种既为自身又为现实立法的"自足的精神"的幻象，那么超越式沉思的危险在于它遗忘了不可或缺的"概念化"的努力，遗忘了内容本身，代之以贴上早就拟好的标签、僵化的攻击之词（最常见的是"小资产阶级的"）和上级的命令。知道一切东西的位置，却对其本质一无所知：这种地形学思维方式便偷偷地导致了妄想狂的幻象体系：在这种妄想狂中，所有的幻象都跟对象的经验无关。使用机械作用的范畴，世界就被分成了黑与白，并且准备好进行那种曾被概念反对过的统治。没有理论，错的没有，对的也没有，这样就能防止幻象了：据说，幻象是同事物的自发关系。辩证法应当对此保持警惕，就像它警惕文化对象的奴役那样。既不要崇拜精神，也不要憎恨精神。文化的辩证批判既参与文化，又不参与文化。只有这样，才能给对象一个公平，也给批评家自己一个公平。

传统的超越式的意识形态批判已经过时了。总的说来，该方法恰恰屈服于它所批判的那种物化。它直接把物理自然中的因果观念移植到社会中，就依赖于自己的对象了。不过，超越式批评仍旧可以诉诸以下事实：它只是在社会本身被物化的时候才使用那些物化了的观念。因果观念的粗糙和朴素只不过反映了社会本身的粗糙和朴素，反映了社会对精神的贬低。但是今天这个不祥的、一体化的社会不再容忍哪怕是"基础决定上层建筑"的因果律也提到的那些相对独立的不同要素。在世界正在变成的开放监狱中，谁决定谁不再重要，反正一切都是一样的。所有的现象都僵化了，成了现状的绝对统治的徽章。再也没有"虚假意识"这一原本意义上的意识形态了，只有通过复制世界而给世界做的广告。煽动性的谎言不是让人相信，而是令人闭嘴的。因此，文化的因果决定论问题，一个似乎体现了文化理应依赖的东西的问题，就戴上了落后的指环。当然，即使是内在式的批评最终也无法幸免。它被它的对象拖下了深渊。唯物主义的文化透明性没有让文化更忠诚，只让它更粗鄙。文化清除了自己的特殊性，也就清除了真理之盐：原本包含在文化对其他的特殊性的反对之中。要它承担它已经否认了的责任，这只确认了文化的自大狂。传统文化被中立化了，今天已唾手可得，从而变得毫无价值。经过终审判决，其遗产（俄国人伪善地要求归还的遗产）已经被最大限度地挥霍了，成了肤浅的垃圾。大众文化的小贩们可以对此指指点点，大声讥笑，因为他们也是这么做的。社会越是成为总体，它依靠自身摆脱物化的努力就越是自相矛盾。哪怕最极端的意识也注定要堕落为闲谈。文化批评发现它遭遇了文化和野蛮主义的辩证法的最高阶段。奥斯维辛之后，写诗是野蛮的。甚至关于今天为什么不可能写诗的知识也被侵蚀了。绝对的物化——它将精神的进步预设为它的一个要素——已经准备好彻底吸收精神了。只要批判思维还沉湎于自满的沉思，就无力迎接这一挑战。

5. 论批判 ①

该谈谈批评和政治的关系了。尽管政治并非一个自我封闭的、孤立的领域，而是会表现在诸如政治机关、诉讼、行政手续规则等等之中，然而政治只能被设想为它与社会的力量运演的关系，这些力量的社会运演掩盖了一切事物的政治实质，用表面的政治现象将其遮蔽。因此，批评这个概念不能仅仅局限在狭义的政治领域。

对于任何民主政治来说，批评都是至关重要的。这不仅是因为民主需要批评的自由和批评的冲动。民主，顾名思义就是批评。只要回顾一个历史事实就可以看到这一点：从洛克和孟德斯鸠迄今，奠定民主之基础的分权概念的生命就在于批评。监督和平衡的体制，行政、立法和司法的相互审视，意味着三种权力中的每一种都要承受来自其他两方面的批评，由此降低了各个权力的独断专制，而若无批评，权力很容易堕落为专制。批评和民主的前提——政治成熟度——是不可分割的。政治上的成熟是一个为自己说话的人，因为他已经为自己思考过了，而非鹦鹉学舌，人云亦云，他也不受任何卫兵的干预。这表现在对抗主流舆论的力量中，同时那也是对抗现行制度的力量，是对抗一切具有自明合法性的、"存在即合理"的事物的力量。这样的对抗是一种分辨力，它将知识区别于那些只是因为约定俗成或迫于权威才接受的东西；这种对抗是和

---

① 本文最初是阿多尔诺 1969 年 5 月在南德意志电台的广播稿，同年 6 月发表于《时代》杂志，载于《阿多尔诺全集》第 10 卷（下册），第 785 页以下。在德语中，Kritik 一词兼有汉语的"批判""批评"二义，只能将本文标题译为《论批判》，而在文中根据上下文分别译为"批评"或"批判"。

批评不可分离的，而批评的希腊语词根 krino 意味着"做决定"。如果谁认为现代的理性概念同批评是一回事，那么他并没有夸大其词。启蒙思想家康德想要让社会从自我招致的不成熟状态中解放出来，想要用自律代替他律，也就是说，按照个人自己的见地来进行判断，而不是被迫服从他人，是故康德用批判来命名他的三大著作。这并不只是因为思想的能力问题（他想要为其划界并详述其运作过程）。如克莱斯特敏锐地察觉到的那样，康德的力量体现在批判这个词的一切具体含义上。他批判了在他之前得到广泛认可的唯理性主义独断论;《纯粹理性批判》首先是对莱布尼茨和沃尔夫的激烈批判。康德的大作的影响力要归功于其否定的效果，而其最重要的效果（纯粹理性对自身界限的逾越）彻头彻尾是否定性的。

　　但是，虽然批判是理性乃至整个资产阶级思想的拱心石，但它并不像人们根据精神的自画像而设想的那样，是某种主宰着精神的东西。就连摧陷廓清者都经常谴责批评，认为它是不合适的。康德在两百年前就是这样大声疾呼的，他用"小理性"（Vernünfteln）之类的恶毒词语来表达这一点。这种"小理性"不但惩罚理性的越界，也想要约束理性的运用，而在康德看来，它是不可阻挡地要超出它自身的限制范围的。康德开启的运动在黑格尔那里达到了顶点，黑格尔在许多章节中将思维等同于否定，因而也就等同于批判，但是黑格尔同样有着相反的倾向：中止批判。对于那些依靠个人的有限的理解能力的人，黑格尔用一个政治的修饰语称呼他们为"挑刺癖"，并谴责他们的无用，因为他们不能反思到自身的有限性，不能将自身从属于更高的东西，即总体。可是，在黑格尔那里，更高的东西就是现存的状况。黑格尔对批评的厌恶是和他的论点"凡现实的皆为合理的"并行不悖的。在黑格尔的集权主义指令下，人真的控制了他自身的理性，他不是坚持理性与现存的对立，反而在现实内部认识他自身的理性。公民个人应该在现实面前缴械投降。放弃了批判，才能触摸到更高级的智慧；青年马克思关于"无情地批判现存的一切"的话语是对黑格尔的回应，甚至成年马克思也把他的主要著作的副标题命名为"批判"。

黑格尔的那些段落，尤其是在集中体现了他的反批评倾向的《法哲学原理》中的那些段落，其实质含义是社会的。不必是社会学家，就能在他对挑刺癖和两眼放光的改革家的嘲笑中听出虚情假意的布道，告诫着小喽啰们休得聒噪——这些小喽啰们愚蠢地反对来自高级权威的敕令，是因为他们不能认识到，归根结底，存在的一切、发生的一切是最好的，而在生活中地位比他们高的人在思想上也处于比他们更高的层级。批评精神的现代解放和与此同时发生的对批评的压制之间的矛盾，乃是整个资产阶级时代的特征：从早期开始，资产阶级就一直害怕他们自己的原则的逻辑会超出他们自己的利益范畴。哈贝马斯证明了存在于公共领域概念中的这种矛盾：公共领域是一切政治上有效的批评里头最重要的媒介，它一方面体现了社会主体的批评政治的成熟度，另一方面成为商品，并为了更好的市场而反对批评原则。

德国人很容易忘记，作为精神的题中应有之义，批判在世界各地都不受欢迎。但是，把对批判的浓浓敌意（尤其是在政治舞台上）当作一种德国特有的现象来思考，也是不无道理的。德国没有彻底完成资产阶级的解放，它处在这样一个历史阶段，在这个阶段，资产阶级解放的历史前提——分散的自由企业的自由主义——已经衰落了。在别的国家，民族国家的统一是跟资产阶级的壮大同步的，德国的统一却落在历史的后面，跛足前行，成了短暂的幕间插曲。这就引发了德国对统一和意见一致的创伤，在多样性中闻出了软弱的味道——而多样性的结果必然是民主意愿的达成。任何批评者都违反了团结的禁忌，该禁忌有集权主义组织的倾向。批评家是搞分裂的人，在集权主义看来，则是一个颠覆者。否认所谓党内争论是国家社会主义不可或缺的宣传工具。统一的创伤让希特勒们继续存活生长繁衍，而希特勒发动的战争结束之后的德国分裂局面甚至会增强这一创伤。说民主在德国姗姗来迟，这是老生常谈了。但也许没有多少人意识到，这种迟到的后果甚至延伸到了精神的分化之中。不难想象，除了经济问题和直接的社会问题，民主要在德国深入至高无上的人民的内心，还面临着额外的困难，即各种前民主的、非民主的意识形式（尤其是那些根植于国家主义和服从权威的意识形式）存续于突然移植而来的民主之中，并妨碍了人民把民主变成他们自身的民主。这样的行为模式的遗迹之一就是对批评的不信任，并习惯于用这个或那个借口扼杀批评。戈培尔之所以能够把批评家的概念贬低为批评者的概念，恶意满满地把它和爱发牢骚的人联系起来，并想要禁止一切艺术批评，这样的事实不仅意味着他要接管一切独立的思想冲动，还意味着他要蛊惑宣传家们用社会心理学的语汇进行计算。他利用了德国人对批评的根深蒂固的偏见，这种偏见可上溯到君主专制时代。他表达的是已经被领上路的那些人心底的信条。

如果要剖析德国人对批评的敌意，就必须将它和反智主义的怨恨结合起来考虑。在公共舆论或私底下舆论（借用弗朗茨·波墨的表达语）中，可疑的知识分子总是约等于在批评的人。看起来，反智主义最初起源于对官僚制的顺从。一再被重申的警告是批评必须负责。但那仅仅意味着只有获得批评权的人才能批评那些恰好在负责的位置上的人，正如反智主义直到今天也没有扩展到国家雇佣的知识分子（如教授）身上。按照教授的工作内容，他们本应列入知识分子的行列。但是，由于他们享有公务员的特权，现有的公共舆论对他们是非常尊敬的，只要他们和学生的冲突尚未暴露他们实际上的软弱无力。批评成了某个部门的职责，事实如此。它从每个公民的人权和为人的义务沦为某类人的特权，这类人的批评资格来自他们所占据的得到承认和保护的位置。没有权力发布其意见的批评者，没有进入官方等级制度的批评者，都应该保持沉默——这就是"仆人的理解力有限"这一陈词滥调在建立了形式平等的德国的最新解释。显然，在体制上和现状纠缠在一起的人很难去批评现状。跟行政的、法律的冲突相比，他们更害怕和自身所属群体的意见发生冲突。通过对负责的批评（有公共责任的人进行的批评）和不负责任的批评（那些不计后果的人进行的批评）所做的区分，批评实际上被消除了。对那些没有地位的人的批评权的未明言的废除，使得教育的特权，特别是经由正式考试隔离开的职业生涯变成了定义谁可以批评的权威，而实际上唯有批评的真理内容才是唯一的权威。这些未明言的、不成文的规定深深扎根于无数人的前意识中，发挥着一种社会控制的作用。近来并不缺少等级制度之外的人——自然，在名人的时代，等级制并不局限于官员——从事批评的案例，例如批评某个城市的司法实践。他们被直接当成发牢骚者而驳回了。仅仅认为德国的体制激发了对独立的个人主义者或持异议者是个大傻瓜的怀疑，是远远不够的。事态要严重得多：舆论的反批评结构使得持异议者这一类人确确实实成了发牢骚者，具有了反叛的特征，只不过那些特征还没有促使他成为顽固的批评家。毫不动摇的批评自由很容易因其自身的动力学而滑向米歇尔·科尔哈斯的态度——他是一个德国人，这绝非偶然。德国公共领域的结构转型的重要条件之一就是我在这里揭示的事实能否被广泛意识到，比方说，在公民教育中进行讨论，从而减少其灾难般的盲目权力。有时候，德国舆论和批评的关系是头脚倒置的。自由批评的权利只用来帮助那些反对民主社会中的批判精神的人。然而，反抗这种误用的警惕性需要一种德国尚不具备的舆论力量，仅仅大声疾呼是无济于事的。

　　舆论和批评的隐晦关系的表现之一就是舆论机构的态度，它还自以为拥有自由的传统。在美国，许多根本不想传播反动思想的报纸拼命地培养一种腔调，人们叫它"自负"（pontifical）。他们说起话来似乎凌驾于争论的各方之上，摆出一副圣徒的姿态——"老处女"这个标签完全适合这种古板姿态。他们目中无人的举动通常只有助于为现状辩解。这些被神圣地激发起来的权力往往不允许偏离他们自身的良好意愿。这些报纸的语言听起来像政府公报，虽然它讲的不是任何政府的事情。在这种自负姿态的背后，是一种极权主义的姿态：无论是以这种姿态自居的人，还是那些媒介聪明地定位了的目标消费群。认同权力，在今天的德国仍然跟过去一样普遍；这就或隐或显地潜藏着认同强权政治的危险可能性。改革机构（改革是由批判精神要求的，在很大程度上也是得到行政权力认可的）的魅力基础是选民的恐惧，这一恐惧轻易粉碎了批评。这也证明了，切身利益本在于批评之中的那些人却广泛拥有反批评的精神。

在德国，批评总是石沉大海，这种模式有着军事上的起源：不惜一切代价保护被控行为失检的下属。在军队等级制中，这种团队精神的压制性随处可见；如果我没有弄错的话，在德国，这种军事的行为模式也主宰着民事，特别是在狭义的政治领域。在面对公众的批评时绝不能动摇，被批评者的上级要罔顾事实，负起最终责任，他要保护被批评者，并回击外部的攻击。这一体制应该让社会学好好研究一番，它是如此根深蒂固，以至于自动地构成了对政治批评的致命威胁，就好比威廉皇帝时代的士兵胆敢批评上级一样。对国防长官的制度怨恨是整个领域的一个象征。

也许，德国人和批评之间被毁掉的关系可以从它的石沉大海这一点上得到理解。如果德国配得上乌尔里希·索纳曼说的"无限可能之地"这一名号，那么这也被推迟了。只要一句话，一个人就可以被公众舆论的唾沫星子淹死。然而比那句话更糟糕的是，根本没有舆论能发挥那样的压力，或者说，舆论说了等于没说。政治科学的一个课题是公共舆论效果的比较研究，即比较英国、法国、美国等老牌民主国家中的非官方舆论的效果和德国的效果。我不敢预测这一研究的结果，但是我可以想象。如果《明镜》周刊事件是个例外，那么要记住的是在该个案中，公共舆论的载体——进行抗议的报纸——之所以表现出罕见的热忱，不是因为要捍卫批评自由及其前提（不受阻碍的信息传播），而是因为它们觉着自己的切身利益受到了威胁，这就是新闻价值，即信息的市场价值。我没有低估德国对有效的公共批评的努力。其中包括了一个极右的文化大臣的下台。然而，既然学生和教授之间的团结不复存在，再也不像当初在哥廷根那样了，那么今天是否会发生类似事件是很值得怀疑的。对我来说，自从公共批评被政治团体所垄断并因此公然妥协了以来，公共批评的精神就遭到了严重的倒退。但愿我是杞人忧天。

尽管一个没有机会在其他国家观察类似现象的人不能妄加断言，但是德国基本上是一种来自哲学（正是那种污蔑挑刺者的哲学）的反批评体制，它已经堕落为废话：呼唤正能量。如果"批评"这个词得到了容忍，那么它总是伴随着"建设性"这个词。言下之意是，只有当批评者能够提供一种比被批评的对象更好的东西时，他才能进行批评。两百年前，莱辛就在美学领域嘲笑过这种态度了。既然积极性是批评的条件，那么批评从一开始就被驯服了，失去了其锋芒。戈特弗里德·凯勒有段话，在那里他把那种对教化作用的要求称为"姜饼话"。他严厉地主张，只有扔掉发着霉味的东西，才能获得更清新的空气。其实，对于推荐更好的东西这种完全实用性的实践，是根本无法用批评来补充它的，虽然在很多情况下批评可以用那些现实要求的规范来质疑现实本身：遵循规范，就将得到更好的东西。"积极"这个词不仅是卡尔·克劳斯几十年前抨击过的，也是埃里希·凯斯特纳这样毫不激进的作家反对过的，但是它在德国有一种神奇的魅力。它自动就位。其疑虑在以下事实中可见一斑：在当今情势下，更高级的社会形式（根据进步的思想，社会应该发展到更高级的形式）已经不再被理解为一种现实的具体趋势了。如果谁因此而否定社会批判，那么他就只能在阻碍社会向更高形式过渡的怀疑中强化这个社会。对更好事物的客观阻碍并不是抽象地影响了大多数人。在人们批评的每个个别现象中，人们很快就遭遇到那一界限。对积极性建议的要求一次又一次地被证明是不可能实现的，因此批评一次又一次被惬意地诋毁了。也许，从社会心理学的视角看，对积极性的渴求不过是对在薄纱背后起作用的破坏本能的某种掩饰。那些谈论积极性最多的人是站在毁灭力量一边的。对积极性的集体强迫症将积极性立即转译为实践，同时就掌握了那些自以为处在社会对立面的那些群众。他们的行动主义和社会主流是无缝接轨的。应该用以下理念来反对它：化用一下斯宾诺莎的名言来说就是，一旦充分认识并准确表达了虚假的东西，就已经标识出了正确的和更好的东西。

6. 论顺从 ①

近来，我们这些法兰克福学派的早期代表人物面临着"顺从"的指控。据说，我们发展出了社会批判理论的要素，但是却不打算从该理论中引出实践的结果。我们既不设计行动纲领，也不支持那些自认为被批判理论激发起来的行动。姑且不论能不能对始终比较敏感的理论思想家提出这种要求，毕竟他们根本不是一成不变的工具。在这个以分工为特征的社会中，向思想家们布置这样的任务确实是有问题的；思想家们恐怕会被任务毁掉。但是他们也正是通过这一任务才成为思想家的。他们完全不可能仅仅凭借个人的意愿就取消他们已经成为的样子。我不想否认，理论的自我限制里面存在着主观软弱性的动因。反对我们的意见大概就是这个意思；在现时代，如果谁怀疑彻底改造社会的可能性，并因此既不参与也不主张任何景观式的暴力行动，谁就犯了顺从罪。他并不认为他以前憧憬的社会变革能够实现，实际上，他根本不愿意看到它立即实现。他维持现状，等于默认了现状。

在每个人的眼里，和实践保持距离都是可耻的行为。谁要是不立刻采取行动，不愿意弄脏自己的手，谁就是嫌疑犯；人们觉得，他对行动的反感是不合法的，他享受的特权扭曲了他的观点。谁不相信实践，谁就是不可相信的人；这种不信任已经从重复着"我们说得太多了"的老口号的反对派一直蔓延到广告的客观精神之中——广告宣传着一些积极参与者的楷模形象，不论他参与的是经济活动还是体育活动。反正你应

---

① 本文载于《阿多尔诺全集》第 10 卷（下册），第 794 页以下。

该参与。要是谁只思考不参与，那就弱爆了，说懦夫是轻的，简直就是叛徒，不爱国。这一敌视知识分子的陈词滥调是和被辱骂为"不知自己的职责何在的知识分子"的那一部分反对派的深层基础相冲突的。思想的积极活动分子回答问题；在要改造的事物里头，首先要改的就是理论和实践的分离。如果我们确实想从现实的人、实际的观念的统治下解放出来，实践是必要的。前述观点的问题在于它导致了"禁止思考"。反对压抑的抵抗不需要费多大力，就能转而压抑性地反对那些没有放弃自己的立场的人（他们一点儿也不想吹嘘自己的存在状态）。经常呼吁的"理论和实践的统一"往往倾向于让实践优先。无数观点将理论本身定义为一种压迫形式，好像实践和压迫之间并没有更直接的联系似的。在马克思那里，这种统一性的教条是被行动的内在可能性激发的，但就算在当时这种行动也不是要马上实现的。今天，情况发生了彻底的扭转。人们之所以坚持要行动，乃是因为行动的不可能性。实践只剩下一种含义：生产愈来愈多的生产资料。唯一还能得到容忍的批判是说人们"工作不够努力"。这充分证明了，让理论从属于实践，只能产生新一轮的压迫。

对一切没有直接附上行动指南的思想的这种压抑性不宽容建立在恐惧的基础上。不受操纵的思想以及"允许从这一思想中不得出任何结论"的立场一定是令人恐惧的，因为不能承认的东西实在太明显了：这一思想是对的。18世纪的启蒙思想家很熟悉的那套资产阶级老把戏"换汤不换药"地重装上阵：消极状态（这里就是现实的障碍）造成的痛苦转化为对表现痛苦的人的愤怒。思想——自觉的启蒙意识——只在祛除伪现实的魔咒，按照哈贝马斯的说法，行动主义就是在这一伪现实之中行动的。这一行动主义得到了容忍，只是因为它被视为伪行动。伪行动是跟主观设定的伪现实沆瀣一气的；行动自卖自夸，自吹自擂，不承认它不过是替代性的满足，结果把自己抬举成了目的本身。铁栏杆后面的人灰心丧气，放弃了被释放的希望。于是他们不再思考，或者仅仅思考那些虚假的命题。在绝对化的实践中，唯有反应是可能的，也正因为如此，反应是虚假的。只有思想能提供一种逃逸，但必须是那种思想，即思想的结果没有被事先规定——像在很多讨论中，谁正确或什么没有推进事业都是事先定好的——而不是板上钉钉地堕落为一种对策。门被堵上了之后，防止思想被打断就显得加倍重要。毋宁说，思想的任务是分析这一状况背后的理性，并分析这些理性的后果。思想的责任在于不把现状当成限定的东西接受下来。一旦有任何改变现状的机会，那都只能通过未被削弱的洞见来获得。思想并不能通过飞跃到实践来洗脱"顺从"的罪名，如果不知道走错了路，一直往前走，也不过是顺从的实践。

一般来说，伪行动试图在这个被彻底中介了的、残酷无情的社会中为直接性保留一块飞地。将这一过程合理化的方式是把任何微小的改变都视为朝向总体变革的漫漫征途的一小步。伪行动的不幸模式是"自己动手"综合征。工业生产本来一直做得好好的东西，现在非得让不自由的个人来笨手笨脚地做，激发起他们的主人翁自豪感。"自己做"和"自己修"同样是胡扯。但这还不算完。在所谓减少服务业的观点（从技术标准的角度看，有时完全是多余的）看来，私人采取的手段实现了一种半合理的目的。政治上的"自己动手"态度则具有完全不同的性质。如此不可理喻地对待人的这个社会正是这些人自己。对有限的小群体活动的信任乃是在总体性硬壳的挤压下萎缩了的"自发性"的残余，而如果缺少了自发性，就不可能把总体性转变为某种不同的东西。管理世界倾向于扼杀所有的自发性，至少把它纳入伪行动的管道。彻底做到这一点并不像管理世界的代理人设想的那样轻而易举。尽管如此，不能把自发性绝对化，它不可脱离客观形势，也不能像管理世界那样被崇拜。否则斧子就要砸坏房子的下一扇门了——木匠还是少不了的——暴乱小分队立马就要出场了。暴力的政治行动也会降低伪行动的水准，结果仅仅成了戏剧。由此也就不难理解，为什么在以前的进步组织自愿整合的基础上，直接行动的观念和赞颂这一行动的宣传又复苏了，世界各地的进步组织都表现出他们曾经直接反对的特征。然而这一进程没有削弱对无政府主义的批判，因为它像幽灵一样回归了。这一回归中体现出来的对理论的不耐烦使得它没有提出超越它自身的思想。理论落后于被它遗忘了的思想。

对个人而言，向他认同的集体一投降，生活就变得更容易了。他不用认识到自己的无能；在他自己的伙伴圈子里，少数变成了多数。这一行动——而不是毫不含糊的思想——才是顺从。个人利益和他归于的集体之间的关系变得模糊。自我如果想要在集体的神意中分一杯羹，就必须废黜自我。显然，康德的绝对命令的残余显现了：你必须签字。购得新的安全感的代价就是牺牲了自主的思考。说"集体行动的语境中的思想是一种改良"，这一安慰纯属欺骗：思想若是仅仅被当作行动的工具，它就和所有的工具理性一样变钝了。目前还看不到任何更高级社会的具体形式：因此，任何看似通往那样的社会的捷径都是退化。弗洛伊德认为退化的人没有实现他的驱力的目标。客观上，改良就是放弃，哪怕他自认为相反，并天真地宣扬快乐原则。

与此相反，毫不妥协的批判思想家既不在他的良知上签名，也不允许自己被吓得只能行动，他们实际上成了真正没有放弃的人。再者，思想并非对存在的精神复制。只要思想未被打断，它就紧紧抓住了可能性。它的毫不满足，它对小小满足的抵抗都拒斥了愚蠢的顺从智慧。思想中的乌托邦冲动越强，它就越不会把自己对象化为乌托邦——进一步的退化形式——以此来代替乌托邦本身的实现。开放的思想超越了自身。这种思想承担的"构想实践"的角色远比"为实践而服从"的立场更靠近真正改变世界的实践。思想超越了一切具体的、个别的内容，它实际上首先是一种反抗的力量，远离了任何一味蛮干的反抗。这一重要的思想概念毫无保障，现存状况不能给它保障，要实现的目标不能给它保障，任何有组织的力量也不能给它保障。无论思想曾经是什么，它都可能被压制；它会被遗忘，甚至会消失。但不可否认的是，思想中有些东西存活了下来。因为思想具有普遍的力量。在某地令人信服的思想一定会在另外的地方被另外的人想到。这一信心伴随着哪怕最孤独、最无能为力的思想。任何思想者都不会在批判中发怒：思想升华了愤怒。因为思想者无须用愤怒来折磨自己，他也不想用愤怒来折磨他人。思想者眼中看到的幸福是人类的幸福。压制的普遍趋势反对这样的思想。这样的思想就是幸福，哪怕在不幸横行之处；思想在表述不幸中获得了幸福。拒绝被夺走这一思想的人并没有退却和顺从。

第三单元

美学与政治

7. 阿多尔诺致本雅明的三封信（节选）

第一封信　阿多尔诺致本雅明

赫恩伯格，黑森林，1935 年 8 月 2 日

亲爱的本雅明先生：

　　现在我终于可以对你草拟的文稿谈些看法了。我已经仔细研究过你的文稿，并再次跟费里奇塔探讨过。她完全同意我下面的评论。在我看来，与这一课题的重要性——你懂的，我对此期待甚殷——相匹配的谈论方式只能是开门见山、直言不讳的，我认为这一点对我们俩来说都极为重要。在开始我的批评意见之前，我想先说一下，尽管你的写作方式仅仅是概要性的"思想提纲"，但我觉得草稿中充满了最重要的概念。在这些概念中，我只想着重提出关于"生活是雪泥鸿爪"的段落、关于收藏家的论断以及把事物从有用性的魔咒中解放出来的观念。《波德莱尔章》的纲要对这位诗人的阐释和第 20 页上对新奇性（*nouveauté*）概念的介绍，对我来说都是极有说服力的。你大概可以猜到根本不出你意料的事情，也就是说，我仍然关注可以用"19 世纪的史前史""辩证意象""神话与现代主义的构型"等范畴来描述的复杂问题。如果说我没有区分材料问题和认识论问题，那么虽然这看上去和你的草稿的外部结构不相符，但它仍然契合其哲学内核——其辩证运动将消除上述两者之间的对立（在近来对辩证法的两种传统概述中都是这样）。我先从第 3 页的格言说起："每个时代都梦想着它的继承者"。我认为这句话是要害，因为我批评的那些辩证意象论的各个主题都浓缩在这个不辩证的句子中——只有剔除它，才能使辩证意象论本身

清晰起来。因为这个句子意味着三样东西：第一，作为一种"意识内容"
的"辩证意象"概念，尽管该意识是集体意识；第二，它与作为乌托邦的
未来的"直接"（我可以简单说成：发展的）关联；第三，在这一意识论
语境中，意识内容的合适而自足的主体乃是"时代"。我认为至关重要的
是，这一版本的"辩证意象"概念（可称之为内在性的版本）不但威胁到
这一概念原初的力量——神学的力量（因为它带来了一种简单化，虽无碍
其主体性上的精微差别，却有损其基本的真理内容），而且由于你牺牲神
学的缘故，它也忽略了社会的矛盾运动。

　　如果你将辩证意象转换为一种"梦"的意识，那么你不但将魔力从
这一概念中去除了，并将它社会化了，而且还剥夺了它可以用唯物主义
来论证的"客观的解放力量"。商品的拜物教性质不是一件意识的事实，
相反，它之所以是辩证的，恰恰在于"它产生意识"这一突出的含义
上。这就是说，意识或无意识不能简单归结为梦，而是要和欲望、恐惧
在同一层面上处理。而你在现在这个内在性版的辩证意象论的"复制现
实主义"（请你原谅这个措辞）中，拜物教性质的这一辩证力量恰恰消失
了。用你的拱廊计划第一稿中闪闪发光的语言说：如果辩证意象只不过
是集体意识认识到拜物教性质的路径，那么圣西门派的商品世界概念就
真的看起来是"乌托邦"了——而不是反过来，把19世纪的辩证意象揭
示为"地狱"。只有后者才能够适当地表现黄金时代的观念，这一对二重
性，即冥间和世外桃源的二重性，对于阐释奥芬巴赫是极为重要的；两
者在奥芬巴赫那里都是明显的范畴，可以在他的器乐谱的细节中显现出
来。因此，你的草稿放弃了地狱范畴，尤其是放弃了描写赌徒的华彩片
段（替换为关于投机和冒险的章节是说不过去的），在我看来这就不但略
输文采，更丧失了辩证的连贯性。我现在才知道了意识的内在性与19世
纪的关联，但是辩证意象的概念不能从意识的内在性中推衍出来，相反，
这种意识的内在性本身，这种内在性恰恰是异化的19世纪的"辩证意象"
之一。这里我不得不把我在论克尔恺郭尔一书的第2章中的断言运用到
新著作中去。因此，不应当把辩证意象转换为一种梦的意识，而应将梦

表达为一个辩证的结构，将意识的内在性本身理解为现实之星丛——"地狱徘徊在人间"的天文学阶段。对我而言，只有这种星际航行图才能提供一种关于原初历史的清晰历史观。

请允许我从另一个完全相反的立场出发，把上述的反对意见再陈述一遍。与你的内在性版的辩证意象相一致（从积极的意义上说，你先前的概念成了它的典范），你把"最古老"和"最新"之间的关系——这是你第一稿的核心问题——解释为关于无阶级社会的乌托邦指涉。这样一来，古代就不是"最新的"东西本身，而是新时代的补充完成：它就被"非辩证化"了。然而，与此同时，同样非辩证的是，无阶级的意象也被还原为神话，而不是像地狱幻象那样一览无余的东西。因此，对我来说，融汇"古代与现代"的范畴就不是"黄金时代"，而是"灾难"。我曾说过，近来的历史总是呈现为被灾难毁坏的模样。而此时此地，我可以说，它总是呈现为原初历史。在这一点上，我和你的悲悼剧著作中最勇敢的论述相一致。

如果说，"梦"这一祛魅的辩证意象使得辩证意象"心理学化"了，那么，与此同时，它也就被置于资产阶级心理学的魔咒之下。因为究竟谁是梦的主体呢？19世纪，主体只是个人；但个人的梦既不是拜物教特性的直接描述，也不是其众多遗迹的直接描述。于是你呼唤集体意识。但是我担心的是，其现在的形式无法与荣格的集体无意识区分开来。它会受到来自两方面的批判：从社会进程的角度看，它将古代的形象实体化了——实际上，辩证意象是从商品特性中产生的，但商品特性不在古代的集体自我中，而在异化的资产阶级个人中；从心理学的角度看，"群体自我"正如霍克海默所言，只有在地震和大灾难时才会出现，而在平时，客观的剩余价值将通过个人主体成为主宰，并与个人相对立。杜撰出"集体意识"这个观点，只是为了把注意力从真正的客观性以及与之相关的异化的主体性上挪开。我们的责任是将这一意识辩证地一分为二，分解为"社会"与"个性"的两极对立，而不是将它美化为与商品特性相关的形象。在梦的集体中，阶级之间的差别被抹杀了——这应该是一个足以警惕的明确警告吧！

最后，"黄金时代"这个神话的古代范畴（在我看来，这是社会决定的东西）对商品范畴本身造成了致命的影响。如果"黄金时代"一词（这个范畴本身需要理论说明，而不是直接套用）的二重性（极其关键！）被压制了，也就是说，它和"地狱"的关系（"商品"=这个简直成了纯地狱的"时代"的基本内容）被否定了，那么原初状态的直接性实际上就化为了真理。于是辩证意象的祛魅直接导致了纯粹的神话思维。在此有"克拉格斯"的危险，正如上文的"荣格"那样。你的草稿在这一点上包含了最多的"救赎"。这里应该是把事物从有用性的魔咒中解救出来的"收藏家学说"的核心要点。如果我正确理解了你，这也是属于奥斯曼的地方，他的阶级意识——商品特性上升为黑格尔的自我意识——引发了商品幻象的内爆。将商品理解为一种辩证意象，也就是把辩证意象视为商品的衰落和"废弃"的主题，而不是将它视为仅仅退回到古代。一方面，商品是异化的物，其使用价值趋于消失；另一方面，商品是异化的幸存者，超越了它自己的直接性。我们正是在商品上看到了"不朽"的希望，但那不是给人的希望。按照你在拱廊计划与论巴洛克艺术的著作之间已经正确建立起来的联系，我们可以得出结论：拜物教是无信仰的最终形象，只有"死人的头"差可比拟。对我来说，这正是卡夫卡的基本认识论的特征所在，特别是在他的"奥德拉德克"（Odradek）中：不为任何有用性而留存下来的商品。在卡夫卡写的这个童话中，超现实主义完结了——就像巴洛克艺术在《哈姆雷特》中完结了一样。但是就社会内部而言，这意味着仅仅靠着"使用价值"的概念是不足以批判商品特性的，那只能把我们退回到分工之前的阶段。这也是我对布莱希特总是持保留意见的地方。我认为他的"集体的""无中介的"功能概念是可疑的，我以为它们本身是一种"退化"。我对你的草稿中与布莱希特相吻合的那些范畴进行了评论，你或许可以从我的反对意见中明白，我根本没有挽救自律艺术之类玩意的狭隘企图，而是严肃地关切那些我视为我们的哲学友谊之基础的主题。如果大胆地用一句话来总结我的批评的话，那么它会是"把握极端"。神学的复兴——更确切地说，神学的闪光内核的辩证激进化——同时也就不得不意味着社会辩证法（经济的辩证法）的极端强化。首先应予历史地看待这些主题。19世纪（即商品的工业化大生产时期）"特有的"商品特性有待于更清晰、更实质的勾勒。毕竟，商品和异化早在资本主义（制造品时代）开始之前就已经存在，那也是巴洛克艺术的时代；而从那之后，现代的"统一性"就恰恰存在于商品特性之中。但是，唯有将商品的工业形式清晰地定义为与先前的形式截然不同的历史形式，才能够确立完整的"史前史"和19世纪的本体论。但仅仅提及"如此这般的"商品形式，就将使得史前史带有了隐喻特征——而在这个严肃的主题中，这是不可容忍的！这里，我倒是认为，如果你毫不犹豫地遵循自己的做法，即不加先入之见地处理材料，就能收到最大的阐释效果。相反，我的批评是在抽象的理论领域中运演的，肯定是蛮难读懂的，但是我知道你不会仅仅把它看作是一个"世界观"的问题而轻易忽略我的保留意见。

　　无论如何，请允许我再补充一些更为具体的评论【……】

　　【……】

　　再次恳请你原谅这些吹毛求疵。

出自真诚的友谊

第二封信　阿多尔诺致本雅明

伦敦，1936年3月18日

亲爱的本雅明先生：

　　我今天打算对你卓越的研究【指的是《机械复制时代的艺术作品》】发表一些看法，我肯定不是想给你写一篇评论，甚至也不是完善的回应。可怕的工作压力——论逻辑学的大书，要写完我为一本论贝尔格的小册子写的一篇文章（只差两处分析了），对爵士乐的研究——使我无力这么做。尤其是因为我认识到书面通信的不足，而我认为那本书里没有一个句子不值得和你当面详细讨论。我坚信那会在不久以后成为可能，但我等不及那么长的时间了，所以先给你一点回应，不管它多不完善。

所以我这里只谈一个主要问题。我认为，你的作品在唯物辩证法的思想场域之中依然贯彻了你的原初意图：辩证地建构起"神话与历史的关系"——也就是说，神话的（辩证的）自我消解，在这里指的就是"艺术的祛魅"——这一点正是我热切关注你的研究、完全赞成你的研究之原因所在。你知道，"艺术的消亡"这一主题已经是我多年以来的美学研究的底色，而我对"技术的首要性"（特别是在音乐中）的格外拥护必须严格地在这个意义上理解，在你的"第二技术"[1]的意义上理解。如果我们在这里不谋而合，也没有什么可惊讶的。我不会惊讶，因为你在论巴洛克艺术的书里面已经卓有成效地把寓言和象征（新术语是"有灵韵的"象征）区分开来，而在《单向街》里你把艺术品和有魔力的文献[2]区分开来。两年前，我在《纪念文集》的一篇论勋伯格的文章[3]（你不熟悉的）中就技术和辩证法问题、艺术和技术的关系变更问题提出了一些与你的想法完全吻合的陈述——这很好地证明了我们俩的不谋而合（但愿我这么说并不显得大言不惭）。

这一"吻合"成了我下面不得不说明的"分歧"的基准。没有别的目的，只是为了服务于我们的"总路线"，现在已经如此清晰可辨的总路线。也许我可以从我们的老方法"内在批评"开始我的说明。在你先前的著作（你现在的文章是其延续）中，你将作为结构的"艺术品"概念与神学的象征区别开来，也将它与魔法的禁忌区别开来。现在我发

---

[1] 《本雅明全集》德文版第7卷，第359页以下。

[2] 见本雅明《单向街》之《抨击自命不凡者的13条准则》一节，载于《本雅明文选》，中国社会科学出版社，1999年版，第364–365页。

[3] 指阿多尔诺的《辩证的作曲家》一文，1934年于维也纳发表，1968年收入阿多尔诺的《即兴曲：重新发表的音乐论文之二》一书。

现，令我不安的是——我在这里看到了一些布莱希特的主题的升华残留物——你现在偶尔把魔幻的灵韵概念转移到"自律艺术品"概念上，并指认后者具有反革命的功能。我不必向你保证说我完全明白资产阶级艺术品中的魔幻要素（特别是因为我一再努力揭露与自律的美学观相关的"资产阶级唯心主义哲学"是彻头彻尾的神话）。然而，对我来说，自律艺术品的中心本身并不属于神话——原谅我的用词——而内在地是辩证的：魔法的标志和自由的标志在其中并列着。如果我没记错，你在谈到马拉美的时候说过类似的话。而要表达我对你的文章的总体感觉，莫过于告诉你：我本人非常希望一项与你的文章正相反的马拉美研究，我揣测，那项研究是你欠我们的重要贡献。也许你的文章是辩证法的，但那没用在自律艺术品身上；它贬低了一种基本经验，在我自己的音乐体验中日益明显的一种经验：自律艺术对技术法则的追求中的高度一致性恰恰改变了这种艺术，使它不再成为禁忌或拜物教，而是让它接近了自由的状态，一种能自觉创造的东西。马拉美把文学作品定义为"不是由言辞激发的，而是由言辞做成的东西"，我不晓得还有什么比这更好的唯物主义纲领了；而最伟大的反动人物，比如瓦莱里和博夏特（后者及其论"别墅"的文章除了一些难以启齿的对工人的评论，总的说来还能算是唯物主义的），他们的内核里也有这种爆炸力。如果你在所谓"高品质电影"面前为媚俗电影辩护，那么没有人会比我更赞成你；但是，"为艺术而艺术"也同样需要辩护，就我所知，反对它的统一战线从布莱希特延伸到青年运动。围困万千重，突围实属必要。【在论《亲和力》的文章中】你说过"游戏"和"表象"是艺术的要素，但是我没看出来为什么游戏就是辩证的，而"表象"——你设法保留给（像米尼翁和海伦一样倒霉的）奥蒂莉的"表象"——为什么就不是辩证的。在这一点上，可以肯定，讨论很快就会变成政治的。既然你很正确地辩证看待技术化和异化，却不赋予"对象化的主体性世界"以同等程度的辩证性质，其政治后果就是让无产阶级（作为电影的主体）直接获得了一项成就，而按照列宁的说法，那是只有通过知识分子（作为辩证法的主体）灌输的理论才有可能获得的成就，可你却把那些知识分子所属的艺术品领域归为"地狱"。请不要误解我。我不想说自律艺术品有特权。我也同意你说的，艺术品的灵韵正在衰落。不仅仅是因为技术可复制性的偶然，而是首先因为它自己的"自律的"形式法则的完成（这是科利施和我酝酿多年的音乐复制理论的主题）。但是，艺术品的自律——因而，它的物质形式——与它包含的魔幻因素并不是一回事。伟大的艺术品的物化并不只是失败，不像电影的物化那样是完全的失败。用自我的名义否定电影的物化，是一种资产阶级的反动；而呼唤直接的使用价值的精神以祛除伟大艺术品的物化，则接近了一种无政府主义。【纪德说过】"极端击中了我！"同样，它们也击中了你。但是，这只是在"最低下之物"的辩证法也和"最高级之物"的辩证法具有相同价值的时候，而不是在仅仅让后者完蛋的时候。两者都携带着资本主义的伤痕，两者都携带着变革的因素（当然，勋伯格和美国电影的中间项永远不会存在）。两者都是同一个总体的自由裂开的一半，但是把它们合起来却并不构成那个自由的总体。为其中一个牺牲另一个，就会成为浪漫主义。要么是保留个性之类货色的资产阶级浪漫主义，要么是盲目相信无产阶级（它本身是资产阶级社会的产物）在历史过程中的自发力量的"无政府主义的浪漫主义"。

在某种程度上，我必须控诉你的文章属于这第二种浪漫主义。你把艺术从它被视为禁忌的角落里扫了出来——尽管你也害怕（谁会比我更懂你的恐惧呢？）由此涌入的野蛮，并且为了保护你自己，把你害怕的东西提升为一种相反的禁忌。电影院里的观众的笑声绝不是善的、革命的——我与马克斯讨论过这点，他可能已经告诉过你；相反，它充斥着最恶劣的资产阶级虐待狂。我非常怀疑谈论体育的报童的专业知识，但是我不认为你的"分神"（distraction）理论有说服力——尽管它有休克般的诱惑力——一个简单的理由就足够了：在共产主义社会，劳动将被组织成这样，以至于人们再也不会累得不行，累到非分神不可的地步。相反，对我来说，某些资本主义实践的概念（例如"检测"的概念）在本体论上是凝固的，并且具有禁忌般的功能；而如果有什么东西是有灵韵的话，那电影肯定首当其冲，高度可疑。再多说一个小事情：对卓别林的专家知识就能使一个反动分子跻身为先锋派的成员——这个观点雷到我了，对我来说，它是过时了又过时了的浪漫化。因为不能把克拉考尔最喜爱的导演说成是先锋派艺术家，哪怕是《摩登时代》之后也不行——其理由可参见我论爵士乐的文章。而且我也并不相信这一作品中有什么好东西能吸引人注意，只要听听观众看电影时的笑声就知道实际上发生了什么。你对维尔福尔（Werfel）的挖苦让我很开心，不过你要用米老鼠来代替它，事情就复杂了，就产生了一个严肃的问题：每个人的复制是否真的构成了你宣称的"电影的先验性"，还是说这一复制属于资产阶级的"幼稚的现实主义"（我们在巴黎的时候就完全同意其资产阶级性质）。如果你拿来跟技术艺术相对立的现代艺术（有灵韵的艺术）在弗拉曼克和里尔克那里具有如此内在的可疑性，那不是偶然的。可以肯定，低级艺术可以轻松打败这类艺术；但是，如果用卡夫卡或勋伯格之类的名字来代替，问题就完全不同了。勋伯格的音乐肯定是没有灵韵的。

相应地，我要提出的是更多的辩证法。一方面，自律艺术辩证地超越了自身，通过它的技术学一跃成为精心筹划的作品；另一方面则是对功利艺术的消极方面更强的辩证化（你不是没看到，而是你仅仅用"电影资本"之类相对抽象的范畴来指称，没有直捣其老巢——"内在的非理性"）。两年前，我在诺伊巴贝尔斯堡的摄影棚里的时候，让我印象最深刻的莫过于你推崇的蒙太奇等先进技术运用得非常之少，相反，到处都是用一种幼稚的模仿和"摄影"建构起来的现实。你低估了自律艺术的技术，高估了他律艺术的技术：这就是我主要的反对意见。但是，这一反对意见只有作为你撕开的两极之间的辩证法才是有效的。照我估计，这只意味着彻底清除在你的研究中已经广泛变形了的布莱希特的各种主题——首先，清除任何对"互相连接的美学效果"的直接性的诉求，无论它是否时髦；其次，清除对实际的工人意识的诉求，和资产阶级的意识相比，除了革命的兴趣，他们没有任何优点可言，而是携带着所有的、属于典型的资产阶级特征的"残肢标志"。这已经足够清楚地描述了我们的作用——我肯定不是指知识分子的行动主义。但不是说我们只有逃进新禁忌（比方说，检测）中才能摆脱旧禁忌。革命的目标是消除恐惧，因此我们无须恐惧革命，也无须将我们的恐惧本体论化。它不会是资产阶级唯心主义，只要我们——带上我们的全部知识，并且毫无精神上的禁忌——和无产阶级保持团结，而不是把我们自己的必需品变成无产阶级的美德（像我们一直在努力做的那样）——无产阶级也体验到了同样的必要性，他们需要我们的知识就像我们需要他们的革命一样。我相信，你已经华丽起头的美学辩论的进一步发展基本上将取决于正确解释知识分子和工人阶级之间的关系。

原谅我这些评论写得太浮皮潦草。只有在善良的——也许，不是有魔力的——上帝安排好的细节的基础上才能认真进行。时间不够，所以我只好用了很多你禁止我使用的范畴。为了我提及的具体段落，我在你的手稿上用铅笔写了很多即兴的评论，有些地方太随意了，难以辨读。请别介意，同样也别介意我这封潦草的信。

我星期天去德国，我可能在那里完成我的爵士乐研究，很不幸我没时间在伦敦完成它。如果做完了，我会寄给你，不附信了，你读好后立即寄送马克斯（不超过25张打印纸）。这事儿不一定，因为我不知道有没有时间，更不知道这一研究的性质是否允许我毫无危险地从德国寄出它。马克斯已经告诉过你了，小丑概念是该研究的重点。如果能和你的研究同时面世，我会很高兴。其主题很简单，但在几个关键的地方恐怕和你相符，并且试图正面表达某些我今天反面表达的东西。它是对爵士乐的终审判决书，特别是揭露了它的所谓"进步"元素（和蒙太奇的相似性、集体创作、再生产对生产的优先性）其实是某些真正反动的东西的外衣。我相信它成功地破译了爵士乐，并界定了其社会功能。马克斯很看重我的研究，我想你也会的。我确实觉得我们的理论分歧不是我们之间的不和，相反，我的任务是紧紧抓住你的手，直到布莱希特的太阳沉入异域的水底。请你本着这一精神来理解我的批评。

不过在结束的时候，我不能不告诉你，你对无产阶级被革命瓦解为"大众"的几句评论，是我自从读了《国家与革命》以来遇到的最深刻、最有力量的政治理论的陈述。

你的老朋友

泰迪·维森格伦德

我也要表达我对你的达达主义理论的特别赞同。它适合你的文章，正如"夸大"和"恐怖"适合你的巴洛克艺术的书一样妙。

第三封信　阿多尔诺致本雅明

纽约，1938 年 11 月 10 日

亲爱的瓦尔特：

推迟回信，这将使我和我们所有人受到谴责，但是这种谴责本身也内含着几分辩解，因为，很显然，对于你论波德莱尔一文的回信拖延了一个月，这不可能是一种疏忽。

拖延是有原因的，这与我们对你的稿件的态度有关，但是，由于我也是拱廊计划的参与者，我或许可以坦言，这尤其与我自己的态度有关。我是最热切期盼着收到你论波德莱尔一文的人，简直就是一口气吞下了它，我对你按期交稿充满赞赏，正是这种赞赏使我觉得特别难以启齿来谈我的热切期待和你的文本之间存在的差距。

我极其认真地对待你将波德莱尔研究作为拱廊计划的一个标版的想法。浮士德在走进布罗肯山幻象的时候说，这下就可以破解许多迷幻了，于是我也抱着如此念头走近你提供的这个撒旦般的领域，然而请原谅我不得不借用墨菲斯托的回答来说：不过另一些迷幻又会接连显现了。你能理解我在读你这篇其中的一个章节被冠以"游荡者"，另一章节甚至被冠以"现代主义"的论文时感到的某种失望吗？

导致这种失望的根本原因在于，就我所熟读的这些部分来看，这项研究并不能够做拱廊计划的一个标版，而只能做它的序曲。主题意象只是被拼凑在一起，但并没有展开论述。在你给马克斯的信中，你说这是有意为之，毫无疑问，你使用了节制原则，使你能够在整个文本中对问题不做结论性的理论回答，甚至使得除内行之外，无人能清楚你的问题。但我要问你，面对这样的主题，在这样一个对你提出强有力的内在要求的语境中，你还能够坚持这种节制主义吗？作为你作品的一个忠实的读者，我很知道在你的写作之中，这种做法不乏先例。例如，我记得你发表在《文学世界》上的论普鲁斯特和论超现实主义的文章。但是这种方法能够转用在拱廊计划的复杂体系中吗？全景摄影与"踪迹"、游荡者与拱廊、现代主义与不变之物，你对所有这一切一概不做理论阐释——这是一些能够耐心等待阐释，而不被它们自身的光晕消耗掉的"材料"吗？毋宁说，如果将这些主题的实际内容孤立出来，难道它们不会以一种近乎恶魔般的方式来抗拒其自身的阐释可能性吗？在我们难忘的柯尼斯泰因谈话中，你有一次曾经说过，拱廊计划的每一种理念都是不得不从疯狂所统治的领域中抢夺出来的。我想知道，如此抢夺出来的理念有没有必要按照你的节制原则的要求，被紧闭在密不透风的层层材料的背后？在你的这个文本中，介绍拱廊时提到了狭窄的人行道，说这有碍于游荡者在街上行进。在我看来，这个实用性介绍是对幻象之客观性的偏见，而这种客观性是我固守的信念，甚至在我们的赫恩伯格通信时期我都这样认为。而你的第 1 章把这种幻象简化为波西米亚人的行为，也同样是一种偏见。你不必担心我会认为幻象在你的论著中不通过任何中介而存在，甚至认为你的论著本身都有一种幻象特征。但是，只有当幻象被看作是一个客观的历史哲学范畴，而不是社会人士的观点时，才能从根本上消灭幻象。正是在这点上，你的观点与其他研究 19 世纪的方法分道扬镳。但是对你提出的基本原理的拯救不能无限期推迟，也不能用一个对事态更无关痛痒的描述来打发。以上是我的异议。如果说在论文的第三部分，19 世纪中的原初历史（用一个老提法来说）替代了 19 世纪的原初历史——尤其明显体现在你引用的贝玑^①对维克多·雨果的评论中——那么这不过是同一内容的另一种述说方式罢了。

我认为我的反对意见绝不仅仅涉及主体该不该"节制"的问题。由于你对待阐释的节制态度，这个主体彻底进入了与节制截然相反的领域，也就是说，进入了历史与魔幻交错的领域。相反，我认为文本之所以落后于它自己的先验结论，是因为它落后于它自身和辩证唯物主义的联系——正是在这点上，我说的不仅代表我自己，也代表马克斯，我与他已经极其细致地讨论过这个问题。让我在此尽可能简单地、尽可能以黑格尔的方式来陈述我的看法。如果我没弄错，你的辩证法缺少一样东西：中介。其主要倾向总是很直接地把波德莱尔作品中的实际内容跟他的时代的社会历史特征（尤其是时代的经济特征）相关联。比如，我还记得关于红酒税的段落、对街垒的评价或是我已经提到的关于拱廊的那一段，后者在我看来格外成问题，因为这里从生理学的一般理论的讨论向游荡者的具体表征的直接过渡是极其欠妥的。

每当你不是从范畴而是从寓言的视角论及事物时，我总是感到不自然。这一点尤其表现在关于城市转换成供游荡者徜徉其中的室内空间的那一段。我认为你的研究中最重要的一个概念在此仅仅表征为"好像"。这种唯物主义的传声筒（它总是让人产生对扎进冷水浑身起着鸡皮疙瘩的游泳者所持的那种忧虑）跟你对具体行为模式的诉求——例如游荡者的段落，或是跟其后关于城市中的看与听之关系的段落（你在此引用了齐美尔的话，绝非偶然）——之间有着极端紧密的关系。所有这一切令我十分不安。不要害怕我将利用这个机会来唠叨老话题，我只不过顺手递一块糖而已。下面我将试图向你表明我反对这种"形式的具体性及其行为主义特征"的理论基础。这个基础就是以下观点：我认为，将上层

① 查尔斯·贝玑（Charles Péguy，1873—1914），法国诗人、哲学家、批评家、社会主义者。本雅明对贝玑的引用，见本雅明《发达资本主义时代的抒情诗人：论波德莱尔》，张旭东译，上海人民出版社，2007年版，第153–154页。

建筑领域中的个别特征以一种不加中介的方式、甚至是因果关联的方式联系到经济基础上，然后就由此而给前者一个唯物主义的曲解，这是一种极其糟糕的方法；相反，文化特征的唯物主义决定论只有在以总体过程为中介的条件下才是可能的。

即便波德莱尔以红酒为题材的诗作是由红酒关税和贸易壁垒所激发的，但是这些主题意象在波德莱尔作品中的反复出现也只能从那个时代的社会和经济的总体趋势出发来解释，即通过严格地分析波德莱尔时代的商品形式来解释，这才会跟你论文中提出这个问题的方式相一致。没有人比我更知道其中的困难有多大：我的瓦格纳论著①中关于幻象的那一章无疑也没有解决好这个问题。你的"拱廊计划"研究的最终文稿不可能回避这一责任。从红酒税直接推导出 [波德莱尔的]《酒魂》诗，这种做法实际上就赋予现象以自发性、实在性和浓度，但这一切在资本主义社会中已经丧失了。在这种直接性的、无中介的、非辩证的（我也可以说是"人学的"）唯物主义中，有一种浓厚的浪漫成分。你越是草率而粗糙地用波德莱尔的形式世界来诘难生活中的必需品世界，我就越是清楚地感受到这一点。我无法找到的"中介"，被唯物主义编年史研究的志向所掩盖的"中介"，只不过是你的论文忽略的"理论"。忽略了理论也就损害了经验事实的论据本身：一方面，它赋予事实以一种具有欺骗性的史诗特征；另一方面，它剥夺了那些只为主体所体验的"现象"所具有的真正的历史哲学分量。换言之，"命名"事物的神学主题意象转换成了流水账似的单纯描述事实。说得严厉一些，可以说你的著作处于魔幻和实证主义的交点上。这个交点中了魔咒。能打破魔咒的唯有理论：你自己的理论，即你那些坚定的、充满思辨的理论。我正是用你那些理论的要求来对你发难的。

如果这使我谈到我在写了瓦格纳论著后格外关注的一个问题，请你原谅。我指的是关于拾荒人的话题。在我看来，"拾荒人"一词在你的论

---

① 指阿多尔诺写于 1937—1938 年的《探究瓦格纳》（*Versuch über Wagner*）一书。

文中的出场方式并不足以阐明作为来自贫困的最底层的"拾荒人"的命运。你论文的那一部分并没有谈及拾荒人那像狗一样蜷缩的样子，没有谈及他肩上的大袋子，也没有谈及他的声音——就像在夏庞蒂埃的歌剧《露易丝》①中那样，拾荒人的声音成为整部歌剧所需要的黑光的来源；你的论文也没有谈及嘲讽着拾荒人的孩子如何像彗星尾巴一样跟着老头。如果我斗胆再次涉足拱廊街这个领域的话：在拾荒者形象中，下水道和地下墓穴走道之间的内在联系应予以理论阐释。不知道我这么说是不是夸张：我认为，你之所以未能做到这一点，是因为你没有能够充分阐明拾荒人的资本主义功能，也就是说，他使得垃圾都屈从于交换价值的支配。在这一点上，你的论文的节制主义具有了一种价值堪比萨沃纳罗拉②的特征。因为在第三部分对波德莱尔的引用中，拾荒人的再度回归正处于这一关联之中。如果你抓不住这一点，将会造成多么大的损失！

　　我想这使我接近了我对你的批评的核心。你整篇论文给我的印象——同样也是给我的拱廊街"正统思想"的印象——是你过于拘谨，放不开手脚了。没有人会比我更高兴你能够和[社会]研究所保持一致，但你完全违背了自己，也违背了马克思主义。原因在于，必须经过整个社会过程的"中介"缺失了，你几乎迷信般地将一种启迪的力量赋予你所列举出来的材料，而实际上这种力量从来都不会来自实际的指涉，而是来自理论的建构。它违背了你自己的特殊本性的原因在于，你在一种以所谓唯物主义的范畴为基础的预先审查中剥夺了自己最大胆、最具成果的思想，尽管那预先审查仅仅采取了上面提及的延宕的形式。尽管我不够资格，我并不仅仅是代表我自己，我也代表霍克海默和其他人告诉

① 古斯塔夫·夏庞蒂埃（Gustave Charpentier，1860—1956），法国作曲家。歌剧《露易丝》（1900年于巴黎首演）描述巴黎裁缝店女工露易斯与艺术家于连相爱的故事，从某种意义上来讲，巴黎城市本身是该剧的真正主角。
② 萨沃纳罗拉（Girolamo Savonarola，1452—1498）是意大利佛罗伦萨的一位修士，他不遗余力地反对宗教腐败和世俗享乐。1498年，萨沃纳罗拉被处以火刑。

你：我们所有人深信，如果你能不用这些方式（在圣雷莫①，你对我的反对意见提出了一些异议，我已经很认真地考虑了你的异议）来阐发你的观点的话，将有益于"你的"创作。而如果你能服从自己的具体洞见和结论，而不是将它们掺杂到你难以下咽的其他成分（以至于我不能认为是好东西）中，也将极为有益于辩证唯物主义的事业，有益于研究所表达的理论兴趣。天知道，真理只有一个。与其像你现在这样，用一个跟你自己的手不断较劲的思想工具来把握这个真理，还不如用被你自己的所谓唯物主义概念逐出门墙的那些范畴来把握它，那样的话，你所获得的真理将远远多于你现在。说到底，尼采的《道德的谱系》的真理性要远远超过布哈林的《共产主义 ABC》的真理性。我认为我这里主张的论点绝没有漫不经心或折中主义之嫌。相比起红酒税和你从报告文学作家的行为中推导出的幻景，你对歌德《亲和力》的研究以及你论巴洛克的书才是更好的马克思主义。你可以相信，我们打算将你最极端的理论实验当作我们自己的东西。但是我们同样相信你将亲自进行这些理论实验。格雷特尔有一次开玩笑说，你居住在你的"拱廊计划"的洞穴般的深处，因此害怕完成这个研究项目。因为你怕离开你搭建起来的洞穴。所以我们鼓励你允许我们也进入（你心目中的）这一最神圣的地方，我认为你没有理由担忧这块圣地会坍塌，也不用担心它会被亵渎。

【……】

你全心全意的
泰迪

---

① 阿多尔诺夫妇 1938 年 2 月初到意大利圣雷莫（San Remo）造访了住在其前妻旅馆的本雅明。

8. 介入 ①

　　自从萨特的文章《什么是文学?》发表以来，对介入文学和自律文学的理论之争变少了。然而，对介入本身的论战仍是当务之急，因为它是今天唯一关乎精神生活，而与人的直接生存无关的东西。萨特发布其宣言的动因在于，他看到了——他肯定不是第一个看到这一点的——肩并肩陈列在可供选择的文化万神殿上的艺术作品已经堕落为文化商品。不管作者的本意如何，如果作品想要成为至尊无上，就不能容忍别的作品在它的卧榻旁酣睡。这种有益的不容忍不仅仅是对个别作品而言的，也适用于艺术类型，比如在现在几乎被遗忘的介入之争中的不同方法。有两种不同的"客观性的立场"在不断交锋，尽管思想界错误地认为它们相安无事。介入的艺术作品夺去了一切以存在为唯一目的的艺术作品的魔力；这些艺术作品自满于当一个崇拜物，成为那些乐意在威胁我们的大洪水来临时安然入眠（一种深度政治化了的非政治态度）的人们的茶余饭后的消遣。对于介入来说，这样的作品使人偏离了现实利益的主战场。没有人能够逃脱两大阵营的冲突。精神生活的可能性本身取决于这一冲突，卷入程度之深使得只有盲目的幻觉才会迷恋于明天就化为齑粉的权利。但是在自律艺术看来，上述观点以及作为其基础的艺术观念已经是介入想要警告精神的那一灾难本身。一旦精神生活放弃了它们以纯粹的形式对象化自身的自由和责任，它就被废黜了。结果就是创作出的

---

① 本文写于 1962 年，收录于《文学评论》第 3 辑（1965）。见《阿多尔诺全集》德文
　　版第 11 卷（下册）。

艺术作品仅仅服从于它们所反对的野蛮存在，这些作品是短命的：从诞生的第一天起就属于它们终将结束于斯的学院讲坛（以其人之道还治其人之身，这是介入作家对自律作品的指控）。这一尖锐的对立告诫我们，艺术在今天的地位岌岌可危。两个可能的选项互相否定：作为艺术，必然和现实保持距离的介入艺术却取消了两者的距离；"为艺术而艺术"则被其绝对的主张所否定了，和现实的不可取消的关系乃是艺术脱离现实自治的努力所反对的先验前提。迄今为止的所有艺术都赖以存在的张力就消解在这两极之间了。

当代文学本身也质疑了这种万能的二选一。因为文学还没有完全屈服于成为政治斗争前线的世界进程。萨特的山羊和瓦雷里的绵羊分不开。即使介入是由政治驱动的，只要它还没有彻底沦为宣传，令主体的一切介入都失败的宣传，那么它在政治上仍然是多义的。另一方面，其对立面，也就是被苏联的罪状目录叫作形式主义的东西，不只受到苏联官员或自由意志论的存在主义者的诋毁；就连"先锋派的"批评家本身也经常指责所谓的抽象文本缺乏挑衅性和社会锋芒。相反，萨特对毕加索的《格尔尼卡》推崇备至，赞不绝口；然而他几乎不能被指控为绘画和音乐中的形式主义的同情者。他把他的介入概念限定在文学中，因为它的观念特征："作家处理的是意义。"当然是这样，但不仅仅是这样。尽管进入了文学作品的任何词语都无法彻底摆脱它在日常谈话中的意义，但是没有哪一部文学作品（包括传统小说在内）会原封不动地保持着那些日常意义，它在文学作品中的意义已经不完全是在作品之外的意义了。就算一个普普通通的"曾是"，在描述一个不曾存在的东西时，也从它"不曾是"这一事实中获得了一种新的形式的质。同样的过程发生在作品的意义的更高层面上，一直上到"理念"那个层面。萨特给予文学的特殊地位将受到任何不把不同的艺术门类无条件地归并到更高的"艺术"总概念中去的人的质疑。外部意义的残渣是艺术中不可还原的非艺术要素。其形式法则不来自那些意义，而来自两个要素的辩证法——这一辩证法实现了向内部意义的转变。艺术家和文人之间的区分是肤浅的；但任何艺术哲学的对象（哪怕是萨特理解的那种）都确实不是艺术的时事方面。更不是作品的"讯息"。后者悲惨地摇摆于艺术家的主观意图和要求得到客观表达的形而上学意义之间。在我们德国，这一意义通常是一种极其可行的"存在"。有关介入的谈话中的社会功能是某种被搞混了的东西。文化保守派要求艺术作品必须说出某些东西，他们的政治反对派则反对孤芳自赏、闭门造车的无功能艺术：两者携起手来了。"密切联系"的歌颂者更愿意发现萨特的《禁闭》的深刻性，而不愿意耐心地听一个用语言挑战意义之牢笼的文本——通过和意义保持距离，这个文本从一开始就反叛了实证主义的意义前设。另一方面，对无神论者萨特来说，艺术的观念意义是介入的逻辑前提。然而东方集团禁止的作品有时被本地的真实讯息的捍卫者恶言指责，因为它们显然被认为说出了它们其实根本没有说的东西。早在魏玛民国时期，纳粹就已经用"文化布尔什维克"一语了，而对它所指的东西的憎恨直到希特勒时期——也就是纳粹掌权之后仍未平息。今天它又死灰复燃，像四十年前一样仇视同样的作品，包括某些历史悠久并明白无误地属于伟大传统的作品。极右派的报纸杂志总是在煽动对不自然的、过于思想性的、不健康的、颓废的东西的愤慨：它们了解它们的读者。这是符合社会心理学对权威主义人格的研究的。这种人的基本特征包括循规蹈矩，尊重舆论和社会的僵硬表面，并阻止任何扰乱那一表面或引起任何不被允许的内在无意识要素的冲动。对陌生的、令人不安的事物的这种敌意更容易容纳文学的现实主义（不管什么来路，哪怕自称是批判的现实主义或社会主义的现实主义），而难以容纳那些不向任何政治口号宣誓效忠，并凭借这一姿态便打破了控制着权威主义人格的僵硬坐标系的作品——权威主义人格越是紧紧抓住这个坐标系，就越是无法自发地欣赏任何未经官方批准的东西。将布莱希特的话剧赶出联邦德国的舞台的运动属于政治意识的相对较浅的层次。它们并不特别猛烈，否则在8月13日（柏林墙修建）之后会走向极端。相反，在那些不再像报道事实那样说话的文学作品里，一旦同现实的社会契约被抛弃，人们就会怒发冲冠。对介入艺术的论战的一大缺陷就在于它无视了作品的形式法则不注重效果时取得的效果。只要"由于不可理解而造成的震惊"所传达的东西没有得到理解，整个争论就像影子在打拳击。讨论问题时的困惑当然并没有真正改变问题本身，但却使得重新思考替代方案成为必要。

理论上，必须把介入和倾向（倡导某个特定的党派观点）区分开来。严格意义上的介入艺术并不试图产生改良措施、立法法案或实际的制度安排——像早年间反对梅毒、决斗、堕胎法或少年犯管教所的那些宣传家那样——而是作用于更基本的态度层面。对萨特来说，其任务在于唤醒行动者作为存在可能性的自由选择，而不是袖手旁观的中立态度。但是赋予介入对于倾向的美学优先性的东西也使得艺术家承诺的内容含混不清。在萨特那里，选择的概念（源自克尔恺郭尔的一个范畴）是基督教学说"不跟随我的即是反对我"的继承人，只不过现在缺失了任何具体的神学内容。依然存在的是参与选择的抽象权威性，也就是说，没有考虑到以下事实：选择的可能性本身完全取决于可供选择的东西有什么。萨特为了证明自由的不可缩减性，总是反复引用他设定的那个原初情境，但它预先规定的选项中是有可能失去自由的，这恰恰否定了自由。在预先决定了的现实中，自由失败了，并成为空洞的要求。赫伯特·马尔库塞为"人们永远有可能内在地接受或拒绝严刑拷打"这一哲学定理贴上了正确的标签：胡说八道。而这正是萨特的戏剧化的情境想要证明的东西。但他的戏剧之所以并不是他的存在主义的坏例子，在于它们包含了他的哲学所忽视的整个"被管理的世界"——这里我们必须赞扬萨特的真理性：我们从中学到的是关于不自由的一课（而不是他的哲学教诲的自由）。萨特的观念戏剧破坏了他的范畴的目标。这不是他的戏剧的特殊缺点。艺术的职责并不是指明可供选择的选项，而是仅仅通过艺术这一形式来对抗总是用枪指着人的脑袋的世界进程。其实，一旦介入的艺术作品开始表现某种决断并把这些决断作为标准，这种选择本身就成了不容变更之物。由于这种含混性，萨特极为勇敢地承认了他不指望用文学改变世界——这种怀疑论反映了自伏尔泰以来的社会变迁和文学的实际功能的变化。介入原则便滑向了作者的观点，这跟萨特哲学的极端主观主义倒是一致的：唯物主义其外，德国思辨哲学其里。在萨特的文学理论中，艺术作品成了主体的诉求，因为它本身不过是主体自己的选择（或不能选择）。萨特从一开始就不允许任何艺术作品用其构成的客观要求来难为作者，不管他多么自由。而考虑到这些要求的话，作者的意图只是其中一个要素。萨特的问题"为什么写作？"以及他的答案"更深层的选择"都是无效的，因为作者的动机与完成的作品、文学产品无关。当萨特评论道，正如黑格尔多年前看到的那样，作品的地位越高，就和创作它的经验个人越远时，他已经十分接近上述观点。当他用涂尔干的用语把文学作品称作一个"社会事实"时，他又不自觉地提及了其内在的集体客观性，不以作者的主观意图为转移的客观性。因此萨特不想把介入定位在作者的主观意图的水平上，而是将它设定在人性本身（作者是人）。这一定义过于宽泛，结果使得"介入"无法同任何别的人类行动或态度区分开来。萨特认为，要点在于作者介入了现在；但既然作者无论如何也不可能脱离现在，他对现在的介入就无法指向一个纲领。作者实际承担的义务要精确得多：这不是选择的义务，而是内容的义务。尽管萨特谈论辩证法，他的主观主义几乎不把个别的他人当作主体，而主体只有先剥夺了他人作为主体的资格才能成为主体，因此他怀疑文学中的任何对象化都是石化。不过，既然他寄希望用来拯救的纯粹直接性和自发性在他的作品中被定义为"毫无阻碍"，那么它们就经历了第二次物化。为了让他的戏剧和小说超出宣言（对萨特来说，其原型是严刑拷打时的惨叫）的水平，萨特求援于一种扁平的客观性，这种客观性取消了形式和表达之间的任何辩证法，仅仅是他自己的哲学的传声筒。他的艺术的内容成了哲学，除了席勒，还没有哪个艺术家这么做过。但是在文学作品对其表达内容的标准下，再崇高的思想也不可能成为艺术唯一的材料。萨特的戏剧是作者表达论点的工具，它们落后于审美形式的前进步伐。它们的情节老套，点缀以一种对意义的不可动摇的信仰，这些意义可以从艺术直接搬运到现实中。但它们图解（有时是直接说出来）的观点误用了萨特本人的戏剧想要用这些例子表达的冲动，因此它们否定了自己。萨特最著名的戏剧的结束句"他人是地狱"听起来似乎是引自《存在和虚无》，而它同样有可能被理解为"地狱即我们自己"。通俗易懂的情节和同样通俗易懂的、可抽取出来的观念的结合让萨特大获成功，并且让他被文化工业认可，这无疑是违背他本人的初衷的。这种论文式艺术的高度抽象水平使他错误地把他的最佳作品（电影《巧合》或戏剧《脏手》）设定成了政治事件，即关注政治领导人而不是黑暗中的受害人——观众。无独有偶，萨特厌恶的一种当下的意识形态也把傀儡领袖的行动和痛苦同历史的客观运动混为一谈。萨特的观点中也掺杂了这种人格化的面纱：掌权的人不是自动的机器，他也做决定，社会的司令部里有生命的迹象；但是，贝克特的踢着木桶的主人公知道这一方面的真理。萨特的观点使他不能认清他所反抗的地狱。他的许多话是他的死敌也能照说不误的。决断的概念甚至能包含纳粹的口号"唯牺牲方可得自由"。在法西斯主义的意大利，金蒂莱的绝对活力论是类似的哲学宣言。萨特的介入概念中的缺陷打击了他效力的事业。

　　布莱希特的确也在他的许多作品里直接歌颂了党，比如改编自高尔基的《母亲》和《措施》。但是，有时候，至少按照他的理论著作，他想要教育观众获得一种保持距离的、有思想的、实验性的新态度，这种态度是虚假的同情和认同的反面。在抽象的倾向上，他在《屠宰场里的圣琼》之后的戏剧要明显胜过萨特的那些戏剧。差别在于布莱希特要比萨特更为连贯一致，是更伟大的艺术家，这使得他把抽象提升为艺术的一条形式法则，"教育诗学"的形式法则完全去除了传统的戏剧特性观念。他认识到现实生活的表面——消费领域（受心理驱动的个人行动也包括在内）掩盖了社会的本质。作为交换法则，这一社会的本质是抽象的。布莱希特拒绝审美的个人化，斥之为意识形态。因此他企图把社会真正可怕的一面拖到光天化日之下，从而将其转译为戏剧表象。在我们的眼中，站在他的舞台上的人萎缩为社会过程和社会功能的代理人，而在经验现实中，这些社会过程和功能是间接地、不为人知地存在着的。布莱希特不再像萨特那样设定生活着的个人与社会本质之间的同一，更不要说主体的绝对至上性了。不过，他为了政治的真理而追寻的美学还原过程事实上阻碍了真理的路。因为这一真理需要无数的中介因素，这些中介因素却被布莱希特鄙弃了。一旦在美学上合法的异化幼稚症（布莱希特的第一部戏与达达主义同气相求）开始要求它在理论上或社会上的有效性，它就变成了纯粹的幼稚。布莱希特想要用形象来揭示资本主义的内在性质。在这个意义上，他的目的其实是他伪装为存在的东西——现实主义。他拒绝用那一本质实际的样子来表现它，也就是说，他拒绝用这一本质在被毁掉的生活、毫无意义的生活中的显现来表现这个无形象、盲目地存在着的本质。但这就使他背负了重荷，有义务追求他毫无疑问想要的理论正确性。他的艺术抛弃了这一现实的等价物：它既呈现为教育，同时又要求审美形式免除它保证其说服力的责任。布莱希特的批评者不能轻视如下事实：由于他的作品力所不逮的客观原因，他没有能够实现他自己设定为拯救手段的那些规范。《屠宰场里的圣琼》是他的辩证戏剧的核心作品，《四川好人》是它的翻转版：圣琼用自发的善良去帮助坏人，而想当好人的沈德变成了坏人。圣琼在芝加哥，处于经济事实和《马哈哥尼》中的狂野西部的资本主义神话之间。但是布莱希特越是专注于经济知识，就越是缺乏想象力，就越是错失了这个寓言想要表达的资本主义之本质。剧情只集中在竞争者打得头破血流的流通领域，而没有详细叙述生产领域对剩余价值的占有；与之相比，牛贩子对分赃份额的争吵只不过是不会引发任何严重危机的次生现象。此外，把经济贸易表现为贪婪的商贩的奸计，就不仅仅是幼稚了（这是布莱希特想要的效果）；即使用最初级的经济逻辑来衡量，他们也是不可理喻的。这一观点是政治上的幼稚，只能让布莱希特的对手对着这样足智多谋的敌人哈哈大笑。布莱希特会让他们很满意，就像在这部戏的令人印象深刻的最后一幕里垂死的琼会让他们很满意一样。即使用最宽容的诗学可信度标准，党支持的罢工领导人会把关键任务交给一个非党员这件事也太匪夷所思了，更难以置信的是一个人的失败会彻底毁掉整个罢工。

布莱希特关于大独裁者阿尔图罗·威的并非不可阻止的崛起的喜剧
严厉而准确地暴露了这个法西斯主义领袖身上的空洞和虚假。然而，对
领袖的揭露也和布莱希特那里揭露的所有个人一样，旨在重建独裁者的
行动所处的社会和经济关系。我们看到的不是财富和权势的高层共谋，
而是一个傻乎乎的黑帮组织，垃圾托拉斯。法西斯主义的真正恐怖给变
没了；它不再是社会权力集中化的缓慢结果，而仅仅是个像事故或罪行
一样的意外事件。政治鼓动的目标是一条命令：必须消灭敌人。结果就
是坏的政治，无论是在 1933 年以前的文学中还是在政治实践中都是。和
一切辩证法相反，阿尔图罗·威引起的嘲笑使得杰克·伦敦几十年前精
确预言的法西斯主义变得无害。反意识形态的艺术家就这样把他自己的
观念降格为意识形态。在当今局势下，一切揭穿神正论为虚假的事物所
引发的"嘲笑"是和对"世界的另一半不再包含矛盾"的"默认"相辅
相成的。禁止嘲笑油漆匠的并不是出于对历史的严肃性的尊重，尽管滥
用"油漆匠"那个词来反对希特勒本身就令人尴尬地利用了资产阶级的
阶级意识。在德国图谋夺取政权的肯定也是一个匪帮。但问题在于这样
的亲和力不是跨地域的，而是根植于社会的内部。这就是为什么法西斯
主义的喜剧性（包括卓别林演的小丑）同时也是它最极致的恐怖。如果
压制了这一点，只去嘲笑几个可怜的菜贩，经济权力的关键位置就出问
题了，攻击就找错目标了。当《大独裁者》里的犹太女孩用平底锅敲打
一行冲锋队员的头却安然无恙时，这部电影就失去了所有的讽刺力，沦
为一部下流野蛮之作。为了政治的介入，政治的现实被贱卖了；这一鸡
毛蒜皮化同样也会削弱政治效果。萨特坦率地怀疑《格尔尼卡》到底有
没有"赢得一个人支持西班牙的事业"，这一怀疑同样适用于布莱希特的
教育剧。几乎没有人需要教育才能懂得其中的寓意：世界并不公正；但
是，布莱希特草草宣誓效忠的辩证法理论在这一教诲中难觅踪影。史诗
剧的设计让人想起美国谚语"向得救者布道"。教训比纯形式更重要：布
莱希特希望得到的这种优先性本身成了一种形式技巧。被悬置的形式转
过来反对它自己的虚假性。它在戏剧中的自我批评类似于应用视觉艺术

中的功能主义。外部条件对形式的校正，包括为了功能而减少装饰，只会降低其自主性。布莱希特的艺术作品的内容是作为艺术法则的教育剧。他的陌生化方法，即把一目了然的事件直接变成令观众感到陌生的现象，也是一种形式建构的中介，而不是为作品的实践效果服务的。诚然，布莱希特并不像萨特那样公然怀疑艺术的社会效果。但是，作为一个精明老练的世人，他几乎不可能完全信任它们。他曾经冷静地写道，说真的，戏剧对他来说要比它想要促成的世界之改变更重要。然而艺术的简化原则不仅仅像布莱希特所希望的那样消灭了主体对社会客观性的反思中的虚假政治对立，它也证明了教育剧想要灌输的那种客观性为虚假。如果我们相信布莱希特自己的话是真的，并且把政治当作检验他的介入戏剧的标准，那么政治就证明了他的戏剧是不真实的。黑格尔的《逻辑学》教导我们，本质必须表现为现象。如果是这样，那么在表达本质的时候一点儿也不考虑本质与现象的关系，这样表达出来的本质就一定是虚假的，就像用流氓无产者代替法西斯主义的支持者那样。布莱希特的还原技法的唯一合法性基础是"为艺术而艺术"，但他的介入理论谴责"为艺术而艺术"，就像它谴责卢库勒斯（Lucullus）那样。

　　当代的文学德国倾向于把艺术家布莱希特同政治家布莱希特区分开来。人们想要为西方挽救这位大作家，如果可能的话，把他捧上全德诗人的宝座，这样就把他中立化了，使他超脱于混战之上。其中包含的部分真理在于，布莱希特的艺术力量和他不可抑制的才华都超出了官方信条和钦定美学。同时，布莱希特为了捍卫自己，应该反对这种辩护。如果不是充满了政治，布莱希特的作品（带着它们特有的缺陷）就不可能获得那么大的力量。即使是最成问题的作品，如《措施》，也唤起了这样一种直接意识：某些极其重大的事情正处于危险之中。就此而言，布莱希特兑现了"用他的戏剧来让人思考"的承诺。他的作品的美、真或想象是不可能同它们的政治意图分离开的。相反，内在式批评（唯一辩证的批评）的任务是综合评价他的形式和他的政治学的效度。萨特的"为什么写作？"一章做出了不容置辩的声明："没有人能假设可以写一部歌颂反犹主义的好小说。"也没有人可以写一部赞颂莫斯科审判的好小说。政治的虚假玷污了美学形式。一旦布莱希特为了证明他的论点，歪曲了他的史诗剧所讨论的现实社会问题，那么戏剧本身的全部结构和基础也就随之坍塌了。《大胆妈妈》是一部试图把蒙泰库科利（Montecuccoli）的格言"以战养战"还原为荒诞的看图识字课本。利用三十年战争来养育孩子的集中营追随者要为孩子们的毁灭负责。但是在戏中，这一责任既不是来自战争本身，也不是来自小餐馆店主的个人行为；如果大胆妈妈不是在关键时刻缺席，这一灾难就不会降临，而她为了挣钱不得不缺席这一事实与发生的事情并无特定的关联。布莱希特为了证明其论点而采用的小人书技法妨碍了他的证明。马克思和恩格斯在评论拉萨尔的戏剧《弗朗茨·冯·济金根》时概述的那种社会政治分析将表明，布莱希特将三十年战争同现代战争简单等同起来的做法恰恰摈弃了格里梅尔斯豪森（Grimmelshausen）的小说中导致大胆妈妈的行动和命运的关键。因为三十年战争时的社会不是现代战争的功能主义社会，我们无法在三十年战争的社会中设定一个封闭的功能总体——在其中，可以把单个人的生死与经济法则直接联系起来，——甚至在诗学中，我们也不能这样设定。但是布莱希特需要那些无法无天的旧时代来充当现代的意象，因为他清楚地看到，他自己的时代已经不能直接用人和物来理解这个社会了。社会的重构使他踏上了歧途，他先走向了一个虚假的社会，然后走向不可信的戏剧事件。政治上的缺陷变成了艺术上的缺陷，反之亦然。但是，作品不得不声明自己并不完全相信的东西越少，它们就越是能自圆其说，它们也就越不需要超出作品本身的外加言论。此外，每个集中营的真正利益成员都无疑能在战争中存活下去，哪怕是今日。

这一困境不断滋生蔓延，最终影响了他的文学纤维：布莱希特式的语调。尽管这些语调质量是无与伦比的（成熟的布莱希特可能并不把质量当回事），但它们中了他的政治虚假性的毒。因为他拥护的事业是盲目的非理性的社会力量卷土重来的暴政。一旦布莱希特开始助纣为虐地歌颂它，他的抒情声调就吃了沙砾，开始吱吱嘎嘎。青年布莱希特过分夸张的青春活力已经泄露出那个借来熊心豹子胆的知识分子：由于对暴力感到绝望，他鼠目寸光地采纳了他有千万条理由感到恐惧的暴力实践。《措施》的狂野呐喊淹没了灭顶之灾的声音，布莱希特强烈地想把那个灾难宣布为拯救。布莱希特最好的作品也传染了他的介入的欺骗性。其语言表明了诗剧的主人公和它宣布的信息相去有多么遥远。为了弥合鸿沟，布莱希特模仿了被压迫者的措辞。但是他倡导的学说需要的是知识分子的语言。他的乡音土语成了杜撰。无论是其夸张的用词，还是它倒退回古代的、地方的表达形式的风格，都暴露了它的虚假。它往往显得过于熟悉，没有丧失天生感觉的耳朵都会听出它是要说服人去相信什么东西。这种讲话方式是傲慢的，几乎是对那么讲话的受害者的蔑视，好像作者也是他们当中的一员。一个人可以扮演任何角色，就是不能假扮无产阶级的一员。对介入艺术最严厉的指控就是，就算是正确的意图，当它装腔作势的时候也听起来很假，如果它因此而试图掩盖自己，就错上加错了。甚至布莱希特晚年的戏剧也保留着这种语言学的智慧姿态，杜撰出饱含史诗经验的农民作为诗剧的主人公。这个世界上没有哪个国家的人能够具有德国南方的"俄国农奴"的尘世体验：沉闷的语调成了宣传工具。既然骗塞给我们的这一人性、让我们相信它已经实现了的这一人性是无法证明的，那么布莱希特的语调就堕落为人们有记忆之前的古代社会关系的回声。晚年布莱希特和官方许可的人道主义的距离并不远。经常看报纸杂志的西方人会赞扬《高加索灰阑记》是母性的最佳赞美诗，当美丽的姑娘最终成为受偏头痛之苦的爱发牢骚的女人的榜样时，谁不感动呢？波德莱尔把他的作品奉献给了"为艺术而艺术"这一格言的发明者，他就完全不适合这样的净化作用。就连《道德经的起源和老子出关传奇》之类诗篇的宏伟辉煌和精湛技艺也被满口大白话的戏剧性打败了。布莱希特像某些存在主义本体论家一样，把他的古典先驱排斥为乡野白痴的东西捡起来，把被压迫者和穷人的迟钝意识当作值钱的古董。他的全部作品都是西西弗斯式的无用功，试图把他的高雅素养和敏锐感觉同他绝望地强加给自己的、他律的粗俗要求调和起来。

　　我不会收回或者松动"奥斯维辛之后,写诗是野蛮的"这个说法;它以否定的形式表达了激发介入文学的那种冲动。萨特的戏剧《死无葬身之地》里的一个人物问的问题"一个被别人打得骨断筋折的人再活下去还有什么意义?"问的也是现代艺术有没有权利继续存在的问题;介入文学的概念中固有的精神退化究竟是不是社会的退化所导致的。但是,恩岑斯伯格的反驳仍然是对的,文学必须反抗的恰恰是这一判决,换言之,文学必须证明它在奥斯维辛之后的继续存在并不是向犬儒主义投降。悖谬的是文学自身的情境,而不仅仅是人和文学的关系。现实存在的大量痛苦不容忍遗忘。帕斯卡的神学箴言"禁止睡眠"应予以世俗化。然而,被黑格尔称之为苦恼意识的这一痛苦不仅禁止着艺术,同时也要求艺术继续存在下去。实际上,痛苦现在也只有在艺术中还能找到它发出自己的声音的地方了,也就是说,还能找到一种不立刻背叛它的慰藉。这个时代最重要的艺术家已经做到了这一点。他们的作品毫不妥协的激进主义——被诋毁为形式主义的那个特性——赋予其可怕的力量,这是关于我们时代的受害者的那些于事无补的诗歌所缺乏的力量。但是,就连勋伯格的《华沙幸存者》也陷入了这一困境,它那异质性的自律艺术结构被强化了,结果成了悲惨的地狱:这是彻底投降。勋伯格的作曲中有些让人窘迫尴尬之处,但激怒德国人的不是这些因素,而是因为它们并没有允许德国人压制他们不顾一切代价想要压制的记忆。当它把痛苦转换为刺耳的、不和谐的意象,它就好像人们在面对被侵犯的受害者时感到的那样无地自容。受害人被用于制造艺术作品,被抛售出去,供那个把他们毁掉的世界消费。对那些被步枪托打倒在地的人的身体痛苦的所谓"艺术呈现"必然包含了引发从中感到的愉悦的可能性,哪怕微乎其微。"禁止艺术遗忘痛苦(要求艺术把痛苦时时刻刻放在心上)"的道德律滑向了它的对立面的深渊。审美的风格化原则,乃至唱诗班的神圣祈祷,都让无法设想的痛苦似乎曾有过某种意义;它是某物的变形,却消除了它的恐怖。就凭这一点,它就不公平地对待了受害者,但是,回避受害者的艺术也无法回避这一公义的要求。就连绝望的声音也为一种可怕的肯定添砖加瓦。比最高级的作品稍差一些的作品也很容易被人接受，因为它们有助于"抹掉过去"。当杀人也成了介入文学的文化遗产时，继续遵从这种催生了谋杀的文化就变得更容易。这种文学的一大特征就是一成不变：它有意无意地表现了人性即使在所谓极端情境下（事实上恰恰在那里）也会闪耀。有时，它成了一种肯定恐怖的悲惨形而上学，把恐怖说成是一种可接受的"危难局势"：因为人的本真存在就在那里显现，所以它们是可以接受的。这种温暖的存在主义氛围模糊了受害者和刽子手之间的界限，因为双方同样都面临虚无的深渊；但毫无疑问，面对虚无，刽子手要好过得多。

这一形而上学在今天已经堕落为闲适的评论比赛了，它的拥趸和1933 年之前一样猛烈攻击着艺术对生活的扭曲变形和颠倒，搞得像忠实反映了恐怖的作者要为自己抗议的恐怖而负责似的。关于毕加索的一则轶事生动地说明了这种思维方式，这种在德国的沉默的大多数中仍然很普遍的态度。在毕加索的画室里，纳粹占领军的一个军官站在《格尔尼卡》面前问他："是你干的？"据说毕加索回答道："是你干的。"就连《格尔尼卡》这样的自律艺术也是对经验现实的明确否定；它们破坏了破坏者——仅仅存在着并以其存在没完没了地重复罪行的经验现实。没有谁比萨特更能看到作品的"自律"同一种不是硬塞给作品的意图，而是作品本身面对现实时的"姿态"之间的关系。"艺术作品，"他写道，"没有目的，我们在这里同意康德。但是其原因在于它就是目的。康德的公式不能解释每一幅、每一件雕塑、每一本书散发的魅力。"只要补充一句，该魅力与作品主题承诺的义务之间并无直接关系。避免了通俗化和迎合市场等等算计考量的那些艺术作品具有了"半自主性"，于是不自觉地成为一种攻击。攻击不是抽象的，不是所有那些不愿彻底屈就世界的艺术作品在面对不肯饶恕它的世界时都会持有的某种固定不变的态度。相反，这些作品和经验现实保持的距离同时也是以那一现实为中介的。艺术家的想象不是无中生有的创造，只有初学者和唯美主义者才会那么想。通过反对经验现实，作品恰恰服从了现实的力量：这一力量拒斥精神的创造，把它们遣返回自身。没有哪一个文学作品的内容、哪一个艺术创造的形式范畴不是起源于它们逃避的经验现实的——无论它们经过了多少变形，看起来多么神秘，无论它们是否意识到自己的起源和变形过程。这才是艺术和现实的真正关系：通过艺术的形式法则对现实元素的重组，艺术和现实发生了关系。即使是遭到庸人反对的先锋派的抽象——它和概念的、逻辑的抽象毫无共同之处——也是对客观统治着社会现实的抽象法则的反映。可以在贝克特的作品中看到这一点。这些作品享有了今天唯一名副其实的名望：每个人都为之震颤，却没有人相信这些怪诞可怖的戏剧和小说讲的不是人人心中有、嘴上不敢说的东西。哲学的卫道士会攻击他的作品是人的骷髅。但它们其实探讨的是一个非常具体的历史现实：主体的废黜。贝克特的《瞧这个人》是人已经成为的样子。尽管泪已干，他们沉默地盯着自己的判决。他们中的魔咒在对魔咒的反映中被打破了。无论如何，它们允诺的幸福是最低限度的。这一允诺不愿意贱卖给任何廉价的安慰，它的要价是总体的脱节，是整个世界的消失。为了实现介入艺术的理想，就必须放弃介入艺术对世界承诺的一切义务——这一引起争议的陌生化是理论家布莱希特发明的，而随着艺术家布莱希特越来越坚决地把自己奉献给人类，他的陌生化实践就越来越少。可以指控这一悖论是要滑头，但是不需要太多哲学，只要一个小小的经验就可以证实它：卡夫卡的散文、贝克特的戏剧和他真正怪异可怕的小说《不可命名》都有一种令官方的介入艺术相形见绌（变得好像是哑剧）的效果：它们激发了纸上谈兵的存在主义者谈论的"畏"。它们从艺术作品内部打碎了幻象，而所谓的介入艺术只是从外部克服幻象，因此只是虚假的克服。卡夫卡和贝克特的作品的"无情性"促成了介入作品仅仅呼吁的那种态度转变。被卡夫卡的车轮碾压过的人就永远不可能与世界和平共处了，"世界是恶"的判决就让他永远无法满意了：就这样，对"恶的统治"的退让容忍中潜藏着的"默认"因素被彻底销毁了。当然，作品的雄心壮志越大，它摔倒和失败的可能性也就越大。不追求再现或可理解的意义的那些绘画和音乐作品中非常明显的"张力的消失"也在很多方面传染了文学作品——用一种令人生厌的黑话说，就是"文本"。这些作品近乎冷漠，并麻木地堕落为一种手艺——不断重复其他艺术形式已经抛弃的那些套路，装饰花纹。这一堕落往往为介入的粗糙号召提供了合法性。用形式结构来质疑骗人的"意义的实证性"时，很容易滑向另一种无意义，另一种实证主义的形式安排：玩弄要素。它们陷入了它们当初想要摆脱的境地。极端情形是一种不辩证地把自己跟科学混为一谈，徒劳地想把自己等同于控制论的文学。两极相通了：断绝了最后一种传播行为的东西变成了传播理论的牺牲品。并没有确定的划分标准能让我们把对意义的"明确否定"区别于一种糟糕的"无意义实证性"，后者兢兢业业地为了无意义而守护着无意义。但最起码，对人类价值的诉求对机械化的咒骂有助于我们划分这样的界限。站在征服自然的合理性的受害者一边的艺术作品乃至它们的抗议都构成了合理化进程本身的一个要素。要是它们矢口否认，它们就会丧失全部的审美力量和社会力量：高级黏土而已。每一个艺术作品的组织原则、所有艺术作品自成一体的法则都借助于它们声称要否定的总体性所具有的那种合理性。

在历史上，法国意识和德国意识提出介入问题的方式是截然相反的。在法国，"为艺术而艺术"的原则或隐或显地支配着美学，这一原则与学院派和反对派结盟。由此不难理解反对它的骚动。在法国，甚至在最极端的先锋派作品中也有愉悦感和装饰的意味。因此，存在和介入的号召在这里听起来颇为革命。德国的情况则反之。尽管是一个德国人（康德）最先把"艺术从一切外在目的中解放出来"提升为一条纯粹的、不容败坏的鉴赏标准的，但是一种深深植根于德国唯心主义的传统总是怀疑这条标准。这一传统的第一份著名文献是学院大师的思想史上的圣经，席勒的《论作为道德规范的戏剧》。这种怀疑不应归因于伴随着它的"精神的绝对化"——一种大摇大摆地走向了狂妄自大的德国哲学的态度。毋宁说，激发这种怀疑的是任何"无目的"的艺术作品向社会表明的这个方面。无目的的艺术只引起感觉的愉悦，甚至包括（尤其是）由极其不和谐（崇高、否定）引起的愉悦。德国思辨哲学看到艺术内部当然包含着超越的源泉，因此它的内在意义总是超出作品本身——于是便可给艺术作品签发品德端正的证明。按照这一潜在的传统，艺术作品根本没有自为的存在，否则它就会——像柏拉图对萌芽状态的社会主义的经典抨击所说的那样——成为柔弱的根源，就会阻碍"为行动而行动"：这是德国版的原罪说。这种总是让人想起路德和俾斯麦之类名字的反快乐主义、禁欲主义和道德情怀是审美自律无暇顾及的东西；绝对律令的情怀中也潜伏着一种奴性十足的他律的暗流：绝对律令一方面确实是理性本身，但另一方面也是必须盲目服从的既定基准。五十年以前，斯特凡·格奥尔格和他的圈子照样被攻击为法国式的唯美主义。今天，这些任何炸弹都炸不动的愤怒已经和针对现代艺术的所谓"不可理解性"的怒火结为一伙。小资产阶级对性的憎恶是这些愤怒的基础，这是西方道德哲学家和现实主义的意识形态专家们的共同基础。没有什么道德恐怖主义能够阻止艺术作品呈现给观者的表象带给他的愉悦，哪怕愉悦仅仅是由"暂时从实际目的的强制中解放出来"这个形式的事实而引起的。托马斯·曼称之为艺术的"高级滑稽"，一个让道德人士无法容忍的观念。尽管布莱希特本人并不是没有禁欲主义的因素（改头换面地表现在他抵制将伟大的自律艺术用作消费品——在他正确地嘲笑快餐艺术品的时候），但是他这么聪明的人不会不知道，作品效果中的愉悦是不能忽视的，无论是多么无情的作品。作为"纯粹重构的对象"，审美对象的优先性并没有把消费——进而把虚假的和谐——从后门偷偷放进来。尽管愉悦的因素甚至在它被完全剔除出作品的效果的时候也常常返回到作品的效果中，但是主宰自律艺术作品的原则并非其总体效果，而是其内在结构。它们是以非概念对象的形式表现出来的知识。这是其高贵性之源。它们并不是非得劝服人相信它，因为它已经给到人的手中了。所以在今天的德国应该鼓励的是自律艺术，而不是介入艺术。介入的作品能够过于轻易地声称自己具有任何高贵的价值，因此随意摆布那些价值。即使是在法西斯主义统治下，也没有哪一个暴行没有披上道德合法性的外衣。今天在德国鼓吹伦理和人性的那些人只不过是在等待一个机会来迫害他们所谴责的人，将他们控诉现代艺术的那种理论上的"非人道"运用于实践。在德国，介入通常意味着说出所有人已经在说的（或起码是他们愿意听的）蠢话。艺术宣言中的"讯息"概念都已经包含了与世界的和解（哪怕讯息在政治上是激进的）：教师爷的姿态掩盖了他和听众达成的秘密协定，而听众唯有拒绝讯息方能逃脱被幻象所骗。

那种为人而存在的文学既符合介入文学的宗旨，也符合道德庸人的要求。但那种文学背叛了人，因为它诋毁了能够帮助人的东西（只要它没有摆出正在帮助人的姿态）。然而，如果有任何文学得出结论说它能成为自身的法则，能够为自己而存在，那么它同样沦为意识形态。艺术，即使是反对社会的艺术，也是社会的一部分；面对社会，它唯有闭上眼睛和耳朵：艺术无法逃脱非理性的阴影。但是在艺术诉诸这一非理性、并以它为自身的存在根据的时候，它武断地把思想限定在艺术的偶然性质上，这就欺骗性地把自己的诅咒转变为神正论。即使在最纯化的艺术作品中也潜藏着一个"将会变得不一样"。如果作品仅仅是它自身，只是一个科学的结构，那么它就成为坏的艺术，成为字面上理解的"前艺术"。"意图"这个要素只能以作品的形式本身为中介，作品结晶为一个类似于应该存在的状况的他者。作为纯粹人为的产物、被创造出来的产品，艺术作品（包括文学作品在内）指导着它们自己有意避开的一种实践：创造出应该存在的生活。这一中介不是介入和自律的折中，不是发达的"形式要素"同某些以真正的（或自称的）进步政治为目标的"思想内容"的混合物。艺术作品的内容永远不是塞进去的思想：如果它是什么的话，那就是其对立面。不过，对自律艺术的强调本身具有社会政治的性质。当今扭曲变形的政治状况，在世界上任何一个地方都没有融化迹象的凝固的历史关系，迫使精神走向了它无须自我贬黜为胡言乱语的地方。今天任何一种文化现象，甚至是正直的模范（自律艺术），都面临着被窒息为媚俗艺术的危险。自相矛盾的是，在同一时代，艺术作品也无言地维护着政治无力获得的东西。萨特本人在一段彰显了他的诚实的文章中表达了上述真理。这不是政治艺术的时代，但政治已经移民到自律艺术中，深深扎根在一个看起来最像"政治已死"的地方。一个例子是卡夫卡的玩具枪寓言，在其中，非暴力的观念同政治即将瘫痪的黄昏意识交织在一起。保罗·克利也在介入艺术与自律艺术之争中占有一席之地，因为他的作品——卓尔不群的杰作——扎根于文学之中，而它如果不吞掉文学的话就不可能存在。在第一次世界大战期间或战后不久，克利画了威廉皇帝的漫画，一个非人的食铁者。后来，在1920年，这些——这一发展轨迹是可以考察的——变成了《新天使》。一位机器的天使，尽管他不再携带漫画或介入的标志，但是远远飞到了两者之上。机器天使的谜一般的眼睛迫使观看者扪心自问，他宣告的到底是灾难的顶点，还是隐藏在其中的救赎？但是，这幅画的收藏者瓦尔特·本雅明说，他是一个只取不予的天使。

9. 当今的功能主义 ①

　　我首先想表达我对阿道夫·阿尔恩特（Adolf Arndt）的感激之情，他在邀请我今天到这里来讲话的时候对我充满信心。我同时也要表明我严重怀疑我是否有权利在你们面前讲话。贵圈对于手艺和技术上的专长是相当看重的。这很对。如果说德国工厂联合会发展出了一个有持久影响力的概念，那就是强调具体的资质，以反对一种远离材料问题的、孤立的美学。我是从我自己的专长音乐领域熟知这句格言的。在那里，它是一条基本定理。感谢这所培养了和阿道夫·路斯（Adolf Loos）及包豪斯的亲密人际关系的学校，因此该校完全了解它和艺术中的客观性（Sachlichkeit）的思想联系。虽然我对建筑学毫无资质，但我还是忍不住诱惑，明知道有被你们当作半瓶子醋忍受片刻，然后就扔到一边的危险。我这么做首先是因为我很乐意将我的一些思考公之于众，尤其是讲给你们听。其次，因为阿道夫·路斯说过，艺术作品无须吸引每个人，但房子要对每个人负责。我还不知道这句话对不对，不过我也不用比教皇更神圣。

　　我发现德国重建的风格让我不安又不满，你们中的大多数人恐怕和我有同感。既然我和专家一样有这种感受，我认为我有资格考察其基础。音乐和建筑的共同点已经被反复讨论得令人厌烦了。当我把我在建筑中看到的东西和我对音乐中的困境的理解结合起来的时候，我并不想打破

---

① 本文收录于《没有榜样：小美学》（1967），见《阿多尔诺全集》德文版第 10 卷（上册），第 375 页起。

分工的规则，尽管看起来如此。但是要实现上述结合，我就必须远离这些课题，比你们通常期待的还要远。对我来说，有时候——在潜在的危机情境中——离现象远点儿，离得比技术资质的精神允许的距离还要远，是有帮助的：这并非不切实际。材料正义原则（即正确对待材料）是分工的基础。不过，就连专家偶尔也会考虑一下他们的专业技能在多大程度上受到了分工之苦，就像作为艺术之基础的"素朴"也会强加给艺术本身若干限制。

让我从一个事实开始：反装饰运动也影响了"无目的的艺术"。艺术作品的天性就是要追求它自身的本质和必然性，并反对一切多余的成分。给艺术提供对错标准的批判传统衰落之后，这一责任就落在了单个作品的肩上；每个作品都要受自己的内在逻辑的检验，无论它是否受到某些外在目的的驱使。这根本不是什么新立场。莫扎特，迄今仍是伟大传统的楷模和批判的代表，在他的《后宫诱逃》序曲之后，他以下列方式对一位皇室成员的反对意见做出答复——"音符太多了，我亲爱的莫扎特"——"一个也不多，陛下，全是必要的"。在《判断力批判》中，康德在哲学上把这一规范概括为"无目的的目的性"这一公式。公式反映了鉴赏判断的基本冲动，但它没有解释历史动力学。一种基于材料领域的语言，一旦它在第二种语言（也就是常说的"风格"）中不再有合法性了，这一语言定义为必然的东西后来就成为多余的，甚至是可怕的装饰。昨天有功能的，明天就走向了反面。路斯完全知道装饰概念中的历史动力学。即使是再现、奢侈、浮夸乃至有些可笑的要素，在某种形式的艺术中也是必要的，根本不可笑。为了这个而批判巴洛克艺术就太庸俗了。对装饰的批判不是对失去功能或象征意义的东西的批判。装饰成为败坏的、有毒的有机性的遗迹。新艺术反对它，因为它代表了堕落的浪漫主义的伪造，一种尴尬地陷于自身的无能之中的装饰。勋伯格的作曲革新、卡尔·克劳斯反对新闻腔的文学斗争，路斯的废除装饰并不仅仅是巧合的相似，在思想史上它们恰恰反映了同样的意图。这使得路斯的一个观点有纠正的必要，他宽宏大量，想必也会欣然接受的吧。功能主义的问

题与实用功能的问题并不一致，无目的而有用的艺术并不成为他驳斥的
那种彻底的对立。必要和多余的区别是内在于作品的东西造成的，而不
是作品与外物的关系决定的。

在路斯的思想中，在早期功能主义阶段，有目的的产品和审美自律
的产品相互分离是由一个铁的事实造成的。我们思考的这一分离产生自
反对实用艺术和工艺美术的论战。尽管它们决定了路斯的发展阶段，但
是他很快摆脱了它们。路斯历史地处在阿尔滕伯格（Peter Altenberg）
和勒·柯布西耶之间。实用艺术肇始于拉斯金和莫里斯。针对大批量生
产的、伪个性化形式的无形式，它发明了"风格意志""风格化""造型"
等等新概念。为了把生活恢复为艺术，人应当把艺术运用于生活。口号
无数，效果强大。但是路斯早就看穿了一切：不再使用的用具便毫无意
义。艺术反对目的压倒人类生活，但是它再次受苦于被还原为它所反对
的实用水平。用荷尔德林的诗句说："从今后，一切神圣的东西／都不再
有用"。路斯发现，实用目的的人工艺术是令人反感的。类似地，他觉
得无目的艺术的实用化倾向最终会令它屈从于毁灭性的利润专制——而
艺术和手工艺是反对利润专制的，至少在它们的初期如此。路斯宣扬的
东西正相反，他想回到热心为技术革新服务的手工艺，而不是借用艺术
的形式。他的主张受苦于过于简单的反对，其复辟成分和手工艺的个性
化并无二致。这一点渐渐暴露出来。今天，它们仍然影响着对客观性的
讨论。

任何给定的产品中，无目的和目的性并不绝对分离。两个概念的关
联是历史形成的。路斯强烈痛恨的装饰往往是过时的生产方式的遗迹。
相反，无数的目的，比如社交、舞蹈、娱乐，都已经变成了无目的的艺
术。它们开始与其形式的、类型的法则合为一体。无目的的目的性确实
是目的的升华。没有什么东西生来就是审美对象，而只是在这种升华的
张力场中才成为审美对象的。因此并不存在化学纯的目的性可被设立为
无目的的审美的对立面。就连最纯粹的有目的形式也是由一些源于艺术
经验的概念培养出来的——如形式的透明性、可理解性等等。没有任何

形式可以说仅仅是由其目的决定的。这甚至可以从路斯曾评价过的一部勋伯格作品中看出来。勋伯格的《第一室内交响曲》是最有革命性的作品之一，路斯对这部作品写下了他最有洞察力的词句。反讽的是这部作品里出现了装饰的主体，双拍子立刻让人想到瓦格纳的《诸神黄昏》的中心主题以及布鲁克纳《第七交响曲》第一乐章的主题。装饰是持续不断的发明，如果你愿意，也可以说装饰本身是客观的。这一过渡的主题成为四重对位法中的经典呈示部的样板，因此也是现代音乐中极端建构主义的构造的第一个样板。勋伯格对这种材料的信念来自手工艺的宗教，即崇拜所谓物质的高贵。它仍然继续提供灵感，甚至是为自律艺术提供灵感。勋伯格把这一信念同"材料正义"（适合于材料的建构）概念相结合。它符合一种非辩证的美的概念，这一概念把自律艺术围起来，像是一个自然保护区。艺术渴望自律并不等于它无条件地清除装饰要素。从实用的标准衡量，艺术的存在本身就是装饰。如果路斯把他对装饰的厌恶贯彻到底，就该厌恶一切艺术。但他为自己的名声着想，没有得出这一结论。在这里，他像实证主义一样谨慎。顺便说一下，一方面，实证主义者应该从哲学里清除一切他们认为是诗歌的东西，另一方面，他们觉得诗歌对他们那种实证主义也没什么侵害。于是他们就容忍了诗歌，只要它们仍然待在一个特殊的中立地带，不挑衅。从此他们就放松了客观真理的概念。

认为内容本身就具有适当形式的信念假定了它已经包含了意义，该学说使得象征主义美学成为可能。对过量的实用艺术的抵制不但涉及隐藏的形式，也涉及对材料的崇拜。它在材料周围创造出一种本质性的灵韵。路斯在他对蜡染的批判中表达了这一观点。同时，人工制品的发明——起源于工业的材料——不再容许对内在美的古代信仰，同先前的要素相关的巫术的基础。此外，自律艺术的近来发展产生的危机表明了有意义的组织几乎不依赖材料本身。如果组织原则严重依赖材料，结果就是拼凑。艺术中的材料正义观念不能对这些批评无动于衷。确实，作为它本身的目的的目的性的幻象无法面对最简单的社会现实。这里，现在有目的的东西只是在现实社会中才是如此。不过，有些非理性的东西——马克思说的"额外费用"——对社会来说是必要的。就社会本身的性质而言，社会过程是在无目的、非理性地继续着，不管任何个别的计划如何。这种非理性在一切目的和目标上打下了烙印，因此，实现目的的手段合理性上也带着非理性的标志。于是，无所不在的广告开始自嘲：它们旨在谋取利润，但所有的目的性在技术上都是以它对材料的占有为尺度的。如果广告完全是功能性的，没有装饰的多余，那么它再也不能实现广告的目的。当然，对技术的恐惧基本上是无聊的、陈旧的，甚至是反动的。但它仍然有效，因为它反映了非理性社会施加给社会成员的暴力让人焦虑不安，事实上，一切都被迫在其范围内活动。焦虑反映了一种共享的儿时经验，路斯对此似乎一无所知，虽然他受到他的成长环境的强烈影响。对城堡的渴望，城堡里有着长长的房间，有丝织挂毯，这是一种逃避的乌托邦。这一乌托邦还活跃在对电梯，对路斯欢呼的厨房，对工厂烟囱乃至对这个对抗性社会的肮脏的一面的反感之中。外在的表象增加了反感。这些表象的解构并不影响早就名声扫地的领域，那里的实践一切照旧。可以攻击现代仿造的城堡的柱子（托尔斯滕·凡勃仑就嗤之以鼻），可以攻击装饰，如贴在鞋子上的装饰，但是这些批判的可能性只加重了恐怖的局势。这一过程对于图像世界也有意义。实证主义的艺术，现实存在物的文化，被用于交换审美的真理。有人在憧憬新的"广亩大街"。

当今功能主义的界限也就是资产阶级在其实践意义上的界限。甚至在路斯这位维也纳媚俗艺术的死敌那里，也能找到明显的阶级痕迹。既然他的城市里的资产阶级结构已经渗透了如此多的封建主义和专制主义的形式，路斯便相信他能够用严格的原则来摆脱传统程式。他的著作攻击了令人难堪的维也纳礼仪。此外，他的论战沾染了独特的新教色彩，几近痴迷。路斯的思想像许多资产阶级文化批判一样，是两个基本方向的交叉点。一方面他认识到，这一文化实际上根本不是文化。这首先让他理解了他和他的本土环境的关系。另一方面，他深深敌视一般的文化，他不仅要求禁止肤浅的崇拜，也要求禁止所有柔软光滑的感觉。在这方面，他忽视了文化并不是未驯化的自然之场所，亦非无情统治自然之地。"客观性"在未来可能成为解放性的，只要它丢弃自己的野蛮特性。它再也不能用棱角分明的、不加考虑的房间和楼梯之类施虐狂的打击来折磨人了——据说，人是它唯一的尺度。每个消费者都极其痛苦地感受到了无情的实用性的不切实际。我们的痛苦怀疑可以表达如下：绝对不要风格，成了一种风格。路斯把装饰回溯到性欲象征。反过来，他死板地拒绝装饰也伴随着他对性爱象征的厌恶。他觉得不羁的自然既是退化又令人难堪。他对装饰的谴责声中回荡着一种经常公开表达的对道德沦丧的愤怒。"我们时代的人出于内心的强制，在墙上涂抹性爱象征，这是犯罪，是颓废。"颓废这个辱骂就把路斯同他不会赞成的运动联系起来了。他说："人们可以用厕所墙上的涂鸦数量来测量一个国家的文化水平。"但是在南方国家，在所有的地中海国家，涂鸦多得很。其实，超现实主义大量利用了这种未经思考的表达。路斯肯定会在指责这些地区没文化之前三思而行。他恨装饰，这一点最好用一种心理学观点来解释。他似乎在装饰中看到了与理性的对象化背道而驰的模仿冲动，看到了一种和快乐原则有关的表现，哪怕表现的是痛苦和悲伤。从这一原则出发，人们可以认为任何对象都包含表现因素。只把这种因素驱逐到艺术中，实在过于简单化了。它和使用价值不可分离。因此，甚至那些缺乏表现的对象也为此做出了贡献，因为它努力避免表现。一切过时的使用对象最终成为表现，时代的集体图景。因此几乎没有哪一个实用形式不同时也是一个象征的（不仅适合于使用）。精神分析也在无意识形象的基础上证明了这个原则，首先就是房子的形象。按照弗洛伊德的说法，象征意向很快同技术形式相结合，例如飞机。而按照当代美国大众心理学研究，经常同小汽车结合起来。因此，有目的的形象也是自身目的的语言。通过模仿冲动，有生命的存在将他自己等同于环境中的对象。这在艺术家开始自觉模仿之前很久就发生了。开始是象征的东西，后来成了装饰，最终显得多余。不过，它起源于自然的形状，人用他们的人工制品使自身适合于这些形状。那个冲动所表现的内在形象曾经是外在的东西，某种有强制力的客观对象。这就解释了路斯之后众所周知的一个事实：装饰，乃是一般的艺术形式，是不能凭空发明出来的。所有艺术家的成就，不仅仅是那些对特殊目的感兴趣的艺术家，都被降低到了史无前例的谦逊程度，这是 19 世纪和 20 世纪初的艺术宗教不愿意承认的。装饰的心理学基础贬低了审美原则和目的。无论如何，假如装饰不再重要，那么"艺术如何可能"的问题并没有得到解决——倘若艺术本身不再发明任何真正的装饰的话。

"客观性"避而不谈的这个终极难题并非谬误。不能任意纠正它。它直接遵循着主体的历史性。使用（或消费）和快乐原则的关系要比只对自身的形式法则负责的艺术表征的对象来得更密切。它意味着"用掉"，是对不应该存在的对象的否定。按照资产阶级的工作伦理，快乐作为浪费了的精力而出现。路斯的阐述表明了他这位早期的文化批评家和他批判的秩序有多深的关系：他在该秩序的表现不符合其自身原则的任何地方都对它大加鞭挞。"装饰是浪费的工作精力，因此是挥霍的健康。总是如此。今天也意味着材料的浪费。这两方面都意味着浪费资本。"两个不可调和的主题在这句话中达成了一致：经济学——因为在别的地方，如果不用利润可能性的话语表达的话，就会说"任何东西都不应该浪费"。还有，对一个全面技术化的世界、不再因工作而蒙羞受辱的世界的梦想。这第二个主题就超越了商业世界。对路斯来说，它采取的是如下形式：意识到到处哀叹的"缺乏创造装饰的能力"和所谓"风格化力量的灭绝"（他揭穿为艺术史家的杜撰）其实是艺术的进步。他还意识到，工业化社会被资产阶级标准视为消极的那些方面，实际上代表了这个社会积极的一面："风格过去常常意味着装饰。所以我说，不要哀叹！你没看见吗？恰恰是这一点让我们的时代伟大：它不能创造新的装饰了。我们已经克服了装饰。我们努力奋斗来了无装饰的时代。看，这个时代近了。完满等待着我们。城市的街道很快就会像白墙一样闪光。像锡安山，像圣城，像天国的都城。得救了，我们。"这样一来，无装饰的城市成了具体实现的存在的乌托邦，而无须象征。客观真理，对事物的所有信仰，将恪守这一乌托邦。路斯囿于他在青年风格中的重大经验，没有看到这一乌托邦。"个人不能创造形式；因此建筑师也不能。然而建筑师一次又一次尝试着不可能之事，并总是无功而返。形式，或装饰，是总体文化领域中的人的无意识合作的结果。其他一切都是艺术。艺术是天才自愿加诸自身的意志。他的使命是上帝赐予的。"这一格言（艺术家的神授使命）不再有效。始于商业领域的普遍的去神秘化已经侵蚀了艺术。随之而来的就是不可变的目的性和自律的自由之间的绝对差异也被取消了。但是这里我们遇到了另一个矛盾。一方面，纯目的取向的形式被揭露为不完善的、单调的、贫乏的、狭隘实用的。有时，个别杰作鹤立鸡群。但那时往往将它们归结为创作者的"天才"，而不是成就本身的客观因素。另一方面，将外部的想象元素作为一种矫正引入作品，用这一源自外部的元素来帮助事物克服困难的企图同样是不得要领的。它只能错误地恢复装饰，而现代建筑已经合理地批判了它。结果令人极度气馁。一定要让真正的专家来对德国重建风格的平庸现代性进行批判的分析，这太重要了。我在《道德底线》中曾怀疑的"世界不再可安居"已然得到了证实。不稳定性的浓厚阴影笼罩着建筑形式，这是大规模移民的阴影，希特勒及其战争的年代只不过是其先声。必须自觉理解这一矛盾的所有必然性。但我们不能就此止步。如果我们这么做了，就等于是在持续威胁着我们的灾难面前放弃了。最近的灾难——空袭——已经让建筑进入了它不可回避的一种状况。

矛盾的两极可以用看似相互排斥的两个概念来表示：手工艺和想象。在功用世界的语境中，路斯显然拒斥后者："纯粹的、干净的结构将取代过去几个世纪中的想象形式和以往岁月中盛行的装饰。直线，锐角、直角：手工艺品只用这些。脑子里除了目的没有别的，面前只有材料和工具，没有别的。"但是勒·柯布西耶在其著作中许可了想象，起码是在原则上许可了，"建筑师的任务：人的知识，创造性的想象，美。选择的自由（有灵魂的人）"。我们可以认定，一般来说，越高级的建筑师越青睐手工艺，而较落后的、无想象力的建筑师也会欣然赞美想象。我们要警

惕手工艺和想象这两个概念在论战中的宽泛含义。只有这样，我们才有
希望找到替代概念。立刻获得许可的"手工艺"这个词有几个完全不同
性质的含义。只有半瓶子醋和卖弄的唯心主义者才会否认，每个真正的
艺术活动（取其最广义）都要求精确理解艺术家处置的材料和技术，可
以肯定，要求的是最高级水平的理解。只有从不拘泥于作图训练的艺术
家，相信绘画的直观起源的艺术家，才会害怕对材料的接近和对技巧的
理解将毁掉他的原创性。他从不学习历史上已经有的东西，他从不利用
它们。所以他把仅仅是过时形式之残余的东西从他自己的所谓内心深处
祛除了。手工艺这个词就诉诸如此简单的真理。然而有几个不同的和声
不可避免地共鸣着。"手"表明了一种过时的生产方式，让人想起简单商
品经济。这些生产方式已经消失了。"现代风格"自从其英国先驱的计划
以来，也变成了假面舞会。手工艺概念让人联想到汉斯·萨克斯的围裙
或是世界的大事年表。有时我忍不住怀疑这种古代的"衬衫袖子"情怀
甚至存活于"手工艺性"的更年轻的倡导者身上。他们对艺术绝望了。
如果有人觉得自己高于艺术，那只是因为他们没有路斯那么深刻的艺术
经验。对路斯来说，又懂艺术又懂应用艺术导致了痛苦的情绪冲突。在
音乐领域，我知道一位手工艺倡导者讲到"茅舍精神"，真是浪漫主义的
反浪漫主义。我有一次碰到他为手工艺思考一种刻板的程序（他称之为
实践），以便节省作曲家的精力。他一点儿也没有意识到，每个具体任
务的独特性已经排除了这种形式化。多亏了他的态度，手工艺变成了它
想要否定的东西：同样的无生命的、物化的重复——正如装饰早就宣扬
的那样。我不敢下结论说，在形式构成的概念中也有一种与此类似的倒
错，也就是说，把形式构成视为超然物外的操作，独立于要构成形式的
对象的要求和法则。无论如何，我想，社会上已经衰落了的手工艺者的
灵韵的回光返照是同他们的继承者——专家——轻蔑捏造的态度相契合
的。专家以其专长为荣，像他的桌子、椅子一样黯淡无光，他们忽视了
这个时代所需要的思考——这个时代再也没有什么东西是要求理解的了。
没有专家就什么也干不了，没有商业时代的生产方式就不可能重建早已

无可奈何花落去的分工之前的状况。但是，同样不可能把专家抬举为万物的尺度。他的无幻象的现代性要求抛弃一切意识形态，这就很适合戴上小资产阶级常规的面具了。手工艺成了手工艺性。好的手工艺意味着手段适合于目的。目的肯定不独立于手段。手段有自身的逻辑，这个逻辑指向了它们之外。如果"手段合适"成了目的本身，就成了拜物教。如果用手工业者的心智来和丝织晚便服、贝雷帽作战，那只会适得其反。它阻碍了生产力背后的客观理性，而不是让其展开。今天，只要手工艺成了规范，就得好好考察一下其动机了。手工艺的概念和功能有着密切联系。其功能不一定是启蒙的或进步的。

想象的概念也和手工艺的概念一样，要经过批判分析。心理学的琐碎定义——想象是尚未存在的事物的形象——显然不够。它仅仅解释了艺术（也包括实用艺术）过程中的想象决定了什么。本雅明曾经把想象定义为篡改最细微的细节的能力。不可否认，这个定义要比现行的观点高明得多。现在，想象要么被捧上天，夸它超凡脱俗，要么就被踩下地，谴责它毫无客观基础。在再现型艺术的作品创作中，想象并不乐于自由发明，无中生有。任何艺术都没有这种东西，自律艺术也没有，哪怕路斯仅仅把想象的范围限定在自律艺术之内。只要深入分析自律艺术作品，就会得出结论，艺术家在材料和形式的既定条件之上、之外凭空添加的东西都是微不足道的，价值有限。当然，把想象还原为对材料目的的期盼性改编，也不可取。它把想象变成了永恒的同一性。肯定不能把柯布西耶强大的想象技艺归结为建筑和人体的关系，虽然他在自己的书中是这么写的。显然，在艺术家获得和发展的材料与形式中存在着某些多于材料与形式的东西，也许是不可感知的。想象意味着对这些东西的感知，激活它们，支配它们。这个观念并没有听起来那么荒诞不经。因为形式乃至材料并不是像未经反思的艺术家很容易信以为真的那样，仅仅是自然给定的东西。历史积淀于其中，精神贯穿于其中。它们包含的不是实定法则，而它们的内容呈现出粗粗勾勒的问题形象。艺术家的想象意识到了材料中内含的问题，从而唤醒了这些积淀着的要素。想象的点滴进步回答了材料与形式用它们安静而朴素的语言向它提出的无声的问题。分开的各个单独冲动，甚至目的，甚至内在的形式法则，都因此融合起来了。相互作用发生在目的、空间和材料这三者之间。这三个方面中的任何一个都不是原初现象，即不能把另外两个方面归结为它。这里，哲学提供的洞见——任何思想都不能成为绝对的开端（那种绝对不过是抽象的产物）——对美学发挥了影响。因此，一直强调个别音符的首要性的音乐最终发现了它的组成部分之间更复杂的关系。只有在系统的功能结构中，音符才获得了意义。离开了结构，音符仅仅是物理实体。迷信才希望把音符从潜在的审美结构中抽离。人们有理由谈论建筑的空间感。但这种空间感不是纯粹的、绝对的本质，不是空间性本身的本质，因为空间只有作为具体的空间，在具体的维度之内，才是可以设想的。空间感和目的紧密相关。哪怕建筑试图将这一感觉提升到目的性王国之上，它仍然同时内在于目的。这种综合的成功与否是衡量伟大建筑的主要标准。建筑问：特定目的如何成为空间？以何形式？以何材料？所有因素都互相关联着。按照这一建筑观念，建筑学上的想象是有目的地构成空间的能力。它允许目的成为空间，它按照目的建构形式。相反，空间和空间感只有在想象让它们充满目的性的时候才不仅仅是贫乏的目的。想象打破了目的的内在关系，它的一切存在都为了目的。

我充分意识到空间感之类的概念很容易沦为陈词滥调，最终被应用于艺术和手工艺上。我感到了我作为外行的局限，不能充分提供这些概念，尽管它们对现代建筑有很多启迪。但我允许自己稍微思辨一些：空间感，和抽象的空间截然对立，它就像听觉领域中的音乐性在视觉领域中的对应物。音乐性不可还原为抽象的时间概念，例如不听节拍器而去想象它的时间单位，无论这么做有何益处。与之类似，空间感不仅限于空间形象，哪怕这是每个建筑师的前提——只要他像音乐家读曲谱那样读草图和蓝图。空间感似乎要求得更多，要求某些从空间中出现的艺术的东西。这不是空间中任意的东西，也不是与空间无关的东西。就像音乐家从时间当中，出于组织时间的需要发明出他的旋律，事实上，是他的音乐结构。只有时间关系是不够的，因为它们和具体的音乐事件无关；发明个别的乐段和组合也是不够的，因为它们的时间结构和时间关系是脱节的。在创造性的空间感中，目的在很大程度上扮演着内容的角色，它和建筑师从空间中创造出来的形式构成相对立。形式与内容之间的张力使得一切艺术创造有可能通过目的表达自身，尤其是在以目的为取向的艺术中。新"客观性"的禁欲主义包含着真理的成分：未中介的主观表现不适合建筑。如果只追求这种表现，结果就不是建筑，而是照相排版，有时候是很好的排版。在建筑中，主观表现的位置被建筑对主体的功能占据了。建筑让它的两极——形式结构和功能——强烈地互为中介，达到了更高的水准。

然而，主体的功能并不是由某些具有不变的物理性质的一般的人决定的，而是由具体的社会规范决定的。功能建筑代表了与经验主体的被压抑本能相反的理性特征，而在当下的社会中，主体仍然在一切想得到的角落和缝隙里寻找着他们的幸福。功能建筑要求的是我们的高级意识大致理解了的人类潜能，但是在大多数人身上，这种潜能窒息了，他们被迫在精神上无能。人值得拥有的建筑并不仅仅按照人现有的样子设想人，而是把人想象成更好的样子。它按照体现在技术中的人的生产能力的状况来看待人。只要建筑仍然为此时此地的需要服务，而没有同时代表任何一种绝对的或长久的意识形态，那么它就和这些需要相矛盾。今天，建筑仍然是路斯70年前的文章标题所抱怨的"对空虚的呐喊"（1897）。从路斯到勒·柯布西耶和夏隆（Scharoun），大建筑师的作品只有很少一部分能够用石头和混凝土实现，这一事实不应仅仅用不可理喻的合同方和管理者的反应来解释（尽管不应低估这种解释）。这一事实是由最伟大的建筑也无能为力的社会对抗决定的。将人的生产能力发展到不可想象的地步的社会同时也将它束缚在强加于它的生产条件中，于是在现实中构成了生产力的人被其劳动条件扭曲得变形了。这一基本矛盾最清晰地表现在建筑中。建筑师也和消费者一样，不能去掉这一矛盾产生的张力。并不是说建筑中的事情普遍是对的，人身上的事情普遍是错的。人受够了不义，因为他们的意识和无意识陷于未成年状态；可以说，他们还未成年。这一未成年阻碍了他们认同他们自身的关切。因为建筑既是自律的又是目的导向的，所以它不能简单地否定现实存在的人。建筑仍然想要自律的话，就必须做到精确。如果它忽略了现在这个样子的人，那它就只能适合一种可疑的人类学乃至存在论了。勒·柯布西耶憧憬人的原型，并不是偶然的。活着的人哪怕再落后再幼稚，也有权满足他们的需要，无论这些需要多么虚假。思想如果为了真正的需要而不考虑主体的欲望，拿真正的需要取代所谓虚假的需要，就成了野蛮的压迫。这就是用公意反对众意了。哪怕人的虚假需要中也活跃着一点儿自由。它表现在经济学理论曾经用来和交换价值相对的"使用价值"中。对有些人来说，合法的建筑也像是敌人，阻碍了他们得到他们的本性想要乃至需要的东西。

在"文化落差"现象之外，这一对立的起源在于艺术概念的流变。艺术为了成为遵循自身形式法则的艺术，就必须凝结为自律的形式。这构成了它的真理内容。否则，它将顺从于它的存在所否定的东西。但是，作为人的产品，艺术从未彻底摆脱人。它包含着它必须抵抗的成分。当艺术忘却了自身的记忆，忘却了它在那儿只是为了别人，它就成了拜物教，成了自我意识，成了相对化的绝对。这就是青年风格的美之梦。但艺术如果不想成为骗局的牺牲品，就必须为纯粹的自我内在性而奋斗。结果则是报复。在现有条件下，任何活动如果指望活动的主体是解放了的自由人（也许只会在变革了的社会中出现），那么活动不过是已经堕落为目的本身、自己成了自己的目的的技术的改头换面而已。对"对象化"的神化是艺术的不共戴天之敌。此外，结果不仅仅是幻象。自律艺术和所谓实用艺术越是一致地抛弃它们的巫术与神话起源，越是连贯地遵从它们自身的形式法则，这种改头换面的危险就越大。艺术并没有确切的手段来反对这一危险。凡勃仑的困境又重现了：在1900年以前，他要求人的思维是纯技术的、因果论的、机械论的，为的是克服形象世界对人活生生的欺骗。于是他一边批判着经济，一边又许可了该经济的客观范畴。在自由状态下，人不再臣服于技术，实际上仅仅为了人而存在的技术；在那里，技术将为人服务。然而，在现阶段，人被技术同化了，留给人自己的只有一个空壳，似乎他把自己交给了更好的另一半。面对技术，人自己的意识被物化了，似乎客观的技术在某种意义上有批判意识的权利。技术是为了人的：这一说法听起来很有道理，但其实已经堕落为粗鄙的退化论意识形态。这从以下事实中便可明显看出来：如果谁想要得到四面八方的热情理解和赞美，只需呼唤一下这句话就够了。整个局势都是虚假的，没有任何东西能够解决矛盾。一方面是想象的乌托邦，幻想着摆脱现存秩序的强制目的性。这种乌托邦软弱无力，非但远水解不了近渴，还只能文过饰非，因为它的要素和结构都来自现存秩序。另一方面则是取缔乌托邦要素的企图，就像禁止为上帝造像一样。这就直接成了现行统治秩序的魔咒的牺牲品。

功能主义的关切是对有用性的顺从。没有用的东西被不容分说地攻击，因为艺术的发展已经公开暴露了它内在的审美之不足。但是，和仅仅有用的东西纠缠在一起的，是罪恶，是破坏世界的手段，是"什么都否定、除了对人的欺骗性安慰"的那种绝望。要是这样的矛盾最终无法消除的话，那么人首先得试着理解这一矛盾。在资产阶级社会中，有用性也有它自己的辩证法。有用的对象是最高成就，是拟人的"物"，是和不再向人类关闭的、不再受苦于人的羞辱的对象的和解。儿时对技术物品的感知允诺了这一状态，它们似乎是亲近而有益的精神的形象，抹除了追逐利润的动机。这一概念并不会让社会乌托邦思想家感到陌生。它提供的是在真正的发展中的幸福大逃亡，并且让有用之物不再冷酷。人类将不再因为世界的物性而受苦受难，事物同样也得其所哉。一旦赎回了自身的"物性"，事物将找到它们的目的。但是在当今社会中，一切有用性都被取代了，都中了邪，着了魔。如果社会说它使得事物的存在以人类的意志为目的，那社会就是在欺骗我们。其实，事物是为了利润而生产出来，它们只是偶尔满足了人的需要。它们引起新的需要，并按照利润动机维持住这些需要。既然对人有用、有益并且没有对人的统治和剥削的东西才是正确的，那么在美学上最不可容忍的就莫过于事物现在的形状了，被压抑的形状，内部变形为其反面。自从资产阶级时代的黎明以来，一切自律艺术的存在根据都在于无用的东西证明了只有它们在这一点上是有用的，也就是说，无用的东西代表了正确、幸运的用途，与事物的一种超越了有用与无用之对立的联系。这一概念意味着想要更好事物的人必须起来反对实用性。如果过高估计实用性，对实用性做出反应，就加入了敌人的阵营。据说，作品不会变脏。像大多数谚语一样，这句话掩盖了相反的真理：交换玷污了有用的作品。交换的魔咒也逮住了自律艺术。在自律艺术中，无用性包含在它有限、特殊的形式之中，因此它无助地面对着它的对立面（有用性）的批判。相反，在有用性那里，现在的情形已经封闭了它的可能性。艺术的秘密是物品和商品的拜物教特性。功利主义想打破混乱，但它只能徒劳地让锁链叮当作响，只要它还陷于这个社会的混乱中。

我试图让你们理解某些矛盾。怎么解决它们，不是外行人能说清楚的。颇值得怀疑的是现在到底能不能解决这些矛盾。就此而言，我猜你们会批判我的言论无用。我的辩解在以下观点中：不能不加思考地就把有用、无用这些概念拿过来用。我们隔绝在各自的工作中、老死不相往来的时代已经结束了。手头的对象要求的正是"客观性"以明显不客观的姿态拒斥的那种思考。要求思想的直接合法性，要求知道思想现在有什么好处，那么思想往往就止步不前了，不能提出有朝一日将用意想不到的方式改善实践的观点了。思想也有它自己的强制冲动，就像你们在你们的作品中很熟悉的那些材料的冲动。无论艺术家的作品有没有指向特殊的目的，都不能幼稚地按照规定路线前进。这就表明了一种危机，为了实现它的要求，不管专家们引以为豪的工艺如何，都要求他们走出他们的工艺。他们必须从两方面着手。首先，和社会事物有关，他们必须考虑它们的作品在社会中的地位以及他们在各方面碰到的社会限制。这一考量在城市规划中（不仅仅是重建的任务）非常关键。在城市规划中，建筑学问题和"集体的社会主体是否存在"之类社会问题相冲突。

不必多说，只要城市规划还关注特殊的目的而不关心集体的社会目标，那它一定是不完善的。城市规划的直接性、实用性原则并不符合去除了社会不合理性的真正理性的概念。它们缺少了城市规划首先必须关注的"集体的社会主体"。因此，城市规划要么沦为混乱，要么就阻碍了个人的创造性的建筑学成果。

其次，我想向你们格外强调的一个方面：建筑学乃至一切有目的的艺术都要求不断的美学思考。我知道"美学"这个词在你们听起来很可疑。你们也许想到了眼睛望着天的教授，口吐莲花地讲着永恒不变的美的形式主义法则，其实不过是短命的古典主义垃圾的生产配方。其实，真正的美学恰恰与之相反。它必须吸收它一度在原则上提出的那些反对所有艺术家的反对意见。如果美学仍然是无反思的、思辨的，不进行无情的自我批判，那么它还是该谴责的。作为哲学固有的一个方面，美学期待着来自反思努力的新冲动。因此近来的艺术实践转向了美学。一旦有用、无用这些概念也像"自律艺术和有目的的艺术的分离"，像"想象"和"装饰"一样，需要艺术家们在按照这些范畴行动（或否定这些范畴）之前再次讨论一番，那么美学在实践上就是必要的了。无论你喜不喜欢，你每天都被迫思考美学问题，超出了你当前任务的美学问题。你们的经验像是莫里哀的儒尔丹（Jourdain）先生，他研究了修辞学才惊讶地发现自己一生都在讲大白话。一旦你的活动迫使你思考美学，你就会把它的力量传给你自己。你不再以纯粹的、彻底的专业技能的名义任意地玩弄概念。不寻求美学思想的艺术家总是容易陷入肤浅的假设中，并且为了他的思想建构而乱找证据。在音乐中，技术最出色的当代作曲家之一皮埃尔·布雷（Pierr Boulez）曾经在他的某些作品中将构成主义推向了极致；结果，你猜他说什么，他宣布了美学的必要性。这种美学并不假装自己是为美、丑规定答案的先导原则。单单是这种谨慎就足以为装饰问题带来新的启示。今天的美只能用作品解决矛盾的深度来衡量。作品必须深入矛盾并解决矛盾——不是掩盖矛盾，而是追随矛盾。单纯形式上的美，不管什么样子，都是空洞的、无意义的。内容的美消失在观察者的前艺术的感官愉悦中。美如果不是力的矢量的结果，就一无是处。修订了的美学一旦开始更强烈地意识到研究它自身对象的必要性，就会更清晰地描述它的对象。和传统美学不同的是，它不一定和艺术概念有关。今天的美学思想必须通过思考艺术而超越艺术。它将超越有目的和无目的之间的对立，这一对立让生产者和评论者同样吃够了苦头。

自律艺术

10.随笔作为形式 ①

一定要看亮处，别看灯。——歌德《潘多拉》

在德国，随笔被咒骂为杂种；它缺乏一个令人信服的传统；它强烈的要求几乎从未得到满足：所有这一切都经常被人谈起，被人指责。"随笔形式迄今尚未走完她的姐姐诗歌很久以前就走过的独立之路——从科学、道德和艺术三者没有分化的原始统一体中发展出来的道路。"② 但无论是对这一状况的不满，还是对这一状况做出反应的思想（也就是说，把艺术封闭起来作为非理性的保护区，同时把知识等同于结构严整的科学，而把一切不属于上述对立的东西都当作杂质排除在外）的不满，两种不满都未能触动这一常见的民族偏见的一丝一毫。授予"作家"这一桂冠就足以将得到赞美的人排除在学术界之外。尽管齐美尔、青年卢卡奇、卡斯纳和本雅明极为敏锐地对随笔寄予厚望，即寄希望于对具体的、由文化预先决定的对象进行思辨的考察，然而学术行会只对用普遍性、永恒性（今天，如果有可能的话，则是用原始性）来装扮自己的哲学有耐心。文化作品只对它作为普遍范畴之例证的程度感兴趣——至少，它得让普遍范畴普照四方，而不管特殊性究竟是否因此被照亮。让这一刻板成见得以滋生的是一种顽固，倘若造成这种顽固的动机只不过是对"文

---

① 本文写于 1958 年，收录于《文学评论》第 1 辑（1958）。见《阿多尔诺全集》德文版第 11 卷（上册）。

② 乔治·卢卡奇:《心灵与形式》，柏林 1911 年版，第 29 页。

明"离开了从来不知文人为何物的"文化"这一事实的痛苦记忆,那么顽固就会和它在情感上的根深蒂固一样令人困惑。在德国,随笔受到的阻力是因为它让人想起精神自由:从半途而废的、温吞水的启蒙时代,从莱布尼茨的时代起,一直到现在,这种自由从未真正出现,哪怕是在形式自由的条件下,也没有出现。德国启蒙运动总是倾向于宣告,听从某个更高的法庭乃是其核心关切。随笔却不允许它的领地被规定。随笔的努力反映出一种孩童般的自由,即毫无顾虑地在别人完成好的东西上点火的自由。随笔反映了什么被爱、什么被恨,而不是按照无限的工作伦理模式把思想描绘为"无中生有"。运气和游戏是随笔最要紧的两样事情。它不从亚当和夏娃开始,而是从它想要谈论的东西开始;它说出要讨论的东西,并且在觉得自己讲完了的时候结束,而不是在已经没什么可说了的时候才结束。因此它被列为怪物。其概念既不是从任何第一原理推导而来,也不会画成一个封闭的圆圈并抵达某个最终的原理。其阐释在语文学上并不牢靠和冷静,相反——按照警惕的计算理性(它将自己雇佣为愚蠢防止精神进入的卫兵)那可以想见的判决——它在过度阐释。出于对否定性本身的恐惧,主体打破自身的客观性面具的努力被贴上了"吃饱了撑的"的标签。一切都应该更简单些。如果谁不是无条件地接受并分类,而是去阐释,那么他就被抨击为"文牍主义",似乎戴上了黄星星;据说,他那误入歧途的、堕落败坏的思想在根本没有什么可阐释的地方翻来覆去,挑三拣四,杜撰意义。技术员或者梦想家,两者必居其一。一旦人被禁令吓坏了,不敢逾越"特定文本想要表达的意义"这一雷池一步,那么他就成了人和物庇护自身的虚假目的性的受骗者。于是理解就只不过是揭示作者想要说的东西,或者,如有必要,查明现象所指向的个体心理反应。然而,指出某人在某时某地到底感受到什么或想到什么,这几乎是不可能的,因此这样的洞察恐怕毫无得到任何有价值的东西的希望。封缄于每一精神现象之中的"意义的客观丰富性"若要呈现自身,就要求人接受主观想象的自发性——借客观限制的名义被严惩不贷的自发性。如果不被阐释进文本,就根本无法从文本中阐释出任何东西。这一讨论问题的标准是同对文本的阐释，同它自身，同它释放出"要素统一体中的客体之表达"的能力相匹配的。由此随笔获得了一种美学自主性，很容易认为它是从艺术那里借来的。但由于随笔的概念特征，由于它对脱离了审美表象的"真理"的追求，随笔把它自己和艺术区别开来。卢卡奇没有认识到这一点。他在致列奥·波普尔的信（《心灵与形式》代序）中把随笔看作一种艺术形式。实证主义的格言也不比卢卡奇强。这一格言认为关于艺术的文章并不一定要用艺术的表达方式，并不要求形式的自主性。僵硬地把一切可测量的对象和认识主体对立起来的实证主义倾向（不仅在这里，也在其他任何例子里）陷入了形式与内容的抽象分离：因为用非审美的方式谈论审美，谈论和对象毫无相似之处，就几乎不可能不变得心胸狭窄，先验地脱离了和审美对象的接触。按照实证主义的讨论方式，一旦僵硬地用协议书的句子模式来处理内容，内容就应当与其表达无关。表达应该是常规的，而不是材料本身要求的。每一表现的冲动——就科学的清教本能而言——都危及了客观性（据说，客观性产生于扣除主体之后的结果），这样的表现将危及材料的真实性（据说，材料越少依赖于形式就越好，即使形式这一手段恰恰是提供纯粹、无附加的内容的能力）。科学精神对形式过敏，视之为纯粹的偶然性，于是它就与愚蠢的独断论思维同流合污了。被实证主义不负责任地糟蹋了的语言幻想着自己是负责任的客观性，是符合要讨论的对象；对精神的反映成了无精神的特权。

　　这些怨恨的结果并不仅仅是虚假。如果随笔不屑于一开始就将文化产品从构成其基础的东西中提取出来，那么它只会更加一门心思地扎进文化工业的怀抱，并热心追逐为市场打造的产品所获得的声望、成功和特权。虚构的传记和所有相关的商业写作都不仅仅是堕落，而是某种形式的永恒诱惑，这一形式对虚假深刻性的怀疑并不能为其自身的技巧肤浅性开脱。随笔的投降在圣伯夫（现代随笔文体的真正鼻祖）那里已经很明显了。这些作品——以及赫伯特·欧伦伯格的传记小说（垃圾文学的文化浪潮的德国样板），直到关于伦勃朗、图卢兹-罗特列克、《圣经》

的电影——都推进了从文化产品到商品的中立化转型，而在近代的文化史上，该转型已经不可阻挡地使所有一切被东方集团无耻地称为"文化遗产"的东西裹足不前。这一过程最令人惊讶的例子恐怕是斯蒂芬·茨威格，他年轻时写了几篇有见地的随笔，但最终在他关于巴尔扎克的书里竟堕落到去描写杰出艺术家的心理学。这些作品不批判基本的抽象观念、单调乏味的时代、用烂了的陈词滥调，而是暗中（因而具有更大的共谋性）以之为前提。阐释心理学的残渣同来自文化市侩之世界观的普遍范畴（比如个性、非理性）混杂在一起。这些随笔误将自己当作了通讯新闻写作，但那是形式的敌人用来糟践随笔这一形式的。挣脱了学术不自由的束缚之后，精神自由本身却成了不自由的东西，开始为它的消费者的社会需求卖命。"不负责任"这个要素本来就是任何还没有被自己对现状的责任搞得筋疲力尽的"真理"的一个方面。当它面对现有意识的需求时，它将对自己进行说明。坏的随笔跟坏的论文一样臣服于现状。责任不仅仅要尊重当局和委员会，还要尊重对象本身。

坏的随笔聊的是人物，而不是打开手边的物。在这里，随笔这一形式成了沆瀣一气的东西。知识和艺术的分裂是不可逆转的。只有幼稚的文学企业家才不会注意到这一分裂；他认为自己起码是个组织的天才，并且把好的艺术作品糟蹋为坏的。随着不断去神话化进程中的世界的对象化，科学与艺术已经彼此分开了。能够将知觉和概念、图像和符号合二为一的那种意识，即使存在过，也无法靠着挥舞魔杖来重建了；复归于那样的意识将是回到混乱。只有在中介过程完成之际，那样的意识才是可以设想的，它就像康德以来的唯心主义赋予"创造性直觉"这个名字的东西（假如任何实际的知识诉诸它，它就立刻失败了）一样是乌托邦。如果哲学假定自己借鉴了艺术就能消除对象化思维及其历史（通常以主体和客体的对立为标志），并确实期待存在本身说出巴门尼德和荣尼克尔的诗性组合，那么哲学就仅仅接近于一种苍白的伪文化。它用一种被合法化为"原始性"的农民的狡黠，拒绝尊敬概念思维的义务，而当它在命题和判断中使用概念时是认可这一义务的。与此同时，其审美要素仍然是对荷尔德林、表现主义乃至新艺术运动的一种二手、稀薄的文化回忆；只因为没有任何思想能像原始话语的概念所欺骗性地暗示的那样，将自己无限、盲目地托付给语言。从这些著作里的图像和概念相互施加的暴力中，产生了本真性的行话，在其中，词语尽管像着了魔一般颤抖着，却仍然对迷住它们的东西守口如瓶。这种野心勃勃的先验性，语言对其意义的先验性，导致了无意义。它被它自以为克服了的实证主义逮个正着；恰恰由于被实证主义批判的，并与实证主义共享的这种无意义，它成了实证主义的受害者。在这一进程的魔咒下，在科学中尚能有所活动的语言便沦为了伪艺术。只有科学家才否定地证明了他们对美学的忠诚：科学家一般都遏制语言，他们并不把词语仅仅贬低为计算的解释说明，而是更偏爱毫无顾忌地承认自己是意识之物化的图表，并因此生产出一种物化的形式，而无须从艺术那里借用辩护词。艺术当然总是和启蒙运动的主导倾向交缠在一起的，自古以来，艺术就把科学发现纳入其技术之中。但是，量变成了质。一旦技术在艺术作品中成为绝对的东西，一旦结构成了全部，消除了驱动它、抵抗它的"表现"，一旦艺术自诩为科学，并且拿科学的标准为它自己的标准，那么它对原材料进行的粗糙、前艺术的操作就跟哲学讲坛里谈论"存有"（Seyn）一样缺乏意义。它与物化结盟了，但就算在今天，无功利艺术的功能也恰恰是对物化提出它自己的哪怕无声、具体的抗议。

尽管艺术与科学彼此在历史中分开了，却不能将两者之间的对立作为本体事实。对过时了的折中主义的厌恶并不能使文化的分门别类变得合法。这一划分的所谓必然性只不过证实了对整个真理的制度性放弃。纯粹与明晰的理想携带着压抑秩序的烙印；怀有这种理想的，有致力于追求恒定价值观的正宗哲学，有组织严谨、无缝隙、无瑕疵的科学，有不诉诸概念的直觉艺术。精神必须通过资格测试以确保它不会触犯主流文化或逾越被主流文化许可的界限。其预设前提是：所有知识都有转化为科学的可能性。因此，把前科学意识同科学意识区分开来的那种认识论仅仅把两者之间的不同看作程度上的区别。然而这种可转化性纯属臆断，活跃着的意识从未真正地被转化为科学意识：这一事实表明了转化本身的危险，表明了一种质的差别。对意识的生命稍加思考便不难发现，被科学之网捕获的认识行动——它并不是任意的预感——有多么罕见。马塞尔·普鲁斯特的作品并不比柏格森更缺乏科学实证要素，可以将其视为试图表达他对人及其社会关系必然的、非常强烈的感知（这些感知并不符合科学的要求）的独特努力；同时，这些感知对客观性的声称既没有降低也没有提升其含混的可信度。对于这种客观性的测度，并不需要像核实论文那样依赖反复的测试，它只需要个人体验——希望与幻灭并存的个人体验。体验——回忆着的体验——通过证实或驳倒自身的观察而使之获得深度。个人所把握的总体中确实显现了总体，但是不能先将该总体割裂开来，再用单独的人物，用心理学和社会学的工具重新组织起来。在科学精神的压力下，在一直潜藏于每个艺术家心底的欲望的驱使下，普鲁斯特试图通过一种以科学为样板的技术，通过试验，去挽救或再生产某种曾经在资产阶级的个人主义时代（也就是在个体意识仍感到自信，还没有为集体的谴责而忧心忡忡的时代）被认为有效的知识形式：一种体验者的知识，已然绝种的文人（普鲁斯特再次把文人幻想为半瓶子醋的最高形式）的知识。从没有人会因为体验者的观察只属于他自己，不容易被科学所归纳概括，就将这些观察视为不重要的、偶然的、非理性的。他那些逃逸出科学之罗网的发现当然也摆脱了科学本身。科学，作为精神科学，早就否定了它对文化的许诺：从内部打开文化制品。如果一个青年作家想要在大学里学到艺术作品是什么，语言的形式是什么，审美的品质乃至技巧是什么，那么他只会学得一些皮毛；充其量他只能选择一些已经从时髦的哲学里精心挑选出来的信息，武断而胡乱地拍到所讨论的作品内容上。然而，如果他真的求助于哲学的美学，他立刻会受到高度抽象的理论话语的围攻，这些理论话语与他想要理解的作品毫无关联，同他正探索追寻的内容也毫无关联。知识界里面对艺术与科学的分工当然不用对此负全责；艺术与科学的内部边界是无法用良好的意愿或周详的计划消除的。开弓没有回头箭，精神已经不可避免地效法"操控自然和物质生产的模式"了；这一模式既放弃了任何允诺了其他未来的高级阶段，也放弃了对僵化的生产关系的任何超越；这就使得技术思维几乎丧失了它对"具体对象"进行"具体分析"的专门技能。

说到科学的专门技能以及作为其方法论的哲学基础，随笔——顾名思义——乃是对体系的最全面批判。即便是推崇开放、出乎意料的经验并认为它高于固定的概念秩序的"经验论"，在以下意义上也是体系化的：经验论只探讨它所认为的若干恒定不变的"知识的前提条件"，并且尽可能在连续的语境中发展这些前提条件。从培根（他本人是一位随笔作家）的时代起，经验论就跟理性论一样具有"方法"。在实际的思想进程中，对方法的无条件的至上性提出质疑的，唯有随笔：几乎仅此一家，别无分号。随笔为那些非同一性的意识（而无须采用这一说法）讨回了公道，其彻底的非彻底性表现在它拒绝将那些意识还原为某个原理，表现在它强调碎片性，即强调局部而非整体。"或许，当伟大的索尔·德·蒙田为他的写作冠以'随笔'这一极度优雅并恰如其分的名称时，也感到了这一点。这个词的谦卑本身就是一种傲慢的礼数。随笔作家破除了那种能让他自豪的希望，有时会让他觉得自己几乎就要尽善尽美的希望：毕竟他仅仅提供了对他人诗歌的解释，最多不过是对他自己的思想的解释。他讽刺地让自己委身于渺小——面对生活时，最深刻的作品特有的那种永恒的渺小——他甚至用具有讽刺意味的谦逊来强调那种渺小。"（卢卡奇，《心灵与形式》）随笔并不遵守严密科学和理论的游戏规则：按照斯宾诺莎的原则，事物的秩序与概念的秩序是一致的。既然概念的密封秩序并不等同于存在，随笔也就并不追求封闭的，或演绎或归纳的结构。它头一个要反抗的就是自柏拉图以降一直根深蒂固的信条——变化、转瞬即逝的东西不是值得哲学思考的对象；它反抗自古以来加诸暂时性的东西上的不公，也就是它一次又一次被概念诅咒和革除。随笔避开了教条的暴力，避开了"抽象的结果，不随着时间而变化的，与它所把握的个别现象无关的'概念'理应得到本体论上的尊严"这一观点。随笔认为概念的秩序应该与事物的秩序相一致的幻想，建立在"中介性即直接性"的暗示之上。最简单的现实也不能不用概念来思考，因为思考它总是已经意味着将它概念化；同样，对最纯粹的概念的思考也不能不指涉现实。即使是看似不受时空限制的幻想作品，也指向了个体的生存——哪怕它们相隔十万八千里。因此，随笔没有被"真理与历史互不兼容"的陈腐之见吓破了胆。如果真理确实具有一个时间性的核心，那么整个历史的内容就成为真理的一个必不可少的要素；后天的东西成了具体的先验性，而只有费希特及其追随者对此做了一般的规定。与体验是关系——随笔从中获取内容就像传统理论从其范畴中获取内容那样——就是与全部历史的关系；单单是个人体验本身（在其中，意识从跟它最近的地方开始了）就中介了历史上人类的全部体验；认为和个人的直接生活相比，社会历史内容只具有间接的重要性，这种观点只不过是个人主义社会和个人主义意识形态的自我欺骗。随笔纠正了在理论对象上的这种历史造成的贬值。第一哲学与文化哲学（它是以前者为前提和基础的）之间的区别已经不可挽回，对随笔的禁忌在理论上将这一区别合理化了。将时间性与无时间性之间的区别奉为圭臬的思维方式正在失去它的权威。更高的抽象水平既不能让思想更神圣，也不能赋予它更多的形而上学内容；相反，形而上学内容随着抽象的过程而挥发掉了，这正是随笔试图弥补的东西。对随笔的常见指责认为随笔太琐碎、散乱、东拉西扯，该指责假定了总体性的现成性，因此假定了主体和客体的同一，并认为人在控制总体。然而随笔并不打算在暂时性中寻找并滤出永恒的东西；相反，随笔想要把短暂的东西变成永恒。它的癖性证实了它不得不表达的那些非同一性，也证实了加诸其对象的过多意图，因此随笔指向了一个乌托邦，而将世界分为永恒与暂时的分类法阻止了这样的乌托邦。在典型的随笔中，思想摆脱了传统的真理概念。

随笔同时也终止了传统的"方法"概念。思想的深度是靠深深穿透事物的内部而获得的，而不是靠将它回指为其他东西。在这一点上，随笔引起的争议在于它仅仅讨论通常被认为是派生性的东西，而不去追究其根源。随笔将它自由选择的对象身上能找到联系的东西自由地联系起来。随笔并不固守在某个超越一切中介——沉积着社会总体的，历史的中介——的领域；相反，随笔寻找的真理内容本身就是历史的。随笔并不因为要否定社会的虚假社会性（正因为这一社会性无法容忍任何未打上其烙印的事物，最终它也不能够容忍对它自身已经君临一切的指认，并必定会提到被它自身的实践消除了的"自然"，以作为其意识形态的补充物），而去关注任何假定的原始状态。随笔默默地抛弃了"思想可以越论述而入对象，越文化而入自然"的妄想。随笔沉迷于固定的，公认为是被演绎出来的东西，沉迷于人工的作品，它确认了自然不再是为人类而存在的，从而尊重了自然。随笔中的亚历山大学派是这样回应上述事实的：紫丁香与夜莺存活在世界允许它们存活的任何地方，只是为了骗我们认为生活依然生机盎然。随笔放弃了通往起源的大道，放弃了通往最本源的东西、通往存在——仅仅复制了现状的意识形态——的道路；同时，随笔也不容许直接性这个概念（它正是中介概念要求的）彻底消失。在随笔的思考开始之前，它是以各个层面的中介物为中介的。

随笔否认一切原始的规定，因此它也拒绝对它的概念下任何定义。哲学已从多种多样的角度对定义进行了最全面的批判，其中包括康德、黑格尔和尼采的批判。但科学从未接纳这一批判。始于康德的这一思潮反对现代思想中的经院哲学余孽，它取消了语言的定义，代之以对概念的一种理解，也就是说，它把概念理解为概念暂时代表的那个过程的一部分；相反，科学始终顽固不化地坚持着定义这一"前批判的"工作，以确保科学的操作不受干扰。在这一点上，将哲学等同于科学方法的"新实证主义"是跟经院哲学完全一致的。与之相反，随笔将反体系的冲动纳入了自身的研讨方式，并且在接受概念时开门见山、"直接地"呈现它们。这些概念只有通过它们彼此之间的关系才能获得其精确性。在这里，随笔获得了概念本身的若干支持。这是因为，认为概念原本是无规定的，只有当它被定义之后才首次获得规定性的观点，只不过是那种只顾占有原始材料的科学所抱持的迷信。科学需要概念的白板形象，以维护其统治的要求；它要求自己乾纲独断的地位。实际上，所有概念已经隐含在他们所栖息的语言中了。随笔从这些意义出发，它在本质上是由语言构成的，并且推动语言向前走；在语言与概念的关系中，随笔想要帮助语言"反思地"把握那些已经被语言"不自觉地"命名了的概念。这种努力在现象学的意义分析过程中已经初露端倪，只不过在现象学中，概念对语言的关系成了拜物教的关系。随笔对这种关系的怀疑不亚于它对定义的怀疑。如果谁指责随笔并不确凿无疑地知道什么是要理解的"概念的真正内容"，对于这样的指责，随笔只会毫无歉疚地点头称是。因为随笔觉察到：对精准定义的渴求已经在很长时期内通过对概念意义的固定化操作来消灭活跃于概念内部的那些敏感而危险的因素。然而随笔既不能没有普遍概念——即便是去除了概念拜物教的语言也离不开概念——也绝不武断地使用概念。因此，随笔要比那些将方法与材料分离，也不关心方法如何再现其对象化内容的研讨方式更为严肃地对待表达这件事情。表达中的"如何"恰恰有可能挽救因为拒绝被概括提炼而被牺牲掉的东西，而不把意欲表达的东西出卖给事先指定的"意义"的武断性。在这一方面，本雅明是无人能企及的大师。然而这样的精确不能停留于原子状态。随笔对思想体验过程中的概念间相互作用的推动，非但不会比定义少，反而只会比定义多。随笔中的概念并不构成一个操作的连续统一体，思想并不仅仅在单一的方向上推进，毋宁说，论证中的各个方面相互交织缠绕，像是一块织毯。思想的丰富性取决于织物的密度。其实，思想者并不思想，而是将他自己变成思想体验的舞台和竞技场，并且绝不删繁就简。尽管传统思想也从这种体验中汲取冲动，但是传统思想的形式却销毁了对这些冲动的记忆。与之相反，随笔以这些冲动为榜样，而不是作为反映的形式来简单地模仿这些冲动；随笔用它自己的概念组织形式来中介这些冲动；因此，可以说随笔是"无招胜有招"。

随笔运用概念的方式，很像是一个被迫在外国讲那个国家的语言的人，他不能再像从前在学校学习语言时那样，把语言的元素拼凑起来。他将在没有字典的条件下阅读。如果他在不断变化的上下文看到同一个词语三十次，他所获得的理解会比查询这个词语的所有释义之后所能把握到的更加清晰。释义往往太狭窄，因为意义会随着不同的语境而改变；释义也太过模糊，因为每一个上下文中的意义都有细微的区别。就像这种学习方式也会弄错一样，随笔这种形式也会出错；随笔与开放的思想体验的亲近必须付出缺乏保证的代价——这种缺乏令现有的思想规范感到害怕，像害怕死亡一样害怕。随笔倒不是不在乎毋庸置疑的确定性，它只是不再把那种确定性当作理想。随笔是在驱使它不断超越自身的展开过程中的，而不是在对基本原理的痴迷中成为真理的。随笔中的诸多概念从一个在随笔中看不到的目标那里获得光明，而不是被一个明显的出发点照亮。在这一点上，随笔的方法表现出一种乌托邦的目的性。它的每一个概念都在彼此的相互依赖中得到表达，每一个概念都按照它与其他概念组成的构象来说明自身。在散文中，被小心分开的各个要素进入了可解读的语境；随笔不搭建脚手架，也不修筑高楼大厦。诸要素通过它们自身的运动凝结为构象。随笔是一个力场，同样，在随笔的注目下，所有思想的创造物都必须使自己转化为力场。

　　随笔婉拒了"清晰明了的感知"的理想以及绝对确定性的理想。总体而言，可以认为它是对笛卡儿的《谈谈方法》中的四条原则的抗议——这四条原则是在现代西方科学及其理论的开端处提出的。其中的第二条原则，要把对象"尽问题所许可地划分成若干部分，好达到充分的解决"，表述了一种要素分析的方法，按照这种方法，传统理论就把概念的秩序和存在的结构等同起来。但是随笔的对象，即作品，拒绝这种分解要素的分析法，而只能从它自身的特殊概念予以建构。康德把艺术作品同有机体进行类比，不是偶然的，尽管他同时坚持两者的区分，以反对形形色色的浪漫主义蒙昧论。总体就像分析的产物——要素——一样，有点儿被实体化为第一原理。对立于这两者的是，随笔非常了解相互作用的概念，它既不太容许要素问题，也不太容许基础问题。特殊的要素不单单是从总体发展而来的，总体也不单单是从特殊要素发展而来的。艺术作品是单子，但随笔不是；其要素，作为某种概念的要素，指向了要素结合而成的那个具体对象之外。但随笔不会跟着这些要素跑到它们将自身合法化之处，即跑到具体对象那边；不然随笔就变成了一种坏的无限性。相反，随笔如此接近对象的此时此地的存在，一直到对象不再仅仅是对象，而是自我分解为那些要素，并且在那些要素中拥有了它的生命。

笛卡儿的第三条原则，"要按次序引导我的思想，由最简单和最容易明了的事物着手，渐渐地和逐步地达到最复杂之事的知识"，是跟随笔的形式截然相反的。随笔是从最复杂的事物开始的，而不是从最简单的事物开始，这是所有随笔的习惯。作为形式，随笔是研究哲学的初学者，即面对着若干哲学概念的人的好向导。他几乎无法从最容易的作家开始阅读，他们的共识将会忽略深度所要求的表面；他不如从所谓晦涩难懂的作家开始，他们照亮了最简单的事物，并将其阐明为"朝向客观性的精神立场"。学生幼稚地认为困难的、可怕的东西便足够好了，这种幼稚要胜过成年学究的告诫：在理解最复杂的东西（唯一有诱惑力的东西）之前必须先理解简单的东西。认识的这种推迟仅仅阻止了知识。跟"容易明了的"这一陈词滥调相反，也就是说，跟这种把真理视为因果网络的观念相反，随笔坚持认为事物从一开始就要从它的全部复杂性着手考察；它反抗与理性的现有形式结为同盟的那种顽固的原始性。科学按照这个社会的期望来处理这个对抗性的、单子论地分裂了的现实的全部难题和复杂性，也就是说，将其还原为简化的模型，然后才用编造的材料来区分它们。与科学相反，随笔动摇了简单的，几乎纯逻辑的世界之幻景——一个完全为现状辩护的幻景。它所做的区分不是附录，而是它的媒介。正统思想把差别归结为作者的心理差别，并且认为这样区分就足够了。科学自负地反对过分的复杂性，它反对的其实不是极不可靠的方法，而是随笔揭示的对象令人不快的方面。

笛卡儿的第四条原则，"在每一种研究上，枚举事实要那么周全，而且审查要那么普遍"，方可"确实地知道没有任何遗漏"——体系思维的最高原则——又丝毫不变地再次出现在康德反对亚里士多德的"狂想"

思维的论战中。这条原则符合对随笔的一种特别的反对意见，用校长的话说就是，随笔没有穷尽各个方面，而每个对象，尤其是文化对象，无尽地包含了诸多方面，选择其中的哪些方面只能由认识者的意图来决定。"全面审查"只有在一种情况下才是可能的，也就是说，预先就决定了要审查的对象可以被处理它的概念完全把握，没有什么遗漏的东西是这些概念不能预料到的。按照这一假设，要求"周全地枚举个别要素"的原则要求的是对象能够放置在一个密闭的演绎系统中：同一性哲学的假定。作为实用的思维技术，笛卡儿的原则（例如它对定义的坚持）要比为之奠定基础的"理性论"原理的生命力更强：全面、普遍的视角，陈述的连续性，这两样东西甚至鞭策着对经验开放的科学研究方法。就这样，在笛卡儿哲学中思想应当留意知识的必然性的这种良知就变成了"参照系"的任意性。为了满足方法论的要求，为了支持总体的可信度，这成了一种公理式的教条：设立参照系乃是思维的必经之入口，而参照系不再能证明自身的效度和信度。换言之，在德国，这成了一种"筹划"（Entwurf），而筹划和"进入存在"的伤感要求，仅仅压制了其主观条件。对思维过程的连续性的坚持总是会损害对象的内在连贯性，损害其自身的和谐。连续的陈述是跟充满矛盾的物质相矛盾的，除非同时将连续性定义为非连续性。取消在理论上已经过时了的总体性和连续性的要求，这样的需要不自觉、非理论地出现在随笔这一形式中，而在具体的思维过程中也已经这样做了。如果随笔感性地反抗心胸狭隘的"没有任何遗漏"的方法，那么它遵循的是认识论的动机。浪漫主义的碎片概念——作品本身并不完整周全，然而通过自我反思，它公然跨入了无限——倡导了这样的反唯心主义动机，哪怕是在唯心主义里面。即使是随笔的传达方式也拒绝把自己当作思想，拒绝推演其对象或穷尽其主题。自我相对化是内在于随笔的形式之中的；随笔一定得这样构成，好让它总是能够在任何地方中断。它用碎片来思想，正如现实是由碎片构成的那样，只有通过分裂的运动，而不是通过消除分裂，现实才能获得其总体性。逻辑秩序的一致性欺骗了我们，隐瞒了它得意扬扬地征用了的对抗性。

非连续性对于随笔来说是至关重要的；随笔关切的总是带给静止的一种冲突。当随笔按照概念在物质的力的平行四边形中的功能来调整它们的彼此关系时，它从首要概念那里退缩了回来——本来，各个概念都要臣服于首要概念。对于首要概念假装已经完成的东西，随笔的方法则认为那是不可解决的，但仍然试图完成它。"随笔"一语——在其中，正中鹄的的思想乌托邦同它对自身的易错性、暂定性的意识结合了起来——就像大多数历史上存活的术语一样，指的是有关形式的某种东西，其重要性因这样的事实而增加了：它不是有计划、按部就班地产生结果，而是成为形式的探索意图的典型特征之一。随笔必须让总体性在它所精挑细选的特性或随意的偶然特性中照亮，但并不认为总体性就在场了。随笔允许它的洞见繁衍、确认和限制自身——无论是通过随笔的适当进步，还是通过它和其他随笔的马赛克式关系——从而矫正了其片面性和偶然性；而且随笔并不是通过从洞见中抽象出典型特征来做到这一点的。"于是随笔将它自身与科学论文区别开来。随笔式的写作者在做试验中写作，用这种方式或那种方式面对他的对象，质疑对象，感受对象，考察对象，彻底地思考对象，从不同角度攻击对象，他的精神之眼收集了他所看到的东西，把对象在写作过程中确立的各个条件下允许他看到的东西变成文字。"对这一处理手法的不满，以及觉得它会无限持续下去的感觉，既对又不对。说它对，是因为随笔其实没有任何最终结论，而且它通过对自身的先验的戏仿，对自己的这种无能供认不讳；于是它承担起了实际上是由那些擦除了一切任意性痕迹的形式所招致的罪责。然而对随笔的不满同时又是错误的，因为作为星丛的随笔的任意性并不在于它似乎是一种哲学主观主义，它并不把对象的要求转译为它的概念组织的要求。随笔是由它的对象的统一性所决定的，也是由业已移入对象的那些理论和体验的统一性所决定的。随笔的开放性并不是一种含糊的情绪和情感的开放性，而是包含了来自其内容的轮廓。它反对所谓反映了创造概念和总体性概念的那种"经典著作"概念。其形式遵循"人不是造物主，人类的一切皆非创造"的批判思想。总是直面作品的随笔并不把自己打扮成一种创造；它也不渴求任何包罗万象、概括一切的东西，某种堪与创造相媲美的总体性。其总体性，完全靠自身建构起来的形式的统一性，乃是非总体性的总体性。即使作为形式，这种总体性也不坚持"思想与事物同一"的观念，该观念恰恰是随笔的内容拒斥的。偶尔摆脱了同一性的压力，这给予随笔（这是正统思想所不具备的）一个不可消除的方面，一种不可磨灭的色彩。在齐美尔那里，某些外来语词——cachet（威望），attitude(态度)——流露出了这一意图，只是没有用这样理论的方式。

　　随笔既比传统思想更开放，也比传统思想更封闭。说它更开放，是因为通过其内在性质，随笔否定了任何体系的东西，并且它越是严格地排除体系就对自己越满意。随笔中的体系残余（如现成的、流俗的哲学口头禅对文学研究的渗透，这些研究试图以此给自己贴金）并不见得比心理学的陈词滥调更有价值。另外，随笔要更为封闭，因为它专注地致力于其表述的形式。由于意识到表述和被表述的材料之间的非同一性，形式被迫做出不懈的努力。随笔仅仅在这方面有点像是艺术；而在其他方面，鉴于出现在随笔中的概念，不仅传达意义而且表达其理论维度的那些概念，随笔必然要和理论有关。可以肯定，随笔对理论的态度就像它对概念的态度一样小心谨慎。它既不僵硬地从理论中推导出自身——卢卡奇后来的随笔作品的核心缺陷——也不是未来的综合的首付款。灾难越是威胁着精神体验，它就越是努力地石化为理论，并且装作自己把哲学家的石头拿在手上了。然而，由于自身的性质使然，精神体验追求这样的对象化。随笔反映了这样的二律背反。它不仅吸纳概念和体验，也吸收理论。然而随笔同它们的关系并不是一种立场的关系。如果这种缺乏立场并非幼稚，而是有赖于其对象的突出地位；如果随笔宁可用它跟它的对象的关系来作为反对起源之魔咒的武器，那么它就自相矛盾地投入了反对单纯的立场哲学的思想论战，否则那一论战将是无力的。随笔吞噬了靠近它的理论，它总是倾向于清算意见，哪怕是构成其自身冲动的那些意见。随笔仍然像它过去那样，始终是一种批评的形式；具体来说，它构成了对文化作品的内在批评，它用那些作品自身的概念来诘难它们；它是对意识形态的批评。"随笔是我们精神的批评范畴的形式。任何批评者必定也是实验者，他必须创造出重新观察对象的新条件，他必须用不同于创作者的方式来做到这一点。首先必须探查和检验对象的脆弱性，这恰恰是对象在批评家手里发生的微妙变化的意义。"如果随笔因为不知道任何在它之外的立场而被指控为缺乏立场、有相对主义倾向，那么这种指控隐含着一种现成在手的真理观（真理是某种现成之物），一种概念的等级制，也就是黑格尔在憎恶立场时已经摧毁的那种真理图景：在这里，随笔就和与它相对立的那一极——绝对知识的哲学——相通了。随笔愿意治疗思想的任意性，它的方法是反思地对任意性进行研讨，而不是将其冒充为自发性。

可以肯定，黑格尔的哲学仍然陷入了矛盾：一方面，它以"内在不连续的过程"的名义批判抽象、首要的概念，批判单纯的"结果"；但与此同时，它在唯心主义传统内部谈论着辩证法。因此随笔要比辩证法更辩证法。随笔以黑格尔之矛攻黑格尔之盾，用他的逻辑来面对他的词句：总体性的真理既不直接反对特殊性的判断，也不被还原为特殊判断；相反，特殊性对真理的要求被确实地对待，直至其虚假性的证明所在之处。每个随笔的细节中的冒险、期盼、未完全得救的方面都把其他细节拿来当作否定；随笔心知肚明地与之纠缠的虚假性乃是其真理性的一个要素。虚假性肯定也存在于随笔的基本形式中，存在于它和文化上预先形成、派生的东西的关系中（似乎它是某种自在之物）。但是随笔越是起劲地中止了某些第一原理的概念，它就越不肯从自然中抽出文化，就越是深刻地认识到文化自身的不间断的自然本质。迄今为止，一种盲目、自然的相互联系，即神话，长存于文化之中。这恰恰是随笔反映的东西：其适合的名称是自然与文化之关联。为了坚持不懈地清除直接性的幻象，随笔不是"还原"人工作品，而是沉浸于作为第二自然、第二直接性的文化现象之中：这不是偶然的。随笔像起源哲学那样，在文化和为文化奠定基础的东西之间的关系问题上毫不欺骗自己。而对随笔来说，文化不是强加于存在之上的、必须予以清除的附带现象，相反，在文化底下的是人工、虚假的社会。因此对随笔而言，起源没有上层建筑来得重要。随笔的自由在于它对对象的选择权，来自它在事实或理论的所有优先性问题上对环境（将一切对象等量齐观的环境）、原理（在一切对象身上施加了魔咒的原理）的自主权。随笔拒绝赞美对基始的关切，不认为那是比对被中介物的关切更基始的；因为对随笔来说，基始本身就是反思的对象，是某种否定的东西。它符合这样的情境：在其中，基始作为虚假社会化的世界中的一种思维立场，已经沦为谎言了。它掩盖了弥漫的恐怖：从被奉祀为基始语言、从历史语言中抽象出来的历史概念，到"创意写作"（creative writing）的学术指南，从工艺品店的原始性到录音机和指画：在每个例子中，教育学的必要性都把自己设定为形而上学的美德。思想不得不像波德莱尔的诗歌那样反叛自然——被当作社会自留地的自然。就连思想的天堂也只是人为虚构的，而随笔沉迷于其中。既然按照黑格尔的格言，天地之间没有什么是未经中介的，那么思想也只有通过被中介物才能适用于直接性的概念，而一旦它直接把握未中介的东西，就立刻成为被中介物的牺牲品。随笔狡猾地把自己安置在文本中，似乎文本只是在那里，并且具有权威；没有了基始性的幻象，它在脚下找到了基础，无论这一基础跟圣经文本的早期神学解释相比显得多么不牢靠。然而随笔的冲动恰恰跟神学的冲动截然相反；它是批判的：通过用文本自身强调的概念、用文本指向的真理（不管它本身的意图如何）来诘难文本，随笔将粉碎文化的声称，并且为了记住其虚假性而移动它——揭露了文化与自然之关联的那种意识形态表面的虚假性。在随笔的注目下，第二自然开始意识到自己是第一自然。

如果说，随笔的真理性是通过其虚假性而获得动力的，那么就不能在与其中的卑鄙之物和被禁之物正相对立的地方寻觅其真理性，而恰恰要在这些事物中寻觅：在其流动性中，在其缺乏（科学要求的那种）可靠性中寻觅，将其从财产关系转移为智慧。那些自以为必须为智慧辩护而反驳对它缺乏可靠性的指控的人正是智慧之敌：智慧本身，只要它得到解放，正是流动的。一旦它要求的不仅仅是对已经存在的事物的行政管理式重复和被操纵的表述，它就多多少少显露出来；被游戏抛弃的真理只不过是同语反复。因此，在历史上，随笔和修辞学相关，而自从笛卡儿和培根以来的科学精神总是想消灭修辞学。到了科学时代，修辞学瓦解了，成了一门特殊的科学，传播的科学。修辞学当然总是一种要适应传播语言的思想形式。它直接面对未中介的东西：其受众的替代满足。然而随笔在其表述的自律性中——通过将它自身与科学的传播模式区别开来——保留被科学驱散的交往的踪迹。在随笔中，修辞学想要提供给它的受众的愉悦升华为有关对象的自由的愉悦概念，这种自由给了对象更多它自身的东西，而不是无情地将它同化吸收到概念的秩序里。直接反对任何拟人概念的科学意识总是和现实原则密切联系在一起，并且同样敌视幸福。虽然幸福被假定为所有对自然的统治的目标，但是对现实原则来说，幸福总显得像是退化为纯粹的自然。这甚至在最高的哲学中也能看到，包括康德和黑格尔的哲学。甭管这些哲学对理性的绝对观念给予了多大的同情，只要理性一开始挑战现存的价值体系，就被这些哲学拒斥为唐突而无礼的东西。与这一倾向相反，随笔挽救了一种诡辩的因素。官方的批判哲学对幸福的敌意尤其体现在康德的先验辩证法之中：它想要将知性和思辨的边界永恒化，并用它典型的隐喻风格阻止任何"遨游在可知世界之上"。根据康德的说法，自我批判的理性应该双脚站在大地上，而它其实应该以自身为根据，它遵从自身最内在的原则，并且在一切新事物和好奇心面前将自己封闭起来——好奇，思想的快乐原则，也受到了存在本体论的谴责。在康德的思想内容中被设想为理性之目标、乌托邦、人性之生产的一切东西，都被他的思想形式即认识论所阻止了；康德的认识论禁止理性超越经验领域，而经验陷于纯粹的物质材料和不可改变的范畴机器之中，就被还原为一直存在着的东西。但是随笔的对象是新事物，真正的新事物，它不可转译为已经存在的陈腐形式。通过反映对象却不对对象施暴，随笔沉默地悲叹如下事实：真理已经背叛了幸福，从而也背叛了自身。这样的悲叹招致了对随笔的愤怒。在随笔中，传播的说服性质远离了它原初的目标，并转化为表述本

身的纯粹发声——类似于自律音乐中的许多特征的功能转换。随笔成了
一种不可抗拒的结构，它不想复制对象，而只想从其概念的残肢中重建
对象。但是，修辞学中令人不悦的转换，其联想、词语的双关、无视逻
辑综合等等手法都让听众更容易地听命于传者的意志：这一切在随笔中
都与其真理内容相结合了。其转换拒绝从现有的内在交叉关联的旨趣中
僵硬地推导出某些让推理的逻辑无用武之地的东西。它之所以使用模棱
两可的词句，既不是出于散漫，也不是因为无视科学的禁令，而是要澄
清通常对歧义的批评未能揭晓的东西及其意义的分别：当某个词有多重
含义时，差别并不完全明显，因为词语的统一性指向了某种事物本身的
统一性，无论该事物多么隐而不显；然而，事情并不像当代的鸡汤哲学
宣称的那样，也就是说，这种统一性本身并不能被简单地认定为语言相
似性的统一。这里，随笔很接近音乐的逻辑，一种严格、非概念的转换
艺术的逻辑；它意在为表现的语言获取某些在推理逻辑的统治下丧失了
的东西——推理逻辑虽然不可避免，却可以凭借主观表现的干涉之力来
予以克服。因为随笔并不是简单地反对推理逻辑的处理方式。它并不是
非逻辑的；相反，它遵守逻辑标准，因为它的句子的整体必须互相连贯、
互相配合。仅仅有矛盾是不够的，除非它们根植于事物本身之中。正是
这一点，使随笔发展出了一种不同于推理逻辑的思想。随笔既不从原理
出发进行演绎推导，也不从连贯的个别观察中抽取结论。它调和诸要素，
而不是压制它们。只有它的内容的本质，而不是它的表达方式，才适合
逻辑标准。如果说，由于表达和被表达的东西之间的张力，随笔要比传
统思想——同那些冷漠地传达现成内容的种种形式相比——更富有变化，
那么与此同时，作为被建构起来的诸要素之并置，随笔又比传统思想更
静止不变。仅仅在这一点上，随笔类似于视觉图像；除了一点，随笔的
静态性质本身是由已经带给静止的张力构成的。随笔作家的思想的轻度
柔软性给了他比推理思维更大的强度；因为随笔不像推理逻辑那样，它
不盲目、自动地前进，而是在每一瞬间都反思自身。这样的反思不仅延
伸到随笔和现存主流思想的关系，也延伸到随笔和修辞、传播的关系。

不然的话，幻想自己是元科学的随笔将徒然地成为前科学。

随笔的相关性乃是一种过时了的相关性。时间越来越不站在随笔一边。它夹在科学和哲学之间，被夹得粉碎：一边是严谨精密的科学，在其中的每个人都敢于控制所有人和所有事物，并且用"直觉的""刺激的"之类伪善的夸奖摒弃了任何不服从现状的东西；另一边是哲学，设法应付着那些被科学机器弃置一旁的空洞而抽象的残留物，于是这些残留物对哲学来说成了二度操作的对象。然而随笔与对象中看不见的东西有关。就其概念来说，随笔想要炸开不能被概念同化的东西，或者说，利用概念自身陷入的矛盾来表露一个事实，即概念的客观网络只不过是纯粹的主观绳索。它想要分开晦暗，解放潜藏于其中的力量。它竭力将内容具体化为由时间、空间决定的东西；它这样建构了概念之间的相互交织性，使得概念自身也被设想为跟对象交织在一起。它不再拘泥于自《会饮篇》的定义以来就赋予概念的那些属性的条条框框，也就是说，摆脱了这样的观念：概念"永恒不变，不生不灭，不衰不减"，概念是"自在且自为地创造出来的永恒存在"；然而随笔仍然是概念，因为它不会在单纯存在的重负下屈膝投降，它不会臣服于任何现状。它不拿任何永恒的标准来衡量现状，而是采信晚年尼采的热情的格言："如果我们肯定某一个瞬间，那么我们就不仅肯定了我们自己，而且也肯定了一切生存。因为没有什么是自足的，无论我们自己还是事物：如果我们的灵魂有一次幸福得颤抖起来，并听起来像一只竖琴，那么产生这一事件就需要全部的永恒——在这一次肯定的瞬间中，所有的永恒被称为善的、得到救赎的、得到证明的、被肯定的。"只有一点保留，就是随笔并不信任这样的证明和肯定。因为尼采觉得神圣的"幸福"被随笔叫作"否定"，别无其他名称。甚至"表现幸福"这一智慧的最高宣言也总是同时犯了"破坏幸福"的罪，只要它们仍然仅仅是智慧而已。因此随笔的内在形式的法则乃是异端。通过逾越思想的正统性，某些在对象中被正统思想偷偷遮蔽起来看不见的东西又重见天日。

11. 试解《残局》①

贝克特的作品和巴黎的存在主义有若干共同点。它不时让人想起"荒诞""情境""决断"等范畴或者其反面，就像中世纪的废墟遍布在卡夫卡的城市边缘的古怪房屋中：偶尔打开窗户，看见了人类学的黑暗而没有星星的天空。然而，形式——萨特构想的形式，而不是像传统的教育剧那样，完全不是大胆创新的，却直接面向效果——吸收了要表达的东西，并改变了它们。冲动被提升到最高级的艺术手段层面，即乔伊斯和卡夫卡的水平。贝克特那里的荒诞不再是稀薄成一个纯粹概念并加以图示的人类生存状况。诗学手段无目的地向它投降了。荒诞被剥夺了教条的普遍性，而存在主义——对个人生存的永恒不变性的信条——将这种普遍性同西方对普遍之物和不变之物的情怀结合了起来。存在主义的顺从——人应该是他自己——就连同它的表征的轻松自在一起被拒绝了。贝克特本人也把他自己用哲学方式提供的东西降解为文化垃圾，跟他利用盎格鲁撒克逊传统之苏醒（尤其是乔伊斯和艾略特）的无数教育的暗示和残余毫无区别。文化在他面前接受检阅，就像青年运动的装饰的内部在他之前的进步——作为现代之废弃的现代主义——面前做的那样。退化的语言消灭了它。贝克特那里的这种客观性擦除了文化的意义，也消灭了意义的萌芽。于是文化开始发出荧光。因此他完成了近来的小说的一种倾向。按照审美内在性的文化标准被斥为抽象的东西——"反

---

① 本文写于 1961 年，收录于《文学评论》第 2 辑（1961）。见《阿多尔诺全集》德文版第 11 卷（上册）。

思"——同纯粹的再现混在一块儿，腐蚀了福楼拜的只写纯闭合的眼前之物的"非个人化"原则。事件本身越是不能被认为是有意义的，作为表象和目的之统一体的"审美形式"概念就越是虚妄。贝克特通过把分离的两方面结合在一起，消除了这样的幻象。思想成了作品产生意义的手段，而作品不是直接呈现在感官面前的，它是对意义之缺席的表现。在运用到戏剧上面的时候，"意义"这个词有多重含义。它意味着：首先，以人工作品的形式客观呈现出来的形而上学内容；其次是作为意义结构的总体的意图，这一意义结构是用自身来表意的；最后，角色说出的词句的意义，他们的行动的意义——对话的意义。但这些不同的含义指向了一个共同的基础。贝克特的《残局》在这一基础上浮现了一个连续统一体。它在历史哲学上得到了戏剧的某种变化的先验支持：肯定的形而上学意义不能再用（倘若确实曾经用过的话）如此实质的方式来获得，以至于戏剧形式能够拥有这种意义及其闪现的法则。这一点折磨着形式，甚至是其语言结构。戏剧不能简单地把否定的意义（或意义的缺席）当作内容，而不影响任何关于它的东西——实际上最终走向了反面。对戏剧而言至关重要的东西是由那种意义构成的。如果戏剧竭力想让意义感性地存活下去，那么就会降格为不完善的内容或者是一架宣读世界观的轰鸣的机器，就像存在主义的戏剧里面经常发生的那样。形而上学意义——意义的审美结构的统一性的唯一保证——的解体，使得它同必然性和严整性一道化为齑粉，而必然性和严整性等于是流传下来的戏剧形式之经典的意义统一性。和谐的审美意义及其在一定的可感知的意图中的主观化，取代了先验的无意义，而对无意义的拒绝本身构成了戏剧的内容。通过自身组织起来的无意义，情节便接近了一般的戏剧作法中的真理内容所吐露的东西。这样的无意义之结构甚至也包含了语言的分子：如果语词及其连接是有理性意义的，那么在戏剧中它们便不可避免地综合为一个总体的意义结构，但这是总体拒斥的结构。因此，对《残局》的解释不能追逐这样的幻想，即不能企图借助哲学中介之力来表达其意义。对它的理解无非就是理解它的不可理解性，或者说，具体的重构其意义结构——而它没有任何意义结构。孤立无援的思想不再像理念曾经做过的那样假装自己是结构的意义——由作品本身的内在性带来的和保证的一种先验性。相反，思想将自己转变为一种次等的物质，就像托马斯·曼的《魔山》和《浮士德博士》阐述的哲学家那样，成为小说的材料，在取代感官直接性中找到自己的宿命——自我反思的艺术作品减少了感官直接性。如果思想的这种物质性在此之前基本上是不自觉的，表明了被迫把自己同它们无法企及的理念混为一谈的那些艺术作品的困境，那么贝克特面对这一挑战并干脆直接拿思想来说话，作为精神本身生成的那些内心独白的物质成分，成为教育的物化残余。贝克特之前的存在主义为了诗学的目的而生吞活剥哲学，亚赛席勒转世，而和他们同样博学的贝克特提供了账单：哲学，或者说，精神本身，宣告了自己的破产，化为经验世界的梦幻渣滓，而诗学的加工表明它本身已经烂透了。厌恶，波德莱尔以降的艺术中的创造力量，在贝克特的经过历史之中介的冲动中是无法满足的。一切不可能的东西现在都成了典范，将存在主义的史前史的一个主题——胡塞尔对世界的总体消灭——从方法论王国的阴影中解放出来。卢卡奇这样的极权主义分子怒斥这种简化物为"堕落"——这才是真正令人恐怖的——他们不是被老板的利益冲昏了头脑。他们之所以憎恨贝克特，是因为贝克特那里有他们已经背叛了的东西。只有对满足的极度厌恶——精神对自身的厌倦——才想要些根本不同的东西：规定的"健康"只能拿配给的营养、简单的伙食来将就凑合。贝克特的"厌恶"不能被迫站队。他用戏仿来回应对戏剧的快乐要求，他的对话既是对形式的戏仿也是对哲学的戏仿。存在主义本身被戏仿了，它没有任何"不变之物"，除了最小的存在。戏剧对本体论（不变的第一原理的梗概）的反对，可以从以下对话中明白无误地看出来，这段对话不经意地挪用了歌德有关"老真理"（业已堕落为大资产阶级的观点）的话语：

哈姆：你还记得你的父亲吗？

凯洛夫：（哭泣着）同样的回答。（停顿）这些问题你已经问了我成千上万遍了。

哈姆：我爱老问题。（热情地）啊老问题，老回答，没什么能跟它们相比。

思想被拉长和扭曲为白天的剩余物，对聪明人说"人对人"就够了（不用说出"人对人是狼"）。因此，贝克特拒绝处理的东西，即解释，是不可确定的。他对如今的哲学乃至一般的理论的可能性耸了耸肩。衰落期的资产阶级社会的非理性抗拒着对它的理解：还能根据这个社会自身的理性写出政治经济学批判的美好时光已经一去不复返了！因为社会已经把它的理性扔进了垃圾堆，并确确实实用直接控制取而代之。因此，解释的话语是不能复原贝克特的，而他的剧作法——恰恰因为它对被打破的事实性的限制——在解释之外抽动着，指向了本质上是个谜的解释。几乎可以把是否胜任这一任务当成衡量如今的相关哲学的标准。

法国存在主义放倒了历史，在贝克特那里，历史吞没了存在主义。在《残局》里，一个历史的因素被揭示了，用文化工业的一本垃圾书的标题说就是"死尸"。二战之后，一切都被毁掉了。但重建的文化对此一无所知。人类生长着，蔓延着——生长在幸存者并不能真正幸存的那些事件发生之后，蔓延在对满目疮痍的祖国表达了无用的自我反思的一片废墟上。在市场（戏剧的实际前提）上，那一事实被揭开了：

凯洛夫：（他站到梯子上，把望远镜瞄准外面）让我们看看。（他移动着望远镜观察）什么也没有……（他观察着）……什么也没有……（他观察着）……还是什么都没有。

哈姆：没有什么东西在动。一切都……

凯洛夫：没——

哈姆：（粗暴地）我没在对你说！（正常的声音）一切都……一切都……一切都什么？（粗暴地）一切都什么？

> 凯洛夫：一切是什么？用一个词说。那就是你想知道的？等一
> 　　下。(他把望远镜瞄准外面，观察着，放下望远镜，转向哈姆)
> 　　死尸。(停顿) 好了？满意了？

"所有人都死了"就被公开偷运进来。早先的一段话说明了为什么不能提及灾难。哈姆本人对此应负有责任：

> 哈姆：那个老医生，他是自然死亡吗？
> 凯洛夫：他并不老。
> 哈姆：但他死了吗？
> 凯洛夫：那是自然。(停顿) 你是不是问我那个？

该剧表现的状况无非就是"再也没有自然了"。很难察觉的是世界的彻底物化阶段，在这个阶段，已经不剩下任何不是人制造的东西了；这是永远的灾难，伴随着它的是人类自己造成的灾难性事件——自然灭绝了，不再有万物生长。

> 哈姆：你的种子长出来了？
> 凯洛夫：没有。
> 哈姆：你有没有刨开一些土看看它们是不是发芽了？
> 凯洛夫：它们没有发芽。
> 哈姆：可能还太早。
> 凯洛夫：要是它们会发芽，早就发芽了。(粗暴地) 它们永远都
> 　　不会发芽了！

剧中人就像是梦见自己的死亡的人，待在"是时候结束了"的避难所里。世界的终结被打折处理了，似乎它是一件必然要发生的事情。原子时代的每一部所谓戏剧都嘲笑自己，只要它的无稽之谈不可救药地涂改了历

史匿名性的恐怖，将其推卸给角色和人物的行动，或是目瞪口呆地看着决定要不要按下按钮的"大人物"。无法说出口的暴力遭到了提及它的怯懦的嘲讽。贝克特有意含糊其辞。只能委婉地提及让一切经验都不舒服的东西，就像在德国提及对犹太人的屠杀那样。它成了先验的总体性，结果使得任何劫后余生的意识都不再具有反思那个事实的立场了。令人不寒而栗的是，绝望的状况提供了一种类型化的手法，可以防止实用的前提不受任何幼稚的科学幻想的玷污。如果凯洛夫真的像他爱唠叨的、"讲常识的"同伴指责的那样，是在夸大其词，那也没什么不一样。如果灾难等于世界的部分终结，那么它是一个烂笑话：那么自然（被囚禁的人与之隔绝）就和不存在一样好了；它留给我们的只有折磨的延续。

然而，对历史的这一留意，对克尔恺郭尔式的"时间与永恒合一"的这一戏仿，同时也给历史加上了一个禁忌。被存在主义的黑话叫作"人的状况"的东西乃是末人的形象，它吞没了先前的人类。存在主义的本体论维护这个抽象过程的普遍有效性，而这个抽象过程并无此自觉。按照旧现象学的"本质直观"的学说，它仍然自以为了解对它（甚至是对特殊性）有决定性的决定因素，于是它把先验性同具体性统一起来，从而提取出所谓的先验时间。它是通过抹杀特殊性来做到这一点的——抹杀了在一定空间和时间的个别化的东西，抹杀了使存在成为存在（而不是一个空洞的存在概念）的东西。本体论只能吸引那些虽然厌倦了哲学的形式主义，却依然迷恋只能从形式上获得的东西的人。对于这样未得到承认的抽象，贝克特用得到认可的减法为之附上了尖刻的反题。他没有遗漏生存的时间性——毕竟所有的生存都是暂时的——而是从时间中去掉了时间（历史的趋势）企图在现实中去除的东西。他延长了清除主体时的逃生通道，直至主体被压缩为"这一个这里"，而主体的抽象性——所有性质的丧失——被归谬地延伸至本体论的抽象，也就是说，达到了这样的荒谬程度：生存一旦沦为赤裸裸的自我认同，就变得如此荒谬。幼稚的愚蠢行为成了哲学的内容，而哲学堕落为同语反复——对它企图理解的"存在"的概念复制品。近来的本体论是靠它的抽象的具体性许下的未曾兑现的诺言存活下来的；而在贝克特那里，具体性——自我封闭的、贝壳般的生存，它不复能够达到普遍性，而仅仅在纯粹的自我设定中耗尽自身——显然同时就是不复能够进行体验的抽象性。本体论回了家，成了虚假生活的病理学。它被描述为消极的永生状态。如果说弥赛亚般的米什金忘了他的手表是因为世俗时间对他没有意义，那么时间丢在了他的对立面那里，因为对他们来说时间还能够意味着希望。关于天气"跟平时一样"的烦心话，伴随着如地狱深渊一般裂开的哈欠：

> 哈姆：但到了黄昏时总是这样的，你说对吗，凯洛夫？
>
> 凯洛夫：总是这样。
>
> 哈姆：这个黄昏跟平时一样，是吗，凯洛夫？
>
> 凯洛夫：好像是。

和时间一样，时间性本身被毁掉了。说它不再存在，也是太让人欣慰的说法了。它既存在又不存在，就像对唯我论者来说，世界既存在又不存在，他怀疑世界之存在的同时又必须在每一个句子里承认世界存在。于是发生了以下对话：

> 哈姆：那地平线呢？地平线上什么也没有了吗？
>
> 凯洛夫：(放下望远镜，转向哈姆，恼火地) 你希望地平线上有什么呢？(停顿)
>
> 哈姆：波浪，那些波浪怎么样了？
>
> 凯洛夫：波浪？(他把望远镜瞄准波浪) 灰蒙蒙的。
>
> 哈姆：太阳呢？
>
> 凯洛夫：(一直拿望远镜看着) 没有。
>
> 哈姆：太阳大概正在下山，你好好找找。
>
> 凯洛夫：(找了一会) 我向你保证没有太阳。
>
> 哈姆：已经是夜里了吗？

凯洛夫：（一直在看）没有。

哈姆：那是什么？

凯洛夫：（继续看）阴天。（放低望远镜，转向哈姆，提高嗓门）
阴天！（停顿。更大的声音）阴天！！

历史被排除了，因为它本身已经枯竭，丧失了思考历史的能力以及记忆的能力。戏剧陷入沉默，成为姿态，冻结在对白之中。只有历史的结果出现了——没落。在存在主义那里精心装扮成一成不变的存在的东西，已经凋谢为破碎了的历史的尖角。卢卡奇的反对意见（认为在贝克特那里人被还原为动物）用官方的乐观主义抗拒以下事实：残余物的哲学（喜欢去掉时间的偶然性，停留在真实的、不变的东西上）已经成了生活的残余，成了伤害的终产物。像卢卡奇那样把一种抽象的、主观主义的本体论栽到贝克特头上，随即将其归入堕落艺术的黑名单，固然是荒谬的，然而同样荒唐的是让贝克特作为政治的一名关键证人来证明些什么。要推动反对核灾难的斗争，一部甚至在古代的斗争中也讲述核死亡可能性的作品显然是很不适合的。恐怖的简化者——不同于布莱希特——拒绝任何简单化。不过他和布莱希特也没有多大的不同。因为在那里，差异成了对主观差异的敏感，而主观差异已经沦为那些买得起"个体化"的人的"炫耀性消费"。

社会的真理就在其中。差异并不能自动、绝对地被记录为积极的东西。对社会过程的简单化现在开始把差异贬低为"非生产费用"，而社会形式的任何习俗（社会差异的能力由此而来）都正在消失。一度是人类状况的"差异"滑向了意识形态。但是对那一事实的不多愁善感的意识都不会自我退化。在省略的行动中，被省略的东西通过它的被排除而存续，成了无调的和声中的和音。《残局》的白痴举动是随着最深刻的差异而被记录、被展开的。对无所不在的退化的不加抗议的描述便抗议了如此殷勤地遵守退化规则（以至于再也无法提出一个反概念与之抗衡）的世界趋势。"只有这样，别无他路"——这一点被仔细地展现了；

精心调准的警报系统报告了什么属于戏剧的拓扑学而什么不属于。微妙的是，贝克特不仅压制了那些野蛮的要素，也同样压制了脆弱的要素。当他的权利本身被所有个人的不义之总和（即灾难）吞没了的时候，指控社会者的浮夸就表现在令人尴尬的宣言中，例如卡尔·沃尔夫斯科尔的"德国"诗歌。这种"为时已晚"，这种失去的要素谴责这种空洞浮夸的修辞为玩弄辞藻。贝克特那里没有这种东西。即使是"他否定地表达了时代的否定性"的观点也只适合某一种观念。按照这一观念，东方卫星国（在那里，革命通过官僚的发号施令来进行）的人民只需要愉快地投身于反映这个美好的时代。玩弄现实这个要素——而缺乏任何镜像式的反映——并拒绝采取任何"立场"，并在这种被规定的自由中找到乐趣：这一切所揭示的东西要比"揭示者"是个党派分子可能揭示的东西多。灾难的名字只能沉默地提及。只有在近来的事件的恐怖中才能点燃总体的恐怖，只有在那里，而不是在对"起源"的凝视中。人类——它的一般物种名并不适合贝克特的语言场景——只是已经生成了的人。在乌托邦中，过去的日子对人类进行评判。但是这一哀悼——在精神内部的哀悼——必须反映出哀悼已不复可能。再多的哭泣也不能熔化武器，留下的唯有泪痕已干的脸。这是被某些人（这些人的人性已经成了为非人道做的广告，哪怕他们对该事实一无所知）指控为"非人道"的一种艺术行动的基础。在贝克特的"退化为动物人"这一艺术行动的诸动机中，最深的动机恐怕就是这个。通过掩藏自己的面孔，他的诗学作品分有了荒诞。

构成《残局》创作动机的"灾难"已经推翻了"个人"——个人的实在性和绝对性乃是克尔恺郭尔、雅斯贝斯、萨特等各个版本的存在主义共有的要素。即使是对集中营的受害者，存在主义也把自由赋予他们：他们可以在内心自由地选择是接受还是拒绝遭受折磨和苦难。《残局》戳破了这样的自由幻象。作为一个历史的范畴，作为资本主义的异化过程的结果，作为资本主义的桀骜不驯的抗议者，个人本身已经显然是转瞬即逝的了。各种存在主义中的个人主义倾向与其本体论倾向构成了对立的两极，哪怕是《存在与时间》的本体论。贝克特的戏剧作法抛弃了个人主义这个旧碉堡。个体经验的狭隘和偶然使得它无论如何也没有权利把自己说成是存在的密码，除非它宣称自己具有存在的基本特征。但那恰恰不是真的。个体化的直接性是骗人的：人的特殊经验所依附的东西是经过中介的，是被决定的。《残局》暗示了个人对自主、存在的声称都已经是不可信的了。个体化的监狱既被揭示为监狱，又同时被揭示为纯粹的假象——舞台布景是这一自我反思的形象——但是艺术并不能破解"碎片主体性"的魔咒；它仅仅能描绘唯我论。因此贝克特跳出来反对艺术的当代矛盾。再也无法坚持绝对主体的立场了：绝对主体一旦裂开，就成了绝对总体的表象，而绝对主体首先是从绝对总体那里孕育成熟的。表现主义过时了。然而，转向客观现实的有决定性的普遍性，能够将个体化的表象变成相对的东西的那种普遍性，也是被拒绝的艺术。因为艺术不同于对现实的陈述性认知，这不是程度上的差别，而是根本性的不同；在艺术中，只有被移送到主观王国的东西，可与之通约公度的东西，才是有效的。它只能把和解——艺术的理念——设想为异化之物的和解。如果艺术屈从于物质世界本身，从而仿真出一种和解状况，那么它也就否定了自己。社会主义现实主义提供的东西非但没有（像某些声称所言）超越主观主义，反而低于主观主义，并且是主观主义的前艺术补充物；表现主义的"人啊人"能够和意识形态调制的社会报告无缝对接。在艺术中，未和解的现实无法容忍和对象的和解；连主观经验的水平都没有达到（更不要说其他了）的那种现实主义只是模仿了和解。今日艺术的尊严并不在于它是否幸运或巧妙地逃脱了上述矛盾，而在于它是否面对这一矛盾，展开这一矛盾。在这方面，《残局》堪称典范。它既屈服于按照19世纪的方式来处理材料和再现世界的不可能性，又屈服于这样一种见识，即主体的反应模式（是形式法则的中介，而不是现实的反映）本身不是绝对的第一原理，而是最后的原理，是被客观设定的。所有主体性的内容——它必然将自身设定为实体——不过是世界的痕迹和影子，主体从世界返回自身，不过是为了不再效力于世界要求的表象和顺从。贝克特不是用某种一成不变的"供应物资"（Vorrat）来回应上述状况，而是用仍然得到许可的东西，危险而不确定的东西，用对抗的倾向来回应。他的戏剧作法同老德国人的取乐颇为相似——敲击着巴登州和巴伐利亚州的界碑，就好像它们防护着一片自由王国。《残局》发生在内在性和外在性之间的无人地带、中立区：一边是"材料"——没有它，主体性就不能显现自身，甚至不能存在；另一边是模糊了材料的生命冲动，就好像冲动哈气在看风景的窗玻璃上。这些材料如此贫瘠，使得审美的形式主义讽刺地得救了——面对它这里那里的敌人，辩证唯物主义的推手以及权威信息的管理者。狐猴——其视野在双重意义上丧失了——的具体性直接转换为最极端的抽象；材料本身的水平决定了这种处理手法，材料被当作易碎品轻拿轻放，结果相当于是几何形式了；最狭隘的东西成了普遍性。《残局》定位在这个地带，就用一种象征主义的暗示奚落了观众，而这种象征主义是卡夫卡等人拒斥的。因为任何事情都不像是它看起来那样，一切都似乎是内在性的符号，但假定被指意的内在要素已经不复存在，而这就是符号表达的意思。现实的"铁的理性"和戏剧处理的、留在剧场中的"人物"是面对着永恒灾难的主体、精神和灵魂。仍然是精神：起源于模仿，荒唐的模仿。仍然是灵魂：展现了它自身，非人的情感。仍然是主体：它最抽象的决定因素，实际存在着，因此是亵渎的。贝克特的人物朴素、行为主义般地行动着，跟灾后的状况相符，灾难已经把他们残害得无法做出其他反应了——就像被苍蝇拍打得半死的苍蝇抽搐着。审美的风格化原则对人做了同样的事情。主体被完全扔回到他们自身——反宇宙论成了肉身——主体就仅仅包含着他们的世界的悲惨现实，萎缩为原始的必需品；他们是空洞的人格，世界的声音只能通过他们回响。他们的虚假性（phonyness）是精神祛魅之结果——成了神话学。为了切断历史，或许为了冬眠，《残局》占据了哲学的主体和客体结构没收了的最低点，作为其最高点：纯粹的同一性成了灭绝的同一性，主体和客体在完全异化状态中的同一。如果说，在卡夫卡那里，意义被斩首了或是被弄乱了，那么贝克特叫停了意义的坏无限：

它们的意义是无意义。客观上，并且没有任何论战的意图，这就是他对存在主义哲学的回答：而存在主义借"被抛"和"荒谬"之名义，将无意义转化为意义，利用了意义一词固有的歧义。对此贝克特没有拿出任何世界观与之并列，而是用字面意思对待它。在存在意义的特征被撕碎之后，成为荒谬的东西就不再是一种普遍性了——那样的话，荒谬就又成了一个概念，——唯有可怜的细节嘲笑着观念的东西，这一层面就像紧急避难所里的用具：冰盒子、瘸子、瞎子、食欲不振。一切都等待着疏散撤离。这一层面不是象征性的，而是后心理学的状态，就像老人和受酷刑的人。

消除了其内在性之后，海德格尔的"处身情境"（Befindlichkeiten，也作"现身情态"）或雅斯贝斯的"情境"就成了唯物主义的概念。用这些概念，个人的实体和情境的实体取得了一致。"情境"是暂时的存在本身，而活着的个人的总体性是基本的确定性。它假定了个人的同一性。这里，贝克特成了普鲁斯特的学生和乔伊斯的朋友，这体现在他回到了情境概念实际上说的东西，而哲学对此的利用反而使之消失了：意识的统一性解体为完全异质的元素——非同一性。一旦主体的同一性不再是毫无疑问的，一旦主体不再是封闭的意义结构，同外部的分界线就模糊了，而内在的情境同时就成了物理情境。对个性（存在主义将它作为唯心主义内核保护起来）的特别法庭宣判唯心主义有罪。非同一性是双重的：主体统一性的历史解体与本身不是主体的东西的出现。这就改变了"情境"的可能含义。雅斯贝斯将情境定义为"让存在的主体面临危险的现实"，他的情境概念包括了一个固定的、同一的主体，而他同时暗示，由于情境和主体的关系，情境的含义扩充了。紧接下来他马上又说情境"不仅仅是被自然规律控制的现实，它是和意义相关的现实"，一种更多的现实，雅斯贝斯很奇怪地称之为"既不是心理现实也不是物理现实，而是合二为一"。当情境成为双重的（按照贝克特的观点），就失去了它的存在本体论的成分：个人的同一性和意义。这在"边缘情境"（Grenzsituation）概念中是非常明显的。它也来自雅斯贝斯："如下的情境：我总是在情境中，我的生存离不了斗争和苦难，我不能避免罪恶，我一定会死——被我叫作边缘情境。它们绝不会变，万变不离其宗；【就我们的生存而言，它们是终极的】。"《残局》的结构用一句讽刺性的"对不起请再说一遍？"开始处理这一点。"我活着就要受苦，我不能避免罪恶，我一定会死"之类的智慧格言一旦失去了其先验性，并且被具体描绘出来，就不再是浅薄的东西了。于是，哲学用来崇拜生存的所有那些高贵、肯定的要素统统裂成了碎片——黑格尔早就说生存是"腐烂的"（faul）。《残局》之所以能够做到这一点，靠的是把非概念的东西归并到概念中，使得概念神奇地驱散了被夸大为"存在论上的"的那些差异。贝克特从头到脚颠倒了存在哲学。他的戏剧回应了诸如"边缘情境中的勇气是一种让我把死亡视为我自己的无限机会的态度"之类可笑、意识形态的胡闹句子，甭管贝克特是否熟悉这些句子。《残局》剧中人的不幸是哲学之不幸。

构成了贝克特戏剧的这些贝克特式的情境乃是有意义的现实的负片。其模特是经验现实的那些。一旦失去了他们的人格统一性，从而被隔绝开来，并脱离了其有目的的、心理学的语境，他们立刻就假定了一种具体的、极其强烈的表现——恐怖的表现。它们已经显现在表现主义的实践中了。莱昂哈特·弗兰克的小学教师马格所散播的恐怖——造成他被杀的原因——明显表现在对他在班级里极为讲究的削苹果方式的描述中。尽管看起来很无辜，但这样的细心慎重是施虐狂的形象：这种人物形象花费时间的方式就像是猫捉到老鼠之后的戏弄，延迟着可怕的惩罚。贝克特对这些情境的处理，去年的极简主义闹剧喜剧的可怕的（但仍然是人为虚构的）衍生物，讲述了普鲁斯特曾经写过的内容。亨利希·李凯尔特在其遗著《直接性和意义阐释》中考虑了客观的精神相面术的可能性，而不是单纯投射在风景或艺术作品中的"灵魂"的可能性。他引用了一段恩斯特·罗伯特·科提乌斯的话，认为"把普鲁斯特只看成是（或者基本上是）一个伟大的心理学家，这只对了一半。司汤达更适合这个位置。他是法国精神的笛卡儿传统的传人。而普鲁斯特没有认识到思维和有广延的实体之间的区别。他没有把世界分为心理的部分和物理的部分。从'心理小说'的角度去理解他的作品，就误解了其意义。在普鲁斯特的书里，感知对象的世界和精神世界占据的是同一空间"。又说："如果普鲁斯特是一个心理学家，那么他是全新意义上的心理学家——把全部的现实包括感性知觉都浸在心理的流体里。"为了表明"通常的心理概念不适合此处"，李凯尔特再次引用了科提乌斯："在这里，心理学的概念失去了对立面——因此不再是有用的刻画。"然而，客观表现的相面术仍然是一个谜。情境说了些什么，但那是什么呢？在这方面，艺术本身，作为情境的体现，就和那种相面术合二为一了。它将最极端的确定性和最极端的不确定性结合起来了。在贝克特那里，这一矛盾从里子翻到了面子上。本来只会隐藏在交流的外表之下的东西在这里被迫显现出来。普鲁斯特仍处在地下的神秘主义传统中，仍坚决坚持那一相面术，似乎不自主的回忆揭示了事物的神秘语言；在贝克特那里，它成为非人之物的相面术。他的情境恰好跟普鲁斯特的情境召唤出来的不变因素相反相成；它们与精神分裂的洪水搏斗，那是可怕的"健康"用残忍的哭喊抵抗着的精神分裂。在这个领域，贝克特的戏剧成为它自身的主人，甚至把精神分裂变成了反思：

> 哈姆：我曾经认识一个疯子，他以为世界末日到了。他曾经是个画家——后来是掘墓人。我很喜欢他。我常去看他，去疯人院。我拉着他的手，到窗边。看！那儿！全是升起的玉米！看那儿！鲱鱼舰队的帆！一切都那么美好！（停顿）他猛地抽出了手，回到他的角落里。吓坏了。他看到的全是灰烬。（停顿）只有他幸存。（停顿）忘了。（停顿）好像是……没这么……这么不寻常。

疯子的感知相当于凯洛夫按照命令向窗外窥看。《残局》从最低点拉回来，不是通过其他手段，靠的只是像一个梦游者那样呼唤自己：否定之否定。

贝克特的记忆中贴着某种东西，就像是中风的中年人午睡时在眼睛上盖着布，用于遮光或是挡苍蝇；这使他变得不可辨认。这样的形象——平凡的、视觉上毫无奇特之处的形象——只有对能够觉察到面孔失去了特征的那种凝视而言，才成为一种符号，看到被掩盖的可能性其实是死人脸，并且意识到把人还原为他的身体，已将他放在死尸中间的"身体关怀"是令人厌恶的。贝克特盯着这些方面，直到家庭的日常（这是它们的根源）淡化为不相干的事情。戏剧的场景从哈姆盖着旧毛毯开始，结尾处他把脸靠近手帕，他最后的所有物：

> 哈姆：旧手帕！（停顿）你……我留着。

这样的情境，从它们的语境和个性特征中解放出来之后，就在一个次级的自律语境中被重构了，就像音乐加入了沉浸其中的表现意图和状态，直至其序列成为一个自主的结构。戏剧的关键点——"只要我能保持安静，坐在那里不开口，一切就将变得静寂和呆滞"——泄露了原理，也许让人想起莎士比亚如何在《哈姆雷特》的演员场景中运用他的原理。

> 哈姆：然后就说出，很快地，几个词，就像孤独中的孩子，为了把自己看成和别人在一起，两个，三个，为了觉得是在一起，在一起说话，在黑暗中。（停顿）一刻不停地，啪嗒，啪嗒，就像是谷粒……（他思索着）……那个老希腊人的谷粒，整个一生就这么等着它来完成你的一生。

在"不慌不忙"的震颤之后，这些情境暗示出主体还能设法做到的事情的无足轻重和肤浅。当哈姆考虑封死他父母居住的那些垃圾桶的盖子时，一旦他不得不借助导尿管的曲折帮助才能排尿，他立刻用同样的话撤回了那个决定："时间还早。"对药罐的难以察觉的反感——从他认识到自己的父母身体衰弱、濒死、一天天衰退的时刻起——在下面的问题中再度出现：

> 哈姆：还没到我吃止痛药的时候吗？

相互讲话已经变成了斯特林堡式的咕哝：

> 哈姆：你觉得自己很正常？
> 凯洛夫：（不快地）我对你说了，我很知足。

还有一次：

> 哈姆：我觉得太偏左了。（凯洛夫稍微移动了轮椅）现在我觉得
> 　　　太偏右了。（凯洛夫稍微移动了轮椅）现在我觉得太朝前了。
> 　　　（凯洛夫稍微移动了轮椅）现在我觉得太靠后了。（凯洛夫稍
> 　　　微移动了轮椅）别待在那里（即轮椅后面），你让我害怕。
> （凯洛夫回到他在轮椅旁边的位置）
> 凯洛夫：要是我能杀死他，我会高兴死的。

婚姻的褪色是互相挠痒的情境：

> 耐尔：我要失陪了。
> 纳格：你能先给我抓痒吗？
> 耐尔：不。（停顿）哪儿痒？
> 纳格：背上。
> 耐尔：不。（停顿）拿你的背在桶边磨蹭。
> 纳格：它不在上面。在窝里。
> 耐尔：什么窝里？
> 纳格：窝里！（停顿）你不能吗？（停顿）你昨天给我抓过的

　　那个地方。

　　耐尔：(悲哀地) 啊昨天！

　　纳格：你不能吗？(停顿) 你要我给你抓痒吗？(停顿) 你又
　　要哭了？

　　耐尔：我在努力。

在退场的父亲——他的父母的导师——讲完了犹太笑话之后 (形而上学里
很有名的关于裤子和世界的笑话)，他大笑起来。某人笑他自己说的话，
这对听者的羞辱是存在性的羞辱；生活仅仅是人应该感到羞耻的一切东
西的缩影。在主体性仅仅等于统治的时刻，它被吓坏了，就像在某个情
境中，一个人吹口哨，其他人都四散奔逃。但是，羞耻反对的东西具有
其社会功能：在资产阶级像真正的资产阶级那样行动的那些时刻，他亵
渎了他号称要依赖的人性概念。贝克特的原图景也是历史的图景，因为
他表明了典型的人性只体现在人类的社会形式强加于人的变形中。其他
的一切则无处容身。正常人物的粗野和把戏 (《残局》令人不可想象地倍
增了它们) 是已经预先造就了所有阶级和个人的那个"总体的普遍性"；
它只是通过坏的特殊性即对抗的个人利益来复制自身。因为除了虚假的
生活就不再有别的生活了，其缺陷的清单就成了本体论的镜像。

　　然而，粉碎为不相连的、非同一的要素，这仍是和戏剧的同一性相
连的，只要戏剧没有放弃传统的人物角色。只有反对同一性——通过取
消其概念，完全的解体才是可能的；不然它就成了纯粹的、无争议的、
天真的多元主义。当下，个人的历史性危机抬头，日益反对单个的生物
存在，他的舞台。贝克特那里的情境的接续，没有遭到个人抵抗的平滑
前进，就随着个人退化而成的那些顽劣的身体而终结。作为一个单元
(比如身体) 来看，精神分裂的情境就像视觉幻象一样滑稽可笑。那就
解释了贝克特的人物的行为和联结中的小丑装扮。精神分析把小丑的幽
默解释为退化到原始的个体发育水平，而贝克特的退化戏剧下降到了那
个水平。但是它引起的笑声会让笑者窒息。这就是幽默发生的事情，当

它——作为审美的中介——过时了，令人厌恶了，没有留下任何可以对
着大笑的经典；没有任何和解的空间，让人可以畅怀大笑；天地之间没
有什么无害的东西让人能够笑。以下是关于天气的一句故意的愚蠢的双
关语：

> 凯洛夫：好了。（他站到梯子上，举起望远镜，让它从手里滑落，
> 掉到地上）它是故意的。（他下了梯子，捡起望远镜，对着观
> 众席）我看见了……一群……自大狂。（停顿）那就是放大镜。
> （他压低望远镜，对着哈姆）怎么？你不笑了？

幽默本身成了愚蠢可笑的东西——谁还能对着《堂吉诃德》或《卡冈都
亚》之类基本喜剧文本大笑呢？——而贝克特执行了对幽默的判决。被
损害的人的笑话是他们自己被损害了。他们不再接触任何人；没落的状
况，所有笑话、俏皮话的一部分，现在像疹子一样覆盖了他们。当凯洛
夫拿望远镜观察时被问及天气，他吓唬哈姆说是"灰蒙蒙的"，然后纠正
说是"亮黑色"。那就摧毁了莫里哀的《吝啬鬼》中的妙语，所谓被盗的
首饰盒子是"灰红色的"。笑话的精髓就像颜色一样被吸空了。在某个
时刻，两位反英雄，瞎子和瘸子——较强者已经是双方了，而较弱者则
继续成为这样的人——想到一种"把戏"，一种逃避，或者用《三文钱歌
剧》的话说，"某种计划"；但他们不知道这只是延长了他们的生命和折
磨呢，还是两个人都将在绝对毁灭中终结：

> 凯洛夫：啊，好的。（他开始走来走去，他眼睛盯着地面，他的
> 手别在背后。他停下来）我的腿好痛！活见鬼了！我很快就
> 无法思考了。
> 哈姆：你不能离开我。（凯洛夫恢复了踱步）你在干吗？
> 凯洛夫：有眉目了。（他踱步）啊。（他停下）
> 哈姆：什么脑子！（停顿）好了？

　　凯洛夫：等一下！（他沉思着。不是很自信）是的……（停顿。
　　　　更自信了一些）是的！（他抬起了头）有了！我装个警报！

那恐怕就跟古老的犹太人笑话联系起来了。愚蠢的奥古斯丁将他的老婆
和他的朋友捉奸在床，他不知道是该把老婆扔出窗外还是把朋友扔出去，
因为这两个都是他的亲人。最后他想到了卖掉床。即使留下了愚蠢的痕
迹，智慧的合理性也被抹掉了。唯一可笑的事情是，喜剧的意义随着俏
皮话的意义一道挥发掉了。在登上最高一级台阶后还猛地往上走、继续
往上爬的人就是这样步入虚空的。最极端的粗鲁完成了对笑声的判决，
而笑声已经分担自己的罪责很久了。哈姆让他的父母的残疾的身体彻
底挨饿，那些父母在他们的垃圾桶里成为婴儿——儿子作为父亲的胜利。
喋喋如下：

　　纳格：我的粥！
　　哈姆：该死的祖宗！
　　纳格：我的粥！
　　哈姆：老人待在家里！颜面无存！吃的，吃的，他们就想这个。
　　　　（他吹口哨。凯洛夫上场。他走到轮椅旁边停下来）哟！我以
　　　　为你要离开我了。
　　凯洛夫：还没有。还没有。
　　纳格：我的粥！
　　哈姆：把他的粥给他。
　　凯洛夫：没有粥了。
　　哈姆：（对着纳格）你听到了吗？没粥了。你永远不会有粥了。

不可弥补的伤害已经造成，反英雄加大了他的轻蔑——对没有礼貌的老
人的愤怒，就像后者经常詈骂放荡的年轻人那样。这一场景中余下的
人性——两个老人互相分享面包干——是令人厌恶的，它和先验的兽性

形成反差；爱的残余成了扭打的亲密。就他们还是人这一点来说，他们
"有人性了"：

> 耐尔：干什么呢，小乖乖？（停顿）到爱情时刻了？
>
> 纳格：你睡着了吗？
>
> 耐尔：没有。
>
> 纳格：接吻吧。
>
> 耐尔：够不着。
>
> 纳格：试试看。（他们的头艰难地互相向前伸着，没够着，又分
> 　　　开了）

整个戏剧类型被当作幽默来处理。一切都被戏仿。但不是被嘲笑。重点
是，戏仿要求的是形式在其不可能的时代中的用法。它证明了这一不可
能性，从而改变了形式。亚里士多德的三一律得到了保留，但是戏剧本
身死亡了。随着主体性（其最终的尾声就是《残局》）一道，英雄也退场
了；戏剧的自由仅仅是对无用的决心的无能而可怜的复写。在这方面，
贝克特的戏剧也是卡夫卡小说的传人，他对卡夫卡的反应类似于序列作
曲家对勋伯格的反应：他在自身中反映了先驱，但也通过他的原则的总
体性改变了先驱。贝克特对先前的作家的批评——不可辩驳地强调了发
生的事情和客观的纯史诗性语言之间的分野——掩盖了一个困难，也就
是当代的整合作曲法面对勋伯格的对抗性手法时遇到的困难。如果形式
与异质于形式的东西之间的张力消失了，如果人们再也无法停止对审美
材料的统治的进步，那么形式的存在根据是什么？《残局》引发了争论，
把那个问题变成它自己的问题，把它设为主题。阻止了将卡夫卡的小说
改编成戏剧的东西，成了主题内容。戏剧诸要素在其死亡后再度出现。
阐述、纠葛、情节、翻转和灾难又作为戏剧作法的尸检中的分解元素复
归了："不再有止痛药"的消息描述了灾难。那些成分曾随着戏剧抽去的
意义一道被推翻了；《残局》研究了（像在试管里）时代的戏剧，这个时

代不再容忍构成戏剧的东西。例如，悲剧，在其情节的高峰，以矛盾为其精华，显现出戏剧线索的最终收紧，又如，诗体对白——一个人接着一个人念出三音步的诗句进行对话。戏剧已经拒斥了这些技术，因为其风格化和它导致的装腔作势似乎与世俗社会水火不容。贝克特使用它，仿佛爆炸已经揭示了戏剧中埋葬的是什么。《残局》包含着快速的、单音节的对话，就像以前的瞎子国王和命运的传信人之间的问答游戏一般。但是在困境紧张的地方，对话者却变得懒散。喘不过气来，直到沉默，他们不再设法把语言片段合成起来；他们嗫嚅着，说着源于实证主义或表现主义的原型句子。贝克特戏剧的"边缘价值"就是那种沉默，莎士比亚在现代悲剧的发端就将它们定义为"安静"。以《残局》里的"没有词句的行动"作为收场，这个事实就是它自身的结论。词句听起来只像是因为沉默尚未完全成功而临时拉来凑合的，就像是伴随着沉默并干扰了沉默的声音。

《残局》里成为形式的东西，可以从文学史上加以重建。在易卜生的《野鸭》中，堕落的摄影师亚尔玛·埃克达尔——一位潜在的反英雄——忘了从老维尔勒的豪宴上（他只身出席，没邀请全家）给少女海特维格带好带的菜。在心理学上，那是他疏忽的自私性格造成的，但是对亚尔玛、对情节展开乃至戏剧的意义来说有象征意义：女孩的无用的牺牲。那预示了后来的弗洛伊德的"动作倒错"理论，用人物和他们的过去经验及个人愿望的关系、人物和个人的自我认同的关系来阐释这样的纰漏。弗洛伊德的假设"我们的一切经验都有意义"将传统的戏剧观念转变为心理学的现实主义，易卜生的悲喜剧《野鸭》从中吸取了很多形式的火花，无与伦比。当这样的象征主义从其心理学规定中解放出来，它凝结为一个自在的存在，象征就像易卜生的晚期作品《约翰·加布里埃尔·伯克曼》那样只有象征性——在那里，会计福尔达被所谓"青春"压垮了。始终如一的象征主义和保守的现实主义之间的矛盾是晚期作品的缺陷所在。但它也成为表现主义者斯特林堡的发酵的酵素。他的象征，同经验的人完全脱离，被编织进一幅织锦，那里一切皆为象

征，也就等于什么都不是象征。因为一切东西都可能意味着一切。戏剧
只需要认识到这种泛象征主义的不可避免的荒谬性，它毁掉了自己；它
只需要接管它，利用它，而贝克特的荒诞已经是形式的内在辩证法得到
的一种结果了。没有任何意义成了唯一的意义。戏剧人物的致命恐惧，
倘若不是对戏仿体的戏剧本身的，便是对它们可能的意义的极为滑稽的
恐惧。

> 哈姆：我们没在……没在……暗示什么事？
> 凯洛夫：暗示！你我，暗示！（一笑）真滑稽！

随着这种可能性，自从被机构的压倒一切的力量——个人在机构中
是可替代的、无足轻重的——粉碎以来就有的可能性，语言的意义也消
失了。哈姆，被退化为其父母的垃圾桶对话中的"愚笨"的生命冲动所
激怒，并且因为"没有结束"而紧张万分，于是问道："你们有完没完？
你们永远说不完了？"戏剧发生在那个水平上。它建立在"禁止语言"的
基础之上，并用它自己的结构讲述那一点。无论如何，它没有避免表现
主义戏剧的困境：语言，哪怕在它仅仅想被缩短为声音的地方，仍然不
能摆脱其语义要素。它不能成为纯粹的模仿或姿态，就像现代绘画的形
式那样，从对象性中解放出来，不能去除和对象的一切相似之处。先是
模仿的价值，终于从意义的价值上释放出来，然后是方法的任意性、偶
然性，最终仅仅是次级的常规。《残局》的道路遵循着它与《芬尼根的守
灵夜》之间的差异。不是争取用纯粹的声音来清除语言的叙述要素，贝
克特把那一要素转换为它自身的荒诞的一种手段，他完全按照小丑的仪
式来做：小丑的喋喋不休把自身表达为意义，从而成了无意义的。语言
的客观解体——既是老生常谈的又是错误百出的自我异化之唠叨，其中
的词和句子在人的嘴里融化为一体——穿透了审美的奥秘。那些陷入沉
默的第二语言，粗鄙的话语的堆积，虚假的逻辑关联，像商品标签一样
闪闪发亮（像是广告世界的凄凉回声）的词句——均被"再功能化"为

否定语言的诗学作品的语言。贝克特就这样接近了尤奈斯库的戏剧。他后来的一部作品围绕着录音机的形象展开，而《残局》的语言就像是令人厌恶的聚会游戏中的另一种声音，有人录下了聚会中的胡说八道，并且回放给客人听，意在羞辱他们。在这里，震惊（只有偶尔的傻笑能克服它）是精心打造出来的。就像警觉的经验会在认真读过卡夫卡的小说之后注意到任何类似的情境，贝克特的语言也为那些得病的人带来一种健康的疾病：只要听过他的戏，就会担心自己是不是也在那样说话。有时候，大街上的意外事件对刚刚离开电影院的观影常客来说就像是电影计划好的意外。从日常生活中截取而来的机械组合的词句之间，裂口打着哈欠。当两个人中的一个用司空见惯的固定动作（确定了不可抗拒的存在之厌烦）问道："地平线上什么都没有了吗？"时，这样一种用语言表达的"耸肩"就是启示录式的，尤其因为我们对它并不感到任何陌生。回答来自温和而挑衅的人类"常识"的冲动，"你希望地平线上有什么呢？"是从其自身的虚无主义的坦白中抽取出来的。再后来，主人哈姆命令仆人科洛夫徒劳地将轮椅推来推去，去拿"鱼叉"。以下是一段简短的对话：

> 科洛夫：做这，做那，我照做了。我从不拒绝。为什么呢？
> 哈姆：你不会拒绝。
> 科洛夫：我马上就不干了。
> 哈姆：你再也不会了。（科洛夫下）畜生，什么都得跟他们解释。

每天都有成千上万的上级用那句"什么都要跟畜生解释"敲击着千百万下属。然而，通过这段话建立起来的悖谬——哈姆的解释同他的命令相矛盾——通常被习俗所掩盖了的陈词滥调之空洞无聊便华丽地闪亮了，进而，互相谈话的欺骗性就表现出来了。反过来，人们绝望地保持着距离，互相的接触和垃圾桶里的两个残疾人一样少。陈词滥调的普遍法则，宣告交往再也不存在了。所有谈话的荒诞不是跟现实主义无关的事，而是从现实主义发展而来的。因为交往的语言（在其句法形式中，通过逻辑、结论的性质和稳定的概念）假定了充足理由律。这样的要求几乎再也得不到满足：当人们交谈时，他们一部分是由他们的心理学或前逻辑的无意识推动的，一部分是由他们对目标的追求推动的。既然他们的目标是自我保存，这些目标就偏离了欺骗地显示在他们的逻辑形式中的客观性。无论如何，借助录音机之力，很容易向今天的人们证明这一点。按照弗洛伊德和帕累托的理解，语言交往的理性始终是一种合理化。理性本身产生于自我保存的利益中，因此它毁于它自身的非理性的强制合理化之手。理性的外表和不可动摇的非理性之间的矛盾本身已经就是荒诞了。贝克特只需标注这一矛盾，并将它作为选择的原则，而现实主义在扔掉了理性的严格性的幻象之后回归了自身。

就连一问一答的句法形式也被毁掉了。它假定了要说的话的开放性，但是正如赫胥黎已经注意到的那样，这种开放性也不复存在。在问题中，已经可以听出期待的回答，这就把问答游戏诅咒为空洞的欺骗，是以自由的语言动作来掩盖信息语言的不自由的一种徒劳努力。贝克特撕开了这一面罩，也撕开了哲学的面罩。面对着虚无，一切被彻底怀疑的东西都在抵抗——出于一种借自神学的情怀——这些可怕的后果，而坚持着自身的可能性。在问答形式中，回答中渗入了被整个游戏所否定的意义。在法西斯主义和前法西斯主义中，这样的破坏分子能够尽情地蔑视破坏性的思想：那并不是毫无意义的。但是贝克特解开了问号包藏的谎言，提问成了修辞性的设问或反问。如果说存在主义哲学的地狱像是隧道，而在隧道的中央人们已经依稀看到隧道尽头闪现的光亮，那么贝克特的对话就捣毁了铁轨，火车再也无法抵达隧道的光明出口了。韦德金德的古老的误解技巧成为全部。对话过程本身近似于文学创作的偶然性原则。听起来似乎其接续规则并非言谈和答复的"理性"，甚至不是他们的心理纠缠，而是一种听力测试，跟摆脱了类型约束的那种音乐有关。戏剧小心地留意接下来会是哪个句子。考虑到这些问题的令人熟悉的自发性，内容的荒诞感就分外强烈。这也在那些去动物园的人那里找到了幼稚的模板，他们留意地期待着大猩猩或黑猩猩的下一个动作。

　　在这种解体状态中，语言也被极化了。一方面，它成为最简单的英语、法语、德语——蹦单词儿，用没人理的黑话发出古风的命令，不可和解的敌人之间的亲密；另一方面，它成为其空洞形式的累积，即否定一切指涉内容，因而也否定了其句法功能的那种语法的累积。感叹句伴随着语法练习句，天知道这是为什么。贝克特也从屋顶上叫喊：《残局》的规则之一就是不喜交流的伙伴总是彼此盯着对方的牌看（观众也跟着他们一起看）。哈姆自认为是个艺术家。他选用尼禄的遗言"看这个艺术家究竟是怎样死的？"（qualis artifex pereo）作为自己的生活格言。但是他开始的故事绕着句法转圈子：

　　　　哈姆：我在哪里？（停顿。忧郁地）完了，我们完了。（停顿）
　　　　　快完了。

逻辑在语言形式之间绕来绕去。哈姆和科洛夫用他们的命令式的、相互打断的方式交流：

　　　　哈姆：开窗。
　　　　科洛夫：为啥？
　　　　哈姆：我要听海。
　　　　科洛夫：你听不到的。
　　　　哈姆：要是你开了窗呢？
　　　　科洛夫：不。
　　　　哈姆：那开了窗也没用吗？
　　　　科洛夫：没。
　　　　哈姆：（粗暴地）那就开！（科洛夫爬上梯子，开了窗。停顿）
　　　　　你开了窗吗？
　　　　科洛夫：嗯。

哈姆最后的"那就"一词是戏剧的关键。因为开了窗也听不到海——也许是海枯了,也许是海面平静——既然哈姆听不到海,他就命令科洛夫开窗。行动的无意义成了完成该行动的理由——对费希特的"自为的自由行动"的一个迟来的合法性证明。当代的行动看起来就是这样,于是产生了"事情似乎从来如此"的怀疑。荒谬的逻辑形式——它声称无可辩驳的矛盾对立是无可辩驳的——否认了似乎得到逻辑之保证的意义语境,为的是证明逻辑本身的荒谬:主词、谓词、系词构成的逻辑把非同一性当作同一的东西,似乎其形式已然穷尽了非同一性。荒谬并没有取代理性,成为另一种世界观;在荒谬中,理性的世界观得到了它应得的东西。

在戏剧的形式和残留的内容之间,是绝望的前定和谐之天下。总共只有4颗脑袋。其中两个人肤色特别红,似乎他们的生命力是皮肤病;而两个老人肤色特别白,像地窖里发芽的马铃薯。他们都没有机能正常的身体了;老人们只有躯干,他们的腿不是在灾难中失去的,而是在一次私人的双人自行车事故中失去的,"在去色当的路上",那是在阿登省,兵家必争之地。不要以为一切都因此改变。他们对自己的特定的不幸的回忆若是和普遍的不幸的不确定性联系起来看,就显得令人羡慕了——他们嘲笑了普遍的不幸。不同于表现主义的父与子,他们各有各的名字,但是四个名字都是单音节的"四个字母的词"(跟下流话一样)。盎格鲁撒克逊国家通行的、非常实用的家庭昵称显得是名字的残肢。只有老母亲的名字奈尔(Nell)还比较常见,即便如此,还是太过古老了;狄更斯在《老古玩店》里用这个名字称呼一个令人感伤的孩子。其他三个名字都是杜撰的,像是广告招贴。老头儿叫纳格(Nagg),让人联想到"喋喋不休"、"令人烦恼"(nagging),甚至可能联想到德文词,这对亲密的伙伴是通过"折磨"(Nagen)来保持亲密的。他们谈论着桶里的木屑有没有换过;而那其实不是木屑,是沙子。纳格说"以前是木屑",奈尔厌烦地说:"以前!"——怀恨在心的妇女揭露了她的丈夫的冰冻而重复的宣称。关于是木屑还是沙子的争吵是非常可怜的，但是对残留的剧情来说又事关重大，是从微量到虚无的转化。贝克特可以用本雅明称赞波德莱尔的话来描述自己：具有"极其谨慎地表达极端的东西"的能力。"事情可能会更糟"——这种常见的安慰成了诅咒。在生死之间的地带，连痛苦都不复可能了，木屑和沙子之间的区别就意味着一切。木屑，即锯末，是物质世界的可怜的副产品，现在断货了；没了它，一生的死刑就又加剧了。两人住在垃圾桶里这个事实——类似于田纳西·威廉斯的《皇家大道》（Camino Real）中的主题，当然两位剧作家之间没有相互影响——就像卡夫卡那样，把人们的老生常谈按照字面意思落实了。"今天，老人被扔进了垃圾桶"，这真的发生了。《残局》是真正的老年医学。按照对社会有用的劳动这一不再实施的衡量标准，老人是多余的，必须抛弃。来自福利制度的科学争论突出了它所否定的东西。《残局》训练观众适应这样的状况，卷在其中的每个人都可能掀起离他最近的垃圾桶盖子，找到他自己的父母。生命的自然延续成了有组织的拒绝。民族社会主义者一发而不可收拾地打破了老龄的禁忌。贝克特的垃圾桶是后奥斯威辛文化的徽章。次要情节则有过之而无不及，直至老年人的死亡。他们被孩子们的开销所否定，他们的流质食物被他们（没牙齿了）再也嚼不动的饼干所取代；他们窒息了，因为最后一个人也太敏感了，不能把生命转让给倒数第二个人。这条情节线与主要情节交织在一起，因为老夫妻的悲惨结局把主要情节推进到生命的出口，其可能性构成了戏剧的张力。哈姆雷特被篡改了：挂掉还是挂掉，这是个问题。

　　莎士比亚戏剧的主人公的名字被贝克特残忍地缩短了——最后一个被干掉的戏剧主人公回应着第一个。哈姆（Hamm）也让人联想到诺亚的一个孩子含（Ham），因此让人想到大洪水。含是黑人的祖先，在弗洛伊德的否定中代替了白人的"主人种族"，最终是英语的"蹩脚演员"（ham actor）。贝克特的哈姆集权力和无助于一身，扮演着不是自己的角色，似乎他已经读过把政治动物定义为"角色"的最新社会学文献了。任何将自己呈现为某种"人格"的人，都和无助的哈姆一样。人格原本只是个角色——假装超越了自然的自然。哈姆的角色随着戏剧情境之波动而波动：有时候，舞台说明强烈暗示着他在和"理性的声音"对话；在大段的叙述中，他又发出"叙事者的声音"。对无法挽回的过去的记忆成了一个骗局。回顾的解体，控诉着生活的连续性乃是杜撰，而生活之所以可能，全凭着那样的连续性。声调的差异——叙事者和直接对话者之间——对同一性原则提出了质疑。两者在哈姆的长篇大论中交替，那是没有音乐的咏叹调插曲。在转换的间歇，他稍作停顿——扮演英雄人物的老戏骨的巧妙停顿。相对存在哲学的规范——人应当是他自己，因为他已经什么都不是了——《残局》提出了反题：这个自我恰恰不是自我，而是对不存在的某物的巧妙模仿。哈姆的假装揭穿了隐藏在说"我"背后的谎言，因此展现出真实性，其对立面则是被"我"所揭示的内容。不可改变性（转瞬即逝性的缩影）是它的意识形态。主体过去的真理内容——思维——只保存在姿态的空壳里。两个主要人物的行动都若有所思，却并无所思。

> 哈姆：这一切确实可笑。你愿意和我一起笑笑吗？
> 科洛夫：（沉思片刻）我今天不能笑。
> 哈姆：（沉思片刻）我也不能。

顾名思义，哈姆的对手（科洛夫，Clov）就是他自己，一个被截断了的小丑，名字最后的几个字母被切掉了。对魔鬼的一种古代表达法听起来很熟悉——"马脚"（cloven foot）；也很像流行的"手套"（glove）一词。他是他主人的魔鬼，用最糟糕的东西威胁着主人；与此同时，他也是他的主人接触物质世界时的手套，因为主人已经无法直接把握事物了。科洛夫的形象不仅是由上述联想构成的，也是通过他与其他人的关系建构起来的。在斯特拉文斯基的"十一种乐器的散拍乐"（这是他的超现实主义阶段的重要作品之一）的老钢琴版中，有一张毕加索的画。可能是受标题里的"rag"（散拍乐是"ragtime"）的启发，毕加索画了两个衣衫褴褛的（ragged）人：那是等待戈多的流浪汉弗拉基米尔和爱斯特拉贡的祖先。这一条名人速写的线索是单独卷入的线索。《残局》的双重速写就是本着这种精神的，贝克特的整个作品不可抑制地产生出来的受伤害的重复也是如此。在其中，历史被勾销了。这一强制性的重复来自被幽闭的某人的退化行为，他试了一次又一次。贝克特同最新的音乐趋势汇合了，作为一个西方人，他把斯特拉文斯基的激进的过去（解体的连续体的被压抑的郁积）和勋伯格学派的最先进的表现和建构手段结合了起来。就连哈姆和科洛夫的轮廓也是一个模子印出来的；他们被齐一的独立单子的个人化所否定。他们离开对方都活不了。哈姆对科洛夫的权力似乎在于只有他才知道怎么打开碗橱，就有点像只有主管才知道怎么打开保险柜的那种情境。他将把秘密告诉科洛夫，只要科洛夫发誓"结果"他——或者"我们"。以该剧典型的挂毯风格，科洛夫回答说，"我不能结果你"；仿佛戏剧要嘲笑这个假装理性的人，哈姆说，"那你不会了结我了"。哈姆依赖科洛夫，因为只有科洛夫才能做那些让两个人活下去的事情。但其价值是可疑的，因为两个人——像鬼船的船长一样——一定很害怕自己死不掉。一小块就是一切——那就是事情也许会改变的可能性。这一运动或者不运动，就是情节。显然，最明显不过的是那句一再重复的主题，"该发生的总会发生"，像纯粹的时间形式一样抽象。君特·安德尔斯在引用《等待戈多》时曾提及黑格尔的主奴辩证法，而在《残局》里不是按照传统美学的信条去描述主奴辩证法，反倒是嘲笑主奴辩证法。奴隶再也不能握住缰绳和废除统治了。他如此残废，以至于做不到这一点，而根据戏剧的历史哲学日晷，自发的行动为时已晚。科洛夫没有别的选择，除了搬出去，搬到对剧中的隐居者来说已不复存在的世界中去，而那是死路一条。他甚至不能仰仗死亡的自由。他努力做出走的决定，甚至准备好了告别，"巴拿马帽子，粗花呢上衣，雨衣在臂上搭着，雨伞，行李箱"——一个强烈的，几乎是音乐的结尾。但是人们并没有看到他出去，只看到他"在门口，一动不动，眼睛盯着哈姆，直到最后"。那是一个寓意已经挥发掉了的寓言。除了几个重大的

或无关紧要的区别，这跟开头是一样的。没有一个观众或哲学家可以说
这出戏会不会重新开始。辩证法走向了静止。

总的说来，戏剧的情节像是两个主题构成的音乐，就像早期的双重
赋格。第一个主题是应该结束，叔本华式的对生之意志的否定，生活已
经变得毫无意义。哈姆敲击着这个主题；人，不再是人，成了他们的情
境的器具，似乎他们在演奏着室内乐。"在贝克特的所有奇怪的乐器中，
哈姆，这个在《残局》中盲目地、一动不动地坐在轮椅上的人，回响着
最多的音调、最奇怪的声音。"哈姆同他自身的非同一性驱动着戏剧的进
程。当他想要结束没完没了的悲惨生存的折磨时，他关心的是他的生命，
像一位绅士在他不吉利的"盛年"那样。周遭的各自健康设备是他最关
心的东西。他不怕死，怕的是死亡不来。卡夫卡的猎人格拉胡斯的主题
依然回荡着。和他自己的身体必需品一样重要的，就是要确保奉命观察
外面的科洛夫没有发现任何帆船或者烟的痕迹，没有老鼠或虫子来捣乱，
而那是灾难将至的先兆；也要确保没有看到可能存活的孩子，那意味着
希望，而他躺在那里等，就像屠夫希律王等待着上帝的羔羊。杀虫，指
向了种族屠杀的集中营，那是对自然的统治的最终产物，破坏了对自然
的统治本身。只有生命的这一内容还留着：没有任何东西活着。一切生
存都被夷平为本身就是死亡，是"抽象的统治"的生命。第二个主题则
属于仆人科洛夫。在一段不堪回首的历史之后，他寻求哈姆的庇护；但
他也像是愤怒而无能的老家长的儿子。放弃对无权力者的服从，这是最
困难的事情；无意义、过时的东西不可阻止地反抗着对它的废除。两个
情节互相指着对方。哈姆的死亡意志就等于是他的生活原则，而科洛夫
的生活意志将导致两人的死亡。哈姆说："离开这儿，那就是死。"主人
公的反题也不是固定的，而是两者的冲动的交汇。科洛夫是第一个提到
终结的。戏剧进展的图式是象棋的残局，一个典型的、相当标准的局势，
用一个停顿将它和中局及其战术组合分开。这些在戏剧中也消失了，那
里一切阴谋和"情节"都沉默地停止了。只有艺术的错误或者事故，比
如别的地方发生的事情，才能引起不可预见的事件——而不是足智多谋

的精神。场地空空如也，此前发生的事情只能从几个剩下的人物的位置中猜出几分。哈姆是王，一切都围着他转，但他自己做不了任何事情。作为消遣的象棋和过度的努力之间的不一致，在舞台上就是竞技的假象和轻如鸿毛的行动之间的不一致。棋局是否会陷入僵局或是长将和棋，科洛夫会不会赢，都不清楚，似乎弄明白那些就已经是过多的意义了。此外，那并不重要，因为无论是逼和还是将死，一切都会结束。否则，只有逃跑的孩子的形象打破了圆圈，这是对福丁布拉斯或小国王的最微弱的暗示，那甚至有可能是科洛夫自己被遗弃的孩子。但是从那里照进室内的倾斜的光线就像卡夫卡的《审判》结尾从窗户里伸出的那些无助的援手一样虚弱。

　　主体终结的历史在一个幕间场景中成为主题，它堪称象征主义的，因为它描绘了主体本身的衰老，因而也就描绘了主体之意义的衰朽。唯心主义的狂妄，即把人推到存在物的中心并成为造物主，最终四面楚歌，像一个暴君的末日一样被困在"纯粹的内在性"之中。人用缩减了的、微不足道的想象重复着人曾经自以为拥有的东西；人重复着被社会束缚以及今天的宇宙论（这些都是人无从逃避的）夺走的东西。科洛夫是他的男护士。哈姆本人被科洛夫推到那个内在性的中心，而世界也不过成了他自身的主体性的内部。

　　　　哈姆：推我转一小圈。（科洛夫站到轮椅后将轮椅朝前推）别太
　　　　　　快！（科洛夫将轮椅推向前）推着我周游世界！（科洛夫推
　　　　　　轮椅）挨着墙走，然后回到中间去。（科洛夫推轮椅）我在正
　　　　　　中央，对吗？

　　中心的缺失，在这里是个讽刺，因为中心本身是个谎言，但它成了吹毛求疵、无能力的学究的微不足道的对象：

　　　　科洛夫：我们还没转圈。

> 哈姆：把我推回原来的地方去。（科洛夫把轮椅推回中央）这是
>   我原来的位置吗？
>
> 科洛夫：我来量量看。
>
> 哈姆：差不多！差不多！
>
> 科洛夫：（稍微动了动轮椅）在这儿。
>
> 哈姆：我差不多在中央了？
>
> 科洛夫：我觉得是。
>
> 哈姆：你觉得是！把我放在正中央！
>
> 科洛夫：我去找皮尺。
>
> 哈姆：大概齐！大概齐！（科洛夫稍微移动了下轮椅）到正中
>   央了！

这个荒唐的仪式报复的并不是主体原初犯下的罪。主体性本身是有罪的，上帝就更有罪了。原罪与创世不可分。存在哲学鼓吹为存在之意义的那个“存在”变成了它自己的对立面。对生命体的反射活动的恐慌畏惧并不只是孜孜不倦地欲求着对自然的统治，它也将自己附着在生命之上，成为生活已经变成的那个灾难的基础。

> 哈姆：所有这些我本来可以帮助的人。（停顿）帮助！（停顿）
>   拯救。（停顿）拯救！（停顿）他们到处都是！（停顿。粗暴
>   地）动动脑子吧，动动脑子吧，你们在人间，这里是无可救
>   药的！

从那里他得出了结论："开始时就料到结果了，可还是要继续。"自主的道德律从仅仅统治自然背反地转变为灭绝的责任，这总是隐藏在背景之中的：

> 哈姆：情况又复杂了！（科洛夫从梯子上下来）

（科洛夫再次走近窗前的梯子，爬上去，用望远镜往外看）

科洛夫：（沮丧地）好像是个小男孩！

哈姆：小男孩？

科洛夫：我去看看。（他从梯子上下来，扔掉望远镜，向门走去，
　　　　转回来）

哈姆：不！（科洛夫停下）

科洛夫：不？一个潜在的父亲？

这种总体的责任概念来自唯心主义，残障的反抗者科洛夫向他残障的主
人提出的一个问题对这个概念进行了裁决：

科洛夫：你有没有特别感兴趣的地带？还是只要全部？

那听起来像是在提醒人们回想本雅明的光辉论断：凭直觉知道的现实
之地下室抵消了对"整个世界"的提示。总体性，主体的纯粹假设，
只是虚无。没有哪个句子比这个最合理的句子听起来更荒谬的了，它
把"全部"压低到"只要"的水平，压低为一个人类中心主义统治的
幻象。这一最荒谬的论点是合理的，正如贝克特的戏剧的荒谬之处同
样也是不容辩驳的，因为匆忙的辩解和随意处置的欲望也就征用了这
些荒谬。已经彻底工具化了的理性，由于它缺乏自我反思，缺乏对被
排斥之物的反思，所以必须寻找被它自己消灭了的意义。但是在必然
招致这一问题的那些条件下，唯一可能的答案是"虚无"，而回答的形
式已经是虚无了。这一荒谬的历史必然性使得它貌似是本体论的东西；
但那是历史本身造成的欺骗性面纱。贝克特的戏剧撕破了那一面纱。
荒谬的内在矛盾，终结于无意义中的理性，凸显了一种再也不是思想
的"真理"的可能性；它推翻了纯粹的现存的绝对要求。否定的本体
论是对本体论的否定：被无时间性的神秘力量占有的那种成熟，仅仅
是历史的结果。贝克特的情境和语言的历史经纬并没有将非历史的东

西具体化：那是存在主义戏剧家的惯用手法，它既糟蹋了艺术也糟蹋了哲学。贝克特的"一度即永恒"的东西是无限的灾难，只有"大地熄灭了，尽管我从来不曾见它发光"这句话才证明了科洛夫对哈姆的问题的回答是合理的："你认为这已经持续得足够长了吗？""是的。自盘古开天地以来。"史前史在继续，无限性的幻象只是它的诅咒。在科洛夫遵命向外张望之后，科洛夫向下肢瘫痪的人报告他在地上看到的东西。哈姆把他的秘密告诉了他：

> 科洛夫：（全神贯注）唔。
> 哈姆：你知道一件事吗？
> 科洛夫：（全神贯注）唔。
> 哈姆：我从来没去过那儿。

大地从未被人踏上；主体尚未是主体。

　　通过连贯的颠倒，坚决的否定构成了戏剧性。两位社会伙伴都用资产阶级式的"你说得过分了"来赞同他们的洞见"不再有自然了"。审慎和慎重成为抵制沉思冥想的"试验和确证"的手段。它们只引起忧郁的思考：

> 科洛夫：（悲伤地）这世上没人会像我们想得这么古怪。

在他们最接近真理的地方，他们体验到他们的意识——双重可笑的——是虚假意识；于是便反映出一种反思不再企及的状况。整个戏剧里都贯穿着这种颠倒的技巧。它把经验世界变形为晚期斯特林堡和表现主义已经在无意间命名了的那个世界。"屋子里全是尸体的腐臭……全世界。"随后当哈姆说"跟世界下地狱去"时，他一方面是费希特的后裔——费希特蔑视世界，认为它不过是原料和产品；另一方面，他剩下的唯一希望就是那个可笑的夜晚了，他引用诗句来祈求。绝对，世界成为地狱；没有别的了。贝克特图解了哈姆的句子："墙那边是……另一个地狱。"他用一种布莱希特式的评论，将被扭曲的"此地与此刻"的形而上学照彻四方：

> 科洛夫：你相信来生吗？
>
> 哈姆：我的生命总是那样。（科洛夫下）把时间给他！

在他的观念中，本雅明的"静止的辩证法"得到了它应得的东西：

> 哈姆：那将是个残局，我将问自己怎么才能把它带来，怎么才能（他犹豫着）……为什么它姗姗来迟。（停顿）我将在那里，在那破旧的避难所里，独自面对寂静和……（他犹豫着）……停滞。只要我不说话，不做动作，一切就会跟着声音和动作消失，一切都消失了。

"静止"是科洛夫自认为自己所爱的秩序，他认为这一秩序乃是自己的职能所在：

> 科洛夫：万籁俱寂的世界，到处都很平静，一切都在它最终的位置上，在粪土的下面。

可以肯定，《旧约》上说的"你将归于尘土"在这里被转译为"粪土"。在剧中，生活（行尸走肉的生活）的内容是屎溺。但是无形象的死亡形象是无关紧要的形象。在其中，差别消失了：绝对的统治、地狱（在其中，时间被消解为空间，没有任何东西会发生变化了）和弥赛亚状况（万物各得其所，得到了拯救）之间的差别消失了。终极荒谬就是虚无的安静无法与和解的安静区分开来。希望溜出了这个世界，在这个世界中，仅有的希望不过是流质食物和坚果仁糖果；希望回到了它来的地方，回到了死亡那里。在死亡中，戏剧带来了它唯一的和解，一种斯多葛主义的和解：

> 科洛夫：现在有许多麻烦了。
>
> 哈姆：不，不，没那么多麻烦。

意识开始面对面注视着自己的死亡，似乎它想要在死亡中活下去，就像这两个人想要在他们的世界的毁灭中继续活下去。据说，普鲁斯特——年轻的贝克特曾为他写过散文——试图与他同死亡的搏斗达成协议，写在可以归入到对贝尔阁的死亡的描写的那组笔记中。《残局》执行了这一意图，就像是接受了遗嘱的委托。

12. 自律艺术与社会 ①

【艺术的二重性：社会性和自律性】

在主体得到解放之前，艺术在某种意义上无疑要比它后来更直接地是一件社会事实。艺术的自律，即艺术越来越独立于社会，是资产阶级自由意识的功能之一，而该意识本身是和一定的社会结构紧密相连的。在该意识出现之前，艺术一定处在跟统治社会的力量和习俗的冲突中，但它并没有对自己的独立性的意识。自从柏拉图的《理想国》对艺术的若干谴责开始，艺术与社会的冲突便一直存在着。然而，一种根本对立于社会的艺术观念，在那时还是根本无法想象的。因此，对艺术的社会控制要比资产阶级时代直接得多，直到现代的极权主义国家出现为止。但是在另一种意义上，也可以说资产阶级社会比以前任何社会都更为彻底地统合了艺术。在唯名论的兴起带来的压力下，一直存在的、潜在于艺术中的社会性越来越外显；资产阶级小说中的社会性远比高度风格化的、不食人间烟火的骑士史诗中的社会性明显得多。经验的涌动不再被迫流向先验的艺术类型——从这些经验中产生的（即自下而上产生的）结构形式的要求：这就是作为纯美学范畴的"现实主义"，而与内容无关。一旦内容不再被风格化的原则升华，内容和产生它的那个社会之

---

① 本文选自阿多尔诺死后出版的《美学理论》（1970）第 12 章"社会"。见《阿多尔诺全集》德文版第 7 卷。文章中的小标题为英译者所加，故而放在方括号中，仅供参考。

间的关系就没那么委婉曲折了，而是变得更为直接：这不仅仅发生在文学中。所谓较低级的类型也和社会保持着距离，哪怕它们（像古希腊的喜剧那样）以市民社会的关系和日常事件为主题。同无人地带的战斗不是阿里斯托芬们在搞怪，而是其形式的本质要素。如果艺术始终是一件社会事实，因为它是精神的社会劳动的产品，那么当艺术成为资产阶级艺术的时候，它的社会性就显露出来了。资产阶级艺术的对象是它自身（作为人工制品）和经验实在的社会之间的关系，《堂吉诃德》标志着这一发展的开端。然而，艺术之所以是社会的，不仅仅是因为艺术的生产方式体现了生产力与生产关系的辩证法，也不仅仅是因为它的材料内容来自于社会。更重要的是，艺术反对社会，并且只作为自律艺术来反对社会，所以艺术是社会的。艺术把自身凝结为一个独特的实体，而不是遵守现行的社会规范并由此证明自己"对社会有用"，这样一来，艺术的存在本身就是对社会的批判了。任何纯粹的、严格按照自身的内在法则结构起来的艺术都是对人的被贬低状况（该状况走向了全面交换的社会，在那里，一切事物都是"他律的"存在）的隐含批判。艺术的反社会性是对特定社会的特定否定。自律艺术对社会的拒绝（即通过形式法则进行的升华）当然也让它自身成为意识形态的工具：艺术在社会面前战栗，但那个可怕的社会仍然在远处，没有受到任何扰动。但社会不仅仅是意识形态。任何社会都不仅仅是审美的形式法则所控诉的纯粹否定性；即使最令人憎恶的社会也仍然是人类生活的生产和再生产不可或缺的要素。在社会过程表明它是一个自我毁灭的过程之前，艺术是不能仅仅用批判就取消这个方面的。艺术也不能故意把上述两个方面分开，不论该不该这么做。纯粹的生产力，比如审美的生产力，一旦摆脱了他律的控制，就在客观上成为被束缚的力量的反形象，但它同时也是致命的自利行为的典范。艺术只有凭借它抵抗社会的力量，才能存活下去；否则它就物化了自身，就成了商品。艺术对社会的贡献不是它传播的东西，而是极度中介化的东西：艺术即抵抗，在这种抵抗中，用审美领域的内在发展再生产了社会发展，但没有直接模仿社会发展。冒着自我异化的危险，激进的现代主义这样守护着艺术的内在性：它只是以模糊的形式（就像人们经常把艺术作品比作梦一样）让社会进入其领地。艺术中的任何社会存在都不直接是社会存在，哪怕这正是艺术的目标。不久之前，就连政治介入派的布莱希特也发现，如果他要用艺术来表现其政治立场，他就不得不远离他的作品要反映的社会现实。只有阴谋诡计才能把他写的社会主义现实主义作品好好伪装起来，以逃避审查。音乐泄露了所有艺术的秘密。正如在音乐中，社会、社会运动及其矛盾只是以影子的样子出现——讲述着它，但需要认证——其他各艺术门类也是如此。艺术越是想复制社会现实，它就越是成为一种"似乎"。出于相反的原因，布莱希特的《四川好人》中的中国像席勒的《墨西拿新娘》中的墨西拿一样风格化。戏剧和小说对人物的所有道德评价都毫无意义，哪怕这些评价适用于作为那些人物之原型的真实历史人物。讨论一位正面的英雄人物可不可以有缺点，这种争论蠢透了，除了戏剧理论的学生之外的任何人都知道这一点。形式像磁铁一样将现实生活的元素按某种方式排序，使它们远离它们在审美领域之外的存在。唯有通过这种间离，艺术才得以占有审美领域之外的本质。与之相反的是文化工业的实践，通过对这些元素的利用，它越来越成功地把盲目崇拜经验细节、摄影般逼真的无缝表象同意识形态的操纵结合起来。艺术的社会性不是它公开宣示的政治立场，而是它反对社会的内在运动。其历史的姿态拒斥经验现实，尽管作为物的艺术作品实际上是那一现实的一部分。如果艺术有什么社会功能的话，那就是它们的无功能性。艺术不同于着了魔的现实，它否定地表达了一种事物的秩序，经验事物在该秩序中各得其所，找到了自身适当的位置。艺术的魅力是祛魅。其社会性要求双重的反思：一是对艺术的自为存在，二是对艺术和社会的关系。艺术的二重性出现在所有艺术现象中；两者互相改变，互相矛盾。

【艺术的拜物教特性】

政治上进步的批评家谴责往往站在反动政治一边的"为艺术而艺术"的纲领，认为它提出的纯粹、自足的艺术作品的观念加深了拜物教。上述指控听起来颇有道理。其正确之处在于艺术作品（服从或取得自身的形式法则的一种社会劳动产品）倾向于将它们自身封锁起来，将自身的存在隔离起来。就此而言，每个艺术作品都可以被指责为虚假意识并写进意识形态的名单。就纯形式而言（也就是不论艺术作品表达了什么），艺术作品是意识形态的，因为它们先验地设定了一种精神实体，仿佛它独立于任何物质生产条件，进而就似乎内在地高于这些条件，似乎它超越了体力劳动和脑力劳动的分离之原罪。这一原罪将艺术捧到天上又重重摔下来。正因为如此，表达了真理内容的艺术作品并不严丝合缝地符合艺术的概念。为艺术而艺术的理论家，如瓦莱里，业已指出了这一点。然而，艺术不会仅仅因为它们的拜物教之罪就完蛋了：因为在这个一切都以社会为中介的世界上，没有什么能置身事外，不受谴责。艺术作品的真理内容——其实是它们的社会真实性——恰恰是通过拜物教特性表达的。他律的原则显然和拜物教正好是一对，其实就是交换的法则，只不过它给统治戴上了面具。免于统治的自由只有通过不屈服于他律原则的东西才能表达出来；只有无用的东西才能代表被压抑的使用价值。艺术作品是不再被"交换、利润和虚假的人类需要"所扭曲的事物的特命全权大使。在总体的表象中，艺术的自在存在的表象就是真理的面具。马克思蔑视弥尔顿拿了《失乐园》的酬金（《失乐园》并没有作为对社会有用的劳动而出现在市场上），马克思对有用劳动的指责是艺术反对资产阶级社会对艺术的功能化的最强有力的辩护（艺术对社会的非辩证的谴责只能使这种功能化永远持续下去）。

自由解放了的社会将超越作为它付出的错误代价的"非理性"，也将超越效用的"目的－手段合理性"。这样的理想转译为艺术的密码，并且是艺术的社会爆炸力之源。尽管巫术的拜物教是艺术的历史根源之一，仍然混合在艺术作品之中的这种拜物教要素正是超越商品拜物教的要素。艺术作品无法去除这个要素，也无法否认它。对社会而言，艺术作品极其突出的表象要素乃是真理的一种官能，即一种矫正。如果艺术作品脱去了连贯性的拜物教外衣，不再像是（它们不可能是）绝对存在，那么它们就会毫无价值；但是，如果艺术意识到它们的拜物教性质，并且像19世纪中期以来发生的那样顽固地坚持这种拜物教，那么艺术的存活就岌岌可危了。艺术不能倡导欺骗，甚至说没有欺骗就没有艺术。这就让艺术陷入了两难境地。唯有一法可破，也就是要理解艺术的非理性当中的理性。试图用现实的、极度可疑的政治介入来克服拜物教的艺术作品往往陷入了虚假意识，这是它们不可避免、自吹自擂的简单化造成的结果。它们盲目地追随一种近视的实践，盲目是它们对该实践的唯一贡献。

【接受和生产】

艺术的对象化，也就是社会从其外部视角看到的艺术的拜物教，本身就是社会分工的产物。因此，假如我们想要确定艺术和社会之关系的性质，我们就不能在接受领域中寻找。这一关系发生在接受之前，发生在生产领域。就艺术的社会阐释而言，应当更多地强调艺术生产而不是研究其效果——由于社会的原因，许多效果应完全偏离艺术作品及其客观的社会内容。自从很久很久以前，人对艺术作品的反应就经过了最高程度的中介；他们不是直接和作品的特征发生联系，而是以社会总体为中介的。简言之，社会效果研究既不能表明艺术的社会维度，也不处在对艺术加以指导规范的位置上（当它受实证主义影响时）。接受理论对艺术现象的规范论解释将他律强加于艺术，它比艺术的拜物教特性固有的意识形态束缚更为强制。艺术和社会相交汇于艺术作品的内容中，而不是在艺术之外的什么地方。这也适用于艺术史。个人的集体化破坏了社会生产力。现实的社会历史在艺术史中复活了，因为起源于现实历史又脱离了现实历史的生产力在艺术中拥有了自己的生命。因此艺术是一种短暂的记忆。艺术保存了短暂的东西,将其改头换面地加以呈现。这就是对艺术的时间性内核的社会学解释。艺术回避社会实践,从而恰恰成了社会实践的模型:任何真正的艺术作品本身都是革命的。然而,社会固然通过生产力和生产关系的统一潜入了艺术并在那里消失不见,但艺术本身(乃至最进步的艺术)也就更容易被社会整合了。这样的整合并不像进步主义的陈词滥调说的那样,它并没有以追认的形式带来对艺术合法性的祝福。接受总是会钝化艺术的批判锋芒,即艺术对社会的坚决否定。作品第一天问世的时候是最有批判力的,此后就被中和了,这不仅仅是因为社会关系的改变。中和是艺术为它的自律付出的社会代价。一旦艺术作品被埋在文化商品的万神殿里,它们就毁了——其真理内容也完蛋了。在这个被行政管理的世界上,中和无所不在。超现实主义一度揭竿而起,反抗艺术异化为一个高高在上的独立领域的拜物教分裂。然而超现实主义毕竟还是艺术,它不得不走出抗议的纯形式。许多超现实主义画家并不像安德雷·马松那样认为绘画的质量有多重要,他们在丑闻和社会接受之间达成了平衡。最终,萨尔瓦多·达利等人声名鹊起,甚嚣尘上。当危机平息后,拉兹洛或凡·东根这一代人便以他们的"成熟老练"而声誉卓著。这就为超现实主义带来了虚假的死后盛名。像超现实主义这样的现代潮流——突如其来的令人震惊的内容彻底破坏了形式法则——是注定要跟世界媾和的:世界发现了容易接受的未升华材料,只要去除其批判锋芒。在艺术被全面中和的时代,虚假的和解也降临在完全抽象的绘画上:非表征的艺术适合装饰暴发户们的墙壁。至于这是否降低了艺术作品的内在品质,倒不是很确定。反动派强调这一危险时的兴奋是反对该现实的。实际上,严格地按照社会的结构问题来构想艺术和社会之间的关系,便会沦为彻头彻尾的唯心主义。艺术的二重性——它既是自律的,也是社会事实——一再表现在两个领域的互相依赖和互相交锋中。有时候,对艺术生产进行直接的社会经济干预,比方说,画家和艺术商签订了长期合同,而那些艺术商总是不断为作品寻找着"个性",直说就是噱头。德国表现主义迅速衰落,其艺术上的原因就是作品的一般概念（表现主义仍然以之为目标）与绝对嚎叫的特殊概念之间的矛盾。表现主义的作品若不背叛自己就无法取得成功。同样重要的是，表现主义昙花一现的另一个原因是它在政治上的过时：当它的革命冲动未能转变为现实，当苏联开始迫害激进艺术时，它便一蹶不振了。迫于生计，属于这一无人问津的运动（表现主义引起人们的关注还要等上四五十年）的作者们纷纷"下海了"。只要看看经历了第一次世界大战的大多数德国表现主义作家便可见分晓。我们从表现主义者的命运中学到的社会学教谕是："稳定的职业"这个资产阶级的观念要比激励着表现主义前行的"表现自我"的需要更加要紧。在资产阶级社会中，艺术家也和其他精神劳动部门一样，只有在被迫选择了"艺术家"作为职业标签之后才能做一个艺术家。金盆洗手的表现主义者们毫无愧疚地选择了有市场前景的题材。因为对他们来说，继续生产的美学必要性不复存在，只剩下经济必要性。因此战后的表现主义作品无关痛痒，无足轻重。

【题材的选择；艺术主体；与科学的关系】

在艺术与社会的诸多中介联系里，题材（艺术中或显或隐的对社会现象的处理）是最表面、最容易弄错的。今天，只有东方集团的人民共和国才会主张"刻画煤矿工人的雕塑要比那些没有无产阶级主人公的作品更有社会意义"，这是为了让艺术为宣传服务，为现实目标（通常是提高生产）服务。埃米尔·穆尼爱的理想化的煤矿工人和他本人的现实主义都完美契合于资产阶级的意识形态，它通过证明无产阶级也有美丽的人性和高贵的品质，从而解除了无产阶级的武装。不折不扣的自然主义也是资产阶级的个性结构的一部分，是一种被压抑的（用精神分析的术语说，肛门期的）快感。自然主义者倾向于从他抨击的赤贫和苦难中获得满足。例如，左拉就像"血与土"的意识形态家那样赞美繁殖，而且说了很多反犹主义的垃圾话。就题材而言，艺术的控诉往往是挑衅与顺从的混合物，两者难以分辨。这同样表现在20世纪30年代的一部具有鼓动性质的合唱作品中；它的立意是让失业工人发出他们不满的声音。作品表现出正确的政治观点（尽管并不是最进步的意识）是一回事，而在作品前面的指导语里写上"用丑陋的方式唱"就是另外一回事了。因为问题很明显了，咆哮和粗鲁的艺术态度究竟是在谴责现实还是在认同现实呢？也许谴责只有通过一定的形式才可能表达出来。只重视主题的社会美学彻底忽略了形式。赋予艺术作品以社会意义的是通过作品的形式结构表达出来的内容。这里的绝佳例子是卡夫卡。他在作品里从来不直接讲述垄断资本主义。然而，他聚焦于这个行政管理世界的渣滓，便将中了社会总体之魔咒的非人性展露无遗，而且他的揭露极具力量，毫不妥协，远胜过他写一些腐败的工业托拉斯之类的小说。形式是理解卡夫卡的语言中具体表现出来的社会内容的关键，卡夫卡语言的客观性，其极简主义的风格经常为人称道。敏感的读者一定会觉察到卡夫卡的冷静风格和高度想象力的事件之间存在的反差。反差带来了很好的效果，因为准现实主义风格的描写将遥不可及的、不可能的事情变得近在咫尺，迫在眉睫。对于有社会责任感的读者来说，对卡夫卡的形式中的现实主义特征的这种批评可能是过于艺术的批评，然而这一批评也具有社会的维度：那些现实主义特征似乎安于某种秩序的理想，也许就是过过小日子，安守本分的理想，这一理想当然是对社会强制的掩盖。描述"世界就是如此"的语言模式，乃是卡夫卡将社会的魔咒转译为艺术表象的中介。他明智地克制住了自己，没有称呼该魔咒——似乎那样就会打破它。这一魔咒的顽固遍在性界定了卡夫卡作品的空间，成了卡夫卡作品的先验前提，因此就不会成为他的主题本身。他的语言是表达实证主义构型和神话的工具，其社会性只有在这时才能显现出来。作为古老的魔咒的继承人，物化意识采取了万变不离其宗的新神话形式：它是经验存在的必然性和永恒性的前提和保证。卡夫卡的古代风格的史诗文体是对物化的模仿。虽然他的作品拒绝任何超越神话的企图，但还是用神话揭露了社会的欺骗之网。揭露来自卡夫卡的语言。在他的叙事中，荒诞性是不言而喻的，就像在社会现实中那样。有些艺术作品仅仅反刍了它们要处理的任何社会材料本身，还扬扬得意地将这种与第二自然的代谢交换自诩为艺术的社会反思，然而对社会而言，这类作品等于是默不作声。艺术的主题是社会，而不是个人。强制性的集体化或题材的选择并不能使作品成为社会的。在压抑的集体主义时代，孤独的、手无寸铁的艺术生产者身上具有抵抗"压迫的大多数"的力量——这种抵抗力量成为衡量艺术作品及其社会真实性的标准。当然，这并不排除艺术创作的集体形式，诸如勋伯格憧憬的作曲家工作坊。艺术家不断地把一种否定其自身直接性的要素纳入他的作品创作中，这就意味着他不自觉地服从了社会的普遍性：当他修改完善其作品时，一个尚未完成的集体主题在他的身后看着他。艺术客观性的观念本身是跟社会解放紧密相连的。社会解放指的是这样一种状况，在其中，客体依靠自身的努力，从社会常规和社会控制中解放出来。艺术作品不能满足于像古典主义一样含混而抽象的普遍性。相反，它们以分裂为基础，也就是说，以具体的历史情境为基础。艺术的社会真实性取决于艺术本身是否向那些具体内容开放，将它们吸收为自己的主题。与此同时，艺术的形式法则并不抹平裂缝，反而关注的是如何塑造裂缝。

无论科学对艺术生产力的发展有多么深刻的（但基本上还不明朗）影响，无论社会对艺术的渗透——恰恰是通过艺术从科学中借用的那些方法——有多么深，艺术生产都完全不是科学的，哪怕是一部彻头彻尾的构成主义作品。在艺术中，所有的科学发现都不再是"科学的"：这明显体现在绘画中的光学透视法则的修正上，体现在音乐中的自然的泛音关系上。艺术慑于技术的威力，为了保住自己的一亩三分地，试图宣告自己正转化为科学。艺术错误估计了科学在经验现实中的地位。当然，审美原则也不是像非理性主义认为的那样，是跟科学对立的，是神圣不可侵犯的。艺术不是文化对科学的任意补充，而是对科学有着批判性的张力。比方说，文化和人文科学被指责为缺乏精神，这种指责是正确的，而缺乏精神的原因几乎总是因为缺乏审美辨别力。恐怕就是因为这个原因，每当艺术（无论怎么理解艺术）干预科学领域的时候，自信的科学总是狂躁地要求"静一静，别烦我"；一个人擅长写作，那他就是"艺术家"，那他就足以受到科学的质疑。思维的粗糙指的就是缺乏在某个主题内部进行辨别的能力，而辨别力不仅是一个知性的范畴，也是一个审美的范畴。这不是说要把科学和艺术融合起来，但是在这两个领域都有效的那些范畴并不是完全不同的。随波逐流的意识倾向于与此相反的观点，部分原因在于它无法区分这两者，部分原因在于它拒绝承认同样的力量活跃在不同的领域之中。对道德来说也是这样。对物的野蛮潜在地就是对人的野蛮。粗野——恶的主体内核——被艺术先验地否定了，对于艺术来说，完美形式的理想是不可或缺的：这一条，而不是什么道德观的声明或是追求道德效果的奋斗，才是艺术对道德的作用，才使得艺术成为一个更有人性价值的社会的一部分。

【艺术作为活动方式】

社会矛盾和阶级关系在艺术作品的结构上打下了烙印。相比之下，艺术的外在政治立场只是附带的现象。它们经常妨碍了艺术作品的表达，最终甚至破坏了其社会的真理内容。在艺术中，政治信念毫无用处。值得怀疑的是，古希腊的悲剧（包括欧里庇得斯的悲剧）到底在多大程度上卷入了那个时代的剧烈的社会冲突？无论如何，和悲剧的神话主题相反，悲剧形式的基本倾向是命运魔咒的解除和主体性的诞生；在社会政治上，这不仅见证了从封建家庭制度中逐渐解放出来的过程，也见证了神话的律法与主体性之间的冲突、天命所归的统治权力与进入成熟状态的觉醒人类之间的对抗。恰恰是这一对抗与历史哲学倾向的结合，才构成了古希腊悲剧的先验形式（而不仅仅是主题材料），并赋予古希腊悲剧以重大的社会意义：社会越是真实地出现在古希腊悲剧中，就越不是它想要表现的对象。作为艺术作品的美德，现实的政治倾向也和人类的美德一样深藏不露，位于艺术作品的深处——在那里，社会矛盾转变为形式的辩证法：艺术家用艺术作品的综合来表述这些矛盾，就这样履行了他们的社会职能。就连卢卡奇在晚年时也转向了这些思考。通过对这些无言、沉默的社会矛盾的表述，外在形式就呈现为一种实践。它并非逃避现实的实践，而是把艺术转化为一种活动方式，从而实现了艺术本身的观念。艺术是实践的一种形式，无须为它的不直接行动而道歉。就算艺术想直接行动，它也做不到，艺术的政治影响力（包括所谓介入艺术在内）是很成问题的。艺术家的政治立场有助于干预顺从的意识，然而对作品的实际进展毫无意义。比方说，伏尔泰逝世的时候，莫扎特发表了一些骇人听闻的政治观点，这跟莫扎特音乐的真理内容毫无瓜葛。另一方面，当艺术作品面世之际，也是不能与其政治意图抽离开来的。假如有人严格依照布莱希特的作品的艺术价值来评价他本人的意义，那就跟按照他的政治观点来评判他一样片面愚蠢。社会在艺术作品中的内在性是艺术的基本社会关系，而不是艺术在社会中的内在性。艺术的社会内容不是外在于个体化原则的，而是内在于个体化之中，而个体化本身就是社会的现实。艺术的社会性是被掩盖的，只能通过对艺术的阐释才能把握它。

【意识形态与真理】

有些艺术作品是彻头彻尾的意识形态，但真理内容在其中依然能够占据一席之地。意识形态是社会必然的幻象，既然它是必然的，那么它一定也是扭曲的真理形象。有社会意识的美学与庸俗美学的区别之一就是它反思对艺术作品意识形态的社会批判，而不只是复述这些社会批判。19世纪的德国小说家阿达尔贝特·施蒂夫特就是这种作家的一个典型：尽管他怀着十分明显的意识形态目的，但其作品中包含着真理。施蒂夫特的意识形态首先体现在他选择的保守主义、复辟派的反动题材上，体现在他试图教育读者的寓意上；其次体现在形式的客观主义姿态上，他显微镜般地精心描写小事物，似乎讲述着一种有意义的正确生活。难怪他成了怀旧的贵族资产阶级的偶像。一度让他颇为神秘地声名鹊起的这

个阶层现在已经销声匿迹了。但施蒂夫特根本没有死。这位作家的和谐
与和解太过夸张了，尤其是对他的后期散文来说。在那些作品中，客观
性硬如面具，"对生命的召唤"则宛如一种自卫仪式。透过离奇古怪的日
常世界，闪现出被异化的主体的秘密及其被压抑的痛苦，从而就表现了
未和解的现实生活。照在施蒂夫特的成熟作品上的光线是苍白的，似乎
它对快乐的色彩过敏。它几乎就像一幅铅笔素描，因为它把一切冒犯社
会现实、令其不安的东西统统排除在外——那些东西不仅与作家的思想
不相容，也和他从歌德那里学来并坚持的先验史诗不相容。在施蒂夫特
的散文中，散文形式与资本主义社会之间的差异所透露出来的东西获得
了表现（这与散文的意图相悖）。意识形态的夸张间接地赋予作品以非意
识形态的真理内容，让施蒂夫特的作品一举超越了同时代的励志鸡汤类
田园文学，并具有了尼采仰慕的那种本真性。施蒂夫特的作品是诗学意
向（乃至艺术家直接表现在作品里的意义）与其客观内容相龃龉的那种
艺术的典范。在他的作品里，内容真的是对意义的否定，而要不是作品
想要提出一种意义（但作品本身的构造随后取消和改变了该意义）的话，
这一内容根本就不会存在。像施蒂夫特的作品一样，肯定通常会成为绝
望的密码；反之，内容的纯粹否定性总是包含着一丝肯定。如今所有那
些视肯定为禁忌的作品放射出的光芒正是不可言传的肯定的表象，是似
乎曾经存在过的非存在物的曙光。它的存在要求在审美表象中闪着光；
而对不存在的东西的显现就成为对它的允诺。存在与非存在的星丛是艺
术的乌托邦形象。虽然艺术被赶到了绝对否定的立场上，但恰恰由于这
种否定性，它绝不会是绝对否定的。艺术并不把这种内在的、矛盾的肯
定性要素发展成为它们对现实存在（即社会）的立场；相反，艺术内在
地发展于这一肯定性之中，将它们投入到暮色之中。今天，任何一种美
都得面对如下问题：它究竟是真美呢，还是静止不变的肯定性要求的虚
假？在某种意义上，对实用艺术的厌恶就是整个艺术的恶心——每当音
乐和弦响起，每当色彩出现在眼前，艺术都觉得恶心。这种恶心无须用
艺术的社会批评来做外部诊断。相反，它直接源自审美范围内的形式构

成。审美感官的高度敏感性和社会造成的对艺术的过敏渐行渐近。

　　真理与意识形态并不是分别代表善与恶。艺术同时包含着这两方面。这种双重特征反过来同时导致了对艺术的意识形态滥用和废除艺术的冲动。只要从艺术作品中的仿似乌托邦再向前迈出一小步，就会像席勒的高论中的女人一样，落入艺术撒在尘世的那些天国玫瑰的臭气里。社会越是给包括艺术在内的一切事物指派一定的功能，从而公然走向更高的总体性，艺术就越是彻底地被两极分化为意识形态和抗议。两极分化只会伤害艺术。绝对的抗议限制了艺术，推迟了艺术自身的存在理由；意识形态则把艺术降格为一种浅薄的、极权主义版的现实复制品。

【"有罪"】

　　尽管德国的艺术在灾难过后又得以复建，但它的出现本身就散发出明显的意识形态气味，都不用看内容或主题。艺术与已经发生的恐怖（以及正威胁着我们的恐怖）之间的差异如此巨大，使得艺术被谴责为犬儒主义。哪怕在艺术直接表达恐怖的时候，也转移了人们对恐怖的注意力。战后艺术的对象化意味着对现实的麻木，这就把艺术的角色降低为野蛮主义的狗腿子。对立的立场也没让艺术好到哪里去：艺术放弃了对象化，就是直接合作，哪怕采取了引起争议的介入的形式，也同样屈服于恐怖。目前，所有艺术作品——包括激进的作品在内——均染上了保守的色彩，因为它们有助于强化"精神文化领域"的独立存在，而精神与文化在实践中的软弱无能，与浩劫之原则的共谋关系实在是太明显了。尽管如此，不应该简单地废弃这一保守的要素（与社会整合的总体趋势相反，该因素在越优秀的作品中就越突出）。除非最高级形态的精神能够存活和坚持，否则就不可能反抗社会总体的全面统治。如果进步的精神没有给人类留下他们随时准备兑现的东西，那么人类就会陷入野蛮状态——这是任何理性的社会秩序都要防止的。虽然这个被全面管理的世界仅仅容忍了艺术的存在，即便如此，艺术也会表现出它无法忍受全面管理，表现出某些被全面管理压抑了的东西。希腊的新专制者知道自己为什么要禁演贝克特的戏剧，虽然剧中没有一个字眼儿涉及政治。艺术的非社会性是其社会合法性的证明。为了和解的缘故，真正的艺术作品务必根绝一切和解的记忆痕迹。同样，就连分崩离析的作品也无法避免的"统一性"总是带有旧和解的痕迹。对社会来说，艺术作品生来就是有罪的，任何配得上艺术这个名字的作品都在努力地试图赎罪。它们存活的机会在于努力为朝向综合的发展赋予一种不可和解的形式。假如没有了综合，也就是说，艺术不以自律作品的身份来质问现实，那么在现实的魔咒之外就空无一物了。精神的孤立原则给精神自身下了个魔咒，但解铃还须系铃人，既然该原则使魔咒成了确定的东西，它同样也就成了破除魔咒的原则。

【高级艺术的接受问题】

倾向于消灭一切前定的秩序观念的"艺术唯名论"，其政治含义在现代艺术的敌人那里（直至爱弥尔·施泰格）是很明显的。他们对自己所称的指导原则（Leitbild）的支持，也正是对社会压抑尤其是性压抑的支持。反动的社会立场和对艺术上的现代倾向的憎恶之间的关联（对服从型人格的分析揭示出这一关联）铭写在新、老法西斯主义的宣传之中，也得到了经验性社会研究的确证。对神圣不可侵犯的文化商品的所谓破坏——它甚至使得人们再也无法获得这种"神圣"体验了——激起了愤怒，这些愤怒却掩盖了愤愤不平者的真正破坏性的愿望。对于占统治地位的意识来说，凡是"将有一个与它不一样的世界"的意识都等于混乱，因为它源于一个石化的现实。不可避免的是，最高声地责骂现代艺术的无政府状态（大部分指责是无中生有）的那些人确信他们在一知半解的低级错误的基础上就能确定敌人的性质；事实上，没人对他们做出回应，因为他们预先就决定了要拒绝他们从一开始就不打算体验的东西。在这方面，劳动分工应承担部分责任。正如外行难以理解核物理学的最新发展成果一样，门外汉也难以直接把握新音乐或绘画的极端复杂性。然而物理学的不可理解性得到了认可，人们认为物理学基本上是合理的，它的定理是任何人都可以理解的；现代艺术的不可理解性却被贴上了"精神分裂的胡说八道"之类的标签，哪怕审美上不可理解的东西向经验的让步并不亚于科学的晦涩。

如果艺术能够实现其人性的普遍性，那么它只有通过严格的分工才能做到：其他的手段都是虚假意识。上乘的作品，那些形式完善的作品，在客观上并不像无数表面和谐、内里杂乱的作品那样混乱。几乎没有人为此困扰。就深层心理而言，资产阶级的特性是和它们更好的判断力相反的，它们更青睐低级的东西；对于意识形态来说，最重要的是它从不完全相信，于是它从自我蔑视前进到了自我毁灭。半瓶子醋们坚持说着"我喜欢它"，而面对迅速炮制出来愚弄消费者的文化垃圾这一事实，便只能尴尬地、犬儒主义地"嘿嘿"干笑几声：作为闲暇时间的消遣，艺术应该是温暖舒适、轻松、不费脑子的；人们容忍这种欺骗，因为他们私下里觉得他们的理智的现实主义原则也是平等交换的骗局。正是通过这一与艺术格格不入的虚假意识，艺术的虚构要素，艺术的虚幻性在资产阶级社会中发展起来："世界想要的是欺骗"是艺术消费的绝对律令。这传染给了一切所谓幼稚的艺术经验，就此而言，它们并不幼稚。占统治地位的意识在客观上走向了这种阴冷的态度，因为被管理的人必须放弃成熟（包括审美的成熟）的可能性，所以秩序规定了他们必须恪守自身，并且不惜任何代价。批判的社会概念——真正的艺术作品固有的，无须外加给它们——与社会自己的社会概念（只要社会还想要照原样延续下去，它就必须对自身持有那样的看法）是水火不相容的；占统治地位的意识若要摆脱意识形态，就会危及社会的自我保存。这样一来，许多看似离题万里的美学论争就跟社会相关了。

【艺术与社会的中介】

"出现"在艺术作品之中的社会既是意识形态的，也带着不无争议的真理：这一事实很可能导致历史哲学的神秘化。思辨的思想很容易误入歧途，以为世界精神预先规定了社会与艺术作品之间的和谐。然而，理论不应成为这种和谐概念的牺牲品。发生在艺术作品中并在艺术作品静止下来的过程，同发生在艺术作品的环境中的社会过程其实是一样的——用莱布尼茨的话说，艺术作品用"没有窗户的方式"再现了这一过程。艺术作品的各个要素要求其形式总体服从的内在法则，是和艺术之外的社会相关的。艺术劳动是社会劳动，艺术作品是劳动产品，所以社会生产力与生产关系也复归于艺术作品的"形式"——没有任何现实性的形式。艺术作品的生产力与社会生产力并没有什么不同，区别仅在于现实社会不参与艺术生产力的构成。艺术作品所做的一切，所生产的一切几乎都能在社会生产中找到原型，无论是多么隐蔽的原型。正是这种亲缘关系使得艺术作品在其内在性的管辖范围之外仍然具有效力。如果说，由于艺术作品（社会产品）拒绝了所有其他商品迫不及待想要的"为社会而存在"的假象，所以它们是绝对的商品，那么起决定作用的生产关系——商品形式——也就和社会生产力一道（也和两者之间的对抗一道）影响着艺术作品。绝对的商品摆脱了商品形式固有的意识形态。商品形式假装它"为对方而存在"，但讽刺的是它仅仅"为自己而存在"：它只为掌权者存在。从意识形态向真理的这一颠倒是审美内容的颠倒，而不是艺术对社会的立场的颠倒。不过，即使是绝对的商品，艺术还是可出售的，并且形成了一种"自然垄断"。在市场上出售艺术，比如以前在集市上出售陶器和小雕像，并不是艺术的误用，而仅仅是艺术卷入了生产关系之后的顺理成章的结果。完全没有意识形态的艺术恐怕完全不可能。仅仅跟经验现实相对立，并不足以使艺术成为非意识形态的艺术。萨特正确地指出，"为艺术而艺术"的原则（自波德莱尔以来，该原则彻底支配了法国的艺术，就像与之对立的"艺术作为道德教化工具"的审美理想彻底支配了德国艺术那样）之所以得到资产阶级的完全认可，是因为它成了中和艺术的手段（德国资产阶级也正是怀着同样的愿望，将艺术挪用为社会控制和秩序的同盟军）。"为艺术而艺术"的意识形态性并不在于它提出了艺术与经验生活之间的根本对立，而在于这种对立是抽象、肤浅的。"为艺术而艺术"倡导的"美"的理念——至少在波德莱尔之后——并非古典的形式主义理念，但它确实摒弃了所有不符合"美"的经典教条的内容（在它们遭遇形式法则并因此成为反艺术之前），斥之为捣乱破坏。正是本着这一精神，斯特凡·格奥尔格在给雨果·冯·霍夫曼施塔尔的一封信中指责霍夫曼施塔尔，认为他在《提香之死》中让画家死于鼠疫的做法极不合适。"为艺术而艺术"的美的概念既是异常空洞的，又是被主题内容束缚着的：一种做作的青年艺术风格，类似于易卜生对缠绕着某人头发的藤叶或"美丽的死亡"的描写。无法明确规定自身的"美"只能靠它的对立面来界定自身（其根基飘在空中），它命中注定只能是人为的装饰。"美"的概念之所以有很大的局限性，是因为它仅仅直接与社会相对立，认定社会是"丑"，而不是像以前的波德莱尔和兰波等人那样，从社会内容中（在波德莱尔那里就是巴黎的意象）提炼出这一对立并投入试验：只有这样，才能将纯粹的距离转变为坚决否定的干预。新浪漫主义与象征主义的"美"之所以如此迅速地沦落为消费品，就是因为审美理想的自给自足，也就是说，它在唯一能够让形式成为形式的那些社会因素面前太胆怯了。这些艺术把商品世界置之一旁，存而不论，就等于撒谎说它不存在。这一欺骗使这些艺术成了地地道道的商品。隐含在"为艺术而艺术"的作品之中的商品形式就内在地将这些艺术谴责为媚俗（Kitsch），就像今天的人们那样嘲笑着它。在兰波的"艺术主义"中，很容易就看出尖酸刻薄的社会讽刺与温顺的服从要素是同时存在的，这种驯顺类似于里尔克在滑稽歌舞表演和旧箱子的香气面前表现出来的欣喜若狂。最终的赢家是"为艺术而艺术"中的肯定方面，这一胜利也就宣判这一审美理想完蛋了。今天，艺术的社会境遇是两难困境。如果艺术放弃自律性，它就出卖给了现存秩序；但如果艺术试图严格固守在自己的一亩三分地，不逾越自律性的雷池一步，那么艺术同样参与了社会整合，它就成为诸多与世无争的无害领域之一。上述困境折射出吞噬一切的社会总体性。现代主义对交流的拒绝只是非意识形态的艺术的必要条件，而不是其充分条件。非意识形态的艺术的核心要求是表现力，通过这种张力，艺术作品成为"无言的雄辩"。艺术作品的表现揭示出艺术作品是社会的伤痕；表现是艺术作品的自律形式中的社会酵素。一个明显的范例是毕加索的绘画《格尔尼卡》：这幅完全违背现实主义标准的画作，恰恰是通过非人性的构图才达致了高度的表现，从而磨砺出社会抗议的锋利，而不论学院派怎么误读它。艺术作品的社会批判锋芒就在它受伤痛苦的地方：通过艺术作品的表现（以历史决定的表现方式），现存社会条件的虚假性就暴露在光天化日之下。《格尔尼卡》激发的愤怒反应实际上是对这种暴露恼羞成怒。【……】

【效果、经验；"震惊"】

艺术和实践的辩证关系表现在艺术本身的社会效果上。艺术能不能发挥政治上的影响，的确颇值得怀疑。如果有政治效果，也只是作品附带的效果；如果作品努力干预政治，往往适得其反，损坏了艺术的质量。严格说来，艺术的社会效果是极其间接的，其效果在于艺术参与了精神，而精神能够以隐蔽的方式促进社会的转变，并凝结于艺术作品之中。对象化是艺术参与精神的前提条件。艺术作品的效果并不包括用艺术作品来表现一种对应于外在实践的潜在实践，因为艺术的自律已经发展到远离这种直接性的地方了。相反，艺术的效果是回忆，通过艺术的存在唤起人们的回忆。如果说，艺术作品的历史起源回指向了因果联系（这些因果联系并没有在作品中消失得毫无痕迹可寻），那么，每一件艺术作品都内在地回指向了社会发展进程：艺术作品是某种潜在实践的模型，而这种实践建立在集体主体的秩序之上。无论艺术的效果多么微不足道，无论艺术的形式有多么重要，艺术的内在形式都具有某些效果。

因此，对艺术效果的批判性分析可以揭示出艺术作品的葫芦里到底卖的什么药；这方面的一个例子就是理查·瓦格纳的音乐作品的意识形态效果。从社会的角度去反思艺术作品及其内部化学反应，这并没有什么错，错的是自上而下地将抽象的社会关系强加于艺术作品，而漠不关心历史的因果联系与艺术内容之间的张力。艺术作品是否介入实践，在多大程度上介入实践，不只是艺术自身说了算的，更重要的是取决于社会因素。博马舍的喜剧肯定算不上是布莱希特或萨特意义上的介入文学，但它们的确具有不可低估的政治影响，因为其栩栩如生的内容符合某种社会运动，该运动欣喜地发现喜剧对它不吝溢美之词。因为艺术的社会效果是间接的，所以它看起来是自相矛盾的：它自诩的自发性其实依赖于社会的普遍倾向。与此相反的是布莱希特的作品。虽然从 1929 年的《屠宰场的圣琼》之后，布莱希特就希望他的作品能引发社会变革，然而其社会政治效果可以说是零；布莱希特这样敏锐的人当然不可能觉察不到这种政治无能。他的作用可以概括为"对得救者布道"。他以为运用间离效果便可以引起观众的思考。一方面，布莱希特对反思态度的要求十分奇怪地同自律艺术对受众的"客观鉴赏力"要求（能够客观地认识艺术作品）合流了。另一方面，布莱希特的说教姿态表现出对歧义的零容忍，而歧义正是思想和反思的源泉。这时的布莱希特是极权主义的。也许这样的极权主义是布莱希特对他的教育剧的政治无能的反应：作为操纵技术的行家里手，为了获得想要的效果，他愿意无所不用其极，不惜采取任何强制手段——他当年为了出名就曾不择手段。尽管如此，艺术作品之所以获得了自我意识——也就是说，艺术自视为政治实践的一个要素，从而获得了反抗其意识形态神秘化的力量——这在很大程度上仍然要归功于布莱希特。布莱希特对实践性的崇拜是他的全部作品的一个构成要素，因而无法简单地将这一要素从其作品里远离实践领域的那部分（即作品的真理内容）中消除。艺术作品——拒绝屈服于粗糙的宣传的艺术作品——没什么社会效果，一个重要的原因就是它们不得不弃用那些便于公众接受的传播手段，以免沦为十面埋伏的传播系统的爪牙。如果艺术作品还有一些社会效果的话，那么它们不是通过叫嚣和灌输，而是用很少被人理解的方式来改变意识。无论如何，宣传煽动的效果很快就会烟消云散，也许是因为这类作品让人觉得完全不合乎理性：它们不可破除的原则就是直接的实践冲动。审美教育引导人们远远离开艺术和现实尚未分化的"前审美"杂质。由此产生的距离不仅让艺术作品的客观性昭然若揭，也影响到了主体的行为。也就是说，审美教育切断了原始的认同，取消了作为"经验的、心理学的个人"的接受者——这有利于接受者和艺术作品的关系。对主体而言，艺术要求自我的外化（布莱希特对移情美学的批评正是此意）。这一外化是实践的，因为艺术将体验着艺术并走出他自身之外的个人定义为政治动物，就像艺术本身是客观实践活动，因为它形成着、培养着意识（不过，艺术必须放弃劝服，才能成为这种实践）。只要对艺术作品采取这样一种客观的态度，就很难被直接诉诸行动的观点所蛊惑。这一态度是跟符合艺术作品的认知特性的"理解的态度"不相容的。艺术作品冒犯了普遍流行的需求，让熟悉的东西呈现出别样的光彩，从而就这样满足了变革意识的客观需求，而意识的变革最终可能会导致现实的变革。如果艺术一味迎合现有的需要，以求得到它求之不得的效果，那么这恰恰剥夺了艺术原本能够"供应"给人们的东西。审美的需要是相当模糊的，说不太清楚的；文化产业的实践并没有像他们想让世界相信的那样，像很多人乐意声称的那样改变这些需要。文化已然失败，该事实表明了主观的文化需要完全是由供应方和流通体制决定的，而不是单独存在的。对艺术的需要基本上是一种意识形态：人离了艺术也能活，不但客观上如此，在主观上也符合消费者心理的经济学。消费者能够毫无困难地随着其生存状况的改变而调整其趣味，他们的趣味遵循着最小抵抗法则。如果社会对其成员的教诲是各人自扫门前雪，那么在这一社会中，现存物质生活再生产条件（离了它们就不能活下去的那些东西）之外的任何东西都将是多余的。当下对艺术的大多数反叛就属于这一类：在物质的贫困荒唐地持续着的时候，在野蛮大规模自我复制并扩张的时候，在大毁灭的灾难威胁一直存在的时候，任何不全心全意地维持生命的现象都显得愚蠢可笑。一方面，文化工业吞食了一切艺术产品，哪怕是比较优秀的产品，因此艺术家对文化工业来说是无足轻重的；另一方面，文化产业使得它吸收进来的一切艺术都变得在客观上无足轻重。马克思还能够假设"文化需要"是社会发展的成果，但是文化需要的辩证法导致情况发生了根本转折，现在对文化表示尊重的唯一方式就是忘掉它，就是抵制它的狂欢。宁可挨饿，也不被"填鸭"。"文化需要"这个概念不仅在经验现实层面遭到批判，也遭到了审美动机的批判。艺术作品意在中断"需要和满足"的永恒交换，而不是供应一些替代满足品，辜负了那些没有得到满足的需要。无论是美学的需要理论还是社会学的需要理论，都采用了"经验"这个老概念。就审美经验（假如它的确存在的话）而言，经验概念的缺陷是明显的。它假设了经验的客观内容（说白了，作品的情绪表现）与接受者的主观经验的等同。换句话说，如果音乐显得兴奋，听众也会同样兴奋。然而听众要是有教养的话，音乐表现得越狂野，他就应该越不感兴趣。在审美效果与审美经验的关系中，与艺术最无关的做法莫过于测量听众脉搏频次的那些"科学实验"了。主客观经验等同的来源是不清楚的。按照众口相传的流俗意见，经验中出现（或再现）的恰恰是作者的感觉、感情。但是，作者的情感只是整个作品的一小部分，而且不是决定性的因素。作品不是情感汇报，听众总是最讨厌听情感汇报的，它们恐怕是最不可能激起听众的移情和共鸣的。相反，作者的情感一旦进入艺术自律性的语境，便会发生根本的变化。"经验"理论扭曲了（或压制了）结构要素和模仿表现要素在艺术中的相互作用。它们假设的等同根本不存在。毋宁说，它们把个别因素从语境中抽离出来。该因素远离了作品的审美语境，被转译为经验数据之类的东西，然后又再次返回到作品中，变成了另外一个东西。好的艺术作品引发的震惊感并不用来激发接受者的某些原本受压抑的情绪。相反，这种震惊是一种让接受者忘了他们自己、让他们消失于作品之中的瞬间，是他们被惊呆、战栗、发抖的瞬间，是震颤的瞬间。在这一瞬间，接受者浑然不知自己身处何方；他发现，体现在审美意象中的"真理的可能性"竟然栩栩如生，伸手可及。人与作品之关系的这种最完美的直接性乃是中介的功能，也就是说，是深刻而全面的体验的功能。体验凝结在此一瞬间，它要求的是意识的总体，而不是孤立的刺激和反应。艺术体验，即体验到艺术的真理或虚假，并不仅仅是一种主观经验：它标志着客体性闯入了主观意识之中。恰恰是在主观反应最强烈的时刻，审美经验是以客体性为中介的。贝多芬音乐中的许多情境都美轮美奂，但也因此是有问题的。在《第九交响曲》中，再现部的一开始，作为交响乐发展过程之结果，就赞颂了原初的主题。这种赞颂听起来像是压倒一切的"事情本来就是这样"。现在，震颤的反应染上了担心自己被吞没的恐惧。虽然这音乐基本上是积极乐观的，但同时也显露出虚假的一面。艺术作品不做判断，不用语言，就指向了自己的内容。接受者的自发反应其实是在模仿这一指示动作的直接性。但事情并不是到此为止了。贝多芬音乐中的过渡乐句由于其指示动作而采取了某种立场，这样的立场就将面临批判的质疑："就是这样、只能这样"的力量（艺术正是为了这些瞬间的显现）到底是不是其真理的标志？这个问题要求全面的体验（所谓"全面"指的是体验最终会对不做判断的作品进行判断）做出决定，并且给出一个概念。"经验"仅仅是全面的体验的一个要素而已，而且是一种很容易出错的要素，因为它很容易受人摆布。像《第九交响曲》这样的作品发挥着巨大的催眠作用；它凭借其结构而拥有的力量被转译为对人的影响力。在贝多芬之后的音乐中，原本借用自社会的这种暗示力量又反作用于社会，成为煽动性的、意识形态的东西。

作为"经验"这个流俗概念的对立面，震颤绝不是自我的一种特殊的满足；事实上，它根本毫无愉悦可言。相反，震颤提醒着人清算自我。无论如何，震颤的自我开始意识到自己的局限性和有限性。于是，震颤的体验跟文化工业操纵的"自我的弱化"完全相反。对文化工业来说，震颤这个概念是荒诞不经的胡说八道。这可能是艺术的去审美化的最深刻的动因之一。倘若自我想要瞥一眼自己所在的监狱围墙之外，那么他不可分神，而要全神贯注。这种全神贯注状态防止了震颤这种不由自主的表现突然消退。康德在其论崇高的美学中，诚挚地把主体的力量说成是崇高的前提条件。艺术中的"自我将被毁灭"其实只不过"是艺术"。然而，被称为审美经验的东西必定是真实的心理现象；要是人视之为虚幻，那么它们便是不可理解的东西。经验并不是一种"似乎"。事实上，在震颤的瞬间，自我并没有消失；错乱与迷狂反倒会导致这种彻底的"吾丧我"，但它们与艺术体验并不相容。自我在某一瞬间能充分意识到他从自我保存中解放出来的可能性，尽管他实际上并没有实现这种可能性。审美震颤本身并非表象，它对客体性采取的立场则是表象。震颤在其直接性中觉察到一种宛如现实的"可能性"。自我被一种非隐喻的、打破表象的意识控制住了：这不是绝对，而是表象。从主体的角度看，这就把艺术变成了它的自在存在，是被压抑的自然的历史之声，最终是对自我原则（压抑的内部代理）的批判。这种反自我的主观体验是艺术的客观真理的要素之一。对于那些仅仅将艺术作品与他们本人联系起来的迷途羔羊，根本没有体验到艺术；用来代替经验的是一种假冒伪劣的文化代用品。说它是代用品，也过于简单化了。文化工业的产品要比它的任何一名热心消费者还要浅薄和齐一，这甚至妨碍了它想要达到的"认同"这一目标。就连问"文化工业将什么东西强加于人"，恐怕都是一个太幼稚的问题：文化工业的效果要比这一问法想问的更为发散。它用更多的空虚填补空虚的时间，于是它甚至没有制造虚假意识，而是竭尽全力使一切依然如故。

【介入】

一旦艺术与社会的对立不可调和了（这是由客观的社会趋势和艺术的批判性反思造成的），艺术固有的客观实践性就会转变为主观的意图。人们通常用"介入"来称呼这一主观意图。艺术的介入代表了一个比倾向性艺术更高的反思水平：倾向性艺术只想治好恼人的社会病痛，虽然有时介入也不见得超越了这种"头痛医头、脚痛医脚"的水平，但一般而论，介入旨在改变社会病痛得以滋生的状况，而不仅仅是开处方。就此而言，介入走向了审美上的"本质"范畴。艺术的这种有争议的自我意识是以艺术的精神化为先决条件的。由于艺术对感性直接性（以前人们认为艺术就是感性直接性）越来越过敏，它对原生态的现实（包括社会现实，这是第一自然的升级扩展）的态度也越来越有批判性。对精神化的批判反思使得艺术与其主题之间的关系变得更为突出，这不仅仅是形式上的。黑格尔与感觉论美学的决裂既跟艺术作品的精神化有关，也涉及对艺术作品的主题的强调。通过对艺术作品的精神化，艺术作品本身才转变为可以影响其他精神现象的东西，而原有的观念误认为艺术可以直接作用于其他精神。

不要过分拘泥于艺术的"介入"概念。倘若将它用作审查艺术的尺度，那么，它只会助纣为虐，只会加深艺术在一切可监督的"介入"产生之前很久就一直在反抗的那种统治。这并不是说要像趣味论美学的怪念头那样，彻底摒除"纲领"之类的范畴或其直系后裔。这些范畴由改变世界的渴望和意志所驱动，在这方面，它们表达的内容是合理的主题。但这并没有让它们可以不要形式法则了；就连精神内容也仍然是物质的，仍然是艺术作品耗用的材料，哪怕作者的自我意识坚持认为主题（精神内容）才是本质的东西。布莱希特戏剧想要教育人们的东西，离开了他的教育剧也是能理解的，事实上还不如理论教育说得简明透彻，或者说，所有的教育内容都是布莱希特的观众事先就了如指掌的：富人比穷人过得好；这个世界是不公正的；形式平等的表面掩盖了一直存在的压迫；客观的恶把私人的善转变为其反面；善必须戴着恶的面具（这实在是一种可疑的智慧）。布莱希特把上述种种陈腐的智慧转化为戏剧行动，这种强烈的说教性奠定了他的作品的基调。教育学方法使他开始革新戏剧创作，以图颠覆垂死的"哲学加阴谋"的戏剧。在布莱希特的戏剧中，论点的功能完全不同于内容想要实现的功能。这些论点是戏剧的构成要素，它们使得戏剧成为反幻觉的，有助于意义统一体的崩溃。戏剧的质量是由这些论点决定的，而不是由介入决定的，但介入并非完全与戏剧质量无关，因为介入成了戏剧的模仿要素。布莱希特的介入加剧了艺术作品的自我消解过程：它颠覆了作品。就像在介入中经常发生的那样，由于不断增长的控制和可实用性，原本潜藏在艺术中的东西变成了外在的东西。艺术作品原来的自在存在变成了自为存在。如果没有用自觉的实践来改变世界的憧憬的话，艺术作品的内在性——即它们与经验现实之间的先验距离——是无法设想的。在《罗密欧与朱丽叶》中，莎士比亚并没有刻意提倡一种不受家庭干涉的理想爱情；但是，如果没有对爱情不再受家长制（或其他权力）践踏和谴责的那种社会状况的渴望，这两个爱得至死不渝的人就不会拥有甜蜜——一个不立文字、无迹可寻的乌托邦——迄今为止的几个世纪都对此无能为力。禁止有关任何肯定的乌托邦的知识，这条禁忌一直约束着艺术。实践不是作品的效果，而是蕴藏在作品的真理内容之中。介入能够成为一种审美的生产力，原因就在于此。总的来说，对倾向性艺术的抱怨和对介入艺术的抱怨是同样低级的。保护文化纯洁性的意识形态关怀其实是希望拜物教化了的文化乃至万事万物都保持原状。这种愤怒其实跟它的敌人对过时的"象牙塔艺术"的愤怒没有任何区别——后者宣布，在大众传播时代，艺术必须走出象牙塔。对立双方的公分母是"讯息"概念；尽管布莱希特的良好品位使他没有用这个词语，但是他身上的实证主义不会对这一概念感到陌生。这两种立场是自相矛盾的。《堂吉诃德》则采取了一种特殊的、与此不同的纲领，也就是说，它旨在坚决消灭从封建时代遗留下来，在资产阶级时代苟延残喘的骑士小说。这一低调的纲领使得这部小说成为艺术作品之典范。塞万提斯的作品源于文学类型的对抗，但这一对抗在他笔下的作品中变形为最终具有形而上学维度的不同历史时代之间的对抗，成为对祛魅世界中的内在意义危机的真正表达。《少年维特之烦恼》之类作品没有什么纲领或倾向，却对德国的资产阶级意识的解放做出了重要贡献。歌德以个人情感冲突的形式表现了社会的冲突，这个孤独、没人爱的个人被迫自杀，从而有力地控诉了铁石心肠的小资产阶级——哪怕他甚至没有提及小资产阶级这个名称。总之，资产阶级意识的两种基本审查方式有相通之处：无论是说艺术作品不应寻求变革世界，还是说艺术作品应该为所有人服务，都是现状的卫道士。前者要捍卫艺术与世界的家庭和睦，后者警惕的是艺术要始终符合公众意识准许的那些形式。相反，出世艺术和介入艺术的相通之处在于它们都拒绝现状。物化意识之所以禁止干预，是因为它把已经物化了的艺术作品再度物化了；因为对物化意识来说，与社会对立的"艺术作品的对象化"（物化）似乎只是艺术作品对社会的中和。艺术作品朝外的一面就被误认为与其构成过程（乃至其真理内容）无关的"本质"。然而，本身不真实的艺术作品也不可能有任何社会真实性可言；反过来，虚假的社会意识也不可能具有审美的真实性。艺术作品的社会性和内在性虽然并不完全吻合，但也不像文化拜物教徒和实践拜物教徒相信的那样彻底分道扬镳。虽然艺术作品的真理内容总是超越了它的审美外表，但是它的社会意义仅仅是通过那一审美外表才得到确证的。这种二重性不是强加给艺术领域的抽象规定，而是艺术最重要的要素，并且内居于任何单个的艺术作品之中。艺术是自在的存在，故而是社会的存在；反之，由于艺术中的社会生产力所起的作用，艺术成为自在的存在。艺术作品的社会性与自在性的辩证法是构成艺术作品本身的辩证法：不外化自身的内在性是不可容忍的，而没有任何内在性，没有真理内容的外化则是不可能的。

【唯美主义，自然主义，贝克特】

艺术作品同时是自律的结构和社会现象，这种双重性造成了评价标准的摇摆：自律作品被谴责为不关心社会，最终则被控犯有反动的罪行；反之，做出具有单一的社会意义的语言判断的那些作品既否定了艺术也否定了它们自己。内在批评有可能打破这种非黑即白的选择。斯特凡·格奥尔格早在他提出他的秘密德国的格言之前很久，就肯定是社会的反动派了。反之，19 世纪 80 年代末到 90 年代的穷人诗歌，例如阿诺·霍

尔茨的作品，活该被批评为未经雕琢、毫无美感。两种类型应该用它们
各自的概念来进行审查。格奥尔格自封的贵族姿态是和他们假设的不言
而喻的优越感相矛盾的，因此在艺术上是失败的；诗句"而——我们缺
的不只是一束没药"是可笑的，就像描写那位谋杀了他的兄弟的罗马皇
帝"轻轻提起他的紫袍的长尾"的诗句一样可笑。格奥尔格的野蛮的社
会态度——作为失败的认同的结果——出现在他的诗歌中的语言暴力之
中，这样的语言暴力玷污了格奥尔格本人钦羡的自足作品的纯洁性。在
有纲领的唯美主义中，虚假的社会意识成了赋予其谎言的尖叫声。我们
并不忽视大诗人格奥尔格（不管怎样，他是个杰出的诗人）和平庸的自
然主义者之间在文学质量上的差异，然而他们的共同点在于他们的戏剧
或诗歌的社会内容和批判内容几乎总是流于表面。他们远远落后于社会
理论已经充分阐述了的东西，而他们对社会理论毫无兴趣。阿诺·霍尔
茨对政治伪善的嘲讽《社会贵族》就足以证明这一点。因为他们艺术地
用辞藻来推翻社会，他们就陷入了一种粗鄙的唯心论，例如在一位工人
的形象中，他梦想着往上爬，然而他的阶级出身妨碍了他实现梦想。他
一心往上爬的念头乃是资产阶级的理想，这一出处竟无人追究。自然主
义的革新——废弃传统的形式范畴，使情节更为精炼浓缩，甚至像左拉
有时候做的那样抛弃经验时间的连续性——要比自然主义的观念更为先
进。左拉在《巴黎野蛮人》（Savage Paris）中对经验细节的那种无情的、
非概念式的描写，破坏了人们熟知的小说的表面连贯性，而呈现出一种
不同于后来的单子联结形式的样貌。于是，除非自然主义冒极大的危险，
否则它都是退化的。贯彻意图是和自然主义的理念相违背的。但是自然
主义戏剧充斥着平凡的意图：人物的谈话要平凡，可是按照作者的舞台
说明，他们的谈话就像是从来没有人会说话那样。在现实主义戏剧中已
然弄巧成拙的是，人物未曾开口，观众就明确地知道他们要说什么了。
也许，要是按照现实主义的理念来组织一部戏剧的话，就会违背其初衷，
变成达达主义的东西。然而，现实主义无法彻底清除这种程式化，于是
它承认自己是不可能的，进而实际上取消了自身。一经文化工业的掌握，

它就成了大规模的欺骗。对苏德尔曼^①的同仇敌忾的抛弃也许是因为他的票房成功泄露了最天才的自然主义者隐藏的锦囊：声称绝无虚构成分的每个动作的被操纵性、虚构性；然而，舞台上说出来的每一个字词都是虚构的，不管它如何抵抗，怎么为自己辩解。这些天生的文化商品是很容易被怂恿为天真、肯定的文化形象的。哪怕在审美上，也没有两种不同的真理。彼此矛盾的两种迫切要求如何相互渗透，而不是成为在想要的好形式与适当的社会内容之间搞折中妥协的平庸之作，可以借鉴贝克特的戏剧艺术。在它的关联逻辑中，一个句子引出下一个句子或回答，就像在音乐中一个主题推动其自身的延续或是其反题那样：这种关联逻辑蔑视一切对经验表象的模仿。结果就是，被掩盖的、经验上本质的东西已经用符合其历史重要性的方式被融合了进去，融入作品的剧中人物身上。后者既表现了意识的客观状况，又表现了塑造该意识的"现实"的客观状况。作为真正的客观性的形式，对主体的否定只能用彻底的主体性的形式来表现，而不是诉诸所要求的更高的现实。贝克特的主体被拆解为幼稚、残忍、扮鬼脸的小丑，这才是主体的历史真面目；与之相比，社会主义现实主义太幼稚了。

《等待戈多》中的统治和奴役的关系及其衰老而狂乱的形式，都是这个依然存在着对他人劳动的占有的历史阶段的主题——哪怕人类的自我保存其实已经不再需要剥削他人。这个主题确实是现代社会的基本规律之一，它在《残局》中有了进一步的发展。在上述两部作品中，贝克特的技巧将该主题抛在一边：黑格尔的主奴辩证法一章被转变为不仅具有戏剧功能，也具有社会批判性的逸闻。在《残局》中，地球上的局部灾难——贝克特的最血腥残忍的小丑笑话——既是主题上的假设，也是形式上的假设，因为它消灭了艺术的构成要素（艺术的起源）。艺术的立足点转移到无可立足之处，因为实在没有哪个立足点是可以用来命名灾难

---

① 赫尔曼·苏德尔曼（Hermann Sudermann, 1857—1928），德国戏剧作家、小说家。电影《日出》（1927）的编剧。

或构成灾难的：在这一语境下，"立场""观点"都是荒谬的字眼。《残局》既不是写原子弹的戏剧，也不是没有内容的戏剧；对其内容的断然否定成了它的形式法则，也成了对其整个内容的否定。

由于艺术的出发点，由于艺术和实践的距离，艺术在死亡威胁面前都会由于其纯粹形式的无害性（不管艺术的内容如何）而成为意识形态。贝克特的作品为艺术做出了惊世骇俗的回答。这也解释了流入正剧作品中的喜剧性。它具有社会维度。由于作品有效地蒙蔽了仅仅源于它们自身的那种运动，它们的运动成了原地散步，并自称如此，就像作品的毫不留情的严肃性自称为搞笑和游戏那样。艺术只有暴露自身的假象，暴露其内在的空虚，才能与其存在和解。艺术在今天尤其要恪守的标准就是：以它的外观，绝不同任何现实主义的欺骗沆瀣一气，绝不容忍任何无害的东西。对于任何可能继续存在下去的艺术来说，都必须把社会批判提升到形式的层面上，直至抹去任何外在的社会内容。

【……】

【艺术继续存在的可能性】

对于如今的意识而言，尤其是对学生积极行动分子而言，艺术的内在困难跟它的社会孤立一样，就是艺术本身的罪状。这是历史造成的状况的一个标志，然而想要废除艺术的那些人最不愿意承认的就是这一点。对审美的先锋派行动的这种先锋派破坏，只是一种幻想；同样，以为这种破坏是革命行动，或者以为革命是美的一种形式，也是彻头彻尾的幻想。不懂艺术，这是没有文化，而不是很有文化；介入本身往往只是没有才华或无法专心致志的表现，是外强中干的表现。积极行动派最近的把戏都是法西斯主义玩过的：重新评价自我的弱点，把"不能升华"说成是至高无上的品质，并对"不抵抗"加以道德奖励。据说，艺术的时代已经终结；现在的问题是要实现其真理内容，而这无非就是艺术的社会内容：这种判决是极权主义的。今天，据称只是从材料中读出的那些东西，愚不可及地为它对艺术的判决而提供的那些最强有力的理由，其实是对材料施加了最大的暴力。禁止艺术的时刻，下令不允许艺术继续存在的时刻，就让艺术赢得了在这个被管理的世界中的存在权利，而对艺术的否决本身就像是一种行政管理行为。想要废除艺术的人都抱着这样的幻想，决定性变革的大门尚未封闭。夸张的现实主义就不现实主义了。每一真正的作品的制作都和艺术已经无事可做的宣言相矛盾。在这个正走向全面野蛮的半野蛮社会中，废除艺术本身就是野蛮主义的社会伴侣。尽管他们持续的压制是具体的，但他们抽象、简单粗暴地判断问题，没有看到被最近的审美行动派压制的未曾解决的具体任务和可能性。比方说，真正自由的音乐这一任务及其可能性——它是通过自由的主体实现的，而不是被抛弃为物一般的异化偶然性的存在。艺术是否必要，这个问题还没有遭到反对意见。然而这个问题是个假问题，因为艺术的必要性——如果讨论的是自由王国，艺术这个概念就一定存在——就是它的不必要性。用必要性这个标准来衡量艺术，就偷偷地延伸了交换原则，延伸了市侩们"能从艺术中得到什么"的关切。如果认为艺术只不过是对被强加的现状的顺从的沉思，因而认为艺术已经让人忍无可忍：那么这种判决本身就是一种陈旧的资产阶级姿态，挤眉弄眼地担忧"这一切到底哪儿是个头啊？"这种目的论恰恰是对艺术有害的，因为艺术全权代表着尚不存在的自在存在。就其历史哲学意义而言，艺术作品越重要，它们就越不符其历史发展阶段。上述问题是社会控制的一种隐蔽形式。许多当代艺术作品呈现出无政府主义的特征，那便意味着逃脱社会控制的愿望。把艺术一棍子打死的判决本身也铭刻在这些作品里头，作品想要用它们自身来取代艺术：这种判决就像刘易斯·卡罗尔的红桃皇后说的"砍掉他们的头"。这些斩首行动之后就是砰的一声，流行乐的声音又响了起来，砍掉的头又长回来了。艺术要害怕的东西有很多，但是它最不用害怕的就是无能的虚无主义。社会对艺术的排斥，恰恰把艺术降格为它拒绝扮演的"社会事实"这一角色。马克思主义的意识形态理论（本身是矛盾含混的）被误认为是一种曼海姆意义上的总体的意识形态理论，并且被盲目地运用到艺术上来。如果意识形态是虚假的社会意识，那么并不是说所有的意识都是意识形态。将贝多芬的最后一首四重奏作品放置在冥界的陈旧表象中，这种做法只是出于无知和不理解。艺术在当今是否还可能继续存在，不是由上层建筑决定的，不是由生产关系决定的。毋宁说，这个问题取决于生产力的发展状况。生产力包含着可能的，却尚未实现的东西：这就是拒绝被实证主义意识形态吓倒的那种艺术。赫伯特·马尔库塞对文化的肯定性的批判是合理的，而同样合理的是，需要对个别的艺术作品进行考察，以证明该批判提出的论点。否则，该批判就成了一个反文化联盟，跟它批判的文化财产相比也好不到哪里去。偏激的文化批判不等于彻底的批判。如果肯定性的确是艺术的一个方面，那么这一肯定性也不会比失败的文化本身更虚假。文化审查着野蛮，野蛮比文化更糟；文化不但压抑自然，也通过这种压抑来保护自然；这贯穿于文化概念之中，文化这个概念本身就起源于农业。通过文化，生活以及美好生活的观念得以永存。真正的艺术作品里都回荡着生命的回响。肯定并不是给现状戴上光晕；通过对现存事物的同情，肯定便在死亡面前捍卫了它自身——而死亡是所有统治的最终目的。若怀疑肯定的上述作用，就只能导致相信死亡本身才是希望。

第五单元

文化工业理论

13. 论音乐的拜物性和听觉退化 ①

对音乐趣味衰落的抱怨，开始的时间只稍晚于人类跨入历史门槛时的双重发现：音乐既是冲动的直接显现，也是冲动被驯化的场所。它搅动着酒神女祭司的舞蹈和潘神的魔笛声，但是它也响彻着神秘迷人的抒情诗，环伺四周的暴力景象便得到了抚慰平息。一旦其宁静被狂欢的兴奋打断，便会兴起趣味衰落的谈论。但如果音乐的教化功能自从古希腊哲学以来一直被作为美德而流传下来，那么今天的音乐要遵守条条框框的压力肯定比过去更为普遍——这跟其他领域是一样的。正因为目前大众的音乐意识几乎不能叫作酒神精神，所以最近的变化与趣味无关。趣味概念本身已经过时了。负责的艺术进行了自我调整，以适应大概的判断标准：和谐与不和谐，正确与不正确。但除此之外，没有别的选择：问题不再提出，没人要求证明常规的主观合法性。能够检验这些趣味的主体的存在本身，已经和对立一极上的自由选择的权利同样成问题，虽然看起来没有谁再也不享有选择权了。如果谁想找到"喜欢"商业作品的人，他就不得不怀疑喜欢和不喜欢是否适合这里的情形，即使被问到的人只用那些词来概括他的反应。对作品的熟悉程度是作品质量的代理人。喜欢它几乎和知道它是一回事。对于禁闭在标准化的音乐商品里的人来说，价值判断的方法是一个虚构。他不能逃避无能，也不能在供应物之间做出决定，在这些供应物中，一切都完全等同，所谓偏好其实仅

---

① 本文写于 1938 年，载于《阿多尔诺全集》德文版第 14 卷，第 14 页以下。收录于《不协和音：管理世界中的音乐》(1956)。

仅取决于生活经历的细节或收听的情境。自律艺术这一范畴不适用于当代的音乐接受：甚至不适用于严肃音乐的接受，它们在"古典"这个野蛮的名字下被驯化了，因而使人能够在离开它的时候再次感到舒适。如果提出异议说，对轻音乐和所有消费品的经验从来没有以那些范畴的名目进行，那肯定是要承认的。不管怎样，这样的音乐也受到它允诺的娱乐、快感、享受所带来的变化的影响，给出这些允诺只是为了同时否定它们。阿尔杜斯·赫胥黎在一篇散文里提出一个问题，在娱乐场所，谁真正被娱乐了？同样道理，可以问娱乐音乐还在娱乐谁？毋宁说，它只不过是"把人彻底还原为沉默""消灭作为表达的言谈"和"彻底丧失交流能力"的最终完成。它居住在沉默的口袋里，滋生在焦虑、工作和驯顺所塑造的人群中。在任何地方，它都不引人注意地控制着沉迷于无声电影的时间和特定桥段中的悲伤欲绝的角色。它只被感知为背景。如果没有人能够不再说话，那么肯定没有人能够不再听。一位确实偏好使用音乐媒介的美国广播广告的专家，对这种广告的价值表示怀疑。其理由是人们学会了听而不闻，分散了注意力。就音乐的广告价值而言，他的观察是成问题的。但就音乐本身的接受而言，它大致是正确的。

在老生常谈的对趣味衰落的抱怨里，经常反复出现一些特定的主题。其中也少不了撅着嘴的、伤感的评论，认为目前大众的音乐状况是一种"堕落"。这些主题中最强硬的是那些感官享受的主题，据说它使英雄行为变得软弱无力。这样的抱怨在柏拉图的《理想国》第3卷就能够找到，他禁止"悲伤的和声表达"和"适合饮酒"的"靡靡之音"。今天我们并没有搞清楚，这位哲学家为什么把这些特征归之于混合的吕底亚调、吕底亚调、低音的吕底亚调和伊奥尼亚调。在柏拉图主义的国家，后来西方音乐的大部分都要被查禁，它们统统是符合伊奥尼亚调的。长笛和"泛和声"的弦乐器也在被禁之列。唯一允许的调式是"模仿勇敢的人，模仿他们在大难临头或面对伤害、失败、死亡等不幸时沉着应战，奋不顾身，经风雨，冒万难，履险如夷，视死如归。"柏拉图的《理想国》并非官方哲学史所说的乌托邦，它的存在约束了它的公民们。在音乐中也是如此，"软"音乐和"强壮"音乐之间的区分在柏拉图时代就不只是迂腐的迷信残余那么简单。柏拉图式的讽刺在嘲笑被严肃的阿波罗折磨的吹笛手玛息阿（Marsyas）时，露出了峥嵘。柏拉图的"乐教"计划是斯巴达风格的雅典净化。其他老生常谈的音乐说教的主题也在同一水平上。其中最突出的，是对肤浅和"个性崇拜"的指控。受到攻击的东西基本上是进步的：社会的进步，尤其是审美的进步。和被禁止的诱惑纠缠在一起的，是感官的愉悦和分化的意识。个人在音乐中对集体强制的优势标志着后来取得突破的主体自由的运动，而将它从魔咒中解放出来的"亵渎"则显得很肤浅。于是，令人扼腕痛惜的要素进入了西方音乐伟大的作品之中：感官刺激成为进入和谐和最终的多音色性的大门；不羁的个人成为表现的携带者和音乐本身的人道化的携带者；"肤浅"成为无言的形式客观性的批评——在海顿偏好选择"壮丽"而不是博学的意义上。确实是海顿的选择，而不是一位有金嗓子的歌唱家或者乐音令人击节的演奏家的鲁莽之举。因为那些要素进入了伟大的音乐之中并在其中转变了形式；但伟大的音乐并没有消融于它们。通过刺激和表现的多样性，其伟大之处显示为一种综合的力量。这一音乐的综合不仅保留了表象的统一性，防止它解体为散漫的调味要素，也在这种统一性中、在个别要素和展开的总体之间的关系中保存了社会条件的形象。在这一形象里，在那些个别的幸福要素之上的东西可不仅仅是表象了。在史前史结束之前，音乐在部分的刺激和总体之间的平衡，在表现和综合之间的平衡，在表面和基础之间的平衡，仍旧和资本主义经济的供需平衡一样不稳定。启蒙的乌托邦和滑稽歌曲的欢乐在《魔笛》中珠联璧合，这是它自身的一个要素。《魔笛》之后，已不复可能把严肃音乐和轻音乐强行捏合在一起。

　　但是从形式法则中解放出来的，不再是反叛常规的创造冲动。冲动、主体性和亵渎，这些唯物主义的异化的老对手，现在向它屈服。在资本主义时代，传统的反神话的音乐酵素密谋反对自由，当初它们可是为了自由而结盟才被禁的。反对极权主义图式的代表成了见证商业成功之权威的见证人。这一要素带来兴奋和欢乐的外表成了听众免于思考总体的借口，总体的要求被包含在高尚的收听当中了。听者沿着他抵抗最小的路线，被转变为默认的购买者。部分的要素不再致力于批判总体，相反，它们中止了这一批判，而成功的审美总体性用这一批判来反对有缺陷的社会总体性。统一的综合被它们牺牲掉了，它们不再生产出自己的综合来取代物化的综合，而是向物化的综合献媚。孤立的欣赏要素和艺术作品的内在构成不相容，无论作品中有什么超越了它们并感知了本质，都被它们牺牲掉了。它们本身并不坏，但是它们的消遣功能是坏的。在"成功"的帮助之下，它们放弃了它们具有的不顺从性。它们就孤立的要素能为"孤立的个人"（尽管他们很久以前就不再是孤立的个人了）提供的一切达成了秘密协议。在孤立中，神秘的魅力减少了，而提供了熟悉的模式。不管谁投入其中，都和古希腊思想家曾经对待东方的耽于声色的态度一样，充满恶意。魅力的诱惑力量只存在于否定的力量最强大的地方：在"不和谐"中，在拒绝信仰"现存和谐"之幻象的"不和谐"中。在音乐中，禁欲主义的观念本身是辩证的。一旦禁欲主义以反动的方式打倒了审美的要求，它在今天就成为进步艺术的标志：确切地说，不是通过老掉牙的吝于手法的方式（显然是贫困而匮乏的），而是通过严格排斥任何调味的快感，那种寻求即时消费的"为快感而快感"——好像艺术里的感觉并不携带着某些（只能在总体中而不能在孤立的主题要素中表现出来的）精神因素似的。艺术否定地记录着幸福的可能，今天，只偏爱积极的幸福期盼却灾难性地反对着这种幸福。所有"轻松"和快乐的艺术已成为幻觉和谎言。用快感范畴构成的审美表象再也不能带来快感，而一度成为艺术之定义的"对幸福的允诺"也荡然无存，除非在虚假幸福的伪面具被撕毁的地方才能找到。享受依然局限在肉体的当下存在中。在享受要求审美表象的地方，它从美学标准上讲是虚假的，同样也欺骗了从中寻找快感的人。只有在它缺乏表象的时候，才保持了它对它的可能性的信念。

　　大众的音乐意识的新阶段，可定义为"快感中的不快"。它很像对体育或者广告的反应。"艺术享受"一语听起来很滑稽。勋伯格的音乐像通俗歌曲的地方，如果不是别的，就在于拒绝被享受。如果谁还为舒伯特四重奏的美妙乐段，甚至为亨德尔大协奏曲那刺激的健康食品感到兴奋，他就会像蝴蝶收藏家一样居于文化卫道士之列。判处他为"美食家"的，也许并不是"新"的东西。街头民谣、顺嘴小调和俯拾即是的各种凡俗形式，早在资产阶级时代的发端就使人们感觉到了它的力量。原先它攻击的是统治阶级的文化特权。但是今天，当那种凡俗的力量延伸到整个社会时，其功能就变掉了。这一功能变换影响着所有音乐，而不只是轻音乐的领域，在轻音乐中它可以足够安心地变得无害。音乐的不同领域必须放在一起思考。某些文化卫道士热切地探求它们之间的静态分割——极权主义的广播接受了任务，一方面提供好的娱乐和消遣，另一方面培育所谓文化产品，就好像还存在好的娱乐似的，就好像文化产品没有被他们的管理变成恶魔似的——音乐的社会力场的整齐划分，是虚假的。

　　就像自莫扎特以来的严肃音乐的历史是脱离凡俗的航程一样，这也以相反的方式反映在轻音乐的发展轮廓中，所以今天，在其主要代表那里，它解释了哪怕在绝对无辜的轻音乐中也出现的恶兆。只要假定有一个连续体，让进步的教育可以安全地从商业的爵士乐、流行歌曲通往文化商品，那么就很容易走向另一个方向，并掩盖两个领域之间的分裂。犬儒主义的野蛮和文化上的不诚实同样糟糕。较高层次上的"消除幻觉"所完成的工作，就这样被返璞归真、回到自然的意识形态抵消了，这样它就美化了音乐的底层世界：这个底层世界已经很久没有支持被文化排斥的那些对立物要求找到表达的愿望了，现在只能靠上层传给它的东西来苟延残喘。

　　偏好轻音乐、反对严肃音乐的社会幻象，建立在大众的消极被动性的基础上，这种消极性使得轻音乐的消费和消费它的人的客观利益相矛盾。据说，他们实际上喜欢轻音乐，听高雅音乐只是为了社会声望的原因，但是熟悉了一首流行歌的歌词就足以揭示这一真诚的认可对象能起的唯一作用。音乐的两个领域的统一，因此就是一个未解决的矛盾的统一。它们不以这样的方式存在：底层成为高层的民间源泉，高层可以通过借用底层来更新自己失去了的集体力量。把分开的两半放在一起，是拼不出总体来的，但是在两者之中——尽管相隔遥远——都出现了总体的变革，仅仅在矛盾中运动的变革。如果远离凡俗的航程成为决定性的，如果严肃产品应其客观要求而把可销售性降低为零，那么在底层水平上，成功的标准将意味着它再也不可能沿袭旧的风格了，而只能模仿这样的风格。在不可理解和不可逃脱之间，没有第三条道路；情形实际上已经两极分化了，而两极是相通的。在两者之间没有"个人"的容身之地。后者声称，无论它们仍然出现在何处，都是虚假的，是从标准中复制出来的。个人被清算，是新音乐状况的真实签名。

如果音乐的两个领域在矛盾的统一中被搅浑了，两者之间的分界线就改变了。高级产品弃绝消费。其余的严肃音乐作为消费品而发布，根据成本确定价格。它屈服于商品听觉。官方的"古典"音乐和轻音乐在接受上的区别，已不再有什么实质意义。它们仍然仅仅被可销售性的理性操纵。流行歌曲的追捧者必须确保他的偶像对他来说并不太高贵，就像爱乐音乐会的观众那样确认着他的身份。行业越是努力地在音乐各部类之间竖立藩篱，就越是令人怀疑：要是没有这些，居民们就会过于轻易地理解。托斯卡尼尼，就像一位二流的乐队指挥，被称为大师，似乎带着些讽刺。而在托斯卡尼尼借助广播之力成为空中大元帅之后，一首流行歌曲《大师，请来点音乐》立刻风靡一时。

音乐生活的世界，也就是说，从欧文·柏林（Irving Berlin）和沃尔特·唐纳森（Walter Donaldson）——"世界上最好的作曲家"——经由格什温、西贝柳斯和柴可夫斯基，再平滑地延伸到舒伯特的 B 小调交响曲（题名为《未完成》）的作曲事业，是一个拜物教的世界。明星制成了极权主义。听众的反应似乎和音乐的演奏毫无关系。相反，他们似乎参照了累积的成功，而就本身来说，这些成功不能认为完整保持了听众过去的自发性，而要追溯到出版商、有声电影巨头、广播业主的命令。明星不只限于是名人。作品开始扮演同样的角色。畅销品的神庙已经建造。节目在缩减，缩减过程不仅仅是去掉中等的作品，什么样的古典作品被接受，面临的选择与品质无关。在美国，贝多芬第四交响曲是稀有品之一。选择的自我复制导致一个恶性循环：人们最熟悉的是最成功的作品，因此被一次又一次播放，结果变得越来越熟悉。标准作品的选择，是根据它对节目吸引力的"效果"来进行的，根据的是由"轻音乐"决定或者被"明星指挥家"允诺的那些成功的范畴。贝多芬第七交响曲的高潮部分和柴可夫斯基《第五交响曲》的慢板乐章中可怕的圆号旋律被放置在同一水平线上。旋律最终被归结为 8 拍子的对称的高音部旋律。这被登记为作曲家的"创意"，人们认为可以把这个创意装在口袋并带回家，仿佛它是作曲家的私有财产。对于有建树的古典音乐而言，"创意"这个概念是极其不合适的。其主题材料，大多数是分割的三和弦，根本就不属于作者——就像罗曼蒂克歌曲不属于作者那样。贝多芬的伟大之处表现在偶尔的、私人化的旋律要素完全从属于形式的总体。这并不妨碍人们带着对财产权的热诚信念去抓犯了音乐盗窃罪，用创意这个范畴去检查所有的音乐，甚至借用了《好心骑士》的最重要主题之一的巴赫。这样一来，乐评家的成功最终和"音调侦探"的头衔牢牢拴在了一起。

音乐拜物教用它最大的热情，占据了对声乐的公共评价。它们的感官魔力是传统的，就像"成功"和富有"物质"的人之间的紧密关联一样。但今天已经忘记它是"物质"了。对于音乐的粗鄙唯物主义者而言，有副好嗓子和歌手是同义词。以前的时代，技巧的熟练至少是对歌星、阉人歌手和首席女高音的要求。今天，这种缺乏任何功能的物质得到了称赞。人们甚至不再关心音乐表演的能力，甚至不再期盼对乐器的机械般控制。要想确证其主人的名声，只需特别响或特别高的声音。如果谁胆敢怀疑声音的至关重要性，认为就像用中等好的钢琴可以演奏优美的音乐那样，中等好的嗓音同样可能唱出优美的声乐，他立刻就会陷入敌意和厌恶的包围之中，这些情感的根源绝非偶然。声音是神圣的财产，就像国家的商标一样。似乎为了这个理由，声音要替自己复仇，它们开始失去了感官魔力，而它们正是以此名义被销售的。大多数声音听起来像是对发声者的模仿，即使声音是他们自己发出的。在对大师的小提琴崇拜中，这一切达到了荒唐的顶峰。人们迅速地沉迷于斯特拉迪瓦里琴（Stradivarius）或阿玛蒂牌小提琴（Amati）广为流传的声音中，只有在专家的耳朵里才分得出这种声音和好的现代小提琴的区别：人们忘记了听作曲和演奏的过程，那儿还有一些其他要有的东西。小提琴弓的现代技术越是进步，旧的乐器似乎就越是值钱。如果创意、嗓音、乐器里的感官愉悦的要素成了拜物教，撕离了任何能够赋予它们意义的功能，那么它们遇到的会是同样孤立的反应，同样远离总体的意义，同样是由盲目的、非理性的情绪的成功所决定的——这些情绪使得人与音乐的关系是那些没有任何关系的人进入的关系。这也正是存在于流行歌曲消费者和流行歌曲之间的那种关系。唯一的关系是对彻底异化的关系，而异化——似乎和大众意识之间被一道厚幕隔离——是讲述沉默的企图。究竟他们在哪做出反应，究竟它是对贝多芬第七交响曲的反应还是对三点式泳装的反应已不再有什么分别。

音乐拜物教的概念，不能从心理学上推出。"价值"被消费，靠自身便吸引了情感，而无须被消费者的意识所触及的特殊性质：这是它们的商品特性的最新表现。因为当今所有的音乐生活都被商品形式所统治，而最后一丝前资本主义的残余都被荡涤一空。音乐，和它被慷慨给予的缥缈和崇高的属性一道，在今天的美国充当起商品的广告，而人要想听音乐就不得不听到那些广告。如果在严肃音乐的情形中，广告功能被小心地模糊了，那么在轻音乐的情形中，它总是很突出的。随着爵士乐这一行全都在免费地向乐队发放乐谱，它业已抛弃了用实际演出为钢琴曲和留声唱片促销的观念。无数流行歌曲的文本赞扬着自身，它们以大写字母重复着歌曲的标题名。造成它出类拔萃，像偶像一般的表象的，是交换价值，其中并不包含可能得到的享受的数量。马克思把商品的拜物教特性定义为人对他自己制造出来的物的崇拜，作为交换价值的物同时异化于生产者和消费者——"人"。"因此商品是神秘的物，只因为在商品中，作为人的劳动的社会性质，对他们而言，似乎是劳动产品固有的客观属性；因为生产者和他们自己劳动的总和的关系表现为他们的社会关系，不是作为他们之间的关系存在，而是表现为他们的劳动产品之间的关系。"这是成功的真正秘密。它只是反映了人们在市场上为产品所付出的东西。消费者真的崇拜他为托斯卡尼尼音乐会的门票所付出的金钱。从字面意义上讲，他"制造"了他物化的，并接受为客观标准的成功，而没有认出其中的他自己。但他并没有通过喜欢音乐会来"制造"，而是通过购买门票。确实，交换价值在文化商品王国里行使权力的方式是很特别的。在商品世界里，这一王国似乎免受交换价值的权力支配，似乎和商品的关系是直接的，然而赋予文化商品以交换价值的恰恰就是这一幻象本身。但无论如何，它们同时完全地陷入了商品世界，为市场生产，以市场为目标。直接性的幻象和冷酷无情的交换价值的强制一样强。社会契约使得矛盾和谐了。直接性的幻象本身拥有被中介了的交换价值。如果商品通常包含使用价值和交换价值，那么纯粹的使用价值——文化商品在彻底的资本主义社会中必须保持的幻象——就必须被纯粹的交换价值替代。纯粹的交换价值作为交换价值的能力欺骗性地接管了使用价值的功能。音乐的特殊的拜物教特性在于它的等价交换物。对交换价值的感觉掩盖了和它的对象的关系的不在场，与此同时也就产生了直接性的幻象。它的基础就在交换价值的抽象性之中。每一个"心理学"方面，每一虚假的替代满足，都依赖于这样的社会替代物。

　　音乐功能的变化涉及艺术和社会关系的基本状况。交换价值的原则越是冷酷无情地破坏对人而言的使用价值，交换价值便越是深深地把自己伪装成享受的对象。曾有人问，是什么水泥把商品世界黏结在一块。回答是：消费品从使用价值到交换价值的转化造成了一个普遍的秩序，在这个秩序中，任何从交换价值中解放出来的快感最终都具有颠覆性。商品中的交换价值的幻象承担了特殊的黏结功能。有钱购买物品的妇女陶醉于购买的行为之中。在美国惯用语中，"过得愉快"意味着正在享受他物，反过来，他物成为存在的唯一内容。汽车的宗教使得所有男人在神圣时刻以此语句结为兄弟——"那是劳斯莱斯";而在私密的时刻,妇女更加重视发型师和服装师,而不是重视需要聘请发型师和服装师的情境本身。与不相干事物的关系,忠实地表明了其社会本质。驾车外出的夫妻花时间辨认路过的每一辆汽车,如果他们认出了飞速驶过的商标就会高兴;只要女孩子和她的男朋友"看上去挺好",女孩子便心满意足;爵士乐爱好者的专家为自己辩护的理由是他拥有无论如何都摆脱不了的知识;所有这些人都是按照同一命令行事。在商品那神学般的七十二变面前,消费者成为神殿的奴隶。无处自我牺牲的人可以在这里献祭,在这里他们被彻底出卖了。

在新模式的商品拜物教中,在"施虐-受虐狂特性"之中,在对今天的大众艺术的接受之中,同一事物以多种方式显示自身。受虐狂式的大众文化是无所不能的生产本身的必要宣言。当感觉抓住了交换价值时,它不是神秘的变形。它相当于囚犯爱囚室的行为,因为没有别的什么可以去爱。个性的牺牲——调节自身以适应成功的常规,做每个人所做的——来自一个基本事实:在很宽阔的区域中,标准化的消费商品的生产为每个人提供了同样的东西。但是和该同一性有关的商业上的必要性导致了对趣味的操纵和官方文化的个性主义伪装,这必然导致个人与之成比例地被日益清算。甚至在上层建筑领域,幻象也不仅是对本质的隐瞒,而是本质自身的必然性的延续。每个人都必须购买的商品的同一性特征,把自己隐藏在普遍的必需生活方式的严格性之后。供求关系的虚构仍存活于虚构的个性差别之中。

如果问趣味在目前状况下的价值,就有必要理解趣味在这样的状况中是怎样构成的。"默认"被合理化为"适度",对立于反复无常和无政府主义;音乐分析今天像音乐的魅力一样彻底堕落了,其拙劣模仿在顽固地数着节拍。为这幅图画添上最后一笔的,是在严格规定的界线之内的偶然区分。但如果被清算的个人真的热情地把常规的彻底肤浅性变成他自己的肤浅,那么趣味的黄金时代就在趣味不复存在的时刻步入黯淡的黄昏。结果就是,作为拜物化基础并成为文化商品的作品,经历了结构上的变化。它们被粗鄙化了。不相干的消费把它们毁掉了。反复播放的少数东西，不仅像卧室里的西斯廷圣母一样泛滥了，物化也影响到其内部结构。它们变形为突兀的团块，通过高潮部分和重复来打动听众，而整体的组织却没有留下任何印象。

不连贯的各部分的可记忆性——拜高潮部分和重复所赐——在伟大的音乐里，在晚期浪漫主义的作曲技术里，特别是瓦格纳的那些技术里，有着它自己的先驱。音乐越是物化，在异化的耳朵听来就越是浪漫。它就这样成了"财产"。自发体验到的、作为整体的贝多芬交响曲，绝不能够被挪用。在地铁里得意扬扬地吹口哨的人高声吹着勃拉姆斯第一交响曲最后一个乐章的主题，与他发生关系的基本上是其残骸。但是既然崇拜物的解体过程使这些东西本身处在危险之中并在事实上把它们同化为流行歌曲，为了保持其拜物教特性，它制造了一个相反的趋势。如果个别的浪漫化吞噬了整体的躯干，那么危险的内容就令人吃惊地被镀上了铜。强调物化部分的高潮承担了魔法仪式的角色，作品本身业已清除掉了的所有神秘性——关于人格、内向性、灵感、复制的自发性——又在那一仪式中被招魂。只因为解体的作品否认自发性的要素，这一要素就得像乐曲的点滴片段一样刻板重复，从外面注射进去。虽然有种种有关新客观性的谈论，顺从主义表演的基本功能不再是"纯粹"作品的表演，而是粗鄙化了的作品的介绍——用一种明显试图在远处控制粗鄙化而又无能为力的姿态。

粗鄙化和神奇的魅力，这对充满敌意的姐妹，共同居住在业已殖民了音乐的绝大多数范围的改编中。改编的实践在几个不同的方面展开。有时它依靠时间。它公然从上下文中撷取出物化了的点点滴滴，再把它们组装成大杂烩。它破坏作品整体的多层次统一，只带来孤立的流行片段。莫扎特降 E 大调交响曲的小步舞曲，若不和其他乐章一起演奏，就失去了交响连贯性，被演奏成了工匠式的类型单曲，它和《斯蒂芬妮·加沃特舞曲》(*Stephanie Gavotte*)之间的关系要比它和广告里宣扬的古典主义的关系更密切。

于是就有了在多音色旗号下的改编。它们改编能够抓住的一切，只要著名评论员没有颁布禁止的敕令。如果在轻音乐领域里，改编者是唯一训练有素的音乐家，那么他们感到了号召，要更加不受限制地在文化商品周围跳来跳去。他们为乐器的改编提供了各种想得到的理由。在伟大的管弦乐作品的情形中，它想要降低成本，或者控诉作曲家缺乏编曲的技术。这些理由是可悲的借口。廉价这个论据，在美学上是要自我谴责的：一来，正是在那些最热心于改编实践的人的处理下，它是根据管弦乐队的奢侈手法而加以处理的；二来，就比如像在钢琴曲里的改编那样，事实证明，这些改编其实要比原初形式的表演更昂贵。最后，认为旧有的音乐需要多音色的刷新的信念，预先假设了色彩和线条之间关系的偶然特性，可以认为，这只是对维也纳古典音乐学派以及如此热心于改编的舒伯特的最粗鲁的无知造成的结果。哪怕多音色维度的真正发现首先发生在柏辽兹和瓦格纳那儿，海顿或贝多芬对多音色的节俭也属于建构原则占主导的音乐作品；也就是说，在这些作品中，建构原则要比带着华丽的色彩跳出了动态统一体的个别旋律来得重要。在这样的节俭语境中，《列奥诺拉序曲第三号》开始的低音管三连音或者《第五交响曲》第一乐章的重奏中双簧管的华彩乐段，获得了一种力量——而在多音色的喧哗中，这种力量无可挽回地失去了。

这样一来，可以断言，这些改编实践的动机是自成一体的存在（sui generic）。首先，试图把距离遥远的声音——总是带有公共的、非私人领域的特征——变得平易近人。疲倦的商人可以拍着改编的古典音乐的肩膀，抚弄缪斯的后裔。这种强制类似于要求无线电爱好者在他们的听众面前暗示自己是他们的叔叔阿姨，即伪造一种亲缘关系。根本的物化造成了其直接性和私密性的伪装。相反，私密性膨胀了，并染上了改编的色彩，恰恰因为它太少了。因为它起初只不过是总体的要素之一，但来自解体总体的感官愉悦的瞬间太微弱了，甚至不能产生履行其广告职能所需的感官刺激。对个人的乔装打扮和吹嘘夸大抹去了抗议的轮廓，描绘出个人在面对他自己、面对体制时的局限性，正如目光从远方退回私密处时，便失去了总体性——伟大音乐具有的这种总体性可以制约坏的个人直接性。取而代之的是，现在有了一种伪装的平衡，其中的每一个步骤都因其材料的矛盾性而泄露了它的虚假性。舒伯特的《小夜曲》用管弦乐队和钢琴合奏出来，沾染上了这种模仿的中介手段具有的过于清晰透彻的特征，极为夸张，显得很傻，荒唐可笑，活像是从女子学校出来的。只用管弦乐来演奏《纽伦堡的名歌手》里的经典歌曲，也并不更严肃一些。在单音色中，它在客观上失去了它在瓦格纳歌剧中使之成功的关联，但同时，它受到听众的欢迎，听众不必将歌曲的主体和不同的音色搭配起来，而是能够自信地屈从于单一的、无间断的高声部旋律。这里人们可以把手放在和听众的对抗上，这就是今天被认为是古典的东西陷入的对抗。但大可怀疑的是，改编的最黑暗秘密是强迫人们不要让事物保持原状，而是要推开一切拦住他们前进道路的东西。存在之物的基本特性越是不让人干预，这一强迫就越大。总体的社会控制在一切落入它的机器系统的事物上打下印记，从而确认了其权力和统治。然而，确证同时是毁灭。当代听众总是喜欢破坏他盲目尊敬的东西，但这种伪能动性恰恰是生产已经预制好、规定了的。

改编实践源于沙龙音乐。文化商品的"水准"正是从精致娱乐的实践之中学会了虚张声势，只不过将其转换为流行单曲之类的娱乐材料。这些娱乐以前不过是人们嘴上哼的伴奏，今天却弥漫于整个音乐生活了，可人们基本上不拿它当回事儿，所有的文化讨论中它都越来越退到后台。这里的选择是：要么义无反顾地跟商业走，只要偷偷摸摸地出现在星期六下午的大喇叭面前；要么就马上顽固、厚颜无耻地宣称这些垃圾是为大众表面的或真正的需要而制作的，精致娱乐之物的乏味无趣和肤浅特性不可避免地导致了听众注意力的分散。但作曲家的心肠是好的，因为他为听众提供了一流的商品。对于"这些商品不过是市场渣滓"的反对意见，他早就准备好了答复：这就是人们想要的。只要深入调查听众的实际情况，就能够轻易地驳倒这一论据，当然调查必须洞察到将制作人和听众统一在邪恶和谐之中的全过程。

即使在动员遥远的情感力量以对抗精致娱乐的音乐实践中，虽然看似严肃，但拜物教也在起作用。为这桩事业效力的精美品质，结果往往变成损害了作品的粗俗化和改编。托斯卡尼尼的非凡成就引发了弥漫全球的演出理想，有助于人们接受一种可称之为"完美之野蛮"（爱德华·施托尔曼语）的状况。可以肯定，名作的标题再也不产生拜物教了，尽管节目里的曲目越来越少，几乎使得人们想限制曲目更少的节目单了。可以肯定，华彩乐段和过度夸张的高潮部分绝不是为了取悦听众。这里存在着铁的纪律，确实是"铁"的。新的拜物教是无瑕疵的功能运转、有金属光泽的明亮机器，其中所有的齿轮都严丝合缝，没有为留下总体的意义哪怕最细小的空穴。近年来兴起的完美无瑕的演奏风格，让作品付出了致命的物化代价。从第一个音符开始，演奏出来的作品就已经是完成了的。演奏的声音仿佛是它自己的留声机唱片。运动早就预先决定了，以至于取消了一切张力。音乐材料的矛盾性被无情地消解于声音要素之中，以至于它永远无法达到综合，达到"作品的自我生成"——它揭示了贝多芬的每一部交响曲的意义。当用于检验交响曲之努力的材料都已经化为齑粉，那么交响曲的努力又算得了什么？保护作品的固定化措施导致了作品的毁灭，因为它的统一性恰恰是通过自发性才实现的，而固定化却牺牲了自发性。

最后一种拜物教是针对内容的，扼死了它；极尽调试作品表象之能事，便否定了作品，使之消失于器物背后，就像是派去清干泥潭水的劳动队，他们干活不是为了他们自身，而是为了工作。难怪那个著名指挥家的统治会让人联想起极权主义的"元首"的统治。他和元首一样，将灵韵和组织还原为公分母。他是真正现代型的巨匠，无论是作为乐队领袖还是爱乐乐团的领袖。他到了这种地步，已经无须再亲自做任何事情了，有时他甚至不用看乐谱，有顾问团队代为效劳。他一箭双雕，同时带来了规范和个性化：规范就是认同他的人格，认同他在完成普遍统治时展现的个人技巧。指挥家的拜物教特性最明显又最隐蔽。即使缺了指挥，当代的管弦乐团的高手们也能演奏那些常规的曲目，而在乐队的掩盖下，向指挥家欢呼的公众也无法分辨出一位音乐顾问正在取代他们的英雄。

听众的意识适合于拜物化了的音乐。它按照公式化的套路来听，而如果实际上有抵抗随之而起，如果听众仍然有能力提出超出有限的供应的要求，那么堕落本身是不可能的。但如果有人想要通过访谈和问卷来调查听众的反应，以"验证"音乐的拜物教特性，他会遇到始料不及的难题。在音乐里，也和别的地方一样，本质和表象的差异已经增长到一个临界点，其中没有任何表象能够有效地——无须中介——成为本质的确证。听众无意识的反应被如此严重地遮蔽了，他们有意识的评估只听命于统治性的拜物教范畴，以至于人们收到的每一个回答都预先顺从了音乐行业的表面，即理论"检验"要攻击的目标。一旦人们向听众问喜欢还是不喜欢之类基本的问题，整个机制都开始发挥作用：人们原本的想法变得透明，并被这个缩减的问题剔除。然而，如果谁试图用其他东西取代最基本的调查步骤，试图考虑听众对机制的现实依赖性，那么调查步骤的复杂性不仅使结果非常难以解释，也会遭遇被测试者的抵抗，这驱使他们为了继续隐藏、以免暴露的危险而更深深地扎在顺从行为中。在流行歌曲孤立的"印象"及其作用于听众的心理效应之间，根本就无法合适地计算出任何因果关系。如果今天的个人确实不再属于他们自己，那么也意味着他们再也不能被"影响"。在任何给定的时刻，原本对立的生产和消费都是协调一致的，但不是孤立地互相依赖。无论如何，它们的调和本身并没有脱离理论的推测。只要回忆一下——不再想太多的人省下了多少悲伤，确信现实是正确的人行动起来是多么更加"符合现实"，无怨地把自己和机器结合在一起的人又增加了多少使用机器的能力——就足够了，所以，听众意识和拜物教音乐的严丝合缝就不难理解了，即使并不能不分青红皂白地就把前者还原为后者。

音乐拜物教的对应物是听觉的退化。这不是说听众个人重新回到了他自己发展阶段的早期，也不是说在集体的一般水平上的衰落，因为今天通过大众传播第一次接触音乐的千百万人，是不能和过去的听众进行比较的。毋宁说，是当代的听觉退化了，淹留于婴儿的阶段。听觉主体不仅失去了——和选择自由、反应自由一道——有意识的感知音乐的能力，这种能力早在无法追忆的久远年代就仅仅局限在一个狭小的群体中；而且他们顽固地拒绝这一感知的可能性。他们在全面的遗忘和突然产生的认识之间波动。他们原子般地听，与他们所听的分离开来，但恰恰在这一分离中他们发展出特定的能力，这些能力和传统美学概念的一致性还不如它们和足球、摩托车运动的概念的一致性。与"新听众"（原先不熟悉音乐的群体涉入了音乐生活）这种解释猜测的不同，听众并不像儿童。他们就是儿童。他们的原始状态不是未发展的那种，而是被迫推迟的那种。只要一有机会，他们就表现出某种病态的仇恨：他们的确感到了某些不一样的东西，但是为了生活的平静，宁可排斥它；因此他们的最佳选择便是根除一切烦恼的可能。退化确实来自这一存在的可能性，说得具体些，不同的、对立的音乐的可能性。退化，也是当代大众音乐在其受害者的心灵家园中扮演的角色。他们不仅仅离开更重要的音乐而去，他们愚蠢的神经对此也加以巩固确认，完全不理会他们的音乐能力是如何与早先的社会阶段的特殊音乐文化相关的。对流行歌曲和低俗的文化商品的赞同属于这样一种症候群，就像那些不再知道究竟是电影让他们远离了现实还是现实让他们远离了电影的面孔一样，他们张开了无形的血盆大口，露出狰狞的牙齿，邪恶地微笑着，而疲倦的眼睛很惨、很茫然。和体育、电影一道，大众音乐和新的听觉也助纣为虐，使摆脱整个婴儿期的环境成为不可能。疾病有一种预防功能。甚至当代大众的收听习惯也肯定不是什么新玩意儿，人们很容易承认，战前的流行歌曲《小玩偶》（*Puppchen*）和合成的爵士乐儿歌的接受方式并无明显差异。但这一儿歌出现的语境，受虐狂似的嘲笑个人对失去的幸福的渴望，或通过返回儿童时代——儿童时代的不可复得证实了幸福的不可得到——而让幸福的欲望本身妥协：这是新听觉的特殊产物，振动耳膜的东西无一幸免于这一同化的体制。确实有社会差异，但新的听觉蔓延得如此普遍，以至于被压迫者的愚笨无力影响到了压迫者自身，他们成为自我驱动的车轮的至高权力的牺牲品，而他们还自以为他们在决定方向。

退化的听觉与流通机构的生产紧密相关，尤其是广告。一旦广告变成恐怖，一旦在广告材料的威力面前，意识只有缴械投降的份儿，只得把强加的商品变成自己的东西（字面意思），以购买精神的安宁，退化的听觉就出现了。在退化的听觉中，广告担任了强制性的角色。为了宣传的目的，英国酿造商曾在伦敦和北方工业城市中无数的刷白的砖墙上用过一个带有欺骗可能的广告，设计得很巧妙，广告和真正的墙难以分辨。在刷白的墙上，精心地模仿着涂鸦："我们要的是沃特尼。"这一啤酒的品牌假扮成了政治口号。这一广告不仅提供了对今日宣传的性质的洞察：就像这里货物戴着口号面具的假面舞会一样，既卖货又卖口号。广告所暗示的关系类型，即大众把推荐给他们的商品当作自己行动的目标，事实上也成了轻音乐接受的模板。他们需要并想要已经连蒙带骗推销给他们的东西。他们克服了无能的感觉——这一感觉是由于他们自己认同无法摆脱的产品，而在垄断的生产面前油然而生的。因此他们对既远在天边又近在咫尺的音乐品牌不再感到陌生；此外，他们很满意自己参与了一无所知先生的企业，这个企业每一回都面对着他们。这就解释了为什么对喜爱（当然也包括"不喜欢"）的个人表达会集中在这样一个区域，这里的主体和客体同样使这些反应显得很可疑。通过听众对崇拜物的认同，音乐的拜物教特性制造了自己的伪装。这一认同首先给予流行歌曲统辖其受害者的权力。认同在后来的遗忘和记忆中才大功告成。就像每一广告都是由不显眼的熟悉和不熟悉的显眼所构成的那样，流行歌曲那半明半暗的熟悉感使它有益健康地被遗忘了，而在回忆里突然令人痛苦地格外清晰起来，仿佛处在聚光灯的照射下。人们几乎可以把这一回忆的时刻认定为流行歌曲的歌名和韵文词句折磨受害者的时刻。也许他对此产生认同的原因是他认识它，因而把它兼并为自己的财产。这一强制力能够很好地驱使他经常回忆流行歌曲的歌名。但音符下面的书写——它使认同成为可能——不是别的，正是流行歌曲的商标。

注意力分散是为大众音乐的"遗忘和突然认出"铺平道路的知觉活

动。如果标准化的产品除了一些显眼的片断（如副歌部分）之外都令人绝望地彼此雷同，不允许听众凝神聆听而不变得无法忍受，那么在任何情况下，后者都不能全神贯注地听。他们不能忍受凝神聆听的紧张，不能听天由命地屈膝投降，而他们只需不太关切地聆听，便可做到这一点。本雅明指出的电影院统觉的分散状况，对轻音乐同样适用。通常的商业爵士乐只能这样履行功能，因为它不是要人专心听的，除非在谈话期间，而且它首先是伴舞用的。人们一次又一次地碰到以下说法：伴起舞来很棒，但听上去太次。但如果电影整体也似乎是以分心的方式被理解，分心的聆听使整体的知觉没了可能。被认识到的只是聚光灯照射着的一切——醒目的旋律间歇，未安排妥帖的调制，有意无意的错误，或者任何被曲调和歌词特殊的亲密融合凝缩为公式化套路的东西。这里，听众和产品也很相配；甚至没有提供他们不能跟随的结构。如果原子化的听觉意味着高级音乐的不断瓦解，那么在低级音乐里就没有什么更多的东西要瓦解的了。流行歌曲的形式是如此严格的标准化，小到节拍数和确切的持续时间，以至于不会有什么特殊的形式出现在个别曲目里。部分从连贯性那里解放出来，从所有超越其当下直接存在的要素那里解放出来，导致了音乐兴趣转移到了个别的感官愉悦上。一般来说，听众偏好的不仅仅是乐器杂技的展示作品，还有个别乐器的音色的展览品。这一偏好被美国通俗音乐的实践推动了。美国通俗音乐的每一变奏或"合奏"，在演奏时都强调某一特殊乐器的音色，黑管、钢琴或小号成了"假独奏者"。这经常会做得太过分，以至于听众更注意处理方式和"风格"，而不是关心并非无关紧要的物质材料，但处理方式只有在特定的引诱效果中才能生效。与这种对音色的迷恋相伴的，当然还有对工具的崇拜以及模仿和参加游戏的冲动；也许，儿童对亮丽色彩的异常兴奋中所包含的某些东西，又在当代音乐体验的压力下回归了。

兴趣从整体——或许真的是从"旋律"——转移到音色的魅力和个别伎俩，可以被乐观地解释为控制功能的新断裂。但这种解释可能是错的。要是被感知的魅力在僵硬的格式中依旧没有对手，那么不论谁向它们屈服，最终都会叛变。那样的话，它们自己就是最有限的一类。它们全都集中在一种被印象派地软化了的音调上。不能认为对孤立的音色和孤立的响亮的兴趣唤醒了一种对新的音色和新的响亮的趣味。恰恰相反，原子般的听众是第一个指责这些响亮太"知识分子了"或绝对不和谐的人。他们欣赏的魅力必须是得到许可的那一类型。可以肯定，爵士乐实践中出现了不和谐音，甚至发展出了故意误奏的技术。但无害的表象伴随着所有这些惯例：每一夸张的响亮必须这样产生，以便听众能够辨识它是"正常"东西的替代品。当他在错误处理中欢欣时，不和谐把它的位置给了和谐，实质上的和谐同时保证人仍旧不越雷池一步。在一次流行歌曲的接受测试中，发现有些人问：如果一段歌曲同时使他们开心和不悦，应如何反应？人们有理由怀疑，他们报告的经验也发生在没有报告它们的人身上。

对孤立的魅力的反应是模棱两可的。一旦感官愉悦发现它仍然只是为背叛消费者服务，就立刻转变成厌恶。这里的背叛是指提供的东西总是相同的。即使是最没有感觉的流行歌曲迷也总是不能摆脱这一感觉：吃糖蛀了一颗牙的儿童开始认识了糖果店。如果魅力衰竭了，转化为对立面——大部分流行歌曲的短命也属于同样的经验范畴——那么，由于导致了听低级音乐时的内疚感，掩盖上流音乐业的文化意识形态便寿终正寝了。没有人会死心塌地地相信被规定的快感。但无论如何，听觉还是退化了：虽有不信任和模棱两可，毕竟仍赞同这一情境。感觉被交换价值替代了，结果就是对音乐的需求真的不会再有任何进步了。替代物一样满足他们的目的，因为调整它们的要求本身就已经被替代了。耳朵已经坏了，仍旧只能在被供应的东西里面听出它想要的东西，只能听出抽象的魅力而不是魅力要素的综合。即便是在"孤立"的现象中，关键方面将逃离耳朵，也就是超越其孤立的那些方面。在听觉中，实际上也有一种愚蠢的神经机制：傲慢无知地拒绝一切不熟悉的东西，便是它确切无误的征兆。退化的听众就像儿童一样行事。一次又一次，带着顽固的恶意，他们要求他们曾经享用过的那一道菜。

已经为他们准备了一种音乐的儿童语言：它不同于真货的地方在于，组成它的语汇只是音乐的艺术语言的碎片和歪曲。在流行歌曲的钢琴曲谱中有些奇怪的图表。它们与吉他、尤克里里琴、班卓琴和手风琴（和钢琴相比，都是儿童乐器）有关，是给不能读五线谱的演奏者准备的。它们用图描绘了拨动乐器和弦的指法。可理性解释的音符被视觉指示物代替，这在一定程度上有点像是音乐的交通灯。这些信号当然局限于三主音和弦，排斥了任何有意义的和声进步。被管理的音乐交通值得这么做。它不能和街道上的交通相比，它充满着语法的、和声的错误。有错误的音高，有不正确的双重三连音、五连音和八度音阶的展开，还有各种各样不符合逻辑的声音处理，有时是在低音中。人们也许想要把这些错误归咎于大多数流行歌曲起源于业余爱好者，而真正的音乐作品首先是由改编者完成的。但是就像出版商不能允许拼写错误的单词流传于世，所以也无法设想，经过专家的仔细修订以后，他们不加校对就出版外行的版本。错误既不是专家有意识造成的，也不是为了听众而故意流到市面上的。人们能够归因于出版商和专家迎合听众的愿望，作起曲来是那样不在乎和不正式，就像刚刚涉猎艺术的人听完流行歌曲之后哼它一样。这些阴谋诡计和许多广告语的错误拼写是同一回事——即使在心理学上有差异。但是，即使人们因为其过于牵强附会而想拒绝接受它们，印刷错误也还是能够被理解的。一方面，婴儿的听觉要求感觉上的丰富和完全响亮，有时由豪华的三连音表达，而正是在这一要求里，婴儿的音乐语言与儿歌处于最野蛮的矛盾对立中。另一方面，婴儿的听觉总是要求最舒适和最流畅的解析。"丰富"的响亮和声音的正确处理，引起的后果将是远离标准化的和声关系，以至于听众不得不认为它们是"不自然的"而加以拒绝。于是错误成了大胆的打击，调和了婴儿般的听众意识中的对抗。

退化的音乐语言另一毫不逊色的特征是引用。它的使用从有意识地引用民间歌曲和儿歌，经过含糊其辞和有心无心的暗指，到完全隐藏的类似和联想。这一趋势胜利地改编了整个古典仓库和歌剧宝藏的曲目。

引用的实践反映出婴儿般的听众意识的两可性。引用既是极权主义的，又是戏仿。它就是儿童对教师的模仿。

　　被延迟长大的听众的两可性质在以下事实中得到了最极端的表现：还没有完全物化的个人，希望把自己从他们被移送交办的音乐物化机制中解脱出来，但他们反对拜物教的暴动却让他们更加深陷其中。不论何时，只要他们试图逃离被迫消费的消极地位并"激活"他们自身，他们就会屈服于伪活动。长不大的大众通过伪活动来划分他们的不同类型；无论如何，类型使得退化更刺目清晰。首先，有给广播电台和管弦乐队写信的热心听众，他们在组织良好的爵士音乐节上迸发自己的热情，为他们所消费的物品打广告。他们自称为"跳跳虫"，好像要同时确证和嘲笑他们个性的缺失，他们着迷地转向了挥舞木槌。他们唯一的借口是，"跳跳虫"一语——像电影和爵士乐的非真实大厦里面的所有那些语汇一样——是被企业家敲进他们的脑子里的，目的是想让他们觉得自己就在里面。他们的狂喜毫无内容。事情发生了，音乐被听见了：这些东西本身取代了内容。狂喜通过自身的强制性来占有其对象。它的风格就像击打战鼓的野蛮人的狂喜。它有疯狂爆发的一面，让人想起舞蹈病或残废动物的反射。热情本身似乎源自缺陷。但模仿的要素使得狂喜的仪式背叛了自己，成为伪活动。人们不再"纵情声色"地跳舞或听歌，听觉肯定不能满足感官的享乐，但是感觉享受的姿态被模仿了。与此类似的是电影里特定情绪的再现，那儿只有焦虑、渴望、性挑逗的皮相模式，模仿微笑的模式，蹩脚音乐的原子论表现模式。对商品模式的模仿性同化，与模仿的民间风俗夹缠在一起。在爵士乐中，这一模仿和对个人自身的模仿的关系是非常松散的，它的媒介是讽刺漫画。舞蹈和音乐复制了性兴奋的阶段，只是为了取笑它们。似乎欲望的代理人本身同时也是其反对者；当压抑的"现实主义"行为被融入他的幸福梦想之时，便战胜了后者。似乎是要确认每一狂喜形式的肤浅和背叛，脚无法完成耳朵假装的东西。跳跳虫们好像遭到了切分音的电击似的，几乎总是只跳节奏好的那一部分。虚弱的肉身惩罚了心甘情愿的灵魂所撒的谎；婴儿般的听众们那姿态式的狂喜，在狂喜的姿态面前失败了。与跳跳虫相对立的类型，大概是离开工厂后躲在安静的卧室里"自得其乐"的热心人。他羞怯内向，也许没有桃花运，总想守在自己的小天地里。他如同一个无线电玩家那样寻求这一切。二十岁时，他仍然处在童子军的阶段：摆弄复杂的结，以取悦父母。这一类型高度重视无线电广播的事儿。他耐心地组装设备——最重要的部件得买现成做好的，然后他扫描短波的空中秘密，尽管那儿什么也没有。作为印第安故事和旅行书籍的读者，他一度发现了新大陆，从原始森林里开辟出道路。作为无线电玩家，他成为那些工业产品的发现者，那些工业产品正饶有兴趣地等着他发现。不能送到他的屋子里的东西，他是不带回家的。伪活动的冒险家们已经大规模地组织起来；无线电业余爱好者印制了核实卡片，由他们发现的短波电台送给他们，并举办了看谁的卡片多的竞赛。所有这一切都是上面仔细培育的。在所有拜物的听众中，无线电玩家也许是最彻底的。他听什么，甚至他如何听，都和他无关；他感兴趣的事实只是他在听，他用私人设备把自己塞入公共机制中，而对该机制没有丝毫的影响。抱着同样的态度，无数广播听众热衷于反馈和拨打电话，而没有变成玩家。其他的人更专业，至少更具进取性。这些聪明的家伙随处可见，且无所不能：高年级的学生准备在每一集会上以机器一般的精确度为舞蹈、娱乐演奏爵士乐；煤气站的工人在充气时天真无邪地哼着切分音；听觉专家能够听出每一个乐队，把自己沉浸在爵士音乐史中，似乎那儿有圣书。他最接近运动员：如果不是足球运动员本人，就是控制了看台的啦啦队。粗糙的即兴演出能力使他光彩照人，哪怕为了把难缠的韵律在钢琴上凑出来，他必须偷偷练习好几个小时。他把自己描绘成一个对世界吹口哨的个人主义者。但是他所吹的是世界的旋律，他的小把戏并没有更多的创造要素，不过是由于熟悉人们寻求的技术事物而积累起来的一些经验罢了。他的即兴演出始终是迅速服从乐器向他提出的各种要求的姿态。对于聪明家伙这一听觉类型，替人开车的司机是其模范。他完全赞同对他的一切发号施令，以至于不复产生任何抵抗，就连他自己的做法也总是符合负责的官员对他的要求。他骗自己说，他没有完全服从物化机制的统治。爵士乐迷们至高无上的常规不是别的，正是适应模式、以免迷路的消极能力。他是真实的爵士乐主体：他的即兴演奏来自模式，他徜徉于模式中，嘴里叼着烟，淡然得就像模式是他自己发明的一样。

退化的听众和必须消磨时间的人有关键的共同点，因为他没有别的东西去发泄精力；他和打零工的工人也很类似。为了成为爵士乐专家或整天泡在无线电上，一个人必须有很多时间和很少自由。与切分音和基本节奏相协调一致的技巧，是也会修高音喇叭和电灯的汽车机械师的技巧。新的听众像机械师，不仅专业娴熟，而且能够在他们熟练的行业之外、未曾预料的地方运用专业技能。可是这样的去专业化只是看起来能够帮助他们走出体制。他们越是容易满足日常需求，就越是僵化地从属于体制。研究发现，在广播听众中，轻音乐的听友自认为是去政治化了的。这一发现并非偶然。个人庇护所和安全的可能性，一如既往地成问题，阻碍了在个人寻找庇护的情境下的变革观点。肤浅的经验与此矛盾。"年轻一代"——这个概念本身只是一个无所不包的意识形态垃圾桶——似乎正是通过新的听觉方式跟他们的前辈及其豪华的文化发生冲突的。在美国，人们会发现，所谓自由主义者和进步人士恰恰是通俗的轻音乐的倡导者，他们大多数人都把他们的行动划在民主的范畴内。但如果说退化的听觉是和"个人主义的"听觉相对立的进步类型，那只是在辩证的意义上说的，也就是说，它比后者更适合于日益进步的野蛮。所有可能的模型都擦掉了粗鄙，而批判个性的审美残留物——它与个人已经扭打了很久——则是正当的。但发自通俗音乐领域的这一批判没什么力量，因为正是这个领域使浪漫的个人主义干瘪了，成为粗俗的残渣余孽。它的革新和这些余孽是形影不离的天生一对。

听觉中的受虐狂不限于认同权力的自我投降和虚假快感。其基础是如下共识：在占统治地位的条件下，庇护所的安全是临时的，只是暂缓的休息，最终一切都会崩溃。即使是在自我投降中，人用自己的眼睛看到的东西也不妙；他在享受中同时感到他背叛了可能性，而他被现状背叛了。退化的听觉总是打算沦为愤怒。如果谁知道他基本上是在虚度光阴，愤怒就会反对几乎一切东西，只要这些东西能够否认时新的谈吐打扮的现代性，并揭示出所谓新变化其实多么微不足道。从摄影和电影中，人们认识到现代性的陈旧化产生的效果：原本被超现实主义用来产生震惊的效果，结果却堕落为那些对抽象的"现在"怀有拜物教情结的人们的廉价娱乐。对于退化的听众，这一效果神奇地缩短了。他们喜欢嘲笑和破坏他们昨天还陶醉于其中的东西，仿佛是陶醉名不副实的缘故而回过头来给自己报仇。这一效果已经有了自己的名称，并被报纸广播反复宣传。但我们不要以为节奏更简单的、前爵士乐时期的轻音乐及其遗迹是"老土"；相反，这一词语应用在所有那些不遵循现在公认的节奏型的切分音片段上。如果爵士乐专家听到一段节奏上好的乐句中，强拍子的八分音符跟在十六分音符后面，他会笑破肚皮的。然而，与后来实践中的切分音连接和抛弃所有反强音的特征相比，这样的节奏更有侵略性，而且一点也不土气。退化的听众事实上是毁灭性的。来自旧时代的侮辱有着它反讽的合法性；它之所以是反讽的，是因为退化的听众的毁灭倾向所反对的其实就是老派的人所憎恨的，即反对这样的不顺从，除非它居于集体的过量能容忍的自发性之下。表面上的代际对立在愤怒中现了原形。固执的人在悲痛得发狂的信件中抱怨广播电台把神圣的事物搞得太活泼，年轻人则对这样的表现感到兴奋。两者其实本着同一个精神，只需一个适当的情境就能把两者团结在统一战线中。

这提供了一种对退化听觉中的"新可能性"的批判。人们可能忍不住要试图救赎它，如果艺术作品的"灵韵"特征——其幻象要素——已经让位于游戏要素。不管电影的情形如何，今天的大众音乐几乎没有表明在祛魅方面有什么进步。在其中稳步快速生存的东西莫过于幻象，没有什么东西比它的现实更虚假的了。这种幼稚的游戏几乎不比儿童的创造性强多少。否则，资产阶级的竞技体育不会想把自己和游戏严格区开来。它残忍的严肃性体现在如下事实中：不是依靠摆脱目的而继续忠于自由的梦想，相反，把游戏当作义务的处理方式把游戏放进了有用的目的之中，从而擦去了游戏里残留的自由的痕迹。这尤其适用于当代的大众音乐。播放和演奏不过是规定模式的重复，因此免除了责任的游戏并没有减少投入给责任的时间，仅仅是把责任转移到新的模式上，紧跟模式成了人们自己的职责。这就是占统治地位的音乐竞技固有的伪装。要以败坏的巫术——不管怎样，它规定了赤裸裸的功能化的规则——为代价，来提升当代大众音乐的技术合理性要素或者退化的听众对这些要素做出相应反应的特殊能力，是一种幻想。它之所以是幻想，还因为大众音乐真的不存在任何技术的革新。对于和声与旋律的建构来说，这是不言而喻的。现代舞蹈音乐在多音色方面的真正成就，不同音色彼此接近到了一种乐器能够不间断地接替或者假扮另一种乐器的程度，对于瓦格纳学派以及后瓦格纳学派的管弦乐技术而言，是和铜管的默音效果同样熟悉的。甚至在切分音技术方面，也没有什么是勃拉姆斯的基本形式和勋伯格、斯特拉文斯基的超越中不存在的。当代通俗音乐的实践并没有怎么发展这些技术，而是顺从地钝化了它们。惊讶地看待这些技术的"专家"听众，根本没有受到良好的技术教育，要是这些技术进入了让技术有其自身意义的那些语境，他们就会立即做出抵抗和拒绝的反应。技术是否能被视为进步或"合理"，取决于技术自身的意义，取决于技术在整个社会中，在个别作品的组织中的地位。一旦这样的技术发展把自身设立为拜物教，它的完美无缺代表着被忽略的社会任务已经完成，它就能够效力于彻底的反动。这就是所有企图在现有基础上改革大众音乐和退化听觉的努力都失败了的原因。可消费的艺术音乐必须付出牺牲其连贯性的代价。它的错误不是"艺术的"：每一个写得不正确的或过时的和声都证明了那些要求调和的人造成的退步。技术上连贯、和谐的大众音乐经过净化，去除了所有坏的伪装的元素，将转变为艺术音乐，并立刻失去其群众基础。所有调和的企图，无论是市场取向的艺术家所为，还是集体取向的艺术教育家所为，都无果而终。他们的成就只不过是手工艺品，或者说，必须给出这种产品的使用指南或社会文本，以正确告知其深层背景。

新大众音乐和退化的听觉被称赞的积极因素——生动性和技术进步，集体的广度，与不明确的实践（这些实践的概念开始成为知识分子的自我谴责的代理人，知识分子因此能够最终结束他们和大众的社会疏离，从而使他们自己在政治上和当代大众意识协调一致）的关联——这些积极因素是否定性的，闯入了社会的大灾难阶段的音乐。积极性只和否定性锁在一起。拜物教的大众音乐威胁着拜物教的文化商品。音乐两领域之间的张力如此增长，以至于官方领域很难找到其基础。然而这和大众音乐的技术标准几乎毫无关系，如果谁比较爵士乐专家和托斯卡尼尼崇拜者的专业知识，前者要比后者强很多。但退化的听觉代表了不断壮大的、无情的敌人，不仅针对博物馆文化商品，也针对自古以来音乐就作为冲动驯化地的神圣功能。不是没有受到惩罚，因此也不是不受控制，音乐文化的蹩脚产品向无礼的戏剧和施虐狂的幽默投降了。

在退化的听觉面前，音乐总的来说开始担当喜剧的角色。人们只需要听听外面合唱队排练时不受抑制的响亮声音。这一体验在马克斯兄弟的电影里给全力捕捉到了，他把歌剧布景拆毁得像是衣服，以历史哲学的洞见讽喻着歌剧形式的衰败，或者在精致娱乐的最值得尊敬的歌剧作品中砸开一架大钢琴，为的是在琴框中的琴弦上（像是未来的竖琴）演奏序曲。音乐在现阶段成为喜剧，主要原因是：这些完全没用的东西携带着严肃工作的压力的可视符号。通过和僵硬的人们疏远，音乐揭示了他们彼此之间的疏远和异化，异化意识在笑声中自我发泄。在音乐中——或在类似的抒情诗中——判定它们滑稽可笑的社会显得滑稽可笑了。但这笑声与神圣的和解精神的衰落有关。今天所有的音乐很容易就像尼采耳边响起的《帕西法尔》。它令人回想起从早先时代存续下来的不可理解的仪式和面具，它是向我们挑衅的无意义。既用滥了音乐又使它曝光过度的无线电广播，对此有很大贡献。有时，更好的一个小时或许会震撼那些聪明的家伙：在他们需要的一个小时里，事物即兴的放置代替了为收听预备好的材料，如同某种激进的开端——而这只有在未被动摇的现实世界的保护之下才能够繁荣兴旺。即使控制也能够接管自由的僵硬表现——如果自由成为其内容。就算在退化的听觉里几乎不存在自由意识进步的征兆，它也能够突然扭转——如果艺术和社会团结一心，离开"千载不变"的道路。

不是通俗音乐而是艺术音乐提供了这一可能性的模式。马勒激起了所有资产阶级音乐美学的公愤，绝不是毫无道理的。他们说他没有创造性，因为他搁置了他们的创造性概念。他自己从事的一切都已经在那里了。他用粗鄙化的形式接受了它，他的主题是被征用的一些主题。然而，任何东西听起来都不像习惯的那样了，一切东西似乎被磁石转向了。耳朵听出了老茧的东西柔顺地听从即兴演奏的手，用过的部分作为变奏获得了第二生命。就好像替老板开车的司机对他的二手旧车的知识能够让他准时驾驶却不知道预定目的地一样，耳熟能详的旋律在高音域被单簧管和双簧管的压力紧紧拉着的表现，也到达了得到批准的音乐语言永远无法安全到达的地方。这样的音乐真的把粗鄙化了的片断凝结为一个总体，凝结为新的东西，不过它的材料仍然来自退化的听觉。确实，人们几乎认为：在马勒的音乐里，这一经验像地震仪一般地记录了它渗透进社会之前的四十年。如果说马勒逆音乐进步的观念而行，那么用看似矛盾的方式效忠于他的那些最进步的从业者所作的新的激进音乐就不能仅仅归入进步的名下。它旨在自觉抵抗听觉退化现象。今天和过去一样，勋伯格和韦伯恩传播的恐怖并不是因为他们不可理解，而是因为他们都被非常准确地理解了。面对其他人只会望而却步、避而远之的大灾难景象，他们的音乐为那一焦虑、那一恐怖，对灾难景象的那一洞察赋予了形式。他们被称作个人主义者，他们的作品不是别的，只是和毁灭个性的力量的单独对话——这些力量的"无形的阴影"笼罩在他们的音乐上。集体的力量在音乐里同样清算着个性过去的存款，但是与这些力量相对抗的个人才能够自觉代表集体性的目标。

14. 文化工业：欺骗大众的启蒙 [①]

有一种社会学观点以为，由于失去了客观宗教 [②] 的支撑、由于前资本主义时期的最后残留物的瓦解，由于技术和社会的分化及专业化，文化就变得混乱无序。每一天都在证明这是谎言。因为现在的文化在每一件东西上都打上了相似的烙印。电影、无线电广播和杂志构成了一个体系，其整体和它的每一个部分都是统一的。即使是政治上对立的派别，他们的审美宣言也同样赞扬着铁一样的节奏。就算在集权主义国家，装饰豪华的工业管理大厦和工业展览中心也和其他地方一模一样。到处耸立的渐渐明亮起来的雄伟建筑象征着掌控国家的康采恩的高瞻远瞩、计划周详，企业界已经开始如脱缰野马般地奔向它们；其纪念碑则是处在荒凉城市中的一片片灰暗的住宅和商业房屋。现在，即使是稍微远离钢筋水泥的中心的一些旧房子，看起来都像贫民窟。郊区新建的平房像国际博览会的临时搭建的建筑一样赞扬着技术的进步，但是它们生来就注定了将像一个空食品罐头一样很快被扔掉。城市居屋计划的设计目的就是使个人永远成为住在设施卫生的小房子里的相同的独立个体，从而使他更乐意为其敌人——总体的资本权力效劳。因为作为生产者和消费者的居民被吸引到城市中心来找工作或寻找消遣，所以一间间斗室都像晶格一样结晶化为组织良好的生活小区。微观世界和宏观世界令人震惊地同一，

---

① 本文为《启蒙的辩证法》（1947）的一章。见《阿多尔诺全集》德文版第 3 卷。
② 客观宗教指的是通过去教堂礼拜、忏悔等行为表现出来的对神的信仰，主观宗教则仅仅是对神的承认、信仰等情感和认知。

向人们呈现了他们的文化模式：普遍与特殊的虚假同一。在垄断下，所有的大众文化都是同一的，其骨架（垄断组织的概念框架）也开始彻底显现。位居顶层的人没什么兴趣遮遮掩掩了，他们越是更加野蛮地承认，他们的权力就越强大。电影和广播不再需要伪装成艺术。"它们只不过是生意"的真理业已构成了意识形态，目的是把它们蓄意粗制滥造的垃圾合法化。它们自称为工业；一旦总裁的收入被公布出来，对其完成的作品的社会必要性的任何怀疑都被清除了。

利益集团从技术角度来解释文化工业。据称，因为千百万人参与了它迫不得已的复制过程，所以就不可避免地要用标准质量的商品来满足来自无数地方的同样需求。据说，较少的生产中心和广为分散的消费网点的庞大数目之间的反差，在技术上就要求经营的组织和计划。更有甚者，据称经营的标准首先是以消费者的需求为基础的，因为那样就不会遭到什么抵抗而被接受。结果就是操纵需求和需求退化的恶性循环，这样的循环只是让体系的整合力量更加强大。这样的事实被忽略了：技术对社会拥有的权力是以掌握社会经济命脉的那些权力为基础的。今天，技术的合理性正是统治的合理性本身。这种合理性是自我异化的社会的强制性。直至小汽车、炸弹和电影的夷平要素在其导致的不义中显示出它们的力量，它们才构成了社会的总体性。技术合理性抹平了劳动的逻辑和社会体系的逻辑之间的一切差别，得到的与其说是文化工业的技术，不如说是标准化和大批量生产的成果。这不是技术本身的运动规律的结果，而是由技术在当今经济中的功能造成的。对个人意识的控制已经平息了任何有可能阻碍中心控制的需求。从电话迈向无线电广播的这一步已经清晰地界定了不同角色。前者仍然允许用户自由主义地扮演主体的角色。后者则非常民主地将所有参与者都转化为听众，并集权主义地让他们屈服于几乎一模一样的广播节目。这里没有任何反驳机制，而个人的广播电台也没有任何自由，他们被局限在可疑的"业余爱好者"领域，同时不得不接受自上而下的组织管理。在官方广播中，来自公众方面的任何一点点自发性的痕迹都被才艺猎手、演播室里的比赛和各种各样的专家选秀活动控制并消化在它的框框里。才艺表演者在这一工业展现他们之前就属于它了,否则他们不会这样热衷于配合它。无论是表面上还是实际上,公众的态度都有利于文化工业的体系,它也是体系的一部分,而不是体系的一个借口。如果各个艺术部门对完全不同的媒介和内容都遵循同一个套路,如果广播"肥皂剧"的戏剧情节仅仅是解决某些技术难题(比如如何掌握爵士乐的即兴演奏或最高潮的技巧)的教学案例,如果贝多芬交响乐的某个乐章被电影配乐粗鲁地"改编"了(就像托尔斯泰的小说被胡编为电影剧本):那么,自称这么做是为了满足公众的自发愿望的说法不过是自吹自擂。如果我们把这些现象解释为技术机器和人员配置的固有现象,那么就接近了事实:技术机器和人员配置的每一个零件都是经济的选择机制的一部分。此外,所有的行政权力还达成了约定(至少是共同的决心),不去生产或不批准任何不同于他们的表格,他们对消费者的观念以及他们自己(这是最重要的一点)的东西。

在我们的时代,客观的社会趋势已经化身为公司总裁的秘而不宣的主观目的,其中最重要的是钢铁、石油、电力和化工等强大的工业部门的总裁。相比之下,文化垄断是弱小的,没有独立性。如果它们在大众社会中的活动领域(生产某种特殊商品的领域,这种商品与随和的自由主义和犹太知识分子都过从甚密)不想遭受连番清洗的话,那么它们就不能忘记追随真正的掌权者。最大的广播公司对电子工业的依赖,电影工业对银行的依赖,都是整个领域的典型特征:这个领域的每个部门都在经济上纠缠在一起了。彼此之间的联系如此紧密,精神权力的极度集中化使得不同企业和不同技术部门之间的差异可以忽略不计。文化工业的无情同一性预兆着政治领域山雨欲来。A类电影和B类电影[①]的区分也好,不同售价范围的杂志上的不同故事也好,决定这些外在区分的并不是主题内容,而是对消费者的分类、组织和索引化。商品是提供给所有

---

① A类电影是制作成本较大的、预期有较大观众群的电影,俗称大片,往往由大明星主演,场面豪华。B类电影则是制作成本相对较小的电影。

人的，必有一款适合你，一个也跑不了；区分是灌输和宣传而来的。大
批量生产的、具有不同质性的产品的等级制满足了公众的需要，由此深
化了彻底量化的统治。每个人的行为都必须（貌似自发地）符合他被各
种指标预先规定好的那个档次，选择为他这个类型定做的那种大批量产
品。在研究机构的图表上，消费者呈现为统计数据，并且被划分为红、
绿、蓝等各种收入群体；这一技术正是用于各种政治宣传的技术。

　　这种处理程序到底有多么形式化，只要看看机械区分的产品最终有
多么雷同就知道了。克莱斯勒和通用汽车系列之间的差别基本上就是一
种幻象，打中了每一个热衷于精通差别的孩子。鉴赏家们谈论的所谓优
点和缺点只不过是为了将竞争和选择范围的表象永远维持下去。这同样
适用于华纳兄弟和米高梅的产品。甚至同一家企业生产的最贵的产品和
最便宜的产品之间的差别也逐渐消失了：拿汽车来说，差别在于汽缸的
数目、排量，在于有专利技术的部件的不同配置；拿电影来说，差别在
于明星的多寡，在于对技术、人员、设备的夸张使用，在于是否引进了
最新的心理学程式。通行的绩效标准是"炫耀性生产"的数量，是露骨
地投入的资金总额。在文化工业里，不同的预算和产品本身的实际价值
或意义没有丝毫关系。就连不同技术的媒介也被无情地统一起来了。电
视旨在综合广播和电影，只是因为各利益方还没有达成一致才被耽搁了，
但电视带来的后果将是非常巨大的，并将剧烈地导致审美内容的极度贫
乏。到明天，各个文化产品之间的蒙着面纱的同一性就将胜利地掀开面
纱，嘲讽地实现了瓦格纳的总体艺术作品之梦：把所有艺术凝聚在一个
作品之中。文字、图像和音乐的一体化甚至比《特里斯坦》[①]还要完美，
因为各个肯定地反映了社会现实之表面的"感性要素"基本上都是同一
个技术流程生产出来的，这个流程的统一性表明了它真正的内容。这一
工作过程整合了所有的生产要素，从瞄着电影的小说构思到最终的音响
效果。这是投入的资本的胜利，资本无所不能的统治已经在被剥夺的求

---

① 指瓦格纳的三幕歌剧《特里斯坦与伊索尔德》。

职者心中打下了"主人"的烙印；这构成了每部电影的意义，无论制片人选择的是什么情节。

有闲暇的人就不得不接受生产的统一性。康德的形式主义还指望来自个人方面的贡献，据说个人将把不同的感官经验与基本范畴联系起来；但是工业剥夺了个人的职能。它为消费者提供的主要服务就是替他完成他的图式化工作。康德说，灵魂中有一种秘密的机制，它对直接的感觉材料的准备使得它们能够纳入纯粹理性的系统。但是今天，那一秘密已经破解。机制要处理的表象不过是那些提供经验材料的人（即文化工业）计划安排好了的表象，而它实际上是被非理性的（无论我们怎么将它合理化）社会权力强行塞入文化工业的。这一不可避免的强制是通过商业机构进行的，所以表面上似乎是商业机构在掌控一切。没有什么是留给消费者去分类的。生产者已经替他做完了。"为大众的艺术"毁掉了梦想，却依然遵循着批判的唯心主义不敢提出的那种梦想的唯心主义的信条。一切都源于意识：对马勒伯朗士和贝克莱而言，源于上帝的意识；在大众艺术中，源于生产团队的意识。不仅仅是热门金曲、明星、肥皂剧的周期性循环和僵硬不变的类型，就连戏剧本身的具体内容也都源于他们，只不过换汤不换药而已。细节是可以换来换去的。被热门歌曲证明过的简短好记的间奏，主人公突然丢了脸却知道要忍受磨难，情人从男明星那里挨了一记耳光才清醒过来，男明星坚决违抗骄纵的富家女，这些细节和其他所有细节一样都是事先备好的陈词滥调，可以随处即插即用。它们的唯一功能就是完成总图式分配给它们的任务。它们存在的全部理由就是作为图式的一部分来确证图式。电影一开始，它将如何结束就已经是一清二楚的了，谁将得到奖赏，谁将得到惩罚，谁会被遗忘，统统一目了然。在轻音乐中，一旦被调教出来的耳朵听到了热门歌曲的第一个音符，耳朵就能猜到下面是什么，并且在它真的到来时心满意足。短篇小说的平均字数是要严格遵守的。甚至插科打诨、噱头、俏皮话都像它们所在的背景那样经过了计算。专家们各司其职，他们狭窄的分工范围使他们很容易在办公室里分配好工作。文化工业的发展已经使得效果的统治地位、立竿见影的成效和技术细节来得比作品本身更为重要，而曾经表达过理念的作品已经和理念一道被清除了。细节一旦赢得了自由，就开始造反；从浪漫主义到表现主义，它始终坚持着自由表达，坚持把自己当作一种反抗组织化的手段。在音乐中，单一的和声效果抹掉了总体的形式意识；在绘画中，被强调的个别色彩破坏了构图；在小说中，心理学比结构更重要。文化工业的总体性终结了这一切。尽管它只关心效果，但是它将其叛逆性化为齑粉，迫使效果为程式服务：程式取代了作品。整体和部分遭受了同样的厄运。整体不再能够和细节产生任何联系，好比在一个成功人士的生涯里，一切都变成了他的成功的例证，但整个生涯其实不过是所有那些蠢事的总和。所谓的通行理念就像是一份档案夹，它促成了秩序而不是联系。整体和部分彼此是一样的，没有对立，没有统一。它们的前定和谐是对伟大的资产阶级艺术作品不得不努力奋斗争取的和解的拙劣模仿。在德国，民主时代的最欢乐的电影中也笼罩着独裁的死寂。

　　整个世界都必须通过文化工业的过滤器。过去，上电影院的观众把外部世界视为他刚刚离开的电影的延伸（因为电影意在复制日常感知的世界），这一旧经验现在已经成为制片人的指导方针。他的技术越是能精致地、毫无瑕疵地复制经验对象，"外部世界是银幕上呈现之物的直接延续"这一幻觉就越容易在今天蔓延。自从有声电影以迅雷不及掩耳之势独领风骚以来，技术复制为这一目的推波助澜。现实生活和电影已不可分辨了。有声电影大大胜过幻景戏剧，它不给观众任何想象和思考之机：在电影作品的框架内，观众无法做出回应，他可以偏离其具体细节，却不会丢掉故事情节的主线；因此电影迫使其受害者将它直接等同于现实。大众媒介的消费者的想象力和自发性受到的阻碍不应首先归结于任何心理机制，而应该把那些属性的丧失归因于产品本身的客观性质，特别是有声电影这种最典型的产品。产品的设计就使得只有具备敏捷性、观察力和观影经验的人才能理解产品；观看者的思想活动是不可能的，如果他不想错过飞快掠过的事实的话。虽然不是每个细节都要求全神贯注，但这种全神贯注确实是刻骨铭心的，根本没有例外场合，想象力仍然被排除了。那些深深迷恋电影世界及其姿势、图像和语词的人，甚至不能补充任何东西使其第一次真正构成一个世界，而要让他们全神贯注，并不一定完全要用机器造成特殊效果的那些放映瞬间。他们看过的所有其他电影和娱乐工业的其他产品一定会让他们认识到，被要求的全神贯注是值得信任的，所以全神贯注是自动发生的。工业社会的暴力一劳永逸地作用于人。文化工业的产品可以据此推断，消费者在消遣状态下照样会专心地消费它们。但是，每一个产品都是巨大的经济机器的一个样板，这台巨型机器总是维持着大众的现状，无论他们是在工作还是处在与工作类似的休闲状态。可以从每部有声电影和每个广播节目中推断其社会效果；这个效果不是谁独享的，而是所有人共享、相同的效果。文化工业作为一个总体塑造着人，人在文化工业的每一个产品都成功地再生产着自己。这一过程的所有行动者，从制片人到妇女俱乐部，都小心翼翼地防止这一精神的简单再生产出任何差池或者有丝毫扩大。

抱怨"培养风格的基本力量在西方已经灭绝了"的那些艺术史学家和文化卫道士们大错特错了。一切事物都被机械可复制性转译为图式，这一转译比任何真正的风格（如果用文化行家们对前资本主义的过去的溢美之词来说就是"有机的"风格）更严格也更有效。帕勒斯特里纳①再怎么清除一切即兴的、未予解决的不协和和弦，也不会像一位纯粹主义的爵士乐编曲者那样，将任何不符合行规的乐句格杀勿论。在把莫扎特的乐曲改编为爵士乐曲的时候，这位纯粹主义者不仅在莫扎特的乐曲太严肃或者旋律有难度的时候改变旋律，也把所有不同于现在的和声（莫扎特的和声往往是更简单的和声）改掉。没有哪个中世纪的建筑师能够像电影制片厂高层在批准放行巴尔扎克或雨果的改编作品前的满腹狐疑的审查那样，疑虑重重地研究教堂窗户和雕塑等问题。没有哪个中世纪

---

① 帕勒斯特里纳（Giovanni Pierluigi Da Palestrina，1524—1594），意大利作曲家，宗教复调音乐的代表人物。

的教士能够像大片的制片人计算主人公要受的折磨、女主角裙底的高度
那样，细心地按照至高无上的爱的恩典决定被罚入地狱的罪人要遇到的
撒旦面庞和痛苦煎熬。关于禁止事项和可容忍事项的成文规定和不成文
规定是一份深奥难懂的目录，它包含的范围之广使得它不仅定义了自由
的界限，而且在这个界限内唯我独尊。事无巨细，都按照目录进行了相
应的改造。娱乐工业像它的镜像先锋派艺术一样，用咒语规定了自身的
语言，精确到每一个句法和词汇。不断产生新效果（尽管依然遵循旧图
式）的持续压力只不过是又一条增强了常规之统治权的规则而已：如果
新效果有可能脱离罗网的话。每个细节都牢固地打上了同一性的烙印，
如果不是在出生时套上一点行话，或是在第一眼看上去时就像是许可的，
那么它根本就不会出现。无论是原创还是复制，大牌们津津有味地、自
然流畅地讲着行话，似乎这些话正是他们自己的语言，只是好久没讲了
而已。这就是该活动领域的"自然性"理想，其影响日益强大，技术
也就越来越完美，而在完成的产品和日常生活之间的张力也就越来越
小。不难在文化工业出品的一切事物中发现这一常规（它在本质上是一
种歪曲）的悖谬之处，而且往往非常明显。演奏一段严肃音乐（贝多芬
的一段最简单的小步舞曲）的爵士乐手会不自觉地切分音符，如果要求
他遵守正常的节拍划分，他就会露出傲慢的笑容。这就是构成了新风格
的"自然"，当然它掺杂着特殊媒介的永恒不变的、不切实际的要求；这
种自然性是一种"非文化体系，如果说谈论风格化的野蛮是有意义的话，
那么人们大概就可以承认它是某种风格统一体了"[1]。

　　这一风格化模式的普遍要求甚至超越了准官方的批准或禁止的限
度。今天，更容易被人原谅的是不遵守节拍或九度音程的流行歌曲，而
不是那些偷偷包含了不符合习俗的旋律与和声细节的歌曲。无论何时，

---

① 尼采：《不合时宜的观察》，《尼采全集》第 1 卷，莱比锡 1917 年版，第 187 页。——阿
　多尔诺原注。

如果奥逊·威尔斯①违反了行业的老把戏，他都会得到原谅，因为他对常规的偏离被视为一种经过计算的突变，这种变化只会更强烈地确证体系的有效性。技术决定的常规是明星们和导演们不得不生产出来的，以便让人们占有的"自然性"，这种常规的限制已经渗透到各种细枝末节，几乎像先锋派作品用来对抗那一真理（"自然性"）的手法一样细微精妙。在文化工业的所有部门中，仔细地履行"自然性常规"的义务成了一种不可多得的能力，这种能力就是专业技术的标准。他们说什么，怎么说，都必须用日常语言来衡量，就像逻辑实证主义那样。制片人是专家。常规要求一种令人震惊的生产力供它吸收和挥霍。它以糟透了的方式跨越了"真正的风格"和"人为的风格"之间的文化保守主义区分。所谓"人为"的风格指的是它从外面强加于不羁的形式冲动之上。但是在文化工业中，主题材料的每个要素都起源于这部机器，就像那些携带着烙印的行话一样。为了这些不可信的谎言，艺术专家同投资人、审查官吵得不可开交，与其说事关内在的审美张力，不如说只是利益分歧。专家的名望——客观独立性的最后一丝残余的避难所——跟教会或制造文化商品的康采恩的商业政策产生了冲突。但是在主管部门开始争论之前，事物本身基本上就被物化得可流通了。甚至在扎努克将圣女贝奈黛特的故事改编为电影②之前，她在给她唱赞歌的诗人眼中就已经是所有利益相关方的绝妙广告了。这是出于格式塔冲动。因此，文化工业的风格无须经受任何难以驾驭的材料的考验，它也是对风格的否定。普遍与特殊之间的和解、规则与主题内容的特殊要求（唯有满足这些要求才能

---

① 奥逊·威尔斯（1915—1985），美国导演、演员、编剧、制片人，代表作有《公民凯恩》（1941）、《麦克白》（1948）、《第三个人》（1949）、《奥赛罗》（1952）、《历劫佳人》（1957）、《审判》（1962）等。

② 电影《圣女之歌》（The Song of Bernadette，1943）是好莱坞制片人扎努克（Darryl Francis Zanuck，1902—1979，20 世纪福克斯公司的创始人）改编的作品，圣女贝奈黛特（Bernadette Soubirous，1844—1879）是法国南部卢德地方的牧羊女，1864年入修道院，1879 年去世，1933 年列入圣品。

使风格获得本质的、有意义的内容）之间的和解都是无效的，因为对立的两极之间不再有丝毫的张力：这些取得一致的极端一模一样，普遍可以取代特殊，反之亦然。

尽管如此，风格的这一讽刺漫画并没有超越过去的真正风格。在文化工业中，"真正的风格"这一观念被视为统治的审美等价物。仅仅被视为美学常规的"风格"乃是过去的浪漫主义美梦。无论基督教中世纪的风格统一体，还是文艺复兴时期的风格统一体，都只不过表达了不同的社会权力结构，而没有表达被压迫者的那些鲜为人知的经验，它们被普遍性彻底拒之门外。伟大的艺术家从来不是那些代表了一种完美无瑕的风格的人，相反，他们在其作品中采用风格，是为了无情地与各种对痛苦的混乱表达进行斗争，他们把风格当作一种否定性的真理。其作品的风格赋予表达以一种力量，如果缺少了这种力量，此在就会无声无息地流逝。被称为古典主义的那种艺术形式，比如莫扎特的音乐，包含了一种表征某些与其体现的风格不尽相同的对象的客观趋势。直至勋伯格和毕加索，伟大的艺术家都保持着对风格的不信任，他们判定风格是受事物的逻辑支配的。达达主义和表现主义称之为"风格的虚假性"的东西在今天大获全胜，占领了情歌歌手的陈词滥调，占领了电影明星的精心设计的优雅，甚至占领了对农民茅屋的专业摄影作品。风格代表了任何一件艺术作品的承诺。通过风格，被表达的对象就臣服于普遍性的统治形式，臣服于音乐语言、绘画语言或文字语言，并怀抱着就这样同理念（或真正的普遍性）和解的希望。艺术作品承诺要用社会传承下来的形式来塑造新形象，来创造真理。艺术作品的这一承诺既是必要的，又是伪善的。它无条件地以现实存在的生活形式为前提，因为它认为承诺的实现就在于其审美衍生物之中。就此而言，艺术的要求始终也是一种意识形态。不过，除了拷问这一在风格中自我瓦解的传统，艺术没有其他途径来表达痛苦。在艺术作品中，使艺术作品得以超越现实的要素肯定不能脱离风格；但是这一要素并不包括已经实现了的和谐，不包括形式和内容之间、内部和外部之间、个人和社会之间的任何可疑的统一；只有在体现差异的那些特征中，也就是在追求同一性的热情努力的必然失败中，才能找到该要素。伟大的艺术作品总是暴露这一失败，它的风格始终在自我否定；低劣的作品为了不面对这一失败，总是维护着它和其他作品的相似性，把它当成同一性的代用品。文化工业最终把模仿变成了绝对。除了风格，啥都没有，这就揭示了风格的秘密：服从社会等级制。在今天的审美野蛮性中，自从精神的创造物被汇聚成"文化"并且被中和以来就一直威胁着精神创造物的东西终于大功告成了。说"文化"就总是已经在反文化了。作为公分母的文化已经包含了图式化、编目录、分类过程的萌芽，这就把文化带到行政管理的领域中来了。这种工业化，以及由此带来的这种归类，首次完全符合了文化的概念。精神创造的所有领域均服从于同样的手段和目的，即占据人的感官。从人们晚上离开工厂开始到第二天早上再次打卡上班的这段时间内，始终占据着人们的感官的那些内容依然留存着人们白天不得不忍受的劳动过程的印记——大众文化嘲讽地实现了强调"个性"的哲学家们用来反对大众化的"统一文化"概念。

文化工业，所有风格中最为僵硬严格的一种风格，成了被指责为"缺乏风格"的自由主义的目标。不仅文化工业的范畴和内容源于自由主义、驯化的自然主义（就像它们源于轻歌剧和时事讽刺剧那样）：现代的文化康采恩也形成了一个经济领域，在其中，它在流通领域的那部分暂且还和与之相称的企业类型一起继续存在着，无论其他地方发生了什么样的解体过程。在娱乐界，成功还是有可能的，只要他不是顽固地抱着自己的事情不放，而是头脑灵活，懂得变通。任何反抗者都只有适应才能生存。如果工业注意到了他对常规的特殊偏离，那么他的偏离就是属于工业的一个商标了，就像土地改革派属于资本主义那样。现实主义的异议正是商业新观念的注册商标。在现代社会的公共舆论中，控诉几乎是听不见的；如果听到了控诉，感觉敏锐的人就已经侦测到了异议将很快得到调解的迹象。大合唱与指挥之间的差距越是不可衡量，指挥就越会给每个人留下一定自由发挥的空间，为的是用被组织安排好的奇特性来证明他的至高权威。因此，在文化工业中，自由主义倾向同样也给有才能的人以足够的活动范围。高效地做到这一点仍然是市场的功能，否则市场就会受到精心的控制。就市场的自由而言，在艺术的发达时期，它和其他地方一样是笨蛋挨饿的自由。值得注意的是，文化工业的体系来自较为自由主义的工业国，其代表性媒介（电影、广播、爵士乐和杂志）在那里十分繁荣。可以确定，其进步起源于资本的总规律。高蒙和百代电影公司、乌尔斯坦和胡根宝出版集团[①]都相当成功地跟上了国际潮流；欧洲在战后对美国的经济依赖和通货膨胀也是其中一个因素。有人相信文化工业的野蛮性是"文化落差"的结果，也就是说美国人的意识滞后于技术的增长，这种观点是非常错误的。没跟上文化垄断之潮流的是法西斯主义崛起前的欧洲。然而正是这一落差使得思想和创造力获得了一定程度的独立性，并使其最终的代表能够存活下来，无论多么凄惨。在德国，民主制度没有能够全面控制生活的各个层面，由此导致了一种自相矛盾的状况。许多事物摆脱了肆虐于西方国家的市场机制。德国的教育体制、大学、艺术剧院、大管弦乐团和博物馆得到了保护。政治权力、国家和市政部门从绝对君主国家那里继承了这些制度和设施，他们就像19世纪之前的君主和封建领主所做的那样，留给它们一些不受市场权力支配的自由。这就增强了晚期艺术反抗供求关系的判决的力量，抵抗进一步超出了它事实上的保护范围。"没有用处"这一质性正是在市场中被转化为购买力的；就这样，可敬的文学和音乐出版商能够帮助那些不能带来利润、只能带来行家好评的作者。彻底束缚了艺术家的是一种永不停歇的压力：他们面临着被列为商业生活中的审美专家的严重威胁，所以始终提心吊胆。以前，他们就像康德和休谟那样，写信的落款是"您最卑微的恭顺仆人"，却削弱了王座和祭坛的基础。今天，他们给政府首脑写信时称呼对方的名而不是姓，但是他们在

---

① 高蒙（Gaumont）和百代（Pathe），法国电影公司。乌尔斯坦（Ullstein）和胡根宝（Hugenberg），德国出版集团。

任何艺术活动中都屈服于他们的没文化的主人。托克维尔写于一个世纪之前的分析得到了毫厘不爽的验证。在私有制的文化垄断中，"暴政让身体自由，直接蹂躏灵魂。统治者不再说：你的思想必须跟我保持一致，否则就会被杀死。他说的是：你有思想自由，可以想的和我不一样；你的生命、你的财产、你的一切仍然是你的，但是从今天起，你和我们就形同陌路了①"。不服从就意味着失去影响力，先在经济上变成"自雇自"，然后在精神上沦为"自顾自"。一旦被排斥为局外人，他就很容易被指控为"毫无才华"。今天的物质生产中，供求机制正在解体，而在上层建筑中，供求机制仍然是获得统治者支持的入场券。消费者是工人和雇员、农民和小资产阶级。资本主义生产拘禁着他们的身体，毒害着他们的灵魂，提供给他们的货色使他们成为绝望的受害者。自然，被统治者总是比统治者自己更看重统治者强加于他们身上的道德观念；无独有偶，今天被成功学神话俘虏的受骗群众要比成功者更相信那些神话。他们有他们的愿望。他们一成不变地恪守着奴役他们的意识形态。普通人错误地爱上了发生在他们身上的错误，这一错爱是比当局的欺骗更大的权力。它甚至比海斯办公室②还要严苛，正如在历史上的几个伟大时代里，它激发了力量更大的现存权威（法庭的恐怖）的镇压。它要的是米基·鲁尼③而不是悲伤的葛丽泰·嘉宝④，要唐老鸭而不要贝蒂娃娃⑤。工业服从它自己提交的投票表决的结果。某家公司没有履行完一个过气明星的合同，由此造成的损失是整个体系付出的合理成本。体系巧

---

①《论美国的民主》，第2卷，巴黎1864年版，第151页。——阿多尔诺原注。
② 迫于宗教和文化保守主义的压力，20世纪20年代起，好莱坞开始对制片进行自我检查。1922年，海斯出任美国电影制片发行协会的负责人。1930年，海斯颁布行业标准，要求电影的题材和内容必须符合道德标准，史称"海斯法典"（于1967年废除）。海斯办公室是1934年设立的自律检查机构。
③ 米基·鲁尼（Mickey Rooney，1920—2014），身高1.57米的好莱坞谐星。
④ 葛丽泰·嘉宝（Greta Garbo，1905—1990），瑞典人，好莱坞著名女演员，代表作《大饭店》（1932）《安娜·卡列尼娜》（1935）《茶花女》（1936）《尼诺奇卡》（1939）等。
⑤ 贝蒂娃娃（Betty Boop），卡通明星，1930年8月9日面世。

妙地满足了对垃圾的需求，从而达成了总体的和谐。鉴赏家和专家是被蔑视的，谁叫他们自夸懂得比别人多呢；文化可是民主的，特权是人人有份的。在意识形态的停战协议下，买者随波逐流，卖者厚颜无耻，商品自我复制。结果，流行的东西变来变去，万变不离其宗，永远是同样的东西。

永恒不变的同一性也主宰着我们和过去的关系。和晚期自由主义阶段相比，大众文化阶段的新特征就是排斥新事物。机器在老地方运转着。它决定着消费，认为没有试过的东西不值得冒险一试。电影制片商不信任那些没有以一本畅销书打底做担保的剧本。因此，对观念、新颖和惊喜的讨论没完没了。虽然人们认为那些是理所当然要有的东西，但它们从来没存在过。这一趋势助长了节奏和动力学。没什么东西是老样子，一切都不得不保持移动，奔跑不停。因为只有让机械生产和再生产的节奏取得全面胜利，才能确保世界不被改变，才能确保不出现任何不合时宜的玩意儿。往已经得到证明的文化清单上添加任何新东西都是过于冒险的投机。短篇小说、小故事、问题电影、热门金曲等等石化的形式是晚期自由主义趣味的标准化常规，它们居高临下地发号施令，语带恫吓。文化机构的强权就像两个配合默契的经理（无论他来自服装业还是来自大学）一样保持高度一致，他们早就重组了客观精神，并将其合理化。这不禁让人产生这样的想法：无所不在的行政机关大概已经筛选了材料，并制定了一份官方的文化商品目录，以保障批量生产线的持续供应。柏拉图曾经清点过"理念"的数目，而书写在文化的天空中的理念正是"数目"本身，它不增不减。

早在文化工业出现之前，娱乐和文化工业的所有要素就存在很久了。现在它们被上面接管了，并与时俱进。先前，艺术总是笨手笨脚地硬往消费领域里头挤；今天，文化工业可以自豪地说，它不仅潇洒自如地完成了艺术向消费领域转移的壮举，而且将它确立为一条原则，它消除了娱乐的粗鲁幼稚，并改善了商品的类型。文化工业越是成为绝对，它就越是无情地迫使一切局外人不是"破产"就是"归顺"辛迪加，从而它变得越来越精致，越来越高雅，最终成为贝多芬和巴黎音乐厅①的综合体。文化工业享受着它的双重胜利：它消灭了它之外的真理，这样就可以在它的内部随意将谎言复制为真理了。所谓"轻"艺术，作为消遣的艺术，并不是一种腐朽的形式。如果谁抱怨它背叛了纯表现的理想，那么他就仍然活在对社会的某种幻觉之中。资产阶级艺术的纯洁性是以"我是一个与物质世界相对立的自由世界"的信条为基础的，它从一开始就排斥了底层阶级，而这个阶级的事业（＝真正的普遍性）恰恰是艺术要效忠的：因为艺术的自由就在于从虚假的普遍性的目的中解放出来。底层阶级拒绝严肃艺术，在他们看来，生活中的艰辛和压迫不啻为对严肃的冷冷嘲笑，对他们来说，不用把时间花在跟随生产线的脚步上就很开心了。轻艺术像影子一样伴随着自律艺术②。它是严肃艺术对社会的愧疚感。严肃艺术因其社会前提而必然缺失的真理给予了它的对立面以一种合法性的假象。分裂本身就是真理：它至少表达了由不同领域构成的文化的否定性。对立基本上是无法调和的，无论是让严肃艺术吸收轻艺术，还是反过来让轻艺术吸收严肃艺术，都不可能。但那正是文化工业的企图。一边是马戏团、西洋镜和妓院，一边是勋伯格③和卡尔·克劳斯④，同样稀奇古怪，同样令人难堪。就这样，爵士乐翘楚本尼·古德曼⑤

---

① 巴黎音乐厅（Casino de Paris）或译为巴黎游乐场，是巴黎最大的音乐厅，因装饰豪华而闻名。

② 轻艺术（Leichte Kunst）也可以译为轻松艺术，与严肃艺术相对。这里的译法一是按照"轻音乐"一词中的译法，二是因为德语的 leicht 一词兼有"轻"和"光"二义（和英语的 light 一词一样），而阿多尔诺这里说轻艺术是影子，就玩了一个双关的文字游戏：光（艺术）是影子（艺术）。

③ 阿诺德·勋伯格（1874—1951），奥地利作曲家、音乐理论家，西方现代主义音乐的代表人物。首创"十二音体系"的无调性音乐，并与其学生贝尔格、韦伯恩组成了新维也纳音乐学派，即表现主义音乐流派。阿多尔诺曾跟随维也纳乐派学习作曲，并著有《新音乐的哲学》等大量著作评价勋伯格。

④ 卡尔·克劳斯（1874—1940），奥地利作家。

⑤ 本尼·古德曼（Benny Goodman，1909—1986），美国爵士乐和摇摆乐家，被称为"摇摆乐之王"。

和布达佩斯弦乐四重奏同台演出了，节奏像每个喜爱和声的单簧管演奏家一样卖弄，而布达佩斯人演奏得就像居易·隆巴多 [①] 那样单调而甜腻腻的。要害并不在于粗鄙、愚蠢、缺乏光彩。文化工业确实用它自己的完美消除了昨天的垃圾，它取缔或驯化了那些外行（尽管它总是允许恶心的犯错者，没有他们，人们就无法察觉到文化工业崇尚的风格标准）。这里的新动向在于，不可调和的两种文化要素（即艺术和消遣）都屈服于同一个目的，都隶属于同一个虚假的程式：文化工业的总体性。总体在于重复。它的革新充其量不过是大批量复制的改进，这是体系内部固有的"革新"。无数消费者对技术本身有很大的兴趣，而对换汤不换药的、老掉牙的、半截入土的内容反倒没啥兴趣，这是有充分理由的。同转瞬即逝的内容所代表的陈腐的意识形态相比，技术带来的无所不在的刻板成见更有效地证明了观众崇拜的社会权力。

尽管如此，文化工业仍然是娱乐业。它对消费者的影响是靠娱乐建立的。光靠公布一条法令是无法消除这种影响力的，它最终会毁在娱乐原则对一切比它更丰富的东西的与生俱来的敌意上。既然社会总过程使得文化工业的所有潮流都深深植根于公众之中，因此存在于公众领域的市场便促进推动着这些潮流。需求还没有完全被服从替代。众所周知，电影工业的大洗牌发生在一战后不久，其扩张的物质前提恰恰是有意接受了票房反映出来的公众需求，而这种处理方式在银幕的先驱时代几乎是毫无必要的。电影工业的巨头们今天持有同样的观念，他们多多少少以风靡一时的卖座大片为榜样，而且明智地从来不诉诸对立的标准——真理的判断。生意就是他们的意识形态。文化工业的权力恰恰在于它和被制造出来的需求的同一，而不在于两者的纯粹对立，哪怕这一对立的双方是完全的权力对完全的无力。晚期资本主义条件下的娱乐是劳动的延伸。它寻求从机械化的劳动过程中逃脱出来，寻求为

[①] 居易·隆巴多（Guy Lombardo，1902—1977），加拿大爵士乐团指挥和小提琴家。以每年一度的新年夜广播音乐会闻名。

再度应付劳动过程而积攒力量。与此同时，机械化便具有了控制人的闲暇和快乐的权力，并深刻地决定着娱乐商品的制造，结果就是人的经验不可避免地成为劳动过程的视觉残留。外在内容不过是暗淡的前景，真正沉淀下来的是标准化操作的自动延续。工厂或办公室的劳动中发生的事情只能通过在个人的闲暇时间的"疑似劳动"来逃避：才离龙潭，又入虎穴。所有娱乐都承受着这一不治之症的病痛。愉悦凝固为厌烦无聊，这是因为如果愉悦要成为愉悦，它就不能让人费力，所以它轻车熟路地墨守成规。观众完全不需要任何思考，产品已经指定了每一个反应：不是通过它的自然结构（那完全经不起推敲，一思考就完蛋），而是通过符号。任何劳力费心的逻辑关系都被煞费苦心地排除了。情节的展开尽可能直接从前面的情境出发，而永远不会从总的观念出发。情节中的任何行动都无法阻止编剧努力用单个的场景取得它能取得的一切效果。就连那些设定的图式也是有危险的，因为它有可能提供了某些少得可怜的意义，但是这里唯一认可的是无意义。旧图式要求的那些人物和事件往往被不怀好意地去除了。替代它的下一步骤是剧本作者往某个情境里添加的看起来最具效果的想法。精心设计的、已经被用滥了的老哏儿打破了叙事线索。恶作剧般地求助于彻头彻尾的胡说八道，这一倾向本来是通俗艺术（到卓别林和马克斯兄弟①为止的闹剧和小丑艺术）的合理成分，现在却明显出现在若干常见的类型片中。尽管在葛莉亚·嘉逊和贝蒂·戴维斯②主演的电影中，社会心理学的个案研究的汇总结论近乎提出了对连贯剧情的要求，上述倾向仍然在搞怪歌曲的歌词、惊悚片、动画片中全

---

① 查理·卓别林（1889—1977），英国喜剧演员，活跃于好莱坞。马克斯兄弟（艺名为 Groucho Marx，Chico Marx，Happo Marx，Zeppo Marx），20 世纪 20—30 年代的美国喜剧表演团体，号称无政府主义四贱客，无厘头喜剧的鼻祖。代表作《鸭汤》（1933）。

② 葛莉亚·嘉逊（Greer Garson，1903—1996），二战期间英国著名演员，代表作《万世师表》（1939）《傲慢与偏见》（1940）《忠勇之家》（1942）《鸳梦重温》（1942）《居里夫人》（1943）。贝蒂·戴维斯（Bette Davis，1908—1989），美国电影明星和歌星，代表作《彗星美人》（1950）。

面维护着自己的霸权。理念本身就和喜剧的对象、恐怖片的对象一起被屠杀和肢解了。搞怪歌曲总是蔑视意义，它们就像心理分析的先驱和衣钵传人一样，退化为性爱符号的一言堂。侦探片和冒险片不让观众有机会体验到水落石出、云开雾散的解决。在这一类型的非反讽变体中，它满足于场景的恐怖，几乎毫无联系的恐怖。

　　动画片一度是抗衡理性主义的幻想要素。这种抗衡表现在它用技术激活的动物和怪物赢得了正义，也就是说，被肢解的人又重获新生。今天的动画片所做的一切只是为了确认技术理性战胜了真理。多年之前，动画片还有连贯的情节，只在疯狂追逐的最后几个瞬间才被打破，因此它很像是老的打闹喜剧。但是现在，时间关系被重置了。动画片首先陈述的是一个行动的动机，为的是让破坏这一动机的行动持续进行：随着观众的紧追不舍，主人公成了普遍暴力的最无价值的施暴对象。有组织娱乐的"量"转化为有组织残酷的"质"。电影工业自己推选的审查官（他青睐的伙伴）确保罪行的展开过程就像打猎一样拖得很长。乐趣取代了拥抱的镜头有可能满足的欲望，把满足推迟到集体迫害的那一天。动画片除了让感官适应新节奏，还向每个头脑灌输一种老观念（血的教训）：持续的摩擦和一切个人抵抗的覆灭乃是这个社会的生活状况。动画片里的唐老鸭和现实生活的不幸者都被彻底打败了，观众不难学会如何接受他们自己受到的惩罚。

　　把享受建立在电影人物的痛苦之上，就把暴力对准了观众，消遣就变成了费神耗力。专家设计的刺激都逃不过疲倦的眼睛，在这些把戏面前可容不得一星半点儿愚蠢；观众不得不紧跟一切，甚至表现出电影所展示和推荐的那种最聪明的反应。这就提出了一个问题：文化工业到底有没有实现它大声吹嘘的"消遣"功能。如果大多数广播电台和电影院关门了，消费者恐怕也没有多少损失吧。从街上走进电影院不再是进入梦幻世界，而只要这些设施的存在本身并不强迫人们使用它们，人们恐怕就没有什么使用它们的压力了。这种关门不同于反动地砸毁机器。感到失望的不是热心影迷，而是对任何事情都感到痛苦的受害群体。尽管电影想要整合家庭主妇，她还是在电影院的黑暗中觅得了一块避难所，她可以在没人注意她的情况下坐上几个钟头，就像过去她待在家里的时候眺望窗外和晚上休息那样。大城市的失业者在这些空调开放的场所里找到了夏天的凉爽和冬天的温暖。否则，电影院再大，这一自诩的快乐机器也无法为人的生活增添一丝尊严。"充分利用"可得的技术资源和大众消费的审美设施，这一观念是经济制度的一部分，但这一经济制度拒绝充分利用资源来消灭饥饿。

文化工业永远在用它不停的许诺来欺骗消费者。它许诺说，它要用情节和表演来让快乐永不停。所有景象都包含的这一承诺其实是个幻象：它实际上确认了那个永远无法到达的现实，确认了就餐的顾客一定会很满意菜单。胃口被那些漂亮的名字和图片吊起来了，最终得到的不过是对人们想要逃避的令人沮丧的日常生活的交口称赞。艺术作品当然也不是性展览。不过，通过将弃绝塑造为一种否定，艺术作品取消了对冲动的压抑，并且拯救了作为中介因素的被弃绝物。审美升华的秘密就是把圆满实现表征为一个破碎的承诺。文化工业不升华，它压抑。它一而再再而三地暴露欲望的对象——紧身衣里的乳房或是运动健将的裸体，却只刺激了未升华的原始情欲，而这些原始情欲早就被弃绝的习惯还原为受虐狂的表象。色情的场景再怎么极尽暗示和挑逗之能事，都毫无疑问地表明事情永远不会发展到那一步。海斯办公室只不过确认了文化工业已经建立起来的仪式：坦塔罗斯的仪式①。艺术作品既禁欲又坦然，不以性为羞耻；文化工业既淫荡又拘谨，谈性色变。爱情堕落为罗曼史。堕落了，就什么都可以做了。作为一种畅销的特色菜，许可也有了它的限

---

① 坦塔罗斯，希腊神话人物，宙斯之子。为试探诸神是否通晓一切，杀其子珀罗普斯做成一桌菜，款待诸神。诸神识破，将撕碎的男孩重新复活。为惩罚坦塔罗斯的罪行，诸神将他打入地狱，备受饥渴之苦。他站在一池深水中间，波浪就在他下巴处翻滚，他却干渴难忍，喝不上一滴水。因为只要他一弯腰，水就会消失不见，留下他孤零零站在平地上。而他也饥饿难忍。虽然只要他抬头望，就能看见结满各种果实的果树，但他踮起脚来摘果子时，果实就会吹向空中。

额，商业术语称之为"胆量"。大批量生产的"性"自动实现了它的压抑。人见人爱的电影明星无所不在，这使得他从一开始就是他自己的复制品。每个男高音听起来都像是卡鲁索①的唱片，德州女孩的"自然"脸庞就是和好莱坞一个模子刻出来的模特儿。反动的文化狂热全心全意地用"美的机械复制"来为它精心打造的个性崇拜服务，这使得对"美"来说至关重要的"无意识的崇拜"毫无立锥之地。打败了美，幽默就来欢庆胜利。这是所有成功的弃绝都会引起的幸灾乐祸。它笑的是那里根本没有什么好笑的东西。在某种恐惧消失之后，总会出现笑声，无论它是如释重负的苦笑还是皮笑肉不笑的干笑。它意味着从身体的危险或逻辑的控制中解放出来。苦笑听起来像是"逃避了权力"的回声。干笑则是一种克服恐惧的错误方法，它试图通过向令人畏惧的当局投降来消除恐惧；它是"无法逃避的权力"的回声。搞笑是一种药浴。快感工业绝不会不开这个药方。它把笑变成了欺骗幸福的工具。幸福的时刻是没有笑声的；只有轻歌剧和电影才会在描写性行为的时候伴随着响亮的笑声。波德莱尔和荷尔德林都不幽默。在虚假的社会里，笑是一种侵害了幸福的疾病，它把幸福拉进了它那毫无价值的总体之中。对某物的笑始终是对它的嘲笑，如果按照柏格森的说法，生命在笑当中突破了它的障碍，那么这其实是一种正在入侵的野蛮，是在公开场合庆祝自己的肆无忌惮的一项自我声明。这样笑着的观众是对人性的拙劣模仿。每个观众都是沉湎于快乐的单子，所有观众都决心随时牺牲其他所有人，而且有大多数人为后盾。他们的和谐是对团结的一张讽刺漫画。这一虚假笑声的邪恶之处在于它强迫人去模仿最好的东西，即和解。乐趣是严肃的："真正的快乐是严肃的事情。"②修道院的意识形态认为，弃绝了极乐至福的不是禁欲，而是性行为；情人的严肃证明了这一观念是错的，因为这一严肃预感到他

---

① 恩里科·卡鲁索（Enrico Caruso，1873—1921），意大利歌唱家。
② 原文为拉丁文（res severa venum gaudium），语出古罗马政治家、哲学家塞涅卡（Seneca）写给路西里乌斯（Lucilius）的信。

把自己的一生托付给了流逝的瞬间。在文化工业中，快乐的弃绝取代了存在于狂喜和禁欲之中的痛苦。最高法则是他们不应不顾一切代价地满足他们的欲望，他们必须笑并满足于笑。文明强加于文化工业的每一产品的"永远弃绝"再次得到了确证，并折磨着其受害者。提供产品和剥夺他们是合二为一的。这就是色情电影里发生的事。正因为交媾永远不会发生，所以一切都以它为中心。电影里越来越严格地禁止"不正当性关系的当事人没有受到惩罚"，因为这一罪过就像是让百万富翁的未来女婿积极参加劳工运动那样大。和自由主义时代相比，工业化的大众文化会减少人们对资本主义的愤怒，但是它不能放弃用阉割来威胁人。阉割的威胁是资本主义的全部本质[①]。它持续的时间要比电影里（乃至最终在现实中）对穿军装警服的人的"有组织的"接受（电影生产那些穿制服的形象，其目的就是让人们接受他们）更长。今天起决定作用的不再是清心寡欲（尽管它仍然以妇女组织的形式来宣传自己的主张），而是体系固有的"不放过一个消费者"的必要性：不能给他片刻喘息，否则他就会怀疑，就会认为反抗是可能的。该原则规定，必须让他看到他的所有需要都是能够实现的，但那些需要都应当是预先决定好的，这样他才会觉得自己是永远的消费者，是文化工业的对象。它不仅让他相信那一欺骗将带来满足，还进一步暗示，无论事态如何，他都必须忍受提供给他的一切。逃避日常的苦役，这是文化工业的许诺，这一许诺就好比美国漫画小报里私奔的女儿那样：父亲亲自在黑暗中扶着梯子。文化工业提供的天堂是同样古老的苦役。逃避和私奔是预先设计好的，是为了返回出发点。快感推销的是有助于遗忘的认命服输。

娱乐如果不受任何限制，就不仅是艺术的反题，也会成为艺术中的艺术。美国文化工业经常与马克·吐温式的荒谬调情，这种荒谬有可能成为对艺术的一种矫正。艺术越是严肃地看待它和此在的不相容性，就

---

① 参见阿多尔诺《论爵士乐》，载于《阿多尔诺全集》第17卷，美因河畔法兰克福1982年版，第98页。——德文版注。

越是相似于此在的严肃（它的对立面）：艺术的发展越是努力地完全从自身的形式法则出发，就越是要求理解付出更多的努力，而这种努力本来是艺术想要否定的重荷。在某些讽刺电影中，但首先是在怪诞舞蹈和报纸搞笑版①中，确实有许多瞬间闪耀着这一否定的可能性。否定当然不会发生。纯粹的娱乐导致的是轻松愉快地沉浸于各式各样的联想和快乐的胡闹之中，但它被通常的娱乐打断了：文化工业坚持要赋予其产品的那种假冒的总体意义（该意义却被滥用来充当明星出场的借口而已）中断了娱乐。传记和其他寓言故事把胡闹的碎片连缀成愚蠢的情节。叮当作响的不是宫廷小丑帽子上的铃铛，而是资本主义理性的一串钥匙，它甚至遮蔽了获得成功的快乐。讽刺电影中的每一个吻都必须献给拳击手或其他流行歌曲专家的似锦前程，他们的职业生涯将被传颂。欺骗不在于文化工业提供了娱乐，而在于它毁掉了乐趣：它任凭商业考虑把乐趣投入到自我清算的文化的种种意识形态陈词滥调里。伦理和趣味打断了无拘无束的娱乐，斥之为"幼稚"（幼稚被认为是跟唯理智论一样糟糕的东西），并限制了它的技术可能性。文化工业是堕落的，这不是因为它是罪恶的巴比伦，而是因为它是专注于高尚快感的大教堂。从海明威到埃米尔·路德维希②，从《米尼弗夫人》③到《独行侠》④，从托斯卡尼尼到居易·隆巴多，每个层面上都包含着取自艺术和科学的精神虚假性。更好事物的痕迹确实还存留在文化工业的某些非常类似于马戏团的特征中，存留在骑手、杂技演员和小丑们顽皮的、无意义的技巧中，存留在"身体的艺术面对精神的艺术时的防护和辩解"⑤中。无忧无虑的技巧是避难所，它

---

① Funnies，美国报纸上刊登笑话和漫画的娱乐版。

② 埃米尔·路德维希（Emil Ludwig，1881—1948），德国通俗传记作家。

③《米尼弗夫人》是杨·斯特鲁瑟（Jan Struther，原名为 Joyce Maxtone Graham，1901–1953）写的小说，后改编为同名广播家庭剧和格莉亚·加逊主演的同名电影，电影通常译为《忠勇之家》。

④《独行侠》（Lone Ranger）是美国的一部广播西部剧，牛仔惩恶扬善的故事。后改编为电影。

⑤ 弗兰克·韦德金德，《全集》第9卷，慕尼黑1921年版，第426页。——阿多尔诺原注。

表达了与社会机制相对立的人是什么；但这一避难所正在被图式化的理性无情地追杀，万事万物被迫证明自己的意义和效果。结果，无意义在低级艺术中彻底消失了，就像意义在高级的艺术作品中完全消失了那样。

发生在今天的"文化和娱乐的融合"不仅导致了文化的败坏，而且不可避免地导致了娱乐的超凡化。这可以从"娱乐只出现复制品（电影剧照、广播录音）里"这一事实中看出来。在自由主义扩张时期，娱乐依靠的是对未来的不可动摇的信念：事物会继续存在，甚至会变得更好。这一信念在今天变得更为超凡脱俗了；它如此渺茫，以至于任何目标都看不见，而只能被设想为现实背后的黄金之地。它是由戏剧里的聪明的小伙子、工程师、能干的女孩、装酷的个性、对运动的热爱以及（最终）汽车和香烟所再次强调（与生活本身同时进行）的各种意义拼合而成的，哪怕娱乐并不在直接为生产商做广告，而是在为整个体系做广告。娱乐本身成了一种理想，它带着比广告语更多的刻板成见，喋喋不休地重述着更高的善，于是大众彻底失去了它们：娱乐取代了它从大众那里夺走的那些更高的善。内在性——真理的主观限定形式——受外部强权支配的程度总是超出了它自己的想象。文化工业把内在性变成了赤裸裸的谎言。内在性现在成了只有宗教畅销书、心理学电影、《知音》体连载小说[1]才会拿来做苦乐调味料的空谈，为的是让现实生活中的真实的个人冲动变得更好控制。在这个意义上，娱乐具有亚里士多德曾经赋予悲剧的、阿德勒[2]现在留给电影的那种情感净化作用。文化工业揭示了净化的真理，就像它揭示了风格的真理那样。

文化工业的地位越巩固，就越是能立刻处理消费者的需求——生产需求、控制需求、训练需求；它甚至能废除娱乐：这种文化进步没有受

---

① 原文为英文，women's serials，指的是女性杂志上刊载的轻松小说。

② 参见霍克海默《新艺术与大众文化》，载于《霍克海默全集》第4卷。——德文版注。

　　阿德勒（Mortimer Adler），新托马斯主义通俗哲学家，用经院哲学为电影辩护。——英译者注。

到限制，但是该趋势内在于经历了资产阶级启蒙的娱乐原则之中。如果说，工业创造出对娱乐的需求——工业用主题向大众推荐作品，用石版油画描绘的美味佳肴来推荐版画，用布丁图片来推荐布丁系列，那么，娱乐总是标明了商业的影响，打折促销和集市上的叫卖声。但是，商业和娱乐原初的亲和力表现在娱乐的特殊重要意义上：为社会辩护。娱乐就是同意，被逗乐了就是点头了。只有通过与社会过程的总体隔离开来，只有通过变傻，只有通过从一开始就牺牲掉每个作品提出的无法回避的要求（不管多么空洞、荒谬的要求都在其界限内反映了总体），才有可能做到这一点。快乐总是意味着什么都不想，即使面对痛苦也要忘掉痛苦。软弱无力是快乐之本。它是逃避，但不是人们常说的逃避悲惨现实，而是逃避最后一丝反抗的念头。娱乐承诺的解放是免于思想的自由和免于否定的自由。反问句"人们到底应该要什么？！"的无耻之处在于：这话之所以把人们任命为思考的主体，是因为它要的是停止思考的主体性。甚至在公众居然真的对这一快感工业不满的时候，他们能够产生的各种虚弱抵抗也是工业早就算计到的。尽管如此，让人们保持这一状况已经越来越困难了。他们变愚蠢的速率一定不能落后于他们变聪明的速率。在这个统计时代，大众过于敏锐，无法将自己等同于银幕上的百万富翁，大众又过于弱智，不会偏离大数法则。意识形态隐匿在概率的计算中。不是每个人都能"守得云开见月明"的，走运的只有那个抽到中奖的奖券的人——毋宁说，是那个被更高的权力（通常就是快感工业本身）挑出来这么做的人：据说，快感工业总是在不停寻找天才。被星探们发现、旋即被制片厂大肆宣传的那些人是依附性的新中间等级的理想类型。初出茅庐的年轻女演员是她演的女职员的象征，当然，其华丽的晚礼服又意味着她不同于真实的女职员。观众里的女孩们不仅觉得她们也有可能上银幕，同时也意识到将她们和银幕隔开的巨大鸿沟。只有一个女孩会中奖，只有一个男人会赢得奖金，如果说所有人在数学上的机会均等的话，那么摊到每个人头上的概率是非常小的，所以你最好将它忽略不计，最好为别人的成功感到高兴——那本来有可能也是你的成功，尽管它永远不会发生。无论何时，只要文化工业还幼稚地发出认同的邀请，那么它就会立即收回。人再也无法失去什么了。以前，观众在电影里看到婚礼场面，他就等于看到了自己的婚礼。现在，银幕上幸运的男演员虽然和公众的每个成员一样，是同一类别的复制品，但这一等同只不过证明了人类成员之间不可逾越的分离。完美的相似就是绝对的差异。类别的相同就禁止了个例的相同。反讽的是，文化工业把作为类存在的人变成了现实。现在任何人都只意味着他可以被其他所有人取代的那些属性：他是可交换的，是复制品。作为个人，他是完全可抛弃的，完全无足轻重的：随着时间的推移，相似性将消失，他终将发现这一点。这就改变了原本固若金汤的"成功教"的内部结构。强调的重点不再是"守得云开"（吃得苦中苦），而越来越多地转向"见月明"（赢大奖，成为人上人）。存在于歌手选主打歌、影片选女主角等例行决定中的"盲目性"得到了意识形态的赞美。电影强调机遇。所有人物在本质上是一样的，只有恶棍是例外；不符合标准的面孔（例如，嘉宝的脸看起来可不像是你能冲着她喊"妹子好"的）被排除了：这样一来，电影院常客们的生活就变得容易一些了。他们得到了"他们只需像他们现在那样而无须成为其他人"的保证，得到了"他们不做被强求的超出自身能力的事同样也会成功"的保证。但与此同时，他们也得到了暗示，任何努力都是无用的，因为就连资产阶级的运气也跟他们自己的劳动的可计算的效果没有任何联系了。他们接受了暗示。归根结底，他们全都认识到机遇（人偶尔会撞大运）是计划的另一面。正因为社会的力量是在理性的方向上运行的，所以每个人都似乎有可能成为工程师或经理，但是，社会究竟培训谁或信任谁去担当这些职能，并不完全是一件理性的事。机遇和计划成了同一件事，因为人人平等，所以个人的平步青云或折戟沉沙毫无经济学意义。机遇本身是被计划好的东西，这不是因为它影响了哪个人的命运，而是因为人们相信机遇起着重要的作用。机遇是计划者不在犯罪现场的证明，并使得由生活转变而来的"交易和测量的结合体"看上去似乎为人与人之间的自发而直接的联系留下了机会。在文化工业的各种媒介中，这一自由表现为对普通个人的任意选择。在杂志对低调奢华的快乐旅程的详细叙述中，会安排一位幸运儿，最好是一位女打字员（她赢得锦标的原因可能是和当地的大亨有接触），这就反映出所有人的软弱无力。他们的意义不过如此，所以那些掌握权力的人可以随便挑一个人出来进入他们的天堂再把他扔出去：他的权利和他的劳动一文不值。工业对人的兴趣只不过是对消费者和雇佣劳动者的兴趣，工业事实上把人类总体和每个人都还原为这一照单全收的公式。按照当时的主要方面，意识形态或强调计划或强调机遇，或强调技术或强调生活，或强调文明或强调自然。作为雇佣劳动者，人会被提醒别忘了理性组织的存在，并被敦促做个明智的人，加入并适应组织。作为消费者，银幕和出版物用各种人的、个人的事件向他们展示了选择的自由，展示了新玩意儿的魅力。在任何情况下，人都仍然是客体。

文化工业不得不承诺的东西越少，它对生活提供的有意义的解释越少，它散布的意识形态就越空洞。在这个到处是广告宣传的时代，社会和谐与善的抽象理想也过于具体了。我们已经学会了如何把抽象的概念等同于促销宣传。完全以真理为基础的语言引起的是迫不及待地想要去进行它可能促成的商业交易。不是"工具"的词句要么是无意义的，要么就是杜撰，是假的。价值判断不是被视为广告就是被当作空谈。相应的是，意识形态变得含糊暧昧，因此既没有变得更明确也没有减弱力量。它的含糊性——它几乎像科学那样否认任何不能验证的事情——充当了统治的工具。意识形态成了坚决有力而井井有条的现状报道。文化工业倾向于把自己塑造为记录的化身，因此成了现有秩序的不容辩驳的先知。工业忠实地复制着现象，这些现象的晦暗不明不但阻止了任何理解，并且把铁板一块的无所不在的现象奉为理想——就这样，它在显而易见的错误信息的暗礁和明摆着的真理的悬崖峭壁之间巧妙地曲折前进着。意识形态被分裂为照片和谎言：关于顽固不化的生活的照片和关于生活之意义的赤裸裸的谎言。谎言不是明白说出来的，而是暗示出来的，但仍然被反复灌输。要证明现实的神圣性，就得一直用彻底的犬儒主义的方

式来重复现实。这种图像证明①当然并不严格，却不可抗拒。谁怀疑这种
单调性的力量，谁就是傻瓜。文化工业驳斥了对它的反对意见，也驳斥
了对它带着偏见复制的世界的反对意见。唯一的选择是加入或落伍：那
些反对电影和广播而追求永恒的美和业余剧场的下里巴人已经处在大众
文化把他们送往的那个政治立场上了。大众文化足够强硬，它可以根据
需要来嘲讽"古老的愿望梦想""父亲的理想"是"无条件的情感"，是
意识形态，但如果有必要，它同样也可以淋漓尽致地描绘它们。新意识
形态将如此这般的世界作为其对象。与其说它利用了对事实的崇拜，不
如说它非常详尽地描绘了令人不满的此在，从而把它提升为一个事实的
王国。这一转移使得此在本身成了意义和权利的替代品。镜头复制的任
何东西都是美的。与一个职员没能赢得环游世界的机会而引起的失望
"相得益彰"的是照相机精确拍摄的旅游景点（环游世界的航程可能要经
过的地方）的图片引起的失望。给你的不是意大利，而是意大利存在的
证明。电影甚至可以变本加厉地把美国女孩梦想的巴黎表现为一个荒凉
透顶的地方，因此她毅然决然地投入了她在家乡时就可能遇见的聪明的
美国男孩的怀抱。生活终究要继续，体系的最新阶段复制着构成体系的
那些人的生活（而不是直接抹掉它们），这些被记载为意义和价值。生活
的继续和体系的继续复制，就是体系盲目存续下去的正当性所在，甚至
成了体系的不可改变性的合法证明。自我重复的东西是健康的，就像自
然循环或工业周期那样。杂志上咧着嘴笑的是同一个婴儿；爵士乐点唱
机一直埋头弹奏。诚然，复制技术确实有了进步，无论是控制技术还是
专业技术，诚然，工业确实夜以继日地运转着，然而文化工业喂养人的
面包始终是刻板成见的石头。它靠生命周期过活，依赖于理所当然的惊
喜：母亲们不顾一切，还在继续生孩子；轮子仍然转个不停。这就确认
了环境的不可改变性。在卓别林的希特勒电影②结尾，在风中飘荡的谷穗

---

① 图像证明，原文为英文 proof，阿多尔诺玩的文字游戏，是对上帝存在的"本体论
　证明"（ontological proof）等的反讽。
② 指的是《大独裁者》。

否定了对自由的反法西斯主义呼求。谷穗就像过着野营生活的德国女孩在夏日凉风中的金发一样，这个女孩的野营生活已经被世界电影公司①拍摄下来了。社会统治机制把自然看作是与社会相对立的健康因素：社会是不可救药的，自然是灵丹妙药，所以自然被社会拿来高价出卖。一方面，展现绿树、蓝天、游云的照片将自然的这些方面变成了工厂烟囱和加油站的密码图。另一方面，轮子和机器部件看起来必须有表现力，它们屈辱地成为树和云的感觉的载体。自然和技术被动员起来，跟霉味作战；于是我们拥有了对自由主义社会的虚假记忆。据说，在那个社会里，人们在闷热的丝绒房间里闲荡，而没有今天那种到无性爱的露天浴场去的习惯；又据说，在那个社会里，人们忍受着极为原始的奔驰汽车的半路抛锚，而不是以火箭般的速度从他住的某个地方发射到另一个地方（那里的一切都别无二致）。首创精神已经彻底被打败了，对它所取得的这一伟大胜利被文化工业吹捧为首创精神的继续。已经失败的敌人——独立思考的个人——是被打击的对象。反资产阶级的《逐日者汉斯的地狱之旅》在德国的复兴和美国人观看《妙爸爸》时感到的快乐具有一模一样的意义②。

　　公认的是，这种空洞的意识形态在某个方面是最热情的：它想要让人人有所养。"不会有人挨饿；要是谁饿了，就把他送到集中营！"希特勒德国的这个笑话像是文化工业入口处高高挂着的、闪着光辉的格言。带着狡猾的天真，它给出了社会的最新特征：社会能够轻易地发现它的支持者是谁。每个人都获得了形式上的自由。理论上，人无须为他的思

---

① 世界电影公司（Universum Film AG，Ufa），纳粹的电影公司。从魏玛时期开始到第二次世界大战结束前是德国最大的电影公司。

②《逐日者汉斯的地狱之旅》是保罗·阿佩尔的广播剧（Paul Apel，1931），后由古斯塔夫·葛伦德根斯改编（Gustav Grundgens，1937）。诗人海斯因爱情的困境而逃遁到梦的世界，汉斯最终明白到现实世界也有其美好的地方。《妙爸爸》（*Life with Father*，1936）是根据美国作家克拉伦斯·戴（Clarence Day）写的具有自传性质的百老汇舞台剧（1939）改编的家庭广播连续剧，后被改编为电影和电视剧（1947）。剧中的爸爸是华尔街经纪人，要求他的家庭遵守他的严厉要求，闹出了许多笑话。

想承担责任。实际上，人早就被封闭在教堂、俱乐部、职业协会和其他类似组织构成的体系里，这个体系成了最敏感的社会控制工具。任何不想被消灭的人，就得好好用这一体系的秤盘掂量掂量自己，保证自己不会分量不足。否则他的生活就得遭殃，最终完蛋。在任何职业生涯中，尤其是在自由职业中，专家知识都和行为规范相连；这很容易导致一种错觉，以为专家知识是唯一算数的东西。其实它是这个社会的非理性规划的一部分，这个社会在一定程度上只复制其忠实成员的生命。每个阶级、每个人享受的生活水平非常接近于它和体系的密切关联程度。经理是可靠的，雇员达格伍德①的可靠度就要少一些，无论是在漫画里还是在现实生活中。挨饿受冻的人就算有着光明的前途，也是有污点的。他是局外人。撇开他的几项重罪不谈，最要命的罪过就是成了局外人。有时，在电影里，作为例外，他成了怪人，是被恶意中伤的对象；但通常他是个恶棍，第一眼看上去就是那样，不用他真的做什么坏事：因此，就避免了"社会对好人不管不顾"的"错误"想法。事实上，在体系的更高端，今天正在形成一种福利国家。为了保持他们自己的地位，顶层岗位的人维护着经济，高度发达的技术使得大众在原则上成为这个经济中多余的生产者。如果我们相信意识形态的说法的话，那么，养活工人（真正挣面包的人）的是这个经济中的经理（其实是工人养活了他们）。个人的地位岌岌可危。自由主义认为穷人是懒惰的，现在穷人自动成为嫌疑犯。无所养的人应该进集中营，要不就去干最低三下四的脏活累活，住在贫民窟的地狱里。然而，文化工业将处在行政控制下的那些人的福利和负福利反映为勤劳世界里的人类大团结。没有谁被遗忘，到处都有好心的街坊和福利工作者、吉列斯皮医生②和客厅哲学家，这些人心地善良，伸出仁爱之手，面对面地医治着社会造成的永恒不变的贫困的个别

---

① 达格伍德（Dagwood）是漫画《白兰黛》（*Blondie*）的男主角。
② 吉列斯皮医生是美国电影《打电话找吉列斯皮医生》（*Call Dr. Gillespie*，1942）的男主角。

案例——只要惊慌失措者的个人堕落没有构成障碍。为了增加产量，每家工厂都设置了企业管理科学提出的同志式监护。这就把最后一点私人的冲动也纳入了社会的控制。因为这就把生产中的人际关系再度私人化了，使之获得亲密友好关系的表象。这种灵魂慈善事业①早在文化工业的视听产品们出厂肆虐社会之前很久就给那些产品投上了和解的阴影。尽管剧作家直截了当地把这些人类的救星和大恩人的科学成果说成是赢得了所谓"人类利益"的具有同情心的行为，但他们是民族领袖的替代品：最终颁发了废除同情心的法令，认为他们一旦消灭了最后一个瘫痪者，就能阻止同情心的死灰复燃。

社会对"金子般的心灵"的强调就等于承认了社会产生的痛苦：每个人都知道，他在体系中得不到帮助，而意识形态的计算不得不考虑这一点。文化工业不是用"亲如一家"来掩盖痛苦，而是像个男子汉一样骄傲地面对痛苦，无论自我克制需要多么巨大的压力。镇静的感染力证明了要求镇静的那个世界是合理的。这就是生活，它很艰难，但正因为艰难，生活才如此美好，如此健康。这一谎言在悲剧里也没有丝毫减少。大众文化对待悲剧的方式就像中央集权的社会那样，不消除其成员的痛苦，而是记录痛苦，规划痛苦。所以大众文化总是一心一意地偷师艺术。艺术提供了纯粹的娱乐无法提供的悲剧内容，而如果大众文化还想忠实于"照葫芦画瓢地复制现象"的原则的话，就需要悲剧性的内容。悲剧成了这个世界的一个经过了仔细计算的、被容许存在的方面：这样的悲剧是一种赐福。它用来抵御"不尊重事实"的指责，但它实际上是以一种犬儒主义的方式被采纳的。它将乏味无聊的"被审查的快乐"变得有趣，让趣味变得唾手可得。对于见识过文化的黄金生活的消费者，悲剧提供了那种早就被丢弃的深刻性的替代品；对于电影院的常客，悲剧提供的是他为了自己的名望而必须持有的文化碎屑。它用这样一种看法安慰着所有人：艰巨而真实的人类命运仍然是可能的，必须不惜一切代价、

---

① 原文为 Winterhilfe（冬季赈灾），纳粹的慈善事业。

毫不妥协地表达这一命运。今天，意识形态复制的此在越是带着必要的苦难气息，就越是显得无比光荣、强大、灿烂辉煌。它开始模仿命运。悲剧被还原为消灭任何不合作者的威胁，而悲剧的矛盾意义曾经居于对神秘莫测的命运的无望抵抗之中。悲剧性的命运仅仅变成了罪有应得，这是资产阶级美学一直梦寐以求的转变。大众文化的道德是过去的儿童读物的残渣余孽。例如，在上乘之作中，坏人被打扮为一个歇斯底里的女人，她试图破坏一个比她更符合现实规则的（这一点被似乎具有临床精确性的研究所证实）女对手的幸福，而她自己经受了毫无戏剧性的死亡。这么多的科学内容当然是高级作品才有的。越通俗的作品就越不惹是非。悲剧的无害化处理就是让它从不诉诸社会心理学。每个名副其实的维也纳轻歌剧都把悲剧命运放在第二幕，留给第三幕的只有消除误会。文化工业也是这样，悲剧有常规的固定出场点。众所周知的熟悉药方就足以减轻悲剧中毫无顾忌的恐惧。家庭妇女把戏剧套路描述为"有了麻烦，再解决麻烦"①，这适用于从愚蠢的《知音》体连载小说到最顶尖制作的全部大众文化。只要是良好的意愿带来的结局，哪怕它再糟糕不过，也确认了事物的秩序，破坏了悲剧的力量：要么是因为行为不检的情妇贪图片刻欢愉却丢了性命，要么是因为电影的悲伤结局更加清楚地强调了实际生活的不可破坏性。悲剧电影成为道德感化所。观看了无情的生活和模范行为之后，在制度的压力下意志消沉的大众（这些大众只能用文明强加于他们的行为模式来显示一些文明的痕迹，这一行为模式表现在随处可见的狂怒和叛逆中——"以彼之道，还施彼身"）就被乖乖地控制在秩序之中了。文化总是起着驯服革命者和野蛮的本能冲动的作用。工业化的文化更是如此。它表明了这一无情的生活"还凑合"的状况。疲惫不堪的个人必须把他的倦意化作向使他精疲力尽地集体权力投降的动力。在电影里，日常生活中打垮了观众的那些永远令人绝望的情形变成了人能够继续生活下去的保证。只要人意识到自己的一无所有，只要

---

① 原文是英文（getting into trouble and out again）。

认识到失败，人就能和失败一起生活下去了。社会是由绝望的人构成的，因此社会是强盗和骗子的受害者。这种倾向不仅在普通电影和爵士乐技法中非常明显，在多布林的《柏林亚历山大广场》和法拉达的《小子还好吗》①等法西斯主义之前的最重要的德国小说里也同样明显。它们的共同点在于人的自嘲。成为经济主体（企业主或产权人）的可能性已经被彻底清除了。下至最卑微的小店，独立企业（资产阶级家庭及其家长的地位均有赖于它的经营和继承）全都令人绝望地无法独立了。每个人都成了雇佣劳动者；在这种雇工文明中，原本就有些可疑的"父亲的尊严"荡然无存。无论是个人对骗子和强盗的态度（无论是对商业、职业还是政党，无论他是否被其接纳），还是元首在群众面前的姿态或求婚者在他的心上人面前的姿态，都特别呈现出受虐狂的特性。每个人都被迫拥有这种态度，为的是反复证明他适应了这个社会的道德；这种态度让人想起部落成年礼上的男孩，在祭司打他们的时候，他们绕着圈跑，脸上露出仪式化的微笑。晚期资本主义时代的生活是一种恒常持续的成年礼。每个人都必须表明他完全认同正痛打着他的权力。这出现在爵士乐的切分音原则当中，该原则既嘲笑着结巴又奉之为圭臬。广播里的情歌手的太监腔嗓音，穿着晚礼服掉到游泳池里向富家女求婚的谄媚追求者，这些就是所有那些"只要体系要我，什么都愿意"的人的榜样。只要你愿意彻底投降，放弃你对幸福的要求，你就可以和这个无所不能的社会一样，你就能够幸福。通过任社会摆布的人的软弱，社会确认了它自己的力量，也分给俯首帖耳者一点点力量。他的不抵抗使他成为值得信赖的人。悲剧就这样被取消了。个人与社会的对立曾经是悲剧的内容。它赞颂"面对强大的敌人、极度痛苦、可怕的难题时的勇敢和自由精神"②。今天的悲剧已经被熔化为虚无——个人与社会的虚假同一性；该同一性

①《柏林亚历山大广场》（1927）是德国表现主义作家多布林（Alfred Döblin，1878—1957）的小说；《小子还好吗》（*Kleiner Mann, Was Nun*，1933）是德国作家法拉达（Hans Fallada，1893—1947）的小说。
② 尼采《偶像的黄昏》，全集第 8 卷，第 136 页。——阿多尔诺原注。

的恐怖常常闪现在悲剧的空洞表象中。但这种整合的奇迹，当局永远收容"不抵抗的个人"（只要他打落门牙和血吞，咽下他的反叛性）的这种高尚行为，恰恰预示着法西斯主义。这一点可以从多布林让他的比伯科普夫找到避难所的那种人道主义中看出来，从偏纵社会的电影中看出来。正是这种找到避难所的能力，这种在毁灭后继续苟活下去的能力，把悲剧打败了；我们可以在新一代人身上找到这种能力，他们可以做任何工作，因为劳动过程并不让他们隶属于谁。这让我们联想到对战争不感兴趣的士兵回家时，或是加入准军事组织的临时工退职时的"可悲的随机应变"。悲剧的消除确证了个人的消除。

在文化工业中，个人之所以是一种幻象，不仅仅是因为生产方式的标准化。只有他对普遍性的完全认同没有受到怀疑，他才被容许存在。伪个性是遍地开花的：从爵士乐的即兴演奏到用刘海发卷遮住眼睛的原创电影人物。有个性的东西不过是普遍性在偶然的细节上盖章的权力，这一权力牢不可破，细节才可能被它接受。节目中，个人沉默的反抗也好，华丽的登场也好，都是和弹簧锁一样成批成批地生产出来的，其间的差别只能用几分之一毫米来衡量。自我的特殊个性是社会决定的专卖品。它被虚假地表现为自然之物。它不过是小胡子、法国腔、小姐的低沉嗓音、刘别谦①风味：是身份证上的指纹（否则它们就一模一样），是每个人的生活和面孔都被普遍性的权力改造后的样子。伪个性是理解悲剧并解除其毒性的必要前提：只因为个人不再是他们自己，现在仅仅是普遍的潮流汇聚的中心，所以他们才有可能再次完全彻底地被普遍性接收。就这样，大众文化揭露了资产阶级时代的"个人"的虚构性，但它以此来夸耀普遍和特殊之间的沉闷乏味的和谐，却是毫无理由的。个性的原则总是充满矛盾的。个性化从来没有真正实现。阶级形式下的自我保存使得每个人都处于纯粹的类存在阶段。每个资产阶级的特性都表达

---

① 恩斯特·刘别谦（Ernst Lubitsch，1892—1947），德国裔好莱坞喜剧导演，代表作有《尼诺奇卡》（1939）、《小店鸳鸯》（1940）、《你逃我也逃》（1942）等。

了同一件事（哪怕有偏差，也恰恰由于这个偏差而表达了）：竞争社会的残酷性。支撑这个社会的人都被它破了相，尽管它看上去是自由的，但他实际上是社会经济组织和社会机构的产物。当权力寻求被它影响的人的赞同时，总是以占统治地位的关系为基础。随着资产阶级社会的进步，它也确实发展了个人。和技术领袖的意志相反，技术把人从孩子变成了"人格"。无论如何，这种个性化的每一进步都是以它借用了其名义的"个性化"为代价的，结果只剩下追求个人自己的特殊目的的决心。资产者的生存分裂为商业和私人生活，他的私人生活分裂为保持公共形象和私密关系，他的私密关系分裂为暴戾的婚姻关系和有苦有甜的孤独感——这一个不仅和自己冲突也和每一个其他人冲突的资产者其实已经是纳粹了，他分裂开了的两边都装满了热情和辱骂。又如，一位现代城市居民现在只能把友谊想象为"社会接触"，也就是说，和别人处在社交接触的关系中，而没有任何内在的接触。文化工业之所以能够如此成功地处理个性问题，唯一的原因就在于个性总是再生产出了社会的易碎性。把同样符合杂志封面模式的电影主角的脸和普通人的脸放到一起，个性的伪装就消失了，现在没有人相信这种伪装了；而对电影主角的爱之所以流行，是因为它带来了一种秘密的满足：人终于摆脱了"获得个性"的压力，而以"模仿"取而代之——当然，"拼命模仿"只会压得人更透不过气来。无论是希望这个自相矛盾、支离破碎的"人格"不会代代相传，还是希望体系因为这样一种心理分裂而坍塌，或是希望用刻板成见替代了"个人愿望"的这一假冒伪劣品成为人无法忍受的东西，都是毫无根据的。自从莎士比亚的哈姆雷特以来，个性的统一体已经被看穿为一种伪装。集合各种优点生产出来的相貌表明，今天的人已经忘了以前有一种关于生命是什么的观念。几个世纪以来，社会一直在为维克多·马丘和米基·鲁尼① 做准备。通过个性的毁灭，个性获得了实现。

---

① 维克多·马五（Victor Mature，1913—1999），美国男演员，多演正派人物。米基·鲁尼则是喜剧演员，多演小人物（反英雄）。

普通人对明星的模仿也属于一种廉价物的偶像化。最高价的明星也像是为未指明名称的商品做广告的图片。难怪经常从商业模特儿里挑选明星。主流趣味的理想来自广告，来自消费中的美。苏格拉底说"美是有用的"，这一条已经反讽地实现了。电影把文化的宣传结合为一个整体；在广播中，文化商品为之存在的商品也是单独推荐的。花五十文钱就能看到百万元大制作的影片，买口香糖只要十文钱，而它们的背后是全世界的财富，通过上述的销售，这一财富还在不断增长。尽管不在现场，但经由全民的无记名表决，军队的财富被彻查了，后方的妓院当然是不可忍受的。世界上最好的管弦乐团肯定不是这样，它免费上你的起居室。这是对"永远不说绝不"的黄金国度的东施效颦，就像"人民共同体"是对人类共同体的拙劣模仿一样。你点，我播，每个人都被伺候到。一个乡下人在老柏林的大都会剧院评论道，他们为钱干活，真让人吃惊；他的意见很久之前就被文化工业采纳了，并把它做成了产品的内容。产品总是伴随着吹嘘它可能取得的胜利；但是在很大程度上，这本身就是胜利。表演就意味着向所有人展示那里有啥，他们能得到啥。今天的文化还是集市，但也是不可救药的。正如被露天游乐场的小商贩吸引的人们在货摊上强颜欢笑，掩饰他们的失望（因为他们真的早就知道将要发生的事），电影院的常客们也是明知故犯，固守着惯例。大批量生产的奢侈品是便宜的，作为其补充，普遍的欺诈出场了：艺术商品本身的性质改变了。新的特点不在于它是商品，而在于它故意承认自己是商品；艺术否认了它的自律性，骄傲地跻身于商品之列，这构成了它新鲜的魅力。分离的艺术领域永远只有在资产阶级社会才是可能的。哪怕艺术是对市场上扩散的社会目的性的否定，其自由仍然基本上同商品经济的前提密不可分。通过遵守自己的法则来否定商品社会的纯艺术作品也始终是商品。就此而言，直到18世纪，买家的赞助使艺术家免受市场的风吹雨打，他们依赖于买家和他的目的。伟大艺术作品的无目的性依赖于市场的匿名性。由于对艺术家的要求经过了多重的中介，所以艺术家可以不理睬某些无理要求（尽管只在某种程度上），因此，在整个资产阶级的历史上，艺术家的自律只是被容忍了，因此，艺术对社会的清算中最终包含着虚假的成分。贝多芬病危时，扔掉了瓦尔特·司各特①的小说，叫喊着："为什么，这家伙为钱写作？！"但他在最后一首四重奏作品中利用了它对市场的最极端的弃绝时，依然显得是一个最老练、最顽固的商人②。贝多芬这个例子突出地证明了资产阶级艺术中的市场和自律性之间的对立统一。屈服于意识形态的人恰恰是那些掩盖矛盾的人，而不是像贝多芬那样将矛盾注入他们自身的作品中的人：他利用他损失了十文钱的愤怒即兴创作了这首曲子，并且从女管家索讨月薪的要求中衍生出形而上学的"非如此不可"（用审美来驱逐世界压力的尝试，试图把它变成自己的压力）③。唯心主义美学的"无目的的目的性"原则④颠倒了资产阶级艺术在社会上遵从的事物图式：市场宣布的"目的的无目的性"。最终，为了娱乐消遣的需要，目的被无目的王国吸收了。既然对艺术的可用性的要求成了绝对的要求，文化商品的内在结构中的转换就开始崭露头角。对抗性社会中的人承诺的艺术作品的"有用"本身在很大程度上就是被无所不包的"有用"废除了的"无用之存在"。艺术作品将自身完全等同于需求，就欺骗性地剥夺了人从功利原则中的解放，而那一解放本来是艺术应该做的。在文化商品的接受中，使用价值被交换价值取代了；欣赏被参观画廊和实际知识取代了：逐名求利者取代了鉴赏家。消费者成为快感工业的意识形态，他们无法摆脱文化工业的习俗。《忠勇之家》⑤"非看不可"，正如《生活》和《时代》"非订不可"。一切都只从一个方面看：它可以用来做点别的什么（无论这一用途的概念多么模糊）。

---

① 沃尔特·司各特（Walter Scott，1771—1832），苏格兰历史小说家、诗人，代表作《艾凡荷》。

② 贝多芬的最后一首弦乐四重奏（F 大调第十六弦乐四重奏，作品 135 号）作于 1826 年 10 月，出版稿和草稿有根本区别乃至对立。

③ "非如此不可"是贝多芬第十六弦乐四重奏的最后一个乐章（第四乐章）的标题。

④ 参见康德《判断力批判》，《康德全集》，科学院，柏林，第 5 卷，1968 年版，第 220 页。——德文版注。

⑤ 见前，即《米尼弗夫人》。

没有什么东西是有内在价值的；它的价值就是它的交换价值。艺术的使用价值，它的存在方式，被视为拜物教；而拜物教，作品受社会欢迎的程度，它的评分（被误读为它的艺术水准）成了它的使用价值——唯一得到欣赏的品质。艺术被设置为、被理解为一种像工业品那样可以买卖、可以互相替换的商品，但是，用于出售却不是为了出售而存在的商品型艺术伪善地完全变成了"非卖品"（只要交易不再仅仅是它的目的，而是它唯一的原则）。托斯卡尼尼在广播里指挥，这可是买不到票的；他是免费收听的。而伴随着交响乐的每一声音的是对"交响乐不会被任何广告打断"的肉麻吹捧："这场音乐会是提供给您的公共服务。"①所有联合的汽车和肥皂生产商（它的付费保证了电台的运营）的利润和电子工业（它制造收音机）的销售增长使这一幻象成为可能。广播，大众文化的后来居上者，用它的伪市场引起了目前一切电影无法取得的后果。商业广播网的技术结构使它不受任何自由主义偏离的影响，而电影工业仍然允许这些偏离进入他们的领地。它是私人企业，真的代表了一个自治总体，因此比其他的康采恩胜过一筹。柴斯菲尔德（chesterfield）不过是民族的香烟，广播可是民族的声音。广播把文化产品完全变成商品的时候，并没有试图把它的文化制品直接当作商品卖给消费者。美国广播不向公众收费，就获得了一种不受利益影响的、无偏见的权威的虚假形式，不得不佩服这一形式简直太适合法西斯主义了。广播成了元首无所不在的嘴唇；他的声音从大街上的喇叭里发出，像预示着恐慌的海妖塞壬的嚎叫一般，现代宣传几乎无法与之区别开来。纳粹分子知道无线电对他们的事业的决定作用就像印刷媒介对宗教改革那样。元首的玄乎其玄的个人魅力（宗教社会学的发明②）最终不过是他的演讲在广播中无处不在，这是恶魔对无所不在的圣灵的模仿。演讲无远弗届这一强大的事实本身取代了演讲的内容，就像托斯卡尼尼的公益广播取代了交响乐那样。听

① 原文为英文（this concert is brought to you as a public service）。
② 参见韦伯《经济与社会》，图宾根1976年版，第140页及其下2页。——德文版注。

众再也无法理解其真正意义了，而无论如何，元首的演讲都是谎言。广播的内在倾向是把喇叭说的话——虚假的戒律——变成绝对。推荐就是命令。用不同名字的牌子推荐同样的商品，在《茶花女》序曲和《黎恩济》^①序曲之间，播音员的甜美嗓音对泻药的科学赞美是唯一不起作用的东西，因为它傻。有一天，生产的命令——真正的广告（它的真实性质现在被选择的伪装掩盖了）——可以变成元首的公开命令。在一个法西斯主义分子已经同意用社会生产的某个部分来满足民族需要的强盗社会中，推荐使用某种牌子的肥皂粉最终似乎是一种时代错误。元首以更现代的方式毫不拖泥带水地直接下达大屠杀和供应垃圾的最新命令。

今天，文化工业甚至把艺术作品打扮得跟政治标语似的，并强行把它们降价处理给抵触的公众。它们像公园一样供公众随处享受。但是，它们真正的商品特性的消失并不意味着它们在自由社会的生活中已经被取消了，而是说，反对把它们还原为文化物品的最后一点抗争都已经失败了。清仓大甩卖废除了教育的特权，但是其他把公众排斥在外的领域并没有向公众开放，在现存社会条件下，反而直接导致了教育的败坏和野蛮的无意义性的进步。19 世纪和 20 世纪初期，花钱看戏剧或听音乐会的人像尊重他们花的钱那样尊重表演。想从中获得益处的资产阶级偶尔会试着和作品建立某些融洽关系。其证据可以从瓦格纳音乐剧的所谓"指南书"或《浮士德》的注释本中找到。这是朝向传记包装、朝向艺术作品今天遭受的其他实践迈出的第一步。先前，在商业繁荣的日子里，交换价值的确把使用价值当作附庸，但是也把使用价值作为它自己存在的前提。这对艺术作品的社会意义来说是有帮助的。只要艺术还值钱，就对资产阶级有约束力。俱往矣。今天已经失去了一切约束，无须付钱、触手可及的艺术对于接触艺术的人来说是异化的完成，它在获胜的物性的旗帜下一个接一个地同化了他们。批评和尊重在文化工业中不见踪影；批评成了一种机械的技能，尊重被肤浅的个性崇拜接替了。消费者发现

———————————

① 《茶花女》是意大利作曲家威尔第的歌剧，《黎恩济》是瓦格纳的歌剧。

没有什么东西是昂贵的，不过，他们也怀疑便宜没好货。在对传统文化（＝意识形态）的双重不信任之上，又加上了对工业化的文化（假货）的不信任。既然是免费发放的礼物，那么这些贬值了的艺术作品就和媒介利用它们炮制出来的垃圾一道被幸运的接收者偷偷地厌弃了。这些接收者会因为有太多可看、可听而感到心满意足。一切皆可得（抛）。电影院里的抽奖游戏和歌舞杂耍、听歌猜名竞赛、免费书、广播节目提供的奖品和礼物，这些都不是偶然，而是获得文化产品的实践的延续。交响乐成了收听广播的观众的奖品，如果技术可行，电影也会像广播那样送到人们的家里。这是走向商业广告体系的运动。电视指出了一条发展道路，这条路会轻松地把华纳兄弟公司推到不受欢迎的小剧场和文化保守派的位置。礼物机制引起了消费者的轰动。既然文化被表征为于公于私都有好处的奖品，那他们就得抓住机会。他们蜂拥而至，唯恐错过什么。到底是什么，还不清楚，但无论如何，不参与就没有机会。然而，法西斯主义希望利用文化工业对这些收礼人的培训，以便把他们强行整编为它的正规军。

文化是一种充满矛盾的商品。它如此彻底地服从交换法则，以至于它再也不能被交换；它如此盲目地被消费使用，以至于它再也不能被使用了。因此它和广告融为一体了。垄断条件下的广告越是显得没有意义，就越是无所不能。动机显然是经济的。没有文化工业，人也能活下去，所以它必然创造出过多的餍足和冷淡。文化工业内部几乎没有什么可以用来矫正这一点的资源。广告是它的长生不老药。但是鉴于文化工业的产品不断把它允诺的享乐（作为它允诺的一种商品）还原为仅仅是允诺而已，故而它最终和广告宣传合流了。文化工业需要广告宣传，因为它无法提供享乐。在竞争社会，广告履行的社会服务是将市场信息告知买者；它使选择更容易做出，帮助不为人知但更有效能的供应商分销他的商品。它不仅不耗费时间，反而节约了时间。今天，既然自由市场已经终结，体系的统治就在广告中牢固地修筑了其碉堡工事。广告强化了消费者和康采恩之间的牢固联系。只有那些付得起广告公司（首先就是广播网自身）收取的过高费用的企业，也就是说，只有那些已经处于这种地位的企业或那些被银行和工业资本的决策指定的企业，才能进入伪市场，成为卖者。广告支出的成本最终还会流回到康采恩的口袋里，所以没有必要用费力的竞争来打败不受欢迎的局外人。广告费保证了权力还在同样的人的手上，这跟极权主义国家里控制企业的建立和经营的那些经济决策没有什么不同。今天的广告是一条否定的原则，一种路障：没有打上广告印记的东西在经济上是可疑的。对于想知道限额供应的商品种类的人来说，铺天盖地的广告宣传是毫无必要的。它只是间接地促进了销售。对于特定的公司来说，退出现行的广告活动就会造成声誉的损失，违反了掌权的小圈子约束其成员的纪律。战争期间，根本买不到的商品仍然做广告，只为了让工业的权力亮亮相。资助意识形态的媒体要比重复名字更重要。因为体系强迫每个商品做广告，它就把文化工业的"风格"这一俗语传播开来。体系大获全胜，结果在关键的地方它反倒不再显眼了：大企业的巨型建筑——泛光照明的石头广告——是没有广告的；最多在屋顶上简单地闪耀着公司的首字母缩写，毫无自夸之意。相反，那些19世纪留下来的房屋（其建筑学还羞羞答答地承认了这些以居住为目的的商品房的实用性）从一楼到屋顶都被海报和铭牌围了个严严实实，房子最终看起来不过是招贴和招牌的背景。广告成了艺术，而且仅仅是艺术，正如戈培尔颇有先见之明地将两者结合起来那样：为艺术而艺术，为广告而广告，广告纯粹是社会权力的表达。快速浏览一下极有影响力的美国杂志《生活》和《财富》，几乎无法分辨哪一页是广告，哪一页是编辑的图文内容。后者充斥着对大款大腕的生活习惯和美容保养的热情而不收费的配图报道，这会给他带来新的粉丝；而广告页用了许多真实生动的照片和说明文字，体现了编辑内容部分仅仅浅尝辄止的那种信息传播的理想。每部电影都是下一部的预告片，相同的男女主角在相同的异国情调的太阳下再次相遇：对于迟到者来说，他不知道这究竟是预告片还是正片开演了。文化工业的蒙太奇特征——它按部就班地合成其产品的方法（像工厂的不仅仅是制片厂，还包括拼凑起来的廉价自传、纪实小说和流行金曲）——也非常适合广告：因为它的各个要素都是可拆、可换的，甚至在技术上外在于任何连贯的意义，而且服务于作品之外的目的。效果、特技、孤立的可重复手法，总是用于展示物品的广告目的。今天，每个明星的巨大特写镜头都是给他的名字做广告，每首热门歌曲都是其曲调的广告。广告和文化工业的结合不仅是技术上的，也是经济上的。在广告和文化工业中，都可以在无数地方看到同样的东西，同样的文化产品的机械重复就像宣传口号、广告歌词的重复那样。在广告和文化工业中，对效果的持续要求都把技术变成了心理技术，变成了控制人的手段。在广告和文化工业中，标准同样是令人惊奇却又熟悉，轻松而印象深刻，手法娴熟却简单明了；它们要做的就是征服心不在焉的或心存抵触的潜在顾客。

人通过他所说的语言，助长了文化的广告宣传性质。语言越是彻底地迷失于工具性，词语就越是从意义的实体工具被贬低为没有质性的符号；词语越是纯粹地、透明地传播所要表达的东西，就变得越来越不透明，越来越费解。作为整个启蒙过程的一个要素，语言的去神话化是向魔法的复归。词语和内容虽然不同，却不可分开。忧郁、历史乃至生活等等概念在语言中被辨识出来，语词把它们分解出来，加以保存。语言形式同时构成和反映了它们。绝对的分离使语词变得偶然，使语词与对象的关系变得任意，从而终结了词与物在迷信中的结合。在确定的文字序列中，任何超出了和事件的联系的东西都被拒斥为不清晰或是"形而上学语言"。结果就是，语词现在只是没有任何意义的指称符号，它固定在事物上，成了石化的程式。这同时影响了语言和对象。纯化的词语没有从对象带来经验，反而把对象作为一种抽象的实例对待，而别的一切（被无情的清晰性要求驱逐出表达的东西）都消失在现实中。足球队左边锋、黑衫军、希特勒青年团成员，诸如此类，都不仅仅意味着它指称的东西。如果说，词语在它被理性化之前既产生了谎言又产生了渴望，那么现在，当它被理性化之后，它禁锢的是渴望而不是谎言。实证主义将世界还原为又盲又哑的数据，现在语言也变得又盲又哑了，它仅限于记录那些数据。符号本身是不可理解的，它们获得了惊人的力量，一种拥护和厌恶的暴力，这使得符号变得跟它的死对头"咒语"极为相似。符号又成为新的魔法：摄影棚里的女明星的名字是以统计学经验为基础编制的，人们用"官僚专制"或"知识分子"等禁忌术语来废除福利政策，经济基础的实践将国家的名字当作护身符。一般来说，魔法最容易附体的名称经历了一种化学变化：变形为变化无常的、可操作的名称，其效果现在公认是可计算的，但正因为这样，它像古代的名称那样专横跋扈。人的名字，那些从古代流传下来的名字，已经变得非常时髦：它们要么被个性化，成为广告宣传的商标（电影明星的姓也成了名字），要么就被集体化、标准化。相比之下，一度起到个性化作用的资产阶级家庭的姓氏（因为姓把他同家族的历史联系起来）却没有成为商标，显得陈旧了。姓氏在美国导致了一种奇怪的尴尬。为了隐藏个人之间的令人尴尬的距离，他们彼此称呼"鲍勃"和"哈里"，像是可互相替换的队友。这样的实践把人与人的关系还原为体育社团的好伙伴关系，是为了防止建立真正的关系。意指是词语唯一得到语言学承认的功能，它在符号里达到了完美。通过语言模式从上层向下层的迅速流通，语言的符号性进一步增强了。不管民谣是不是真的像人们说的那样，是上层阶级文化沉降下来的东西，其要素只是通过长期的重复传播过程才取得其流行形式的。另一方面，流行歌曲是以光速传播的。美国人说的"热"（fad）用来表示像流行病一样出现的时尚，也就是说，被高度集中的经济力量炒起来的时尚；在极权主义的广告主实施文化总路线之前很久，美国人就用这个词来指称这一现象了。当德国的法西斯主义者有一天决定用喇叭说"不可容忍"之类词语的时候，第二天整个民族都会说"不可容忍"。同样，被德国的"闪电战"打击的国家把这个词变成他们自己的口头语。名称的普遍重复是权威当局采取的措施，目的是让这些名称家喻户晓，就像自由市场年代里众口相传的品牌那样会卖得更好。盲目而迅速地重复传播的、具有特殊含义的词语将广告宣传和极权主义的口号联系起来。为发言人创造出词语的经验层面已经被消除了；语言在这一迅速的习得中获得了一种冷酷——迄今为止，这种冷酷只在公告牌和报纸广告栏里出现过。无数人使用着他们既不理解又不运用的词语和短语，只因为它们引发了条件反射。在这个意义上，词语是商标，它们最终越是牢固地固定在它们指称的事物上，它们的语言学意义就越不被人理解。大众教育部长并不理解他说的"动态力量"。流行金曲不停地唱着"梦幻曲"和"狂想曲"，却把其流行建立在"不可理解性"的魔法上面，仿佛这一魔法展现了更高级的生活。其他的刻板成见，如"记忆"，还得到了部分理解，但是回避了能为它们提供内容的经验。它们就像口语中的飞地。在弗莱施和希特勒的广播中，可以从播音员对整个国家说"下次节目再见"或"这里是希特勒青年团"时的做作发音中辨识出他们，甚至他说的"元首"也被千百万人模仿。在这种陈词滥调中，积淀下来的经验与语言之间的最后联系也被切断了，而在 19 世纪的方言里，这一联系仍然具有和解效果。德语的"主笔"（Schriftleiter）一词被改为文雅的"编辑"（Redakteur），在这位"编辑"的手里，德语的字词成了陌生的外语。每个词都表明了它被法西斯主义的"人民共同体"贬低到何种程度。到现在，这种语言当然已经普及了，变成极权的了。对词语施加的一切暴力都如此恶劣，人们几乎再也忍受不了这些词了。播音员无须用浮夸的声调说话，如果他的抑扬顿挫和他的挑剔的观众不一样，他就不可能存在了。然而，与此相反，听众和观众的语言和姿态被文化工业染上了前所未有的色彩，其中的微妙差别难以言传。今天，文化工业接管了拓荒者民主制和企业家民主制的文明遗产，也就是说，他们对精神偏差的理解力并没有完全发展起来。所有人都可以自由舞蹈，自娱自乐，就像他们自从宗教的历史性退潮以来一直可以自由地加入无数教派中的任何一种。但是，既然意识形态总是反映着遍及各地的经济强制，因此选择某种意识形态的自由不过是选择永远相同的东西的自由。女孩接受并遵守强制性的约会，在电话旁或私密情景中的语调，谈话中的遣词用句，乃至被拙劣的深度心理学分门别类的整个内在生活——这一切都证明了人想要把自己变成一台熟练的机器，就像文化工业供应的行为模式（甚至是情感模式）那样。人与人最亲密的反应也被彻底物化了，任何关于"他们自己特有的东西"的观念都只是一句空话：个性指的不过是亮白牙齿、没有体臭、没有情绪。文化工业中，广告的胜利在于，消费者被迫模仿他已经看穿了的文化商品。

15. 文化工业概要 ①

"文化工业"这个术语可能是霍克海默和我在《启蒙的辩证法》一书中最早使用的,该书 1947 年出版于阿姆斯特丹。在草稿里,我们用的是"大众文化"一语。我们用"文化工业"替换了"大众文化",为的是从一开始就排除与大众文化的鼓吹者相一致的解释:它是一种大众自发产生的文化,是通俗艺术的当代形式。我们必须最大限度地把文化工业与通俗艺术区别开来。文化工业把古老的东西和熟悉的东西熔铸为一种新的质。在文化工业的所有部门中,那些特意为大众的消费而度身定做,并在很大程度上决定了那种消费的性质的产品,或多或少是按照计划加工出来的。各个部门的结构是类似的,或者说至少是彼此配合的,从而使自身构成了一个天衣无缝的制度系统。文化工业之所以可能,既是由于当代的技术能力,也是由于经济的集中和行政管理的集中。文化工业居高临下,有意识地容纳其消费者。它把分离了数千年的高雅艺术和低俗艺术领域强行聚合在一起,结果双方都深受其害。高雅艺术的严肃性在对其效益的斤斤计较中毁灭;而低俗艺术早在社会控制尚未达到总体化的时期便一直固有的反叛性抵抗遭到了文明的围追堵截,它的严肃性也随之灰飞烟灭。因此,尽管不能否认:文化工业一直在绞尽脑汁地盘算着它所针对的千百万意识和无意识的状态,但大众绝不是首要的,而

---

① 本文写于 1963 年,收录于《没有榜样:小美学》(1967)。见《阿多尔诺全集》德文版第 10 卷(上册),第 337 页以下。英译文的标题改为《文化工业再思考》("Cullture Industry Reconsidered"),这一篇名更广为人知。

是次要的，他们是计算的对象，是机器的附属物。文化工业想要让我们相信消费者是上帝，但事实并非如此，消费者不是文化工业的主体，而是它的客体。"大众媒介"这个词语是为文化工业特别打造出来的，它已经把问题的要害转移到了无害的领域。而问题的要害既不是优先关注大众的问题，也不是一个大众传播的技术的问题，而是向大众灌输的精神的问题，是他们的主宰者的声音的问题。文化工业假设大众的心智是既定的、不可改变的，并错误地把它对大众的关注用于复制、巩固、强化他们的这种心智。如何改变这种心智的问题完全被置之不理。虽然文化工业如果不适应大众就基本上不可能存在，但大众并不是文化工业的衡量尺度，而是文化工业的意识形态。

如布莱希特和苏尔康 30 年之前所述，文化工业的产品是由价值的实现法则统治的，而不是由其自身的特殊内容与和谐形式决定的。文化工业的全部实践就在于把赤裸裸的盈利动机嫁接到各种文化形式上。自从这些文化形式开始作为市场上的商品，成为其创作者的谋生手段的那时候起，它们就已经部分拥有了这种性质。但那会它们只是间接地追求利润，仍不失其自律的本质。而文化工业带来的新东西是，在它最有代表性的产品中，对效用的精确彻底的计算被直截了当、毫不掩饰地放在首要位置。艺术作品的自律——当然，过去即使在完全纯粹的形式中，自律也很少占主导作用，而且总是被一系列对效果的考虑所渗透——被文化工业大势所趋般地清洗掉了，不论掌管者是有意还是无意。掌管者既包括那些拥有权力的人，也包括那些奉命行事的人。用经济学的话说，他们在经济极发达的那些国家里寻找到了或寻求着实现资本的新机会。使文化工业成了无所不在的现象的那种集中化过程，和文化工业一起，使得原有的机会越来越不牢靠。真正意义上的文化，从来没有使它自己单纯地适应人类；反之，它总是能够对人们生活于其中的石化关系提出抗议，并用这样的方式向它们致敬。现在，既然文化完全被这种石化关系同化了，吸收了，容纳了，整合了，那么可以说：人类又一次被贬黜了。文化工业的典型存在物不再"也是商品"，而就是彻头彻尾的商品。

这一量变是如此之大，以致它引发了全新的景象。最终，文化工业甚至不再需要处处直接追求利润——它曾经是从直接追求利润起家的。利润的旨趣已经在它的意识形态里对象化了，甚至已经使它们自身能够超然于出售文化商品的压力之外——不管怎么样，那些压力是必须咽下的。文化工业转化成了公共关系，转化成了仅仅是"友好关系"本身的制造，而不涉及特定的公司或可销售的对象。"购买以占有"是一个普遍的、未受批评的共识，是为世界制作的广告，于是，文化工业的每一件产品都变成了它自己的广告。

然而，在这一过程里依旧留存着当初文学向商品的转变中的那些标志性特征。文化工业比世界上的任何事物都更加拥有它自己的本体论，一种僵化保守的基本范畴的构架，这些范畴可以从（比方说）17 世纪末和 18 世纪初的商业性英语小说中撷取。所谓文化工业的进步，文化工业不断提供的所谓新东西，始终是永恒的同一性的伪装；在每一个地方，变化的外衣都遮住了一个骨架，而这个骨架几乎一直没有什么改变，就像追求利润的动机本身自从它第一次压倒了文化一样以来就几乎没有什么改变一样。

因此，不能过分地从字面上去理解"工业"一语。它指事物本身的标准化（如每一个电影迷都熟知的西部片的标准化）以及流通技术的理性化，而不是严格限定在生产过程的标准化上。在电影这一文化工业的核心部门中，尽管生产过程在广泛的分工、机器的使用、劳动力和生产工具的分离（表现在活跃于文化工业中的艺术家与文化工业的掌管者之间的恒久冲突之中）等方面非常类似于技术的操作模式，但仍旧保持着个性化的生产方式。每一产品都装作很有个性的样子；这种个性本身是为强化意识形态服务的，而既然幻象是魔法般召唤出来的，那么完全物化了和中介化了的东西就是直接性和现实生活的避难所。现在，文化工业一如既往地作为第三人称的"服务"而存在，保持着与资本衰退的流通过程的密切联系，保持着与使它得以形成的商业的密切联系。首先，它移植了个性化的艺术及其商业开发中的明星制，并为其意识形态所用。

它的操作方法和内容越是缺少人性，文化工业就越是努力地、卓有成效地宣传假设出来的伟大人格，就越是令人怦然心动地运作着。说它是工业，更多的是在社会学的意义上，在它合并了工业的诸多组织形式的意义上（即使它像办公室工作的理性化那样，什么也不生产），而不是在技术合理性实际上真正生产的东西的意义上。与此相应，文化工业的错误投资是相当可观的，被新技术淘汰了的那些部门陷入危机之中，这些危机几乎不会好转。

文化工业中的技术概念和艺术作品中的技术概念，只是字面上相同。对于后者，技术与对象本身的内在组织有关，与它的内在逻辑有关。与此相反，文化工业的技术从一开始就是流通的技术和机械复制的技术，所以总是外在于它的对象。文化工业寻找意识形态的支撑，正是为了小心翼翼地抵御着其产品中包含的技术的全部潜力。它寄生于外在于艺术的、商品的物质生产技术之中，而不考虑其客观性所寓示的它对内在的艺术整体的义务，也不考虑审美自律所要求的形式法则。文化工业的面相学造成的结果，实质上就是两方面的混合物：一方面是流水线型的、摄影术般的严格精准；另一方面是个性的剩余物、多愁善感、已经被理性处理并改编过了的浪漫主义。本雅明通过灵韵这个概念表达了对于传统艺术品的看法，如果采用他的思路，那么可以这样定义文化工业：它并不提出一个原则与灵韵的原则针锋相对，而是保持着一层已经消逝的灵韵的薄雾。文化工业由此泄漏了其意识形态的天机。

在文化官员和社会学家中，最近有一种时髦的论调：警告我们不要低估文化工业在促进其消费者的意识发展方面的极度重要性。要严肃地对待文化工业，而不要用文化的势利眼看它。实际上，作为当今占统治地位的精神要素，文化工业是重要的。不论是谁，如果因为对它塞给人民的东西持怀疑态度就忽视它的影响，都是幼稚的。然而，那些要严肃对待它的告诫，散发着一种欺骗性的光芒。因为它的社会角色问题、它的质量问题、它的真实性和虚假性问题、文化工业发售物的美学水准问题等等困扰人的问题被推后了，至少，被排除在所谓的"传播社会学"

之外了。批评家被指控拿着傲慢的深奥做挡箭牌。所以先指出渐渐得势
而无人觉察的"重要性的双重意义",将是不无裨益的。即使某物接触着
无数人民的生活,它的功能并不会因此就保证了它特殊的品质。美学与
它遗留下来的传播方面的混合,并不导致作为一种社会现象的艺术走向
与所谓"艺术势利眼"相对立的正确位置,而是导致艺术以多种多样的
方式为它有害的社会后果辩护。不论文化工业在构造大众精神方面多么
重要,它都没有为反思其客观合法性、反思其本质的存在留下任何地盘,
哪怕是提供一门自认为是注重实际效益的科学。毋宁说,恰恰是由于这
个原因,反思已经变得必不可少了。严肃地对待文化工业——像它那未
经质疑的社会作用所要求的那样——意味着严肃地批评它,而不是在它
的垄断特性面前畏葸不前。

　　一些知识分子急于使自己与这种现象调和,渴望找到一个万能公式,
既能表达他们反对它的态度,也能表达他们对其力量的尊重。除非他们
已经从强加的退步中创造了 20 世纪的新神话,他们当中只会盛行一种具
有讽刺意味的容忍论调。首先,这些知识分子还在坚持,每个人都知道
袖珍小说、当红电影、成批生产的系列的家庭电视节目、流行歌曲、给
失恋者的建议和占星术栏目都是什么货色。无论如何,所有这些东西都
是无害的,甚至是——按照他们的说法——民主的,因为它们是对某种
需要的回应,尽管该需要是人为刺激下产生的。他们指出,它们也带来
各种有教益的好东西,比方说,通过传播信息、给出咨询意见和强调简
化的行为模式。当然,正如每一项基本的社会学调查研究(例如,测量
公众对政治信息的知晓度)已经证实的,信息是极其贫乏的,是无关痛
痒的。何况,从文化工业的产物中获得的咨询意见是空洞、陈腐的乃至
更糟,而行为模式则不知羞耻地劝人循规蹈矩。

　　与文化工业的关系中所具有的双面讽刺并不只限于奴性的知识分子
们。也许还可以认为,消费者自身的意识被撕成两半,一半是文化工业
提供的指定愉悦,另一半是对它提供的教益不加掩饰的怀疑。"这个世
界想要的是被骗"这个短语已经始料未及地变得非常真实了。正如常言

所说，人们不仅为诈骗而倾倒；而且，只要保证给他们哪怕是最虚无缥缈的满足，他们就会渴望一种欺骗，即使他们已经看穿这是欺骗。他们以一种自我安慰的方式强迫自己紧闭双眼，强迫自己对别人别有用心地给予的东西发出赞成的声音——因为他们完全知道它被生产出来的目的。要是不接纳它，一旦他们不再依附于实际上什么也不是的那种满足，他们就会觉得，他们的生活是根本不堪忍受的。

今天，对文化工业最野心勃勃的辩护是赞美文化工业的精神（嗯，把它叫作意识形态一点也没问题）是稳定秩序的因素。据说，在这个所谓"无秩序"的世界里，文化工业为人类提供了某种取向的标准，这本身似乎就值得肯定。然而，在文化工业的辩护者的头脑中误以为它所保持的东西，实际上恰好是被文化工业更加彻底摧毁的东西。彩色电影摧毁了亲切的老酒馆，破坏程度比炸弹还有过之而无不及：这种电影连它的意象也斩草除根了。没有谁的祖国可以幸存于歌颂它的胶片中，这些胶片把祖国的特性——这正是它赖以繁荣昌盛的基础——转变为一种可交易的同一性。

作为苦难和矛盾的一种表达，可以当之无愧地被称为文化的东西总是试图理解美好生活的理念。文化既不可能表达那些仅仅存在着的东西，也不可能表达那些习以为常的、不再有约束力的秩序范畴——而文化工业利用这些东西遮蔽了关于美好生活的理念，仿佛现存的现实世界就是美好生活了，仿佛那些范畴就是衡量美好生活的真实标准了。如果文化工业的代表们回答说，它根本就没在传播艺术，那么它本身就是一种意识形态；借此逃避社会责任而只做它的生意。这样的解释从来没有改正过任何罪恶。

对秩序本身的诉求如果没有具体内容，就是无效的；呼吁人们遵守的规范，如果不曾在现实中或者在意识面前证明过它们自己，同样是无效的。因为人民太缺乏它而兜售给人民的"有客观约束力的秩序"概念，如果它既没有内在地证明它自己，也没有在人类的诘问前证明他自己，那么它就没有权力提出任何要求。然而这恰恰是文化工业的所有产品都不会干的事情。灌输给人类的秩序概念总是现状的概念。它们仍旧未加质疑，未加分析，未经辩证思考，即使它们对那些接受它们的人也不再具有任何实质意义。与康德的理论相反，文化工业的绝对命令不再和自由有任何共同之处。它公布的是：你应该服从，即使没人告诉你服从什么；应该和任何现存的东西保持一致，应该像其他任何人那样想——这是它无所不在、无所不能的反映。文化工业的威力是如此之大，以致服从已经取代了思考。它带来的秩序绝对不是它宣称的那个样子，也绝对不符合人类的真正利益。无论如何，秩序本身并不见得就是好的。只有好的秩序才是好的。文化工业对此是健忘的，并且只会抽象地赞颂秩序。这一事实证实了它所传递的信息的无用性和虚假性。当它宣称引导着陷入困惑的人们的时候，它是在用虚假的冲突同他们自己的冲突来交换，就这样欺骗他们。表面上，它为他们排忧解难，实际上几乎不可能解决任何他们现实生活中的问题。在文化工业的产品中，人类只是在他们可以毫发无损地获救的前提下才会陷入麻烦，拯救他们的通常是一个善意的集体代表；然后，在空洞的和谐中，他们达成了与普遍性的和解，而实际上，他们事先已经体验到普遍性的要求与他们的利益是不可调和的。为了这个目的，文化工业已经发展出许多套路，他们现在甚至已经触及像轻音乐娱乐节目这样的非观念领域。个人在这里也会陷入困境，陷入节奏上的麻烦，但随着基本节拍的凯旋，这些问题立刻迎刃而解了。

柏拉图阐明，如果一个东西在客观上是虚假的，内在的是虚假的，那么它在主观上也不可能是善的，对人类来说也不可能是真的。即使是文化工业的卫道士们也很难公然反对柏拉图的观点。文化工业的编造物既不是幸福生活的指南，也不是有道德责任的新艺术，毋宁说，是准备起跑的命令，而在起跑线后面的是最强大的利益。它宣传的"共识"强化了盲目的、不透明的权威。如果不是用文化工业的本质和逻辑来衡量它，而是用它的效益、它在现实中的角色和它外在的伪装来衡量它，如果严肃关注的焦点是它始终追求的效益，那么它可能的效果就倍增了。这种可能性存在于"脆弱的自我"的促成和利用之中——随着现代社会权力的集中，它无能为力的成员被人指责为"脆弱的自我"。他们的意识越来越退化了。这和一位犬儒主义的美国电影制片人所说的话并不是一回事，据说，他们的影片必须考虑 11 岁的智力水平。他们这样做的时候，大概很乐意把成年人变成 11 岁吧。

目前确实还没有彻底的研究能够提供严密的个案证明文化工业的特定产品造成人们心智退化的结果。毫无疑问，设计一个想象实验要比那些令强大的财政利益放心的实验更能获得这一结果。在任何情况下，都可以毫不犹豫地相信水滴石穿。既然包围着大众的文化工业体系几乎不容忍任何偏离，并持续不断地操练着同样的行为模式，情况就更是如此。只有大众无意识深处的不信任，艺术与经验现实之间的差异在大众的精神构成中的这最后一点点残留物，才解释了为什么大众个人没有按照文化工业长期建构的那个样子去认识这个世界，接受这个世界。就算文化工业的信息像它们假装的那样无害（在无数例子中，信息显然不是无害的，比如有些电影与当前流行的怨恨同流合污，通过常见的刻板成见描写知识分子，掀起了一个反对他们的运动），但它们唤起的态度绝对不是无害的。如果某一天一个占星家提醒他的读者谨慎驾驶，这当然不会伤害任何人；然而他们肯定会被麻木所伤害——造成这种麻木的原因是：每天都同样有效的、因而是白痴一般的忠告，需要天上星星的赞同。

人的依赖性和奴役状态——文化工业的尽头——不可能比一个美国访谈对象说得更直白了。他的观点是，如果人民都只是追随杰出人物，现时代的困境就会结束。既然文化工业激起歌舞升平的情绪，说这个世界恰恰处在文化工业倡导的秩序之中，那么它为人类准备的替代性满足欺骗了人们，人们甚至被排除在它用谎言编织的那种幸福之外。文化工业的总体效果是一种反启蒙，在这一反启蒙效果中，正如霍克海默和我指出的，启蒙作为对自然的技术统治的不断进步，变成了对大众的欺骗，转变成束缚意识的镣铐。它妨碍了自觉地为自己下判断做决定的独立自主的个人的发展。而这些都应该是一个民主的社会的前提条件，为了维持和发展一个民主社会，社会需要心智成熟的成年人。如果大众不公正地被趾高气扬的声音辱骂为大众，那么文化工业难辞其咎：文化工业先把人们变成大众，再蔑视他们，从而阻止了人类的解放程度达到如他们时代的生产力所处的那种顶峰状态。

第六单元
文化工业批判的模型

16. 大众文化的图式 ①

文化的商业特性使得文化和实际生活之间的区别消失了。审美表象变成了商业广告借给商品的光泽，反过来，这些光泽全被商品吸收了。但是，在这一过程中，哲学从审美表象概念中把握到的那种"独立性的要素"消失了。文化和经验现实之间的界线已经全方位地越来越模糊了。这方面的彻底努力早就在进行了。自从工业时代的开端以来，时尚中的艺术就擅长于推广正确的态度并且和物化结成了联盟，因为它恰恰为一个祛魅的世界、一个凡俗甚至是无趣的领域提供了一种由工作伦理滋养成的诗学。出于极权主义的目的，戈培尔曾将它描述为"铁的浪漫主义"。像《犁和老虎钳的后面》乃至《应该和拥有》之类推荐给青少年的读物在德国如此大受欢迎，是不无理由的。这些作品出现在资产阶级教育的基本断裂处。这些教育表面上是面向理想王国的，即尽善尽美的目标，它鼓励对英雄个人的崇拜，并弘扬英勇、无私、慷慨的价值观。然而在我们很小的时候起，这一切都只有在不把它当真的情况下才被认可。每一个姿态都告诉学生们，最重要的是理解"现实生活"的要求，并让自己充分适应竞争环境，至于理想嘛，不是被当作对这一生活的确认，就是立即被束之高阁。对席勒的热情意味着要及时把自己的稚气和锋芒磨掉，对《奥尔良少女》的热情则是在复活节迅速上升到上流阶层的承诺。这才是教师和学生默认的理解——这种理解将他们牢靠地团结

---

① 本文为《启蒙的辩证法》的《文化工业：欺骗大众的启蒙》的初稿，载于《阿多尔诺全集》德文版第 3 卷，第 299–335 页。

在一起，不管其他方面的冲突多大。无论是所谓教师的机智诙谐，还是师生在酒会上的亲子般相聚，所有这一切都欺骗性地掩盖了等级制压迫的悲惨，但同时也揭露了等级制赖以建立的基础。尽管如此，由于年轻人缺乏经验（我们不停地感觉到这一点），所以他们总是能够被误导，会严肃地对待那些实用主义地提供给他们的理想：你永远说不准，社会的同化是否如期而彻底地完成了。这里就是艾特（Max Eyth）和弗莱塔克（Gustav Freytag）之流一展身手的地方了。在冒险的掩盖下，他们偷偷贩卖起了功利性的私货，读者则认识到，假如他们最终成为一名工程师或售货员，也无须放弃那些在阶级社会里已然受制于物之世界的梦想，甚至在可靠的"儿童文学"摆在他面前之前，那些梦想就被导向了火车司机、点心师。也许，不可思议的鲁滨孙·克鲁索也不是与众不同的，他代表的正是"经济人"的模范，他之所以能够因为船只失事而幸运地走出资产阶级社会体制，只不过是为了让他"靠自己的努力"把那一体制再生产出来，儿童文学就是这么说的。

一切事物，甚至包括战争，都有了它自己的诗学，只要看看艾特的抒情诗和"工人诗人"的作品。从《升旗歌》开始，这样的诗学一直为健康身体中的健康灵魂们指引着殖民扩张和工人联合的道路。今天的全部大众文化已经取代了"新世界"。飞机高飞于云端的照片、开动着的机器的辉煌灯火、精心挑选出来的"普通人"代表的紧皱的眉头，这些东西构成了假扮无辜的《工艺学金书》，在现代的自由的孩子的圣诞礼物中放射着光芒。摄影术和小说的这一虚假联合，这种伪诗学，在电影中达到了极致；现在它呈现于每一个细节中，以至于它都无须再这样表现自己了。如今，站在这种日常生活诗学背后，用其不褪色的奢华表演来打动我们的力量就足够欺骗成年人说，延伸的童年是特地为他们准备的，这样他们就可以一直做"成年人"了。诗学的震颤是每一个被强调的客观性的实例都期许的。被客观的特写镜头堵上了的那声惊奇的"哦！"却被抒情的音乐伴奏脱口说出。震颤依靠的是作为总体的技术（以及站在它背后的资本）运用在所有单个事物上的那种过度力量。这就是大众文化中的先验性。产品的诗学神秘性，比产品本身更神秘的神秘性，来自以下事实：它分有了产品的无限性，分有了由那种可无缝对接广告图式的客观性所激发的敬畏的崇拜感。对如此伟大、强大，而不以任何主观意图为转移的纯粹事实的这种强调——它契合于艺术对当今社会的无能为力——恰恰掩盖了与一切冷静的客观性姿态相反的神话变形。对现实的忠实复制加在现实上的咒语，把现实变成了它自身的意识形态。技术的面纱和实证的神话就是这么编织的。如果现实成了形象，也就是说，把特殊性等同于总体，就像一辆福特汽车等于同一范围内的所有其他车，那么，形象也就成了直接的现实。我们甚至再也无法获得这种自夸的审美的表象意识了。任何想象活动的成果，对想象活动能够把分散的现实元素聚合为其真理的任何期待，都被当作不适当的夸张而废除了。想象被机械般无情的控制机制取代了，它决定着最新的形象是不是真的提供了对现实相关事项的精确、准确、可靠的反映。

在这里，审美表象的唯一残余物是文化与实践之间差异（即不同生产部门之间的分工）的空洞而抽象的表象。与艺术作品的接受有关的"审美的表象意识"的实际力量始终是很成问题的。它受制于教育特权和闲暇状况，而在其纯粹形式中，它更多地属于哲学的"艺术"概念而不是属于艺术作品的社会命运以及生产它们的社会条件。对艺术作品的物质材料层面压倒一切的关注——资产阶级文明之失败的永恒症候——也泄露出美学自律本身的若干虚假性：只要审美领域对物质的饥饿还在将现实中的饥饿永恒化，其普遍性就仍然是跟意识形态沆瀣一气的。但如果艺术作品只是断断续续地被感知为这样的作品，那么大众艺术就把（社会盲目地保留在生活中的）大众与艺术的疏离纳入其生产过程，以它为前提，靠它过活，并故意复制它。艺术作品成了它自己的物质材料，并构成了复制和呈现的技术，实际上是现实客体的流通技术。对儿童的无线电广播故意让形象和现实交替出现，为的是播送商品广告，随即便有一位西部英雄宣告某些早餐麦片的优点，从而泄露了"形象统治着节目流程"的天机——这就像广告媒介将电影明星等同于他们的角色那样，比如"《燃烧的围裙》里的情侣

再度配成双"什么的。奥逊·威尔斯的广播剧"火星人入侵"事件是实证
主义精神用来测定它自己的影响范围的一次实验，它表明形象和现实之间
的区分已经被根除，并成为一种集体性的病症，而在任何时刻，艺术作品
向经验理性的还原都可能被转化为公开的精神错乱，受错乱影响的广播剧
迷们已经把裤子送给孤独的流浪者，把鞍送给他的马了。把清醒的现实混
同于梦的生活，这一混淆或多或少会容忍某些理想。理想被当成是某种非
历史地给定的东西，它们对立于生活这一优点反而被用来证明它们是现实
生活的合法元素和成功元素。伟大的诗人几乎就像伟大的发明家或优秀的
童子军一样好，只要作品的地位能确保我们可以不必去读他们。

　　随着艺术与经验现实的对立被消除，艺术就有了寄生性。因为现在艺
术本身显得是一种现实，代表了外部的现实，于是艺术反过来把文化作为
它自己的对象。文化遭到了垄断，它禁止任何不能理解的东西，它必然要
求我们回到过去已经生产出来的东西，并构成了自我反映关系。这是在个
人的标准化过程中显而易见的，却无法消除的矛盾之根源：矛盾的一方面
是呈现，是优雅的技术实现和时髦的表现手法；矛盾的另一方面是早就过
时了的个人及其在文化上的陈腐内容。被大众文化撤出流通领域的资产阶
级艺术作品（理由是它们不够忠于现实）并没有因为其严格的形式内在性
而失去了愉悦感：康德的崇高学说是对这一论点的最令人惊讶的表达。过
分忠于事实的大众文化吸收了真理内容，并将它自身耗费在物质材料上，
但它留下的材料只是材料本身。于是就有了所有那些关于艺术家的音乐
剧、传记片和传记。自我反映是有声电影技术引起的，该技术只能以现实
主义的方式把歌曲加到动作画面里，也就是让歌手来做主角，他们先失去
了嗓音，然后又恢复了嗓音。但是自我反映的真正来源在于以下事实：当
今现实的最关键方面正逃避着审美表象的再现。垄断蔑视艺术。作品的
感性个体性——只要大众文化还想在标准化社会中完成它的补偿功能且
获得利润，它每天都不得不宣称自己拥有的东西——是跟世界萎缩成的
抽象性和自我同一性相矛盾的。哪怕电影包含着再激烈的批判意识，但
因为它只能复述一个人的命运，就此而言，它已经屈从于意识形态了。

个人被呈现为一个仍然值得复述的案例，个案中的绝望性质使得它成了原谅这个世界的借口：这个世界还是产生了某些如此值得叙述的东西！而现实中的绝望在以下事实中沉默地表达了自身：没有别的什么是值得复述的了，我们能做的就是承认现实。也许叙事者的姿态总是某种辩护士的姿态，但是今天已经沦为彻头彻尾的辩护了：除了辩护，别无其他。哪怕一位激进的电影导演要拍摄诸如两个工业企业的合并之类的重大社会进展，他也只能拍给我们看办公室里、会议桌旁和大楼里的头脑人物。即使揭露了他们的诸多怪癖，他们的怪癖也只被处理为个人的特性，而不把他们表现为畸形体制的卑鄙运作者。如果导演要用最时髦的方式来拍，用蒙太奇手法插入主角们的生活故事，也就是在大事不妙的钢铁行业平衡表中插入工厂本身的伟大形象，并且在两者之中都插入总裁本人的形象，这对观众来说不仅是不聪明、乏味的做法，也由于其武断的心理学而变成了一种艺术装饰。最终，对毫无社会学意识的观众而言，工业巨头将获得一种消极的象征功能。

对可悲的事态的焦虑催促着改革，并要求社会能够慷慨地期待着对它自身的批判：昨天的鬼城意味着明天的完全就业。甚至无须再灌输任何意识形态了。自上而下的压力已经不再容忍个别与一般之间的任何张力了，因此个别的东西再也不能表达一般，而艺术成了一种合法性证明的形式，至少是消灭"没有结果的期盼"这一阶段的工具。这不是说艺术应该仅仅以表现生产关系为己任，因为这恰恰是不可能的。[1] 可是，公开承诺要贴近现实的大众文化就立即背叛了这一承诺，将它转向了消费领域的各种冲

---

[1] 为了用非心理学的方式来否定阶级社会，最好的俄国电影，尤其是《战舰波将金号》根本没有描绘现实的物质生产过程，而是描绘了战争的现实和政治军事压迫的现实。这些影片表现了直接折磨人的东西而不是描绘抽象的所有制关系中发生的事情，从而维护了审美的具体性。但是这些影片把人表现为统治的对象，在反对这一统治的过程中成长为主体，因而就穿透了本质。一旦我们考虑到在后来的俄国电影学传统中，战争题材最容易变成爱国主义宣传，这些影片的成功就显得是高度矛盾的，也是高度可疑的。

突，而从社会的视角看，消费领域的全部心理学都属于今天。冲突已经被放置在肤浅的当下，这样的冲突本身显得是一种奢侈品：时髦的不幸是它自己的安慰剂。在其镜像中，大众文化永远是世界上最公平合理的东西。

文化的自我反映导致了文化觉醒中的夷平过程。由于所有产品和每个产品都回指向已经做过的东西，原本就驱动着它的那一商业利益导向的调节机制又再度作用于它。接受检阅的东西必须在被任何人欣赏之前就已经被千百万人处理过、操纵过并许可通过了。高音喇叭安装在最小的夜总会里，把音量扩大到无法忍受：一切都听起来像无线电广播，像是全能的大众文化的回声。萨克斯管代表了与罐头音乐的声音的前定和谐，因为乐器本身将个人的表现和机械的标准化结合起来了，而这一点在原则上贯穿于机械复制过程的始终。"文摘"成了一种特别流行的文学流通样式；普通的电影自吹自擂的是它和成功的原型电影极为相似，而不是试图掩盖这一事实。所有大众文化在本质上都是改编。然而这一改编的特征，这一使它免于任何不适合于其物化图式的外部影响的"垄断过滤器"，也代表着对消费者的调节。产品的前消化性质非常突出，它更加坚定地证明着它自己，确立其自身，因为它不停地指向了那些无法消化任何没有预先消化好的东西的人。它是婴儿食品：永恒的自我反映是以"需要的重复"为目标的幼稚强制，被重复的需要也是它最先制造出来的。传统的文化商品也遭到同样的处理。除了政治史和文化史的最原始的材料，它们没有剩下任何东西，而伟大名字的光辉已经交到我们手上了，那些名字是今天所有的"上流人士"都无条件一致认同的。通过不断接触已经卖完了的精神，"娱乐"反过来提升了自己，直至它在文化价值的评估中堕落为顺从的操练。"严肃"文化和"轻松"文化之间的差别要么被侵蚀，要么就被公然组织起来，从而被整合进了一个全能的总体。在畅销书体制喂养大的社会批判小说这个例子中，我们再也不能分辨其中描写的有助于否定这个社会的"恐怖"与那些还没有得到小说的人实际上期待的"娱乐"之间到底有多远的距离。舒伯特被打磨到最完美的光亮，现在听起来像是柴可夫斯基或拉赫玛尼诺夫。格什温的曲子从这些来源获取了和谐的配方，并说明了伟大的艺术是因为调和了流行口味和文化个性而得到的奖赏。艺术中不再有媚俗作品，也不再有毫不妥协的现代主义了。广告吸收了超现实主义，该运动的桂冠使他们对文化的谋杀袭击（出于对同一性的敌意）的商业化前景不可限量！最有利于媚俗艺术的莫过于对它的恨也成为它的一个组成要素。多愁善感已经失去了不可信的特征，即那些感人而无能的乌托邦要素——它们一度软化了那些铁石心肠的人，并且让他们逃脱了更为铁石心肠的主人。引进的法国导演的思想不能太光明，但他们几乎一出现就立即很讽刺地收回了眼泪。至于爵士化了的古典音乐，现在属于"热情奔放"的银幕女星，她们脱了衣服，出现在有伤风化的情境中；她们不再是旁观热情的目击者，而是和热情本身一道被侮辱了：热情的通常危险必须和普遍的"乐子"一起出现。其实，这样的展示并没有改变用来取乐的对象的认可度或受尊敬度。带着作为主流家庭主妇之特征的秩序感，小心的窥看是必须保留的，以免扰乱形象和对象之间的现实主义和谐。我们越是嘲笑小胡子和过去的装束，这一19世纪的流离失所者形象对我们来说就越真实。被质疑的传统是触手可及的那种舒适的二手现实主义传统，它是由报告文学正式颁布的，从圣伯夫（Sainte-Beuve）到赫伯特·奥伊伦堡（Herbert Eulenberg）的随笔作家将其广为传播。告知我们现实的艺术总是伴随着告诉我们什么是艺术的"使用指南"，如今两者都膨胀了。对客体的移情作用不仅使我们与它和解了，也让我们和所有的客体都和解了。应该没有人认为他们会比现在过得更好。观众被劝服了，相信自己的平庸是个优点，有一天会作为"普通消费者先生"而获得超级大奖。甚至最老旧的人也不反感大众文化的现代主义及其作品：他们如饥似渴地冲进电影院，就像他们读维尔福尔（Werfel）的小说那样热衷。大卫·弗里德里希·施特劳斯——他像是埃米尔·路德维希 ① 一样地写了《耶稣传》，即

---

① 埃米尔·路德维希（Emil Ludwig，1881—1948），德国作家，20世纪最伟大的通俗传记作家之一。所写传记强调人物个性，被誉为"新传记派"。

使他被尼采抨击，受了创伤——本人亲自承担的东西在今天已经不可阻挡地自上而下实行了，而且毫无风险。没有哪一个观念是不能被中立化的，只要将它归结为作者的命运或心理学。这样一来，现在的医生就可以声称他的歇斯底里的妻子像是英国的伊丽莎白一世，而他好妒忌的同事就像保尔·埃里希（Paul Ehrlich）的同事一样。不能只靠衰落的贵族价值来喂养成千上万的兄弟，它们同时还要被转译为平等主义话语和无限交往的行话。灵魂的精神贵族性和博爱感已经融为一体，成为劳动力大军的口号。

就连每一个单独的产品的内部也都被夷平了，不再能看到任何真正的冲突。取而代之的是一些震惊和煽情的替代品，它们似乎从虚空中冒出来，而且通常也没有什么真正的结果，却巧妙地慢慢进入了小插曲般的行动之中。产品的叙事单位是小插曲和历险，而不是"幕"：妇女电视连续剧和更精致一些的 A 类电影公然复制了报纸的笑话和漫画版的结构。消费者有缺陷的记忆力从一开始就各就各位了：不相信有谁会记住发生的一切，或者能注意到眼前发生的东西之外的其他事情。消费者就这样被还原为抽象的当下。这一瞬间越是狭隘地为自己担保，就越是要避免灾难的负担。观众被认为是不能亲眼看到痛苦的，就像他被认为是不能思考的那样。然而，比透明的肯定性还要重要的，是事先规定好的、解决一切矛盾的"大团圆结局"，仪式的结局清楚地揭示了矛盾的纯粹外在性。大众文化结构中的每个样本，都像组织完美的未来世界所希望的那样，是历史上的东西。在这里，作为样板的正是"杂耍"——爵士乐和电影这两种最典型的大众文化形式令我们清楚地看到这一技术。对自由主义资产阶级的艺术作品（也就是说，由冲突这一观念支配的作品）深恶痛绝的先锋派作家曾经把"杂耍"捧上了天，这肯定不是偶然的。真正构成杂耍的东西，每个孩子第一次看杂耍表演时打动他的东西，是这样一个事实：每次发生了什么的时候，同时都什么也没发生。每一次杂耍，尤其是小丑和变戏法的人的杂耍，事实上都是一种期盼。结果表明，对可疑之物的期待（只要变戏法的人开始让他的球滚动，这种期待就发生了）就是期待的事物本身。杂耍中的鼓掌总是稍微有点晚，那时候，观众才察觉到原本以为是其他事情之序幕的东西只不过是他被骗了这一事实。杂耍的把戏包含着这一时间顺序的泄露，就像最终到来的事件总是表现出一种凝固的姿态或活报剧的倾向、对行动的象征性悬置一样——其他所有音乐都暂停，只有鼓声伴奏。因此，总是慢一拍的观众其实从来也不会迟到：他向上跳，似乎要爬上旋转木马，而电影似乎从一开始就像是你偶然路过的游乐场射击摊。大片当然要好过这个，但由于技术的必然性，尤其是在最经典的大片中，也是按照这个方向进行的。无论如何，把戏玩弄的是时间本身而不仅仅是观众。杂耍已经表达了工业流程魔法般重复，在其中，同一个自我在时间中被复制了——发达资本主义的这个寓言证明了它的统治力量，甚至是用在它的必然性来接近游戏的自由的时候。

　　杂耍庆祝的是这一矛盾的事实：在我们的发达工业时代，还有历史。但它的原型（第一根烟囱和第一顶礼帽）已经表明了"对时间的技术控制"这一观念，而在这一控制中，历史静止了。超现实主义依赖的是那些没有历史、显得过时的东西的过时性，似乎它们毁于某些灾难——这一矛盾正是杂耍所庆祝的。杂耍表演成了机械重复的典范，因此赦免了自身的无价值的历史性。也许"杂"所体现出来的这一祛魅的真理要胜过任何历史的表象，资产阶级的艺术作品哪怕在发达工业时代也仍旧抓住不放的历史表象；它启发韦德金德（Wedekind）和科克托（Cocteau）、阿波利奈尔（Apollinaire）和卡夫卡极力赞颂杂耍这一形式。表现主义音乐——绘画和音乐的一种伪综合——也模仿了这一处理手法。德彪西选择杂耍作为他的音乐主题之一，不是毫无缘故的。德彪西把他最成熟的钢琴曲命名为"前奏曲"和"序曲"，没有经验的观众会以为这里的一切都是前奏，并期待着重新开始，像焰火表演一样——实际上，最后一首前奏曲刚好叫这个名字。为了大众文化而吸收了表现主义音乐遗产的爵士乐就没有那么忠实于该音乐风格了，在爵士乐中，所有在时间上前后相连的音符都多多少少是可以直接互换的，因此没有任何真正的发展，后来的音符在经验层面上一点也不比前面的音符更丰富。客观地说，杂耍和表现主义都试图提供一种能够为自律艺术效力的工业流程的概念，或者说，都设想了一种从一切目的中解放出来的艺术，它在理论上是自然的纯粹统治。

由于将其主题变得非常机械化，可以说它们试图像卓别林那样玩弄主题，并把永远相同的震惊转化为柏格森式的笑声。但大众文化让受害者落入了注定的命运，因为它采用了它的法则的同时又模糊了它。大众文化看似在处理冲突，其实整个进程又没有冲突。对生活现实的表征成了中止其发展的技术，最终占领了静止王国——该王国揭示了杂耍的本质。只要看看那些动态的资产阶级艺术是怎么被改编的就明白了。一旦对原著下手，机械复制技术就已经泄露了不抵抗主义的底牌。无论电影表现的是什么样的心理学命运的问题，通过把过去的事件展现在银幕上，其中包含的反对力量和自由的可能性就被否定了，被还原为以前和以后的抽象时间关系。摄像机镜头在观众之前就察觉了冲突，并将它表现为无抵抗、平滑展开的电影胶卷，镜头已经小心地确保那些冲突实际上根本不是冲突。过去的个人形象是用无间断的摄影系列来表现的，所以他们预先就成了纯粹的客体。就此而言，它们无能地经过我们。好比一个孩子阅读用第一人称写的冒险故事的时候早就知道主人公不会发生任何意外，否则他就不能亲自讲述故事了；在一定程度上，观看改编自小说的电影时也是这样。主人公有可能死掉，但是起码他的死不会激起任何事，毕竟电影里的死亡只是半真半假的死亡。这就像观看伟人传记一样：没有发生在他们身上的事情是不会发生的，完成故事的时候是很留意这一点的。热情开发英雄人物声誉的那些历史叙述极其有助于它们自身获得奥林匹亚山似的存在，当他们转变为万神殿时就已经开始这样认为了。每一件完成的艺术作品都已经在某种程度上是预先决定了的，但作为靠自身结构的力量建构起来的人工制品，艺术都在努力克服它自身的压迫重量。另一方面，大众文化只是认同了命中注定的诅咒，并快乐地完成了它。因此，随着广播的到来而发生的技术变革已经迫使音乐丧失了历史。[①] 哪怕是无须冒险的"完美诠释作品"这一严肃音乐的演奏理想也像它赖以发展起来的垄断条件那样，堕落为僵化的铁律，而对动力学的装饰性表象不管不顾：不出差错的交响乐演奏就是什么也没有发生的演奏。[②] 大众文化青睐的曲目格外符合这一趋势。畅销的是柴可夫斯基和德沃夏克之类晚期浪漫主义作曲家，因为在他们那里，交响曲形式只是个壳子。他们已经弱化了交响曲形式，把它变成了任意连接的旋律大杂烩。交响乐的图式不再有任何实际的作用，剩下的只是交响乐的动力学形式，一种反交响乐的主题呈现和主题展开，是嘈杂的兴奋的插曲，它不快地打断了大杂烩，然后假装什么也没发生，似乎一切都可以重来一遍。

大众文化中的缺乏冲突，其根源在于无所不在的垄断之考虑，时至今日，甚至那些最坚决地抵抗文化垄断的杰出艺术作品都缺乏冲突。勋伯格的十二音技术业已质疑它最初赖以发展起来的那些原则；布莱希特史诗剧宣称要专门为了社会批判，为了唯物辩证法而建构冲突，但实际上它取消了戏剧的辩证法：对高潮概念的过于敏感就再明显不过地表明了这一点。布莱希特引进到戏剧之中的蒙太奇效果其实意味着时间的完全可互换性，而公开的说明文字（比方说，在戏剧标题中提及"生命"和"崛起"）似乎剥夺了行动的戏剧性，将行动转变为先行主题的实验对象。因此，尽管这一手法具有非连续性的特征，它仍然缺乏对电影技术的抵抗，而布莱希特的所有创新都不过是在心理学解体之后的电影时代挽救戏剧的孤注一掷。这一方法在被视为"心不在焉的吸烟者"的观众身上预设了政治问题，就像大众文化造成"思想和记忆弱化"那样：史诗剧既是对大众文化的回应，也是颠倒了的大众文化的意识本身。这一戏剧表明了艺术作品与其内在的时间性之间的关系正在如何变化。对时间的克服成了戏剧和交响乐的核心关切，这不仅可以从亚里士多德的

---

① 参见阿多尔诺（1941）"广播交响乐。理论实验"，载于拉扎斯菲尔德和斯坦顿（F.F. Stanton）合编《广播研究》，纽约，第110页以下。

② 参见阿多尔诺《论音乐的拜物性和听觉退化》一文。

"时间一律"中看出来，也可以从伟大的动态艺术作品实际运用的技法
中看出来。空洞的时间进程，无意义的生命流逝，都通过形式而被把握
了，并且由于这一形式的总体性而分有了"理念"。时间的这种主题化恰
恰使得它的他律被排斥在美学领域之外，并且允许艺术家至少能够把无
时间性的表象注入艺术作品之中。这一表象将作品转化为存在本身的本
质和纯粹反映，因而有助于表现超越性。冲突之所以是一种克服时间的
手段，是因为它在作品之中保持了一种时间内部的张力。冲突将过去和
未来都集中于现在。易卜生的戏剧理论用公式表述了这一点：衡量冲突
的尺度是"过去"在"现在"威胁"未来"的能力大小。在戏剧观念中，
时间内部诸要素的关联如此紧密，彼此之间的关系被如此全面地讲述，
以至于纯粹的时间进程披上了冲突的形式和外表，是由冲突中的诸多意
义关系构成的强有力结构——当然，是在冲突最终得到解决之前。绝对
戏剧的时间性不过是一个瞬间，也就是行动中的所有时间关系的结晶体
闪光的那一瞬。交响乐的情形也一样，它是通过无所不在的主题阐述来
实现的，这是戏剧冲突动力学的音乐等价物。这不仅充满了它自己的时
间，也把意义强加于时间，并使时间消失了：贝多芬的第七交响乐就是
辩证的阻止时间的典型例子。不过该意图只表达了资产阶级艺术的一个
方面：关于史前史的存在的真理，反映了"时间统一体"的无时间性统
治的真理。然而，作为无时间性的真理，它成了一大谎言；作为统治的
真理，它总是成为不义，它建立起来的堤坝总是不断、反复地被它企图
消灭的时间冲破。由于艺术对时间的克服，艺术仍然无力完成对存在的
真正超越：仅仅纪念存在是不够的。因此，通过时间的一体化而超越存
在的要求便总是伴随着另一项要求：取消一切预先规定的意义，通过自
由地（实际上是被动地、"实证主义地"）放弃我们已经不再试图主宰的
时间要素，让意义的缺席出现，并恰恰在这一否定性中揭示意义："余下
的唯有沉默。"从莎士比亚的历史剧，经过莱辛和瑞士学派反对古典主
义诗学的斗争，一直到心理小说，处在资产阶级文化巨大阴影下的这一
趋势已日益壮大了，今天已经演变为先锋派和大众文化的两极对立。近

来最优秀的小说，即普鲁斯特和乔伊斯的那些小说，毫无保留地屈服于时间，结果就是：时间本身，时间的"无意义的流逝"本身（按照卢卡奇的观点，它在福楼拜的作品中依然成为小说的真正内容）现在解体了，就像经历时间的个人一样是碎片化的。向纯粹的时间缴枪投降，就炸开了时间的连续体。叙事拆解开来的时间要素现在甚至开始脱离了时间的连续性关系，借助回忆之力，所有时间的事件都像漩涡一样转回来了。最终，布莱希特的戏剧手法已经假定了时间的崩溃和个人的崩溃。史诗要素旨在切断戏剧行动的紧密统一体，揭示其虚假性和意识形态性，但它肯定不打算用时间的连续体来取代行动的统一体。布莱希特的戏剧是被某种时空、某种实验性时间所统治的，这种实验性时间很类似于可重复的"实验室试验"时间，而不类似于历史时间。事实上，实验性时间既不能免于经验时间的败坏，也不能成为戏剧包含的时间的对立面。这是因为，艺术建立在对命运的时间的抗议之上，因此只要统治还存在，作为艺术领域内对统治关系的最深刻表达，经验时间就一直存在于艺术之中。虽然这样的时间被"高悬的"布景所带来的空间共时性清除掉了，但是它潜入了无冲突的事件连续性之中。只要戏剧还受制于连续性原则，它就一直屈从于抽象的时间，就越来越坚决地拒绝用戏剧行动来包裹这些时间。大众文化既不能忍受冲突，又不能忍受明显的蒙太奇形式，它不得不让自己的每一产品都赞颂时间。这是大众文化的悖论。它的手法越没有历史，越是预先规定好的，时间关系对它来说越不是一个问题，它越是无法将这些关系置换为时间关系的辩证统一性，它就更狡猾地采用静态的手法来骗我们去看它搞出来的新的时间内容，于是它留下来反对它之外的时间的东西就越少，就越是致命地让其受害者沉湎于那一时间。大众文化的非历史性正是它原本试图缓解的厌烦。它引发的问题是，作为盲目的历史进程之特征的单向度时间是否等于永远一样的无时间性，是否等于命运。[①]

---

① 参见《奥德修斯，或神话与启蒙》，载于霍克海默与阿多尔诺合著的《启蒙的辩证法》。

　　然而，大众文化对冲突的摈弃并不仅仅是恣意妄为的操纵。冲突、阴谋和发展，自律文学和音乐的这三个关键要素，都无条件地属于资产阶级。自从雅典喜剧以来，戏剧一直有产者阶级当中寻找阴谋家，这绝不是偶然的。作为无权力者企图通过他们的智谋来获得权力的尝试的一部分，阴谋是资产阶级战胜封建秩序——算计和金钱战胜静态的土地财富和直接的武力镇压——这一胜利的美学密码。在早期交响乐中，在海顿的杰出作品中还能听到以一种快活自信的肯定形式来表现阴谋家的事业和奔忙，但是随着关键的转折，它成为贝多芬式幽默的精髓——这源于竞争要求的不懈努力，源于将套索不经意地扣在任何松懈者的脖子上的那种热情而谨慎的勤奋。阴谋家是资产阶级个人的负面形象，它体现了这样的个人与社会团结之间的不可避免的矛盾；同样，英雄人物和他的自由精神、牺牲精神也代表了这样的个人。两者就像是一个破碎世界的两个碎片，被焊接到一块的两个碎片，甚至可以说就像资产阶级世界和艺术本身被焊接到一块那样。如今，两者都命在旦夕，因为他们前所未有地靠近了。英雄不再牺牲，而是享受成功。他并没有成熟，而是认为通过他的职业行为获得的自由只不过表明了他的循规蹈矩。所以他是"上岸的"阴谋家，他被没收了的外表以克拉克·盖博的形式表现出彻底的不可抵抗性。垄断以同样的方式树立起成功的竞争者形象。因此小阴谋家就随着小竞争者的消失而消失了：他的密谋只能是一次破产。他的成功被奉为命运，结果就使得一切行动都是虚假的、早就注定的。最后一批阴谋家是帮助法西斯分子夺取权力，并让他们秘密处置银行家施罗德来巩固宝座的成功者，是开着卧铺车进军罗马的成功者，是参与了对老冲锋队的谋杀（长剑之夜）的成功者。

　　现在再也不会有人被阴谋家所欺骗了，它的无所不能已经直接为它自己立法了。大众艺术承认了这一事实，因为它把冲突视为过时的东西而予以摈弃；如果它从传统文化的宝库里借用了冲突，那么它就会预先决定人物的命运，从而把冲突驱逐出真正的自发性领域。通常跟阴谋和冲突相关的资产阶级典型人物好像穿着他们在自由主义的旧时光中得到的囚服出场了。"银行家"这个词哪怕是在美国也和"律师""职业政客"一样被滥用了，不满的雄志女在被人说成是荡妇时却感觉很好。记者和经理人仍然是丑角。历史侵入了成为文化商品的传说故事，尤其是在历史题材的开发中。这样一来，历史就和个人一样成为掩盖"冷酷的国家垄断资本主义现代性"的外衣。于是出现了虚假的和解，用无所不能的现实来消解任何负面的反例，用坏的总体性来消除不和谐。艺术作品中的缺乏冲突使得它再也无法容忍它与生活的冲突，因为生活把所有冲突都放逐到隐藏最深的痛苦角落，无情地将它们赶出视野。美学的真理一定会表达资产阶级社会的虚假性。只有当艺术要超越的秩序使艺术不可能之时，艺术才会存在。正因为如此，所有伟大的艺术形式的存在都是一种悖谬的存在，首当其冲的就是小说这种最突出的资产阶级艺术形式——而电影正在将小说占为己有。今天，随着现实冲突不断加剧，艺术作品本身的可能性完全是可疑的了。垄断是刽子手：灭绝了张力，也就让艺术随着冲突的死亡而消亡了。只有在这一无冲突性的顶点，艺术才完全成为物质生产的一个要素，并彻底转变为谎言——而它向来都是谎言的一分子。与此同时，艺术要比那些依然繁荣的传统艺术的残余物更接近真理，因为那些艺术作品中保留的个人冲突乃至引入的社会冲突都只不过是一种浪漫的欺骗。它把世界伪装为一个仍允许冲突存在的世界，而不是揭穿这个世界中无所不能的生产能力已经开始越发明显地压抑冲突的可能性。至于美学复杂性和发展的被清除究竟是意味着每一个抵抗的痕迹都被消除了，抑或它是无所不在的潜在抵抗的中介，这是一个十分复杂的问题。

　　"人们不做那种事"，聪明的法官巴拉克在海达·高布乐开枪自杀时如是说。垄断现在确认了他的立场。它用朴素的客观性祛魅了冲突和个人。技术的无所不在使它在万事万物和一切历史事物上打下了烙印，人和物遭受的"过去的竞争"被它列为"媚俗"的禁忌。这里的原型是想要光彩照人的女演员，在热带风暴或白人奴隶贸易的紧要关头，她忍着痛苦、冒着极度的危险梳理她的头发。特写镜头精准、无情地拍摄下她，使得她的化妆要变的魔法被幻象的缺席（作为真实、不夸张的东西展现在观众面前）增强了。大众文化是不施粉黛的化妆。它用一种不知胡言乱语为何物的冷静外表，把自己变成了目的王国一般的存在。它擅长的新客观性在建筑中得到了发展。在这一目的王国中，它捍卫了目的性的美学权利，反对无目的性的表象在那一语境中的野蛮。它将标准化和大批量生产变成了一种艺术，而它的对立面蔑视一切从外部产生的形式法则。实用的东西越是美的，它就越拒斥美的外观。一旦客观性被歪曲为无目的性，它就恰恰退化为先前被它视作罪恶的那种装饰。不论电影和广播是沉迷于技术统治论的前景还是乌托邦的技术，它们都很像是跟世界讲和之前的高级建筑学——那时，它还在竭尽所能、不依不饶地与世界做斗争。假如我们想要把大规模生产音乐的通俗歌手比作建筑，我们不要去想新建的那些朴素的新村居民楼，而要想到老英格兰和新英格兰的那些彼此远离的民居：标准化的大众产品甚至将"不可取代的独特性"的要求、有一栋"自己的别墅"的要求也标准化了。然而，令这些19世纪的房子在今天看起来相当奇怪的，并不是这一标准化，而是无情地重复"不可重复之物"，重复那些柱子、飘窗、小楼梯和塔楼。我们可以在大众文化的每一产品的首次流行中察觉到这种"表现"的风尚，而在垄断指导下的消费过程仅仅让它一年比一年更明显。大众文化与其自身的客观性并不兼容。它不断回指向那些本质上抵抗这一客观表现的材料。同时它借用工业的方法以塑造"客观性"的风格，从而就证明了它和通行的普遍实践之间的关联。客观性和客体本身之间的关系并不是一种客观的关系：它是被计算所决定和破坏的。技术上的"如何做"（技巧和表现）的完善与"做什么"的不可或缺的愚昧相结合，是这一点的终极表达。像笼中野兽一般沉迷于流行歌曲的八小节旋律的爵士乐队的精湛技艺，能营造出19世纪小说般的云彩效果的镜头运用，让我们以骇人的清晰度听见古诺的《圣母颂》的调频广播——所有这一切都不仅仅代表了不同发展阶段的要素之间的差异。时代落差本身源自大众文化对梦和目的性的强制替代，就像古代世界的德国民族服装和民间舞蹈之所以又时兴起来，恰恰"是因为"有坦克的现实（而不是"尽管"有了坦克，它们仍然时兴起来）。在高度工业化社会中，拥护大众文化的新现实主义者宣称，消费者的思想文化需要和物质需要是一致的。他们完全屈服于同一个标准化的过程，而试图避免这一进程肯定是一种退步——这一过程是现实主义态度的技术前提。福特汽车和流行歌曲都一模一样。但如此这般适应的思想本身就意味着生产能力对需要的操纵已经得到了普遍认可。然而，被认为可以如此调适自身的精神却具有抵抗这一操纵的趋势（而不仅仅是机会）。实用和文化之间的区别问题——垄断将其转化为"相关部门的协调合作"这一行政管理问题，因而予以高度重视——恰恰包含了对"协调合作"的拒斥，也包含了对生产关系规定的那些目的的霸权的拒斥。既然为了维护自身的部门特征，这一协调合作的文化必须解释这一事实，那么它就陷入了不可解决的矛盾：不论它怎么回避这个矛盾，都不得不始终承认矛盾的存在。甚至在流行歌曲——最卑劣的标准产品——中也有一些非物质的东西作为其内容。它们都遵从某个荒唐的广告语——"特别为你"。这么看来，仅仅指出艺术和实际目的（这种客观性艺术以此为标准）之间不可消除的矛盾还是不够的。因为大众艺术正是靠以下事实为生的：它维护着实用和文化在某个世界中的对立，而在那个世界中，"实用和文化之间的对立"变成了意识形态。大众艺术成为实用领域的受害者，因为它坚持认为它包装起来并分发使用的文化商品的物性、拜物教特性是反对物质生活的。

在这方面，永恒的自我反映对它有益。另一方面，严肃批判资产阶级目的性的艺术却全神贯注于一个完全被目的性占领了的世界。它应该不仅在物质上反对那个世界，也要用它自己的形式构成来反对那个世界。如果说，由于艺术自身的无目的性，客观性艺术发现自己的"有目的的形式"面临着堕落为"虚假门面"的危险，那么，没有转变为"有目的的形式"的非客观性艺术就流露出一种为现实辩护的倾向。其诗学很信任地补充了其对手的得意扬扬，于是两个对立的派别亲密相处了。从"维也纳车间"直至里尔克和 T.S. 艾略特，它们保存灵魂的努力和垄断资本之间的距离实际上并不比那些流水线产品远一分一毫——后者亲切地依偎着灵魂，把灵魂作为其装饰，结果反而更直接地模仿了垄断。每一本黄皮的乌尔斯坦版（Ullstein）小说和每一部电影都制造着社会要求的综合。商品的破碎表面泄露了今日艺术的断裂。负责任的艺术发现自己面临着一种两难的抉择：要么就无情地为其目的性发展出目的的形式，这样一来，它们在追求痛苦结局的时候就同一切外在的目的性发生了公开的冲突；要么就毫无保留地沉迷于描述现实存在，而一点儿也不注意美学上的考虑，这样一来，它拒绝干涉"客体的审美构成"的做法实际上就成了一种更为纯粹的形式法则，该形式"不含任何装饰成分"。不必因为这一矛盾而谴责大众文化，也不要谴责其客观性或非客观性，相反倒是应该怪罪于阻碍这一矛盾展开其真理性的"和解"。一方面大众文化的客观性不是属于作品诸要素的内在必然性的那种客观性，而只不过是一种客观的生活方式和感知方式的反映。另一方面，大众文化的非客观性也没有向商业世界宣战，而仅仅利用了其破旧的表现模式——个性化的神话和关于"人性"的老生常谈成了一种矿产资源。客观的实践从一开始就是为了把信息"迅速而准确地"传播给吹毛求疵的消费者。精神被缩减为对文化产品的追求，它要求这些商品本身不是真正被体验了的。消费者只需知道如何使用它们，以此证明自己是个有教养的人。就连播放庄严的贝多芬《第九交响曲》（它被广泛宣传、不断强化，总是不失时机地把自己表现为一个真正划时代的历史性事件）时，也更关心告诉听众"他要见证的历史"以及推动它的力量是什么，而不是鼓励听众自己欣赏作品。

当下的音乐评论实践更愿意谈论作品的观念史而不是其结构的特殊性，它已经预告了这一趋势。我们实际上被告知的是大众文化本身。所有真正的艺术体验都贬值为一种估价。消费者被鼓励辨认出提供给他的东西：成问题的文化对象是以已完成产品的形式呈现出来的，它现在转而要求得到认同。这一普遍的信息特征将消费者与不可避免的产品相似性之间的彻底异化封缄起来。当他自己的经验被证明是不充分的时候，当机构把他训练成一个和其他人懂得一样多，却没有经历过任何更费力的真实体验过程的"半瓶子醋"的时候，他发现自己就得依赖于信息。如果大众文化已经成为一个大展览，那么每个被它绊倒的人都像展览地点的陌生人一样感到孤独。这就是信息堆积之地：无尽的展览也是无尽的新闻局，它把自己强加给不幸的观众们，塞给他们小册子、节目指南和广播推荐，免得每个观众遭受"看起来和大家一样笨"的奇耻大辱。大众文化是自己给自己发信号的信号系统。被正式排斥在文化商品的欣赏之外，而现在又被诱骗进来的千百万下层民众为这一新的信息导向提供了一个受欢迎的借口。这一巨大的说明、传播和迅速普及化的系统以"迅雷不及掩耳盗铃之势"破坏了文化产品的意识形态声称要推广的一切。一个叫作"请来点信息"的节目不停地说着笑话，这不仅表明了这一信息系统的实质，也不打自招地表明了信息本身的实质。宣传的信息进一步加深了审美意象的败坏。就连娱乐电影也成了新闻纪录短片，成了它自身的宣传的延伸：我们知道了拉娜·特纳（Lana Turner）穿着汗衫是什么样的，知道了奥逊·威尔斯的最新电影技术实际上是怎么做出来的，知道了调频广播和老的广播声音是真的完全不同。过去听音乐会的人只会注意钢琴有没有轻微的走调，而现在，垄断条件下的最新技术革新的直接消费者或间接消费者已经被调教为这些文化商品的理想对象——他和商品越来越像。产品越是在信息世界中推荐自己，就越是值得尊敬；另一方面，如果想把信息恢复为曝光过度之前的模样，也就是说，如果想赋予作品以审美形式，那它们就会变得不堪忍受。

信息仰赖的是观众对产品的好奇态度。最下三烂的记者特有的轻佻现在已经成了官方文化的精髓之一。大众文化的信息传播不停地对我们抛媚眼。发行量达百万的流行杂志用一种自负的口气散布着它了解的"内幕故事"，镜头像以前的歌剧院望远镜那样对准了身体的每一个细节。两者都笑里藏刀，怂恿主体产生了他也在行动中的幻觉，他在任何地方都没有被排斥的幻觉。海德格尔将"好奇"抬举为人的存在的"沉沦"的固有特征，作为"日常性的本体论趋向"之中的基础存在本体论的"构成部分"[1]。尽管他清楚地看到了"好奇"作为大众行动的黏合剂的功能，或许他表达了"试图通过知道别人的一切以夷平所有人"这种集体模仿的稀释形式，但是他对人类并不公平，因为他把好奇归结为人的本性，实际上就意味着受害者的罪过要比狱卒大。无论亚里士多德对看的本能知道些什么，今日的可见性强加于一切可能看到的东西之上。这是垄断的强制的人类学积淀，这一强迫症要处理一切，操纵一切，同化一切，不允许任何事物不被它触碰。体制越是不能容忍任何新事物，那些孤独的人就越熟悉最新的新奇之物——假如他们还想活在社会中，而不是感到自己被排斥在社会之外的话。大众文化恰恰允许这一局外旁观者的常备军来参与：大众文化是把一切事物和其他一切事物联系起来的"有组织的疯狂"，是"公开的秘密"的总体。每个得到八卦信息的人都拥有了这个秘密的一定份额，就像在纳粹体制下，仅限于少数人的血缘兄弟关系的特权实际上提供给了每个人。但是，利用"好奇"和"轻佻"的巧取豪夺乃是法西斯分子用来反对无特权者的暴力的一部分。好奇的满足并不仅仅有助于主体的心理学经济，而是同样直接效力于物质利益，那些对八卦消息了如指掌的人就是被彻底利用了的人。早期法西斯主义时代的德国流行歌曲《你会跳舞吗，乔安娜？我当然会》当中，欲望对象的色情技能就像是在饱和的劳动力市场中的品质，它用一种极端形式保留了这一好奇的历史侧面。这种好奇属于市场经济造成的人类行为的扭曲，而随着市场经济的消亡，它获得了独立性，并且有了一种病态的非理性特征。在激进的反犹主义时代，每个人都把小莫里茨当作偶像：这是猜谜的孩子及其同类的规范。这一好奇完全随着信息的节拍起舞，反过来，信息将"好奇"社会化了。它不断提及那些事先准备好的东西，提及那些人已经知道的东西。被告知某些事情，意味着被迫与已有的判断结论取得一致。在这个问题上，我们同意大多数人的意见，但同时我们希望取他们而代之，希望我们成为"大多数人"。从笑话到社会研究

---

[1] 马丁·海德格尔《存在与时间》(1927)，哈雷版，第170页，英译本，第214页以下。

计划，每个人都带着"我们时刻准备着"的姿态，带着行使独裁权力的姿态（也就是"但我们已经知道了"的姿态）；他们不仅仅私下里对体制谄媚逢迎，同时也非难任何试图用令人不快的事实劝说我们的人——这些事实之所以立刻失去了价值，是因为我们"已经知道了"！好奇是不被允许存在的新事物的敌人。它仰赖于以下要求：不能有任何新事物出现，以新事物的面目出现的东西其实是预先安排好的，是用来收编那些信息灵通者的。好奇登场时携带着的强烈热情被耗费在权力的再生产过程和使用过程之中，而这一过程本来可以为体验乃至创造真正的新事物效力。这一盲目的热情提供了不痛不痒、无关紧要的资料信息。不管"一个人拥有了他能处理的最大量信息"实际上有多大用处，在这里起压倒作用的是一条铁的规律：此处质疑的信息永远不会触碰实质，永远不会变质为思想。对垄断所提供的信息的限制，对商品的限制（毋宁说，限制的是那些被他们在商业世界里的功能变成了商品的人）确保了这一点。但是好像这还不够似的，还存在着反对不准确信息的禁忌，这条罪名可以用来指控任何思想。对信息的好奇是跟知道信息的那些人的固执己见不可分离的。今天，好奇的个人成了虚无主义者。任何无法被识别、归类和验证的东西都被他当作蠢货或意识形态，当作主观的东西（贬义上的）而抛弃掉。但是在这一过程中，他已经知道的、能识别的东西失去了价值，变成了单纯的重复，只不过是浪费时间和金钱。大众文化及其附属"科学"的这一困境将其受害者还原为它特有的实践，即一种麻木的坚持不懈。但是这一绝望的好奇者形象完全是由垄断一手造成的。八卦态度起源于对市场了如指掌的购买者的心理。就此而言，它和广告业直接相关。

　　一旦不再有可选择的余地，当识别品牌的名称取代了选择，当总体强迫每个想活命的人自觉跟随生产过程时，广告就变成了信息。这就是垄断下的大众文化干的事。我们可以区分出控制需要的三个发展阶段：广告、信息和命令。作为一种无所不在的"如数家珍"，大众文化将这些阶段融为一体。它点燃的好奇心野蛮地复制了源自强迫、欺骗和放弃的"孩子的好奇"。当父母拒绝给提供孩子真正的信息时，孩子们的好奇心就被点燃。它并不是古代和现代的本体论语焉不详地提及的那种"窥视欲",而是一种自恋地转向自身的凝视。把世界转化为客体的这种好奇并不是客观的:它关心的不是已知的东西,而是"我知道它"这一事实,关心的是"占有",是作为占有物的知识。如今的信息对象恰恰就是被这样组织起来的。其无关紧要性预先决定了它们的存在,决定了它们不能用它们自身的任何内在品质来超越"占有"这一抽象事实。实际上这些信息的安排方式使它们通俗易懂,极易上手。信息脱离了所有的语境,远离一切思想,它们是弱智的人也能立刻明白的东西。它们绝不会拓宽人的眼界,而是像人们最喜爱的菜式那样遵守同一性的规则,不然就会被当作假冒伪劣的东西扔掉。它们永远是准确的,却从来不是真实的。因此信息总是倾向于欺骗,而新闻记者厚颜无耻、牵强附会地杜撰出来的广播播音员的逸事只不过是本来就内居于事实的盲目性之中的"虚假性"的一次爆炸。受害的好奇者个人、电影棚里要签名的疯狂追星族、在法西斯主义下得了强迫阅读症的怪病的儿童——他们都只不过是突然苏醒了的市民,他们学会了如何遵从现实,他们外露的疯狂只不过证明了他们终于赶上了客观世界的疯狂。

大众文化的参与越是消耗在文化事实的获取上,文化商业就越像竞赛,像那些考核称职和绩效的能力测试,最终像体育比赛。一方面消费者始终被鼓励参与竞争,不管是通过向他们提供商品的方式还是通过广告技术,而另一方面,从产品本身直至技术处理的细节,也都开始呈现出类似于体育的特征。它们要求达到可以被精确测量的极致表现。电视演员的任务被分解为一系列精确定义的强制步骤,每个步骤都会和同一组别的其他竞赛者的表现进行相应的比较。最终我们看到了最后冲刺,这是一直隐忍不发的终极拼搏,是脱离先前的行动、强度,突然高出许多的顶峰,是戏剧高潮的反面。电影被分解为许多环节来讲述,而其总体的进度就像流行歌曲一样是掐着秒表来调控的。在一个半小时的空间里,电影应该按照计划击倒观众(像拳击赛那样)。侦探小说实际上组织了一场比赛,不仅仅是罪犯和侦探之间的比赛,也是作者和读者之间的比赛。这种"文化体育"的模板是竞争，是对封建秩序的挑战和资产阶级精神。这里，记忆的完整性、个性的内容都瓦解了，脱离了忘却的保护膜，而陷入了交换价值和自由竞争的动力学，最终听任所谓知识的发配。这里的可怕命运就像是特地写在纸上的笑话，为的是让我们牢牢记住它。资产阶级市民之所以向精神让步，是因为他们把精神铭写在事实世界上。归结起来就是，他一方面让自己足够像那个世界，另一方面，作为私有财产的小所有者，他又从世界中造出了一张足够大的床，好躺在上面：就像他们说的那样，"他懂那么多！"于是知识经受了竞争的考验和测试。大众文化最终用竞争的原则重写了黑格尔的《精神现象学》。在大众文化的眼中，艺术的感性要素已经转变为对身体现象的测量、比较和估价。这一点在爵士乐这个例子中看得最清楚，爵士乐是直接从体育舞蹈中获益的，尽管它走上了独立的道路，并使得这种舞蹈实际上已无可能。如果我们可以在爵士舞者的愉悦中发现他对切分音的迷恋就好比是他自身的一种残疾（他不允许把他和他的集体功能混为一谈），那么爵士乐手的愉悦就应该和那些自愿参加艰难比赛的运动员的愉悦相提并论。所有的资产阶级艺术都在"技艺娴熟的表演者"这一现象中保留了该要素。"资产阶级要求令人震惊的东西，某些我无法提供给他们的机巧。见多识广的世界是傲慢的，而在它打算更进一步考察对象时就会变得极富教养，极有品位。但它如此迷恋千百种其他事物，如此拘泥于它庸常的乏味，以至于它坚持要从早听到晚的音乐究竟是好是坏其实完全不重要。"① 这段话是肖邦在 1848 年写的。在过去的一百年里，资产阶级确实失去了"用不着一直听音乐"的特权，尽管它还没有放弃对机械般的技巧和令人惊讶的表演的需求。事实上这一需求已经广泛普及了，结果竟然是机械要素完全消灭了惊讶要素。将预先构成的总体消解为各个细节的浪漫主义——它一度赋予个人反对刚性总体的权利——反而将与其对立的机械化过程奉为原则：被解放出来的细节先是变成了一种效果，最

---

① 弗雷德里克·肖邦书信集，Alexander Guttry 编，慕尼黑（1928），第 382 页以下。

终变成了一种欺骗。在这些细节的签字担保下，艺术作品就落入诸多相互竞争的专家之手，原来试图挑战分工之霸权的艺术作品就成了分工的牺牲品。正如培根明确表述的那样，资产阶级把真理缩减为我们有力量做的事情①，现在这种地地道道的资产阶级货色已经影响了艺术作品的内容。该内容应该到作品本身的生产中去寻找，这样的社会生产得到了赞美，但这一生产形式的虚假性（即明显体现在消费品中的劳动崇拜）掩盖了对产品本身的剩余价值的无偿占有。② 当大众文化展示自身时，它也爱展示其产品的制作过程，展示每件事物的功能。对于市民来说，自由的生产能力取代了"免于统治的生活"这一自由观，于是他在成功的世界中寻找人的意义，但这一王国恰恰否定了人。不能同艺术完全分离开来的"精湛技艺"（因为所有艺术中都包含着对自然的统治这一要素）总是以成功和成就为目的。在大众文化中，精湛技艺是硕果仅存的东西。在这方面，当然跟作为先前的自由主义世纪之特征的技艺有着本质的差异。现在，最终的成功不仅包含了对困难的克服，也包含了一种奴役过程。它导致了一种不受外在偶然性或其他任何突兀因素干扰的审美态度。只要有任何出现扰动因素的可能，那么它的表现形式一定不允许任何自主的形象出现——自主形象可能会掌控一些不是预先构成好的外在因素，从而在自由本身当中建立起它的规则。如果说钢琴的技艺依然让人联想到只在辛苦的演出之后才要钱的杂技或杂耍，那么爵士乐手虽然没有完全废除这些规矩，却越来越像守门员了。要求他具备的美德是专心致志、有备而来、心无旁骛、全神贯注。他成了被迫的即兴演奏者。他的表演的无幻象性变成了不被任何东西打扰的体育竞技能力。最让人不满的就是随意增减音符长度的自由演奏。在垄断条件下，技艺的继承人就是最

---

① 参见《启蒙的辩证法》的《启蒙概念》一章。

② 就成熟的资产阶级艺术作品而言，它生产的东西一定完全模糊的，一定是作为"第二自然"出现的，这一事实仅仅表明了生产过程本身的神圣化。劳动的不透明性属于它的神圣化：如果神圣的相似性消除了，劳动就显现为他人的劳动。参见阿多尔诺《试论瓦格纳》，利文斯通（R. Livingstone）译，伦敦：新左派图书（1981）。

有效地配合团队的人。就此而言，就算他确实突出了个人，那么这也受制于他在团队中扮演的功能——消除了他的个性，功能才达到其理想状态：鱼跃扑救一个球，正是为集体效劳。爵士乐手乃至站在麦克风或镜头前的任何人都是被迫自我折磨的人。事实上，最为人赞赏的是那些甚至无须用暴力强迫他们的人，是那些完全顺从既定行为模式的人——他们甚至能自发地模仿抵抗的样子，因为他们自身再也不知抵抗为何物。

　　体育赛事是大众文化最喜爱的题材之一，大众文化的图式也从体育赛事中偷偷学了不少本事：赛事本身已经摆脱了一切意义。体育比赛就是比赛看上去的样子而已。因此，审美表象的瓦解中也有"竞技体育化"的一份功劳。体育是实际生活的无形象的镜像。审美表象也越来越共享了这种"无形象性"，结果它越来越像体育比赛。其实人们应该预计到，无阶级社会玩的游戏将同时消除表象和功用这互补的两极。如果说，无阶级社会的原则在垄断资本主义条件下就成熟了，那么这肯定不是说在实现这些原则之前就可以把它们从统治的镣铐下解放出来。垄断不仅滥用了这些原则，实际上也内居于这些原则之中。它们包含着以无法忍受的对抗（仍然打上了自由的烙印）为中介的"未来的可能性"。体育本身不是游戏而是仪式，是"屈从的主体"欢庆他们的屈从的仪式。"随时乐意效劳"的他们戏仿着自由，这一效劳是人第二次强制苛求他的身体。在锻炼身体的自由中，这个奴隶用他在社会魔掌下忍受的那种不公平再次折磨自己，从而确证了他的实际存在状况。对体育锻炼的热情是大众文化的主人们的独裁权力的真正群众基础，它就是以上述事实为根据的。人们扮演了主人的角色，通过强制性的重复，他们把最初的痛苦再次象征性地强加给自身和别人。重复的活动一方面训练出服从，另一方面也把致命的伤害吸收到焦虑的永恒可能性之中，它就这样持续进行着。与此同时，活动和受苦的分界线、内在强制和外在强制的分界线都在这象征性运演中消失了。这是同一化的学校，最终的政治效果就是把无力者转化为一伙欢呼雀跃的流氓。人被准许按照规则来折磨人，人按照规则来受虐待，而规则之所以压制强者，就是为了证明弱者是强者：银幕英雄们很享受影片中的酷刑。游戏规则类似于市场规则，机会均等，所有人公平竞争，然而这只是一切人反对一切人的斗争。因此，本来允许竞争的体育现在退化为一种野蛮的形式，退化为在一个竞争实际上已经灭绝了的世界上苟延残喘。体育确实把竞争表达为一种直接活动的形式，但它也凸显了废除竞争本身的历史趋势。它从施加给他人的一种欺骗或把戏变成了一场政变。体育比赛积累起来的成绩纪录已经露骨地宣告了强者为王的自然法则，因为这向来就是主宰竞争领域的无情法则。随着这种实用精神的胜利——尽管它和人们获取生活必需品的渴求相去甚远——体育成了一种伪实践，在其中，那些积极从事活动的人再也不能帮助他们自己，而是再次成为他们已经成为的客体。体育以其赤裸裸的不加掩饰，以其残忍的严肃（让每一个动作都变成自动的条件反射）构成了残酷无情的艰苦生活的无色镜像。体育仅仅以一种完全扭曲的形式保留了运动的快乐、身体解放的思想和实用目的的悬置。也许，因为体育强加于人的暴力会有助于他们最终明白有朝一日可以终结暴力本身，所以大众文化把体育监护起来。即使在运动员身上可能会发展出某些对至关重要的政治运动来说极有价值的美德（如团结、乐于助人乃至热情），然而这种美德在观众身上是根本看不到的。在这里，一种完全静观的好奇取代了自发性的最后一丝残余。但是大众文化并没有兴趣把它的消费者转化为运动员，而仅仅是把他们变成在体育场里咆哮的狂热拥趸。就此而言，大众文化将生活的总体性反映为一种或公开或隐秘的完全竞争性斗争体制，它把体育吹捧为生活本身，甚至消除了星期天的体育赛事和一周的悲苦工作日之间的张力，而体育比赛的优点就是包含着这一张力。这就是审美表象的最终清除导致的结果。大众文化甚至将体育这一伪实践降解为一种形象性，该形象性同时又在产品的体育化中被抛弃了。

在垄断条件下，生活越是强迫想要苟活下去的人们搞阴谋诡计、溜须拍马，个人越是无法指望依靠一份稳定的职业（即持续的劳动）来谋生，那么大众文化里的体育乃至整个外部世界里的体育就会越来越强大。大众文化是误入歧途的年代里的一种生活培训。

　　大众文化的图式现已成为被系统生产出来的行为模式的教条。在用乏味和欺骗来算计消费者之后，大众文化接下来指望的就是垄断的声音能告诉消费者，如果他们要吃饱穿暖的话，就得耐心排队等候。第一诚命当然是人已经是穿得颇体面，吃得颇好了。体制教给他们的礼貌以此为前提。凡是不公开晒自由、晒殷勤、晒安全感的人，凡是不遵守和宣传现行政策方针的人，都被迫脸色苍白地待在外头。电影之类媒介倒不怎么隐瞒贫穷，反而添油加醋地大量描述贫穷，但观众得到的行为指南是要假装贫穷并不存在。甭管人道主义怎么说教，顺从的人变得越来越冷漠，越来越硬心肠，越来越无情。工业越是耗尽了在文化的名义下颠倒为商品的东西，无所不在的文化就越是自我吹嘘。戴草帽穿套装的大款、大腕们的特写镜头与黑帮匪徒的镜头之间的唯一区别只是前者在进房间的时候脱帽；然而，为了流行的缘故，他们一开口也全是粗野的黑帮腔。因此他们提供了文明社会的幻景，而这再次以形象的中介强化了社会本身的实际解体，并把社会成员转变为社会事件的人体模型——哪怕社会否定了他们。大众文化只认得优雅之士。街头孩童的俚语并不会太现实主义地复制，以确保大笑的观众永远不会想去使用这样的语言。大众文化的总体性在"一个也不能和它不一样"的要求中达到了极致。雇佣员工时使用的科学测试也是效仿这个例子的。垄断对所有没有依葫芦画瓢地从它拍的电影中学会言谈举止的人关上了大门：因为女性在生产过程中的地位，她们是特别容易受感染的；这也部分解释了为什么她们如此依赖于银幕娱乐的沉闷快感。资产阶级娱乐的老口号"可是你一定要看看这个"本来只是市场中的欺诈，但是现在它已经成了一种致命的严重事态，它消灭了娱乐也消灭了市场。以前的惩罚充其量是无法再参与其他人的讨论。今天，如果谁无法以预先规定的方式进行谈论，也就是说，如果谁的谈话不能不断复制着大众文化的套路、常规和判断，并把它们当成自己的常规和判断，那么他就面临着无法生存下去的灭顶之灾，就会被怀疑为白痴或知识分子。长得帅，扮相靓，带着令人窒息的青春永驻的微笑（只在愤怒的眉头一皱中暂时褪去），所有这一切慷慨大方都是拿着棍棒威胁的人事经理分发的。人们赞许大众文化，是因为他们知道（或者说，怀疑）这是他们学习礼仪的地方，而他们学到的礼仪肯定是垄断化的生活不可或缺的通行证。该通行证只有用血付款——向生活的总体投降，感激涕零地服从可恨的强制——才能生效。这才是大众文化如此不可抵抗的原因，而不是因为所谓大众的"愚笨"：据说，愚笨是由他们的敌人造成的，并且让他们的亲友痛心疾首。在此，心理学机制是次要的。今天，适应的合理性已经达到这样一个程度，稍微晃动一下就足以揭穿其不合理性。放弃抵抗是经过退化批准的。大众从他们对垄断的完全无能为力中得出了正确的结论，而垄断就代表了他们今天的悲惨。通过对技术生产力的这种适应，即适应一个以进步的名义强制他们的体制，人变成了可以被操纵的客体，不再有任何反抗，因此也远远落后于技术生产力中蕴藏的潜能。不过，既然人作为主体仍然代表着物化的最终限度，那么大众文化就不得不试着一次又一次控制他们：与这种绝望的重复努力相关的"坏无限"是"这一重复也许并没有用"的唯一希望所在，人毕竟是不能完全被掌控的。

作为退化的焦点，大众文化孜孜不倦地从事着刻板形象的生产，残存的法西斯心理学觉得这些刻板形象是将现代的统治状况永恒化的最可靠手段。原始的象征是在流水线上建造的。造梦工业并不制造消费者的梦，而是把那些做梦的人的梦供应给他们。这个工业种姓制度的千年帝国是由一系列没完没了的王朝统治的。[1] 在那些负责将世界木乃伊化的人的梦里，大众文化代表着一种僧侣版的象形文字手稿，它向被统治阶层传达的形象不是为了让他们享受，而只是为了让他们阅读。电影银幕的真实形象和不真实的形象在流行歌曲的旋律中相遇，陈词滥调的歌词出现得如此刻板，如此频繁，它们不再有自己的意思，而只是对永恒不变的同一意义的重复。事件序列或行动的进展中的联系越不紧密，分散

---

[1] 与此有关的是，赫胥黎杜撰的"团结、一致、稳定"的口号肯定抓住了新兴的国家资本主义的最深刻的趋势，即使它的意图本来是捍卫个人，它也为垄断推波助澜了。

的形象就越是成了寓言的封缄。哪怕从视觉的观点看，电影的转瞬即逝的图像也很像是一种书写。形象是被捕捉而不是被思考的。胶卷让眼睛就像盯着一行文字，场景的每次轻微变换就像是翻页。偶尔，有美学技巧的电影（如圭特瑞的《皇冠上的珍珠》）用外在的框架强化了电影的这一"似书写性"。因此大众艺术作品的技术实现了从图像到书写的转变，垄断对艺术的同化在此登峰造极。[①] 但是在这里偷偷传递的秘密教义是资本的讯息。它之所以必须是秘密的，是因为总体的统治喜欢玩隐身："没有牧羊人，只有羊群。"尽管如此，它支配着每一个人。其含义与大众产品的短命特征毫无关系，与这一产品的极易解读毫无关系。当电影给我们呈现了一个绝美的年轻女子的时候，它会表明对她的臧否，她要么作为成功的女主人公被歌颂，要么作为荡妇被惩罚。作为一种被书写好的性格，她宣告的东西和贴在她咧嘴大笑的嘴唇上的心理学标签完全不同，那就是"禁止像她那样"的强制令。这些预制形象进入的新语境总是该命令的口吻。观众需要不断把形象转译回文字。一旦转译自动发生，服从练习就是转译本身固有的。看电影、听流行歌、读侦探小说和杂志故事的人越是预料到结局、谜底和结构之类，他的注意力就越是不关心如何获得结果的琐碎过程，不关心谜一样的细节，对注意力的这一置换过程就使得象形文字突然就"其义自现"。直至最细微的差别，它对每一个现象都按照一种简单的"对和错"的二元逻辑来讲述，因此它将一切异质、不可理解的东西都还原了，于是它打倒了消费者。象形文字化的趋势意味着大众文化早期历史中的一个关键阶段，因为它标志着从无声电影向有声电影的转变。在老式的电影中，图像和书写符号交替出现，两者的对立就突出了图像的形象性特征。但是就像其他辩证法一样，这一辩证法是大众文化无法忍受的。它把书写作为异类驱逐出电影，而把图像本身完全转化为书写，书写就被图像同化了。卓别林坚持抵制有声电影，特别是他的《摩登时代》开头的凄凉的霓虹灯广告，表

[①] 参见《启蒙的辩证法》，前引，第 17 页以下。

明了它本身就是对媒介的这一进程的自觉表达。但是，会说话的图像只不过是面具。这种图像化书写的"原初现象"和最古老的文字如出一辙。通过对面具的迷恋，完全不像物的东西——表情——被转变为对以下事实的恐惧：人脸竟然能如此引人注目；而在克制的面孔之前，恐惧又被转变为服从。这就是"保持微笑"的态度的秘密。脸变成了冻结其最有活力的部分（即笑容）的一封死信。电影实现了以前的孩子们在风向改变或钟声敲响的时候僵住的最丑恶的威胁嘴脸。这里，它敲响的是总体统治的时刻。电影的面具总是充满了太多权威的象征。其恐怖增长到了如此地步，以至于这些面具已经开始能移动和讲话了，尽管这并没有消除其冷酷无情：每个生命被这样的面具俘获。[①] 就大众文化而言，物化并不是一个隐喻：它复制的人酷似于物，哪怕他们的牙齿并不代表牙膏，他们担忧的皱纹并没有让人想到化妆品。看电影的人只期待着魔咒解除的那一天，也许最终把人拖到电影院去的就仅仅是这一点点隐藏的希望了。但是他们在那里循规蹈矩。他们把自己变成和死人一样。他们就这样成了用完即抛型的。模仿解释了大众文化的粉丝们那谜一般的空洞的狂喜。狂喜是模仿的引擎。强行生产着受害者之行为的正是这一狂喜，而不是自我表现和个性；这些受害者的行为让我想到圣维特斯舞蹈症或是伤残动物的机械反射痉挛。动作同那些表达狂喜的人并不一样，但它们是这类人的最激情洋溢的表现：在巨大的压力下，个性的身份退却了，鉴于这一身份本身已经是压力的产物，这反倒觉得像是解

---

① 施特凡·格奥尔格在解释他的《岁月与劳作》(*Aufzeichnungen und Skizzen*) 中的梦（他认为这是唯一描写了他自己最深的梦体验的书）的时候，挑选了会说话的面具这一形象作为最恐怖的形象："有人送我一个黏土的面具，现在它嵌在我的房间的墙上。我请我的朋友们来观看看我是怎么让这个面具开口说话的。我大声要求面具告诉我，我正用手指着的那个人的名字是什么。当它不说话的时候，我就用手指撬开它的嘴。它突然面目狰狞，咬了我的手指一下。在狂怒中，我现在不断高声重复我一开始的命令，并指向另外一个人。于是面具说出了名字。我们都吓坏了，逃出了房间。而我知道，我再也不会把脚放到它里面去了。"（参见格奥尔格《岁月与劳作》，《全集》第17卷，柏林1933年版，第32页。）这是有声电影的预言。

放。例如，人们跳爵士舞的时候，他们不是为了获得感官愉悦或者获得放松而跳舞的。相反，他们仅仅描绘了性感的人的姿势，就像在电影里每个有寓意的姿势都描绘了一般的行为模式那样，而这恰恰是放松。他们牢牢抓住预先提供给他们的文化面具，并亲自玩起了业已施加在他们身上的魔法。通过对主宰一切的武断力量的适应，他们成了一个集体。每个国家的人民都将面临的恐怖正从这些文化面具的僵硬表情后面更恐怖地闪着光：我们在每一响亮的笑声中听到的是敲诈勒索者的威胁的脚步声，而滑稽人物是表达革命者的扭曲身体的合法符号。对大众文化的参与本身就站在恐怖的标志下面。热情不仅仅泄露了阅读上级命令的无意识热忱，也表明了对不服从的恐惧，即强奸杀人的嫌疑犯急于洗白自己的那种异于常人的欲望。这种焦虑——法西斯时代的终极课程——已经深深隐藏在技术传播的媒介中了。每个还没有完全习惯大商业那气势汹汹的自吹自播的人，都很害怕收电报。支离破碎的语言携带着最大量的信息和传播的紧迫性，用直接的恐怖散播了直接统治带来的震惊。对电报可能宣告的灾难的恐惧只不过是随时能吞没我们的无所不在的灾难的恐惧的冰山一角。首先，在广播中，站在每个播音员后面的社会当局直接向其听众发表无法辩驳的讲话。如果技术进步真的决定了社会的命运，那么技术化了的现代意识形式也就是那一命运的急先锋。它们把文化转变为彻头彻尾的谎言，但这一虚假性供认了社会经济基础的真理，现在，虚假和真理已经合二为一了。悬挂在城市上空的霓虹灯标语照耀出夜晚的自然光，它们是预言了社会的自然灾难（其冰冻的死亡）的扫帚星。这不是天上的彗星，而是大地控制的彗星。人是否会消灭这些光，是否能够从这些威胁着要成真的梦魇（只要我们还信仰它们）中醒来，还是取决于人自己。

17. 电影的透明性 ①

　　孩子们互相争吵数落时，遵守一条规则：学舌无理。儿童的这一智慧似乎被成人彻底丢弃了。奥博豪森（Oberhausen）抨击约六十年前的电影工业制造的是"爸爸的电影"。后者的代表立刻回嘴说他们是"娃娃的电影"。这种学舌当然不是鹦鹉学舌。丢弃了这一媒介的青春期所获得的经验，是多么可惜的事情啊。爸爸的电影让人厌恶之处在于其幼稚性，退步为手工业的工业制作。辩解者诡称，反对者反对的观念正是其取得的成就。无论如何，就算有什么可以指责的地方，就算非商业电影确实比光鲜亮丽的商业电影笨拙许多，那么后者的胜利也是令人遗憾的。这不过证明了以资本的权力、技术的常规和训练有素的专家为支撑的那些电影要比反叛大企业，并因此放弃了它积攒起来的潜力优势的那些电影在某些方面做得强一些。相对窘迫的、不那么专业的电影，尽管对效果没有把握，仍寄希望于所谓的大众媒介最终能够变成另一种东西。在自律艺术中，任何落后于现有技术标准的东西都没有价值；相反，没有完全掌握文化工业（其标准只会摈弃未经预定、未经整合的东西，就像化妆品行业消除了面部皱纹一样）的技术的那些作品表现出了一些有幸未被控制的、偶然的东西，因而具有解放的性质。在这类作品里，美女脸上的斑点也成了职业明星完美无瑕面容的矫正物。

---

① 本文发表于《没有榜样：小美学》（1967）。见《阿多尔诺全集》德文版第 10 卷（上册），第 353 页起。

众所周知，在电影《青年特尔莱斯》①中的大段台词都原封未动地照抄了穆齐尔的原小说。据说这要比编剧们写的台词强，那些台词是真人说不出口的，遭到了美国评论家的嘲笑。不过，穆齐尔的句子听起来就远远没有阅读时看起来那么自然了。也许，只要一部小说想把理性的论辩掺入心理学外表下的文本运动——在更进步的弗洛伊德心理学看来，这就是理性化——就避免不了这一缺陷。不过这还不是关键。不同媒介的艺术差异显然要比某些人设想的大得多，他们以为只要选取好的散文，就可以避免坏的散文了。即使小说中的对白也不是说出口的对白，叙述行为——甚至是印刷术本身——增加了距离，将对白抽离了活人的物理存在。因此，不论怎么详尽描写，虚构的人物也不可能真的栩栩如生。事实上，描写得越精确，就离经验现实越远；他们在美学上是自主的。而上述距离在电影中消失了，就电影的现实主义程度而言，直接性的外观是不可避免的。结果，克服了单纯报道的虚假日常性的那种得体的书面语措辞在电影里听起来很假很夸张。因此电影必须另觅直接性之道：在诸多可能的选项中，完全未经揣摩的即兴表演是名列前茅的。

电影出现得晚，故而难以像音乐那样清晰地区别技艺和技术。在音乐史上，直到电子时代以前，内在的技艺（作品的声音结构）是和作品的表演（复制手段）严格区分开来的。电影则意味着技艺等于技术，因为正如本雅明说的那样，电影是大规模复制的没有原本的摹本：大众产品成了事物本身。话说回来，这一等式是成问题的，无论是对电影还是对音乐而言。电影技术学专家指出，卓别林要么是不知道这些技术，要么就是故意不理睬这些技术，而满足于提供幽默小品、闹剧等表演套路的摄影术。这不是贬低卓别林，没人否认他"很电影"。只有在大银幕上，这个谜一样的人物——让人想起刚刚开始的旧式摄影术——才能发展他的观念。结果，几乎不可能从这样的电影技术中产生出批评的规范。

①《青年特尔莱斯》（1965/1966）是沃尔克·施隆多夫的电影，改编自罗伯特·穆齐尔的长篇小说《学生特尔莱斯的困惑》（1906）。

听起来最可信的电影技术理论——以物体的运动为核心的理论 ①——被愤怒地拒绝了，但是又以否定的形式起死回生，出现在安东尼奥尼的《夜》之类的静态电影中。赋予这部电影以表现力的，是某些"非电影的"东西，比如空洞的眼神和空洞的时间。若不考虑电影的技术起源，以经验（电影摹写的，并作为其艺术特征的经验）的主观模式为基础的电影美学是更好的美学。为了摆脱一切工作，在城里待了一年的某个人到山区度过了几周，他不期而遇了一些曾在梦里或白日梦里安慰过他的多姿多彩的风景。这些影像并没有汇成一个接一个的连续流，而是像我们孩提时代的魔术幻灯片那样此起彼伏，交叠映出。较低级的独白形式中的非连续性影像更像是书写：书写在我们眼前运动，我们的眼睛固定在它的离散的符号上。这种低级的影像运动和电影相比，就像是可见的世界和绘画相比，或是声音世界和音乐相比。作为这一经验类型的对象化再创造，电影就成了艺术。出类拔萃的技术媒介就和自然美有了紧密的联系。

如果按照字面意思来理解"自我审查"并用接受语境来拷问电影的话，那这种做法就要比传统的内容分析做得更精致一些——内容分析必然依赖于电影的意图，而无视意图与实际效果之间的巨大差距。这一差距是媒介固有的。如果沿用《作为意识形态的电视》中的分析，那么可以认为电影适应了几种不同层次的行为反应模式，这意味着电影工业提供的意识形态、它原来想达到的模式与它影响观众的实际模式并不是自动取得一致的。如果经验的传播研究想要寻找能产生若干效果的问题，这一问题首当其冲。与正式的模式交叠在一起的是很多非正式的模式，它们提供了吸引力，并被前者中和消解。为了吸引观众并给他们提供替代性的满足，非正式的（你也可以说，异质的）意识形态必须用适合故事之道德的暗示法或调笑法来表现；通俗小报每周都提供了这种越轨的大量例子。可以预计，被众多禁忌压抑了的公众的力比多会不断做出即

---

① 参见齐格弗里德·克拉考尔，《电影理论：物质现实的救赎》，纽约：牛津大学出版社，1960 年版，第 41 页以下。

时的反应，因为这些行为模式是得到公众的一致许可的，不然早就被禁止传播了。一方面，意图总是直接针对《花花公子》、《甜蜜的生活》和《野外狂欢》（*Wild Party*，派拉蒙公司 1929 年出品）的，但另一方面，观看它们的机会要比草率的判词更令人津津乐道。今天，如果你在德国、布拉格乃至在保守的瑞士和天主教的罗马，在任何地方看到男孩女孩手挽手过马路，旁若无人地亲吻，那他们一定是从电影里学来的，这些电影把巴黎的放荡当成了民俗来兜售。文化工业的意识形态操纵大众的意图本身就和它企图控制的那个社会一样充满了内在的矛盾。文化工业的意识形态包含着对它自己的谎言的解毒剂。对它的辩护没有任何其他的抗辩。

电影的拍摄过程主要是再现性的，独立于主体性的客体要比审美自律的技术有着更高的内在含义；这是电影对艺术的历史进程的阻力。即使在电影竭尽全力消解和修饰其客体之处，分解也从不彻底。因此电影不允许绝对的建构：无论它的要素多么抽象，都仍然是再现性的东西；它们绝不是纯粹的审美价值。由于这一差异，社会对电影的看法就不同于——因为客体的缘故，更为直接——对高级绘画或文学的看法。电影中不可还原的客体本身就是社会的标志，高于某种意图的美学实现。由于电影和客体的这种关系，电影美学和社会有着内在的关联。任何电影美学，哪怕是纯技术的电影美学，都不可能不包含电影社会学。不谈社会学的克拉考尔的电影理论迫使我们思考他的书里遗漏的内容，否则反形式主义就沦为形式主义了。克拉考尔讽刺地玩弄着他在青少年时期的决定：电影是日常生活之美的发现者；这一纲领是青年新艺术运动（Jugendstil）的纲领，同样，那些试图让飘浮的云和阴暗的湖自己说话的电影也正是青年运动的遗迹。这些电影选择了一些看似没有主观意义的物体，就恰恰为客体灌注了它们试图抵抗的那种意义。

本雅明没有阐明他为电影设定的若干范畴——展示、实验——如何深深地掺杂了他的理论所反对的商品性质。今天，任何现实主义美学理论的反动性是跟这样的商品性质不可分离的。现实主义试图肯定地强化社会的现象表面，放弃了任何穿透该表面的浪漫主义努力。摄影机试图传达给电影的每一种意义，包括批判的意义在内，都已经取消了摄影机的法则也违反了本雅明的禁忌，都被认为带有一种与好斗的布莱希特一较高下的外在目的，因此也就（这是其秘密的目标）从他那里解放出来。电影的难题在于找到一种手法，既不堕落为工艺美术，也不堕落为单纯的纪录模式。今天和四十年前一样，一个明显的答案是蒙太奇手法，也就是说，不干涉事物，只像写作那样安排它们。以震惊原则为基础的这一手法的可行度受到了越来越大的质疑。单纯的蒙太奇，不对各要素附加意图的蒙太奇，并不只是从震惊原则中产生意图的。通过拒斥一切意义，特别是电影固有的对心理学的拒斥，然后意义就能从材料的复制中自行产生——这种说法似乎是欺骗。然而，只要看到拒绝阐释、拒绝附加主观成分本身就是一种主观的行为，是这样一种先验的意义，那么整个问题就变得过时了。沉默的个人主体通过沉默说出来的东西要比他大声说话时说得更多，而不是更少。那些被贬斥为"聪明反被聪明误"的电影制作者应该对这一洞见略加调整，把它吸收进自己的工作方法中去。视觉艺术的最进步趋向还是甩开了现在电影的最进步趋向一大截，令后者最激进的意图也无地自容。时至今日，电影最有希望的潜能显然在于它和其他媒介的融合上，将其他媒介融入电影，比如某种类型的音乐。这种媒介融合的一个典型例子是作曲家毛里奇奥·卡格尔（Mauricio Kagel）的电视电影《反题》（Antithese）。

电影的功能之一是提供集体行为的模式，这并不是意识形态额外强加的。相反，这种集体性内居于电影最内在的要素中。电影呈现的运动是模仿的冲动，这种冲动要先于任何内容和意义，使得观众和听众亦步亦趋，加入了大游行。在这方面，电影很像无线电广播早期的音乐，音乐则像电影的声带。说电影的构成主体是"我们"，并不见得不对；电影的美学方面和社会学方面在这一个"我们"中合二为一。《万事如意》（Anything goes）是英国女星格蕾丝·菲尔兹（Gracie Fields）演的一部20世纪30年代电影的名字，这个"万事"（anything）抓住了影片的形式运动（优先于一切内容）的实质。眼睛被带着跑，加入了那些对相同的眼儿做出相同反应的人群的洪流中。这个集体的"万事"的不确定性——和电影的形式特征有关——有助于对电影的意识形态误用：用拳头捶桌子来表现"必须改造世界"，这是一种模糊的伪革命。解放的电影必须和电影先验的集体性进行斗争，使之摆脱无意识的、非理性的影响机制，而为解放的目标效力。

电影技术已经发展出一系列技巧，以克服摄影过程与生俱来的现实主义。其中包括软聚焦镜头（已经弃用很久的一种摄影技法）、叠映和经常使用的闪回。是时候认清这些效果的荒唐可笑并摈弃它们了，因为这些技巧不是以个别作品的需要为基础的，而仅仅是出于常规；它们告诉观众什么是有意义的，什么是有必要添加上去的，以便理解这些对电影现实主义的逃避。既然这些技巧本身通常都包含着一些表现性的（即使是平庸的）价值，那么表现性符号和常规性符号之间就有了矛盾。这些插入就显得是烂俗了。在蒙太奇和叙事组合的语境中是否也创造出同样的效果，还有待研究。无论如何，这样的电影学滥用就要求电影制作者拿出智慧来。从中汲取的教训是，该现象是辩证的：孤立的技巧忽视了电影作为一种语言的性质，结果与自身的内在逻辑相矛盾了。解放了的电影生产应该不再用这些一点儿也不"新客观性"的方式来无批判地依赖技巧（即专业装备）。而在商业电影生产中，材料固有的美学逻辑正陷于危机阶段，即使它有解放的机会。要求技术、材料和内容之间保持有意义的关系，这就跟手段的拜物教有了矛盾。

不可否认，"爸爸的电影"确实符合消费者的要求，毋宁说，它们给观众提供了"他们不想要的东西"（也就是和现在正塞给他们的东西不一样的某些东西）的无意识宝典。否则文化工业就不会成为大众文化。这两种现象的同一性并没有像批判思想认为的那样受到质疑——只要仍然关注生产方面，并排除对接受的经验分析。无论如何，死心塌地的卫道士和三心二意的辩护士爱用的论据"文化工业是消费者的艺术"是不正确的；它是意识形态的意识形态。即使把文化工业等同于所有时代的通俗艺术，这种论调也站不住脚。文化工业包含着一种合理性的因素——精打细算的复制通俗，而这是过去的通俗艺术所没有的，那不是它们的理性。此外，晚期罗马帝国流行的马戏滑稽表演的粗暴和愚蠢并不能证明这些现象在美学和社会学上变得透明之后就获得了再生。即使不从历史角度看，"面向消费者的艺术"这一论据在当下也缺乏有效性。其拥护者把艺术与其接受之间的关系描绘为静止、和谐、符合供需关系原理的，而这本身是可疑的模型。"与时代的客观精神无关的艺术"和"不包含任何超越其时代的要素的艺术"都是无法想象的。要脱离与艺术的构成相关的经验现实，这一脱离从一开始就恰恰需要那个要素。相反，对消费者的服从（喜欢戴上人道主义的假面具）不过是开发消费者的经济技术。从艺术上讲，它意味着弃绝一切通行成规的糖浆内容的干扰，也就是要弃绝一切受众的物化意识的干扰。文化工业用伪善的恭顺来复制受众的物化意识，这样就不停地为了它自己的目的而改变这一物化意识：文化工业实际上阻止了那一意识变成它自己的意识（它隐秘的、未得到承认的深层欲望）。消费者仍然被扣留在原地，他们还是消费者。所以说文化工业不是消费者的艺术，而是那些控制其受害者的人的谋划。在其建制形式中，对现状的自动的自我复制本身就是统治的表现。

可以看到，从一开始就难以将"精彩即将到来"的预告片同期待着的正片区分开来。这告诉我们正片的吸引力在何处。它们和预告片一样，和流行单曲一样，也是自己的广告，它们携带着商品特性，就像前额上有个该隐的标志一样。每一部商业影片实际上只不过是被允诺而从未放映的东西的预告片。

在目前的情况下，要是人们认为电影越不像艺术品就越是合法的艺术品，那该多好啊！这一结论尤其是针对文化工业大亨们为了文化合法性而拍摄的那些势利的心理学大片而提出的。即使如此，也要警惕把这一乐观主义弄过头了：标准化的西部片和惊悚片——更不要说德国的幽默和爱国催泪弹的产品了——要比正儿八经的片子更糟。在同一性的文化中，人们甚至不能指望渣滓。

18. 如何看电视 ①

用成功还是失败、喜欢还是不喜欢、赞成还是反对之类的话语来衡量电视的效果，是不够的。相反，应当在深层心理学和现有的大众媒介知识的辅助之下，建立许多理论范畴来研究电视的潜在效果——它对观众个性的不同层次的影响。在描述和心理动力学这两个水平上系统地调查电视材料的典型社会心理刺激物，分析它们的前提和总模式，评估它们可能产生的效果，似乎是合乎时宜的。这些研究最终会得出一些建议，让我们知道怎样用这些刺激物产生我们想要的电视效果。揭示了隐藏在虚假的现实主义伪装下的电视的社会心理学含义和机制，不仅表明了电视是可以改进的，而且更重要的是，让公众对某些机制的邪恶效果保持警惕。

我们不关心任何特定的节目的效果。我们只关心今日电视及其影像的性质。不过，我们的方法仍然是实证的。结论应该从材料出发，应该依靠这样可靠的经验基础，这样才能把结论转译为准确的建议，才能让公众信服。

电视的改进主要不是在艺术或纯美学的层次上思考的，这不同于现在流行的做法。但这并不意味着我们天真幼稚地接受了自律艺术和大众媒体的二分法。我们都知道，两者之间的关系要复杂得多。今天在所谓"长发艺术"和"短发艺术"之间做的僵硬划分，是历史长期发展的产物。

---

① 本文发表于《电影广播电视季刊》(*The Quarterly of Film, Radio and Television*)，第 8 卷 (1954)，第 3 期，第 213–235 页。见《阿多尔诺全集》德文版。

当然，可以浪漫地假设以前的艺术是纯艺术，创造性的艺术思想只能用艺术制品的内在连贯性来表达，而和它在观众身上引起的效果无关。尤其是剧场艺术，无法和受众的反应分离。反之，艺术自律的主张依然残留在最琐碎的大众文化产品之中。事实上，现在把艺术分为自律艺术和商业艺术的僵硬划分，本身就是商业化造成的。在19世纪上半叶的巴黎，激烈地喊出"为艺术而艺术"的口号，并不是偶然的，当时文学第一次变成了真正大量销售的商业。许多携带着"为艺术而艺术"的反商业商标的文化产品，在它们的煽情诉求或对物质财富和感官刺激的不加掩饰的描写中，也表露出一丝商业的味道，损害了作品的意义。在20世纪的第一个十年，新浪漫主义戏剧就表明了这样的潮流。

一、大众文化与旧大众文化

考虑到问题的复杂性，需要更多地考察现代大众媒介的背景和发展，而通常只关注现状的传播学研究对此的了解是不够的。人们应该知道，当代文化工业的产品和以前的"低级"艺术或通俗艺术有何异同，而和自律艺术又有何异同。这里只需指出，今日大众文化的原型建立于中产阶级社会发展的早期——大约是17、18世纪之交的英国。根据英国社会学家伊恩·瓦特（Ian Watt）的研究，那一时期的英国小说，特别是笛福和理查德森的作品，标志着一种有意识地建立市场、服务市场，最终控制市场的文学生产方式的滥觞。今天，文化商品的商业生产是流水线的生产，大众文化对个人的影响也随之增强了。增强过程不局限在量上，最终也产生了质的变化。虽然最近的大众文化吸收了其先驱的所有元素，特别是那些禁条，但是它已经发展成为一个体系，所以与其先驱有着根本的异质性。因此，大众文化不再仅仅是小说或舞曲，它不放过任何艺术表达的手段。这些手段的结构和意义令人惊讶地相似，哪怕表面上看来毫无共同点（比如爵士乐和侦探小说）。产品多到这种地步，没有谁能够躲开它们；以前远离大众文化的人们，无论是农村人口还是高等教育人群，多多少少都受到了影响。"购买"文化的体系愈扩张，愈要同化过去的"严肃"艺术，为体系所用。控制无孔不入，以至于对规则的任何违反，都被先验地打上了"高雅"的烙印，并且就几乎无缘接近大众。体系约定俗成的努力导致了我们这个时代的主导意识形态。

当然，在今天的模式内部也有了很多变动。例如，在情欲上，以前把男人描写为主动进攻的，女人是消极被动的，而现代大众文化则倒了过来。但更重要的是，以前的小说几乎没有，而现在的小说俯拾即是的"模式"本身已经是标准化的了。这样僵硬的制度化就把现代大众文化转变为心理控制的无梦媒介。现代大众文化的重复性、同一性和无所不在性倾向于产生自动化的反应，削弱了个体反抗的力量。

当记者笛福和印刷工理查德森计算他们的东西对受众的效果时，他们得考虑，得跟着大多数人走，同时也要有一定的偏离。这些偏离在今天已经变成了选择项不多的多项选择。试说明如下：19世纪上半叶大量印刷、供大众消费的通俗小说和半通俗小说，用来产生读者的紧张体验。尽管好人一般都会战胜坏人，蜿蜒曲折的情节和横生的枝节让苏（Sue）和仲马（Dumas）的读者很难一直意识到道德的存在。读者可以期待任何事情的发生。现在不再这样了。每一个电视探案剧的观众都肯定知道它会如何结局，紧张只是表面，它不再有任何严肃的效果了。相反，观众一直感到安全。电视迎合的是观众对安全的渴望——反映了渴望保护的儿童心理，而不是对刺激的需求。刺激元素只在口头上保留。这些变化是和从自由竞争社会到真正"封闭"的社会的改变相一致的，在"封闭"社会，每个人都希望被承认，害怕被拒斥。一切都似乎是"命中注定"的。

受众社会结构的变化，进一步增强了现代大众文化日益强大的力量。旧的文化精英不复存在；现代知识分子只有一点点像他们。同时，以前不熟悉艺术的大量人口成了文化的"消费者"。现代受众较少能够接受传统哺育的美学崇高，而更精明于要求技术的完美和信息的可接受性，就像他们要求"服务"一样。他们相信消费者的潜在力量胜过生产者，而不管这样的力量实际上是如何发挥的。

对受众的变化如何影响大众文化的意义，也可以做如下的说明：内化的要素在理查德森类型的清教小说中扮演了决定性的角色。但这一要素不再时兴了，因为它是以"内在性"在原始清教和早期中产阶级社会中的根本地位为基础的。随着清教基本原则的影响渐渐淡化，文化模式越来越反对"内向"。如理斯曼所述，"内在引导的那一代美国人，主要是靠成年人权威的内化确保其一致性的，反之，今日美国的城市中产阶级是他人引导的，其个性是他的同龄人制造的。在社会学意义上，他的同龄人群体包括了学校和社区里的其他孩子"①。大众文化反映了这一点。对内在性、内在冲突和心理矛盾的强调（它在以前的通俗小说中起了重要作用，并且是小说的原创性之源），已经让位于不成问题的、陈词滥调般的个性。然而，控制着帕梅拉、克拉丽萨和拉芙蕾丝们（都是理查德森小说中的女性人物）的内在冲突的庄重法典在字面上几乎原封未动②。中产阶级的"本体论"几乎像化石一般保存着，但它和中产阶级的心态已经脱离了。对于生活状况和心理伪装已经不符合中产阶级"本体论"的那些人，这样的"本体论"一方面越来越权威，另一方面越来越空洞。

旧大众文化外在的"幼稚性"被避免了。大众文化如果不世故的话，就起码要时髦，也就是说，必须是"现实主义的"，或者摆出现实主义的姿态。这样才能满足所谓清醒、提防、无情的受众的期待。中产阶级和内化相关的要求，诸如全神贯注、费脑筋和博学，都不断减弱了。这不仅是比欧洲缺乏历史记忆的美国的情形，而是也适用于英国和欧洲大陆

---

① 大卫·理斯曼：《孤独的人群》，纽黑文 1950 年版，前言，第 5 页。

② 外在的意识形态也有它长期的演化史，尤其是在 19 世纪的通俗文学中。当时，庄重的规范脱离了宗教根源，包含了越来越多不透明的禁忌。不过，在这方面，电影的风靡很可能是决定性的一步。作为感知和理解行为，阅读就伴随着一些内化；读小说很近似内心独白。现代大众媒介的视觉化造成了外化。仍然保留在旧肖像画的面部表情中的内在性观念，让位于一目了然的光学信号。即使影视人物表里不一，他的外表可以脱离其内在性质而得到单独的对待。没有被刻画为畜生的歹徒至少得"温和"，他令人厌恶的花言巧语和温顺外表毫不含糊地指点我们，该怎样设想他。

的普遍情形 [①]。

　　无论如何，启蒙带来的明显进步被退化的特征抵消了。以前的大众文化在其社会意识形态与其消费者生活的社会条件之间还保持着一种动态平衡。在 18 世纪，这可能有助于维持通俗艺术和严肃艺术之间比今天更不固定的界限。普雷沃神父是法国通俗文学的奠基人之一，但他的《曼侬·雷斯戈》毫无陈词滥调和艺术上的粗俗，也不去计算效果。同样，在 18 世纪晚期，莫扎特的《魔笛》在"高雅"和通俗样式之间保持的平衡，是今天无法想象的。

　　现代大众文化的祸根似乎是：它坚守了早期中产阶级几乎原封不动的意识形态，而消费者的生活却完全走出了那个意识形态所在的阶段。这可能是造成现代大众文化的公开"讯息"与隐藏"讯息"之间存在裂痕的原因。虽然在公开的层面上，英国清教徒的中产阶级社会的传统价值观得到了弘扬，隐藏的讯息却瞄准了不再以这些价值观为准绳的心理框架。毋宁说，今天的心理框架把传统价值观转换为等级越来越森严的科层制社会和权威主义的社会结构的规范。这里得承认，权威主义的要素也出现在旧意识形态中，旧意识形态当然从来没有完全表达真理。但是，调节的"讯息"和无反思的顺从好像在今天更为盛行，更占据主导地位。来源于宗教的价值观与其根源断开时，是否会包含不同的意义？这一点应予以仔细审查。例如，女性的"纯洁"概念是大众文化的一个常量。以前，这一概念主要是用强烈的情欲和内化的基督教"贞操"理想之间的内在冲突来表现的，而今天的大众文化已经武断地把它设立为一种价值本身。又如，这一模式的雏形甚至可以在《帕梅拉》之类的产品中看到。在那儿，它好像是副产品。可是在今天的大众文化里，只有"好姑娘"才结婚，而且她必须在理查德森的冲突到来之前就不惜一切代

---

① 值得注意的是，反对"博学"的趋势早在大众文化的开端就有了，尤其是自觉反对同时代的文人小说的笛福，对所有精致的文体风格和忠实于"生活"的艺术作品都不屑一顾。

价把自己嫁出去。①

现代大众媒介的受众越是显得分散、脱节，大众文化就越是要"整合"他们。从一开始，一致性和遵守传统习俗的理想就是流行小说固有的。然而，这些理想现在已经被转译为"做什么"和"不做什么"的明确规定。矛盾冲突的结果事先就建立好了，所有的冲突都仅仅是赝品。社会总是赢家，个人只是被社会规则摆布的木偶而已。说真的，19世纪的冲突类型——比如离家出走的妻子、乡下生活的乏味和家常生活的鸡毛蒜皮，也常常出现在今天的杂志故事里。但是，与定量统计的结果相反的是，这些冲突往往有利于妇女们想要摆脱的社会状况。故事教导读者说，人最好"现实"一些，最好放弃浪漫的念头，不惜一切代价地适应社会，除此之外，个人是无能为力的。中产阶级在个人与社会之间的永恒冲突已经化为一道黯淡的记忆，讯息永远是认同现状。这一主题并不新鲜，但它的放之四海而皆准使它获得了全然不同的意义。家常便饭般的宣传传统价值，似乎表明这些价值已经丧失了实质内容，似乎是因为害怕人们真的听从他们的本能冲动和自觉认识，所以才不停地从外面施加压力，督促他们不能那么做。讯息越是不被人相信，它和观众的实际生存的不协调就越少，它就越有必要留在现代大众文化中。人们可以想一想，它不可避免的伪善是否伴随着惩罚和虐待狂般的严酷。

_____

① 一个重要的区别是，在18世纪，大众文化的概念本身就逐渐从专制、半封建的传统中解放出来，强调的是能够自己做主的自律个体，所以具有进步的意义。这意味着，早期大众文化给作家留下了强烈反对理查德森模式的空间，他们照样会流行。最突出的例子是菲尔丁，他的第一部小说是模仿理查德森的拙劣之作。比较理查德森和菲尔丁在那个时代的流行程度，也许是很有意思的。菲尔丁很难像理查德森那样流行。然而，如果谁以为今天的大众文化里也允许《汤姆·琼斯》那样的另类存在，那就大错特错了。这说明了今天的大众文化之"僵硬"。可以做一个重要的实验，试着把伊夫林·沃（Evelyn Waugh）的小说《至爱》（The Loved One）改编为电影。可以肯定，剧本会是重新写过的，几乎面目全非。

二、多层结构

电视的深层心理学研究必须聚焦于电视的多层结构。大众媒介不只是它们的描绘行为的总和，也不是从这些行为产生出来的讯息的总和。大众媒介也包含了许多互相叠加的不同意义层面，每个层面都对效果有作用。确实，由于其算计特性，这些理性化的产品看起来要比真正的艺术作品意义更清晰，因为艺术作品永远无法浓缩为若干明白无误的"讯息"。但文化工业继承了多义形态的遗产，它传送的东西是为了同时在几个心理学层面上迷惑观众而组织起来的。事实上，隐藏的讯息要比公开的讯息更重要，因为这一隐藏的讯息逃脱了意识的控制，不会被"看穿"，不会被销售阻力挡住，但是很可能会沉积在观众的心灵中。

或许，大众媒介的所有不同层面涉及精神分析强调的所有有意识和无意识的机制。电视材料的表面内容、公开讯息与其隐藏意义之间的差异是相当明显的。不同层面的机械叠加，也许是大众媒介和自律艺术的完整产品之间的区分之一，自律艺术作品的层面之间是互相渗透的。不考虑和公开意义相关联的隐藏意义，就不能研究材料对观众的全部效果。正是不同层面的交互作用被长期忽视了，因此它是我们关注的焦点。这是和许多社会科学家都赞同的看法相符的：我们时代的某些社会政治思潮，特别是那些极权主义的思潮，在很大程度上是靠非理性的、常常是无意识的动机滋生起来的。很难预测，究竟是材料的意识讯息重要还是无意识讯息更重要，这只能在仔细的分析之后才能得出结论。不过，我们认为：心理动力学对公开讯息的解释，也就是看到它和本能冲动与控制的关系，要比那种忽视其隐含意义和前提的幼稚看法有道理得多。

显隐讯息的关系是高度复杂的。隐性讯息常常用来强化僵硬的"伪现实主义"态度，与表面信息更理性地宣传的观念相似。相反，在隐性层面上起重要作用的大量被压抑的满足，多多少少也得以在笑话、面色不佳的评论、提示性情境和类似手法的表面显现出来。不同层面的相互作用指向了一个明确的方向：把受众反应渠道化的趋势。这和普遍流传的怀疑是一致的，虽然很难用准确的数据佐证，今天的大多数电视节目意在生产——至少是复制——适合极权主义胃口的装模作样、不动脑筋和轻信易上当，哪怕节目外在的表面讯息是反极权主义的。

我们试图用现代心理学的手段测定引发成熟的、成年人的、负责任的反应（意味着不仅涉及内容，也包括了自由民主社会中的自律个人看待事物的方式，他们的观念）的那些电视节目的基本前提条件。我们充分认识到，给这些个人下任何定义都是危险的；但我们也相当了解，配得上"自律个人"这一称号的人不应该是什么，那个"不应该"实际上是我们的思考焦点。

说到电视节目的多层结构，我们想到的是大众文化用作"对待"受众的技术手段的那些或隐或显、互相叠加的不同层次。洛温塔尔造出的"颠倒的精神分析"一语，巧妙地揭示了这一点。这意味着精神分析的多层人格概念毕竟也被文化工业采纳了，这一概念用来尽可能彻底地网罗消费者，并使他们产生预先设定的心理动力学效果。允许的满足和禁止的满足之间的清晰划分，以及用修正、歪曲的形式再次出现的被禁止的满足，都得到了贯彻执行。

举例说明一下多层结构的概念：一部轻喜剧的女主人公是位年轻教师，她不仅得不到应得的报酬，而且不断遭到学校严厉的清规戒律的罚款。结果她连饭钱都没有了，只好饿肚子。构思的滑稽场景是她试图蹭饭，但通通失败了。提到食品和吃，似乎是逗笑的——很容易看到这一点，而且有对此的专门研究[1]。看上去，这是由女主人公和她的主要对手构成的痛苦场面造成的搞笑，文本无意兜售任何观念。但故事看待人的方式，凸现了隐性的含义。受众也会用同样的方式看待人物，而没有意

---

[1] 理性（现实原则）越是极端，它要的最终目标（实际的满足）就越是幼稚、荒唐。不仅仅是吃，直白地表现性冲动也会让观众大笑——动画片里的吻一般都有这种效果，所以要设定背景，以避免笑声。然而大众文化从来就不能完全避免逗笑的可能性。当然，感官快乐的幼稚病引起的笑声，可以用退化机理来解释。笑是对禁果的防御措施。

识到存在着"灌输"。工资过低、受到不公正待遇的教师形象，企图在流行的对知识分子的蔑视和同样约定俗成的对"文化"的尊重之间进行调和。女主人公表现出知识上的优越和高等的教养，以引发人们对她的认同；但形成补偿的是，她的地位卑微。中心人物不仅应当很有魅力，也经常说俏皮话。文本设定的认同模式的潜台词是："如果你像她一样幽默、善良、聪明、迷人，就不用担心工资不够吃饭。你可以幽默地解决你的困境，你过人的聪明机智不仅让你战胜了物质贫困，也使你胜人一筹。"换言之，文本把卑下的处境看作可笑的，并给出了一个毫无怨恨地苦中作乐的人物形象，从而狡猾地拔高了贫穷和卑下的困境。

当然，在严格的精神分析学意义上，不能把潜在的讯息看成"无意识的"，不如说它是"不强加于人的"；这一讯息隐藏在一种假装不严肃，希望人们一笑了之的风格里。然而，即使这样的娱乐也试图在不知不觉中为受众成员设立模式。

另一相同主题的戏剧让人忍俊不禁。老妇人为她的猫（凯西先生）立遗嘱，把一些教师作为继承人。后来发现遗产只是一些猫的玩具，毫无用处。情节是这样设置的：每个继承人在宣读遗嘱的时候都装作自己认识凯西先生这个人。最终发现猫的主人在每件玩具里面放了一张100美元的钞票；每个继承人都跑到火葬工人那里索回遗产。要受众明白的是："别期待不可能的事情，别做白日梦，而要现实一些。"异想天开、不合理的愿望与不诚实、伪善、不敬态度之间的联系，增强了对白日梦原型的否定。要观众明白的是："敢做白日梦的人，盼着天上掉馅饼的人，对荒唐的遗嘱也不仔细推敲的人，都是很好骗的人。"

或许有人会提出异议：掌管着电视、策划节目、写本子和导演电视的人，怎么会知道电视的隐性讯息有这么邪恶的效果呢？甚至可以问：既然人们普遍把艺术作品理解为作者的心理投射的看法是适当的，那么电视的那些特征是不是决策者本人思想的无意识投射呢？这种推理实际上等于建议对电视决策者进行专门的社会心理学研究。我们不认为那样的研究有多大帮助。即使在自律艺术领域，投射的概念也被高估了。虽然作者的动机肯定进入了作品，但他们根本不是像通常假设的那样决定一切。一旦艺术家确定了他的问题，这本身就产生了某些后果。当作家把他自己的观念变成现实的时候，大多数情况下，他并不只是跟从本人的表达意愿，而是要更多地遵循其产品的客观要求。可以肯定，在大众媒介中，这些客观要求并不扮演决定性的角色，因为大众媒介强调它作用于受众的效果更甚于强调任何艺术问题。不过，这里的大背景也完全限制了艺术家的投射。制作电视的人遵循着许多往往令人抱怨的要求、经验法则、固定模式和控制机制，这些东西必然把一切艺术的自我表达降低到最低限度。大众媒介产品一般都不是个人制作的，而是集体制作的，但这个事实只是造成现在这种局面的原因之一。用作者心理学的话语研究电视节目，恐怕就跟拿福特先生近来的精神分析结果来研究福特汽车差不多。

三、专横

电视节目采用的典型心理学机制以及将它们自动化的手段，只在为数不多的既定参考框架中运作，电视传播的社会心理学效果主要取决于它们。我们很熟悉电视内容的分类，比如轻喜剧、西部片、警匪片、所谓剧情片等等。这些分类已经发展为程式，在观众接触任何特定内容之前，这些程式就预先设定了观众的态度模式，并且在很大程度上决定了感知这些特定内容的方式。

因此，为了理解电视，仅仅指出不同节目和不同节目类型的含义是不够的。必须测定在一个字也没有说出口的时候就让含义起作用的预先假定。最重要的是，节目的类型化已经让观众在看节目之前就用一套固定的期待模式去接近每一个节目类型——就好像一位广播听众听见了作主题歌的柴可夫斯基的钢琴协奏曲的开头，便自动地知道了，"啊哈，严肃音乐！"或者，当他听见管风琴曲时，同样自动地反应，"啊哈，宗教！"早先经验的光环效应在心理学上与舞台上设立的现象本身的含义同等重要，所以对这些假设前提应该予以同样的重视。

如果电视节目以《但丁的地狱》为题，当第一个镜头是同名的夜总会，当我们发现戴着草帽的男人坐在酒吧里，离他不远有位面色忧愁、浓妆艳抹的女人在喝酒，我们几乎可以肯定：很快就要发生谋杀了。表面上个性化的场景其实只是把我们的期待转移到特定方向的信号而已。如果我们以前从来没有看过别的，只看《但丁的地狱》，那么我们恐怕不能扩大要发生什么；但是，种种一目了然的或难以觉察的手法已经让我们明白这是犯罪片，于是我们就期待一些邪恶的，也许是凶残的暴力行为，期待男主角从一个几乎无法逃脱的境地中生还，期待吧台边的女人不是主犯，而是匪徒的"马子"，丢了性命……诸如此类。这些万能的模式是电视百玩不厌的。

电视让观众把夜总会这样的日常事物当作日常生活中可能发生罪行的场所，也使得观众以这样的方式来理解日常生活及其冲突。[1]这是批判大众媒介诲淫诲盗的老生常谈的合理内核。至关重要的是，把罪行描写为生活情境中司空见惯的东西，即罪行日常化的氛围，并不是靠笔墨的大肆渲染，而是铺天盖地的内容造成的。对于有些观众群，它的影响可能还不仅仅是这些节目表面上讲的犯罪和惩罚的伦理道德。重要的不仅是罪行作为不受约束的性本能、暴力倾向的象征表达，而是这一象征系统和所有直接感知层面上的迂腐的现实主义互相掺杂。经验主义的生活就融合了一种排斥任何充足经验的意义，无论对这种"现实主义"的蔑视是多么顽固地树立起来的。这影响到戏剧的社会功能和心理功能。

很难确定古希腊悲剧的观众是不是真的有亚里士多德描述的净化体

---

[1] 不能过分简化这一关系。不论现代大众媒介怎样模糊了现实和美学之间的差异，我们的现实主义观众知道一切都是"逗乐子"。不能认为电视的参考框架取代了对现实的原初经验，虽然许多影迷在离开剧院之后觉得眼前熟悉的事物都很陌生了：一切都好像是电影情节的一部分。更重要的是用心理学遗留物解释现实，把日常事物看成杀机四伏的。这样的态度是跟大众的一些幻觉相一致的，比如，怀疑渎职、腐败、阴谋是无所不在的。

验。实际上，在悲剧时代结束之后，经过发展的这一理论似乎被理性化了，试图用实用主义的，似乎科学的话语来说明悲剧的目的。无论如何，可以肯定的是，看《俄狄浦斯王》的人一般不会把这些悲剧（悲剧的故事是家喻户晓的，兴趣主要集中在艺术处理上）直接转译为日常生活的语言。观众不会期待雅典的某个角落里面发生类似事件。而伪现实主义让观众产生了直接的、极其原始的认同，它描述了各种建筑、房间、服装和面孔的正面像，虽说它们只是对随时会发生的刺激惊险的事情的承诺。

要研究这一社会心理学的参考框架，人们就得系统地使用一些范畴（如"罪行的日常化""伪现实主义"等等）来测定其结构统一性，并解释与这一参考框架有关的特殊手法、符号和刻板形象。这里，我们假设参考框架和个别手法总是倾向于一致。

只有针对"伪现实主义"之类的心理学背景，只有针对"罪行的日常化"之类的隐含假设，才能解释电视的特殊刻板形象。固定的参考框架所指明的标准化自动制造了大量刻板形象。电视制作技术使得刻板化几乎不可避免。总是有大量的东西要做，而脚本的写作时间仓促，这就要求特定的程式。再者，在15分钟到30分钟的戏剧里，每次都不可避免地要用红绿灯来激烈地指示观众看到的人物。我们不是要研究刻板形象的存在问题。既然刻板形象是组织机构和经验期盼的不可或缺要素，那么没有任何艺术能够完全赶走它们。我们关心的还是功能变化的问题。当今文化工业的刻板形象越是物化和僵硬，人们就越是绝望地坚持那些陈词滥调，要是没有这些陈词滥调就无法理解。于是，人们不仅丧失了对现实的真正洞察，最终，他们体验生活的能力也被这些蓝色的、粉红色的眼镜搞得麻木了。

四、刻板化

面对这样的危险，我们也许没有充分考虑下面将要讨论的一些刻板作用的意义。我们不应忘记，任何心理动力学现象都有两面性，无论是无意识、本我还是理性化。虽然后者在心理学上被定义为防御机制，但它也包含了一些无法简单地用理性化的心理学作用来解释的非心理学的客观真实。直接针对大多数人的心理弱点的刻板化讯息，有些是相当合理的。但是，可以公平地说，诸如"人不应追逐彩虹"之类可疑的道德说教，面临着被人们机械地简单化处理的威胁，结果把世界扭曲得好像它适合预先设定好的小格子。

这里选择的例子应该会相当激烈地表明刻板化的危害。一部关于法西斯主义独裁者的电视剧把这位墨索里尼和庇隆的混合体放进了危机之中，电视剧的内容是他的心理崩溃和众叛亲离。他崩溃的原因是群众起义还是军事政变则不得而知。这个问题和其他的社会政治状况都没有提到。剧情只在私人层面发展。独裁者只是虐待他的秘书和他那"可爱的热心的"妻子的一个卑鄙无耻小人。他的对手是位将军，也是他妻子以前的情人，而且两人还一直相爱，不过妻子对丈夫保持着忠诚。丈夫的兽行迫使她企图飞走，想救她的将军拦住了她。转折点发生在卫兵围住宫殿保卫独裁者那受人欢迎的妻子时，当他们获知她离开的消息便退去了，而与此同时，"膨胀的自我"爆发了的独裁者也投降了。独裁者仅仅是一个色厉内荏的坏蛋。他好像很愚蠢；而独裁统治的客观动力学根本就不出现。给人的印象是：极权主义源于野心家政客的性格失衡，而观众会认同的那些诚实勇敢善良的人将战胜它。采用的标准手法是客观问题的伪人格化。被抨击的观念代表，比如这里的法西斯主义分子，被描写成荒唐可笑的披斗篷拿匕首的歹徒。而为"正义事业"斗争的人则个个都被理想化了。这不但远离了所有现实社会问题，也导致了把世界分为"黑"（他们）和"白"（我们，自己人）的极端危险的心理甄别。当然，艺术作品不能抽象地处理那些观念或政治信条，而要用打动人的具体形象来表现；但是，把个人描绘为抽象物的样本、概念的傀儡表达是完全无效的。为了表现极权主义的具体影响，更适当的做法是刻画普通人的生活如何被恐惧和无能为力感冲击，而不是玩弄大镜头的假冒心理学，即使把男主人公描写为歹徒，也等于默默纵容了他。对伪人格化及其效果的分析，其重要性是不言而喻的，而且这不仅仅局限于电视。

虽然伪人格化指明了电视"看待事物"的刻板方式，但我们也要具体地揭示一些刻板形象。许多电视剧可以起一个"美女永远对"的绰号。有一部轻喜剧的女主角是位"泼妇英雄"（乔治·莱格曼语）。她用难以置信的不人道方式残忍对待她的父亲，但只是被轻描淡写地合理化为"甜蜜的恶作剧"。她也几乎没有受到惩罚。当然，现实生活中做坏事的人也常常不受惩罚，但这不适用于电视。为电影制作总结的法则似乎是正确的：对于大众媒介来说，最要紧的不是现实生活中发生了什么，而是让观众认同他观看的东西并吸收一些肯定的和否定的"讯息"、规定和禁忌。偶尔对漂亮女主角的惩罚，不过是敷衍一下对良心的常规要求。要观众明白的是：美女可以为所欲为，只因为她是美女。

这里质问的态度似乎代表了一种普遍的倾向。在另外一部关于信用诈骗的电视剧里，一个迷人的女孩是诈骗的主谋之一，但她不仅在被判处长期的徒刑之后获得了假释，而且好像很可能嫁给她的受害人。她的性道德当然是无可指摘的。观众大概会第一眼就喜欢上她，把她当作谦逊、不张扬的人物。而观众是不会失望的。虽然发现她是个骗子，但是开始的认同必须得到恢复，或者不如说，得到维护。好女孩的刻板形象是如此强大，以至于她的犯罪证据也不能摧毁它；不管是被骗还是被勾引，反正她是她看上去的那种人。不用说，这样的心理学模型倾向于肯定年轻女孩的自私、贪婪和咄咄逼人，精神分析把这种性格结构叫作"口头暴力倾向"。

有时，这些刻板形象假扮为美国的民族特性，戏弄可怜老爸的傲慢、自私、迷人的女孩成了一件公共设施，成了美国的一道风景线。这种推理方式是对美国精神的侮辱。高密度地宣传一些令人恶心的东西，持续不断地把它们制度化，并不等于这些东西就成了民俗的神圣象征。如今许多的人类学研究都只是掩盖了令人讨厌的潮流，尽管它们具有民俗的、似自然性的特征。有时，令人惊讶到这种程度：只需对电视稍加留神，就让人想起一种可以用作逆向精神分析的精神分析概念。精神分析描述了一种把侵略性格和依赖性格合而为一的症候。"美女永远对"揭示了这一症候。美女一边冒犯、盘剥老爸,一边又离不开老爸。电视剧和精神分析的区别只在于,电视赞扬这一症候,而精神分析认为这是返回到童年的倒错,并试图治疗它。类似的东西也适用于某些男主角的类型,尤其是超级男子汉的形象,同样也是不会做错事的。

最后,我们应当讨论一种相当广泛的刻板形象,而电视又推波助澜地把它当作理所当然的事情。这个例子也会表明,对文化中的刻板印象的某些精神分析阐释毫不牵强附会。精神分析赋予一些刻板形象的潜在观念已经浮出表面。这种极为流行的观念说艺术家不仅无法适应社会、内向、天生就滑稽可笑,而且的确是一个审美家、弱者、胆小鬼。换言之,现代的人工合成民俗倾向于把艺术家和同性恋画上等号,而只把"行动的人"奉为真正的男人。有部喜剧毫不掩饰地表达了这一观念。它描写了一个年轻人,不但是电视上经常出现的"搞笑角色",而且是一位害羞、离群、无才华的诗人。他写的忧郁的诗歌只让人捧腹[1]。他爱上了一个女孩,但是他太弱小,受不了这个女孩要的粗鲁拥抱。女孩被刻画为"追男狂"。像大众文化常见的那样,性别角色是颠倒的:女孩有侵略性,男孩很怕她,当她吻了他之后,男孩自嘲说"被女人处理过了"。还有一些粗俗的同性恋隐语。比如,女孩告诉她的男朋友,另外一个男孩恋爱了。男朋友问:"他爱上谁了?"她说:"当然是个女孩。"男朋友顶嘴说:"为什么当然?以前他爱上了邻居家的乌龟,名字叫山姆。"把艺术家说成天生无能的社会局外人(性倒错的暗示),这一点颇费思量。

---

[1] 也可以认为,这个可笑的男孩并没有被描绘为艺术家,而只是一个搞笑角色。但这恐怕太现实主义了。如女教师的例子所示,对文化的正式尊重也妨碍了人们讽刺艺术家。不过,描写了这样一个男孩和他写的歪诗,就间接地把艺术活动和犯傻联系起来了。大众文化常常是用这样的联系构成的,而不是由严格的逻辑联系构成的。还可以加一句,对社会试图保护的那些类型进行的攻击,经常把要攻击的对象描绘为一个例外,而其隐含意义则是把他当作了整个类型的一个样本。

　　我们并不认为这里举的例子以及解释它们的理论有多么新鲜。但是我们认为，在考察电视提出的文化和宣传问题时，最重要的不是发现的新颖性。精神分析告诉我们，"我们早知道了"是一种常用的辩护词，用来打发那些令人不快的见解。因为它们动摇了我们享受"生活的简单快乐"时的良知，只让我们的生活变得更加困难。这里，我们对电视问题的研究得到了随意抽取的例子的证明。我们已经模糊地熟悉了这些严肃的观念。应当对这些我们朦胧而又不快地意识到的问题加以进一步的系统研究，即使要付出令人痛苦的代价。这里需要的研究努力具有道德的性质：公开面对在若干层面上运作的心理机制，以免成为盲目、消极的受害者。除非我们用我们期望电视图像有朝一日会表达的那种精神来看待电视，不然我们就无法改变这一无远弗届的媒介。

19. 文化和行政管理 ①

　　谁谈论文化，谁就是在谈论行政管理，不论这是不是他的本意。将缺乏公分母的诸多事物（如哲学和宗教、科学和艺术、行为规范和习俗）组合起来，最终用"文化"这一个词来概括一个时代的客观精神：这从一开始就表露出行政管理的视角，因为高高在上的行政管理的任务就是集中、分配、估价和组织。"文化"这个词本身的特殊用法并不早于康德，至于它可敬的对手"文明"，则是 19 世纪才确立起来的（至少在德国如此）；直到那个时候，文明才被斯宾格勒拔高到标语口号的高度。无论如何，今天的"文化"概念和"行政管理"概念的接近性在语言实践中是很容易看出来的。在无线电广播中，给一个包罗万象的栏目加上了"文化世界"的标题，使得它符合某种更精确的"水准"和"教养"的概念，也就是说，和娱乐的部分相对立，它是行政管理的部分——换言之，是为完全不成其为精神的精神所准备的部分，毋宁说是为热衷于轻音乐以及文学和戏剧饰品的听众提供的服务。

　　与此同时，无论如何，按照德国的观念，文化是和行政管理相对立的。文化应当更高级，更纯粹，是某种不能按照任何策略考虑或技术考虑来裁剪的"不可触碰之物"。用文雅的语言来说，这一思路涉及了文化的自律。流俗的意见甚至乐于把个性概念同文化的自律联系起来。文化被视为纯粹人性的显现，而不考虑它在社会中的功能关系。尽管文化这

---

① 本文译自《终极目标》（*Telos*）杂志第 37 卷，1978 年秋季号，第 93–111 页。见《阿多尔诺全集》德文版第 8 卷。

个词有种自视清高的意味，它是不可能避而不谈的；这证明了这个范畴（经过了几百次的正确批判之后）在多大程度上适合这个世界并献身于这个世界——也就是说，这个被管理的世界。尽管如此，没有哪一个敏感的路人能克服"被管理的文化"给他的意识造成的不爽。如爱德华·施托尔曼（Eduard Steuermann）说过的那样，为文化做的事情越多，文化就越糟糕。这一悖论可以进一步展开为以下说法：一旦文化被规划，被管理，它就遭受了伤害；然而，如果任文化自行其是，那么一切文化的东西不但有可能丧失影响力，连继续存在下去都成了问题。既不可能无批判地接受文化概念，即被部门化观念侵害已久的文化；也不可能继续在这个全面组织化的时代对文化做的一切都摇头。

对文化和行政管理这两个词的厌恶——这一厌恶当然没有根绝野蛮，然而和拉开左轮手枪枪栓的冲动相比还是小巫见大巫了——并不能隐藏其中包含的真理。它使得人们有可能把文化当作一个总体来对待，就像城市的文化部门领导们惯常所做的那样：他们把一系列对象统一在一个专家手里，而那些对象确实有些共同之处。这一共同因素是和一切为物质生活的再生产效力的东西相对立的，是和全人类的自我保存（字面意思上的）、单纯的生存需要相对立的。每个人都知道这些边界并不是清晰固定的。从一开始，对于司法和政治领域是不是属于文化就有分歧；不过，它们绝对不是文化部门管辖的范围。难以否认的是，由于当下起作用的总体趋势，许多传统上属于文化的方面，从自然科学到最高深的理论学科（按照较为古老的思维方式的"哲学"），已经越来越像物质生产了，这是传统的文化观念做梦也想不到的相似，它更为深刻地决定了尘世中芸芸众生的命运。反过来，这些科学的进步直接取决于物质生活的力量，即经济力量。这是人今天面临的状况，令他非常不爽的状况。不过，要是仅仅认为这一状况是暂时性的过渡现象，那就大错特错了。当下的倾向是，利用各种概念的区分和操作（一种粗鄙的认识论）来否认其中包含的一切令人窘迫的矛盾：这一倾向必须予以坚决的抵制。当下要认识到的一个简单事实就是，狭义的文化已经从生活必需品的清单中删除掉了。

　　而这并没有为考察"行政管理"一词的意义带来方便，因为它不再仅仅是一个和社会力量的自由作用截然分开的、一种国家或社区的机构。机构的全面扩张（无论是量的扩张还是质的扩张）的趋势，是由马克斯·韦伯在《社会组织和经济组织理论》（第三部分，第6章）中揭示的。韦伯为他的"行政管理的组织类型对于传统组织的技术优越性"的观点找到了基础："官僚制组织的发展有一个决定性的原因——它在纯技术层面上始终优越于其他任何形式的组织。高度发达的官僚机器和其他组织相比，犹如一套机械装置和非机械化的商品生产的关系。精确、迅速、明晰、档案知识、连续性、酌处权、统一性、严格的隶属关系、减少摩擦、降低物力人力成本，是官僚制组织特有的。在独断的行政管理中，这些因素可以通过训练有素的官员（而不是团契行政或者荣誉的业余行政方式）达到最佳状态。"①（《经济与社会》，图宾根，1922年版，第661页。引用该文的页码均按照此版本，下同。）韦伯采用了他晚年著作中的形式定义的方法。在他看来，遵循自己的法则运行的官僚制是注定要扩张的。最近的纳粹冲锋队是这一论断的最恐怖例证。冲锋队的例子恰恰表明，韦伯提出的形式合理性（仅限于目的和手段之关系）的概念在何种程度上妨碍了对手段的合理性进行判断。在韦伯自己的合理性理论中，对被管理的思想的特征也有所怀疑。应当对组织确立其独立性的机制予以更具体的专门讨论，而不能用韦伯的形式主义方法或齐美尔的形式社会学——后者仅仅把社会的石化现象同"生命"（作为一种形而上学的现实）进行对比。对抗性社会中的便利组织一定有着特定的目的，它们提供的便利是以其他集团的利益为代价的。因此一定会导致冷酷无情和物化。如果这样的组织继续占据着从属地位，也就是说，如果它完全开放其成员资格并忠于其直接要求，那么它将无法采取任何行动。这

---

① 中译文可参见韦伯：《经济与社会》第2卷上册，阎克文译，上海世纪出版集团，第1112–1113页。此处译文根据阿多尔诺所引用的德文原版译出，略有不同。

些组织越是被牢固地整合，它们对维护自身与他者关系的渴望就越大。在强权政治中，集权主义的"独断"民族国家对自由主义民族国家的优势（今天已经显而易见）也可以从国际范围推广到更小级别的组织结构。其对外的效能是其内部同质性的一种功能，而内部同质性是由所谓"总体对个人利益的优先性"决定的，这样一来，作为组织的"组织"就取代了个人利益。自我保存迫使组织获得了独立性，而这一独立性的确立也同时导致了组织与其目的的异化，导致了组织与组织成员之间的异化。最终，为了达成组织的目的，组织和组织成员处于矛盾对立之中。

用"行政管理与生俱来的扩张趋势和确立独立性（仅仅作为一种控制形式）的趋势"来解释从传统的"行政管理机器"向"被管理的世界的管理工具"的转变，解释行政管理逐渐进入先前不听命于行政管理的领域，是站不住脚的。真要追究责任，恐怕要归咎于交换关系随着不断增强的垄断而扩张到生活的全部方面。等价物思维本身是生产的一种形式，因为它生产了所有对象的可公度性以及它们在抽象统治下的可包容性。领域之间的质的差别就和每个领域内部的质的差别一样被缩减了，随之而来的就是对行政管理的抵抗被削弱了。同时，日益增长的集中化产生了大规模的单位，是传统的"非理性"方法无法管理的。经济上的风险随着单位规模的扩大而扩大，所以要有计划——至少是某种控制类型（即马克斯·韦伯定义的独断型组织）要求的那种计划。然而，那些不关注利润的机构（如教育机构和广播）过于庞大的规模使得组织分级成为必要，从而推动了行政管理的实践。技术发展强化了这些实践；例如，在广播的情形中，被传播的内容是极度中心化的，并且是无远弗届的。韦伯仍然把他的思想限定在狭义的行政管理即官僚等级制上。他确实只注意到——在赞同罗伯特·米歇尔斯（Robert Michels）时——政党和教育指导部门有类似的倾向。可是这样的倾向已经一飞冲天，大获全胜；这不仅仅是经济垄断造成的。管理机构的量的扩张带来了一种全新的质。自由主义设想的机制再也得不到行政管理的保护或贯彻；相反，行政管理占了自由领域的上风，以至于后者看上去只能逆来顺受。这正是卡尔·曼海姆在法西斯主义来临之前就做出的预测。

　　文化也不能免遭这一趋势的荼毒。在经济部门中，韦伯怀疑行政官员对他们要解决的现实问题的理解是否和他们行使的权力相当。这是因为准确的专业实际知识只是直接的经济生存的事："官方统计资料的纰漏并不会给责任官员带来直接的后果，但是一个资本主义企业的计算错误却会导致亏损乃至倒闭。"（前引，第 673 页）无论如何，韦伯在谈及经济官员的资质问题时也把问题提到了社会行政管理本身的高度。这一问题在文化领域中成了一个关键问题。韦伯在附加说明中触及了未来趋势的问题，但是韦伯在撰写他的杰作的四十年间，并没有意识到他的评论的重大意义。在对论官僚制的这一章进行"高度专业化的教育和社会背景"的注解时，他提到对教育专利的占有不断压制了天赋（非凡魅力），因为教育专利的"智力"成本总是很低，而且不会通货膨胀（第 676 页）。按照这一思想，不会被列入计划的非理性任务将逐渐从精神中消失，而根据传统观点，那却是唯一适合于精神的任务。在一篇补论中，韦伯强调了以下观点："目前围绕教育体制的基本问题进行的讨论背后无不隐藏着'专家'类型的人反对旧式'有教养者'类型的斗争，这场斗争渗透进了文化的各个最本质的方面，而为斗争提供了条件的则是官僚化在所有公共和私人的统治关系领域的不可阻挡的扩张，以及内行和专业知识不断增长的重要性。"（第 677 页）韦伯这里表现出的对"专业化人格"的反对立场是自易卜生的《海达·高布乐》以来的晚期自由主义社会中非常普遍的类型。与此不可分割的是，行政控制在它不具备控制资质的领域也强化了。专家不得不在他们没有专业资格的领域里行使权威，而他们只需要具备在抽象的行政管理技术上的特殊能力，以便让组织继续运转。

　　文化和行政管理的辩证法最能清楚地表明文化的"神圣不可侵犯的非理性"的地方莫过于行政管理和文化（无论是文化的客观范畴还是其人力构成）之间不断扩张的鸿沟。（而对于那些毫无文化体验的人来说，文化当然是完全非理性的。）对被管理者而言，管理是它要收编的外部事物，而不是要理解的对象。这恰恰是行政管理下的理性本身的本质，它不过是整理和覆盖。在《纯粹理性批判》论"含混"（amphiboly）的一章中，康德不同意莱布尼兹的意见，否认理性具有认识"事物内部"的能力。困境也笼罩在文化的绝对目的和行政管理的绝对理性之间，后者不是别的，正是科学理性的合理性。人们有理由称为文化的东西，一定会用回忆来回收被不断进步的控制自然过程（反映在不断增强的理性乃至理性的控制形式上）遗弃的一切事物。文化是特殊性对普遍性提出的永恒抗议——只要普遍性尚未与特殊性达成和解。至少可以从德国的西南学派（马克斯·韦伯在哲学上倾向于这一派别）对"制定规律的"（nomothetic）和"描述特征的"（problematic）之间的区分中看到这一点，尽管区分本身可能是有争议的。不过，行政管理必然代表了（不是主观过错也不是个人意愿）反对这种特殊性的普遍性。文化和行政管理的关系当中的这种不可调和的纠结情感乃是这一情状的写照。它见证了这个越来越一体化的世界的永恒对抗性。行政管理对文化的要求本质上是他律的：文化，不论它采取何种形式，都要符合若干并不内在于它的、和对象的性质完全无关的规范，这是外部强加的若干抽象标准，而与此同时，行政的要求——根据它自身的规定和性质——大多会拒绝涉及内在性质的问题，即关于物自体的真理或其普遍的客观基础问题。行政管理资质的扩张侵入了这样一个领域，这个领域的概念是和内在于行政管理规范的观念中的各种一般的普遍性相矛盾的；这种扩张本身是非理性的，外在于对象的内在理性（比方说，艺术品的质量），与文化并不一致。对这一对抗及其后果的自我意识是对成熟、启蒙的（康德意义上的）行政管理实践提出的第一个要求。

很早之前——约在 19 世纪中期开始——文化就开始抵抗这种"目的合理性"。在象征主义和新艺术运动时期，奥斯卡·王尔德之类的艺术家挑衅地声称文化是无用的。在资产阶级社会中，有用和无用之间的关系复杂得可怕，这一情况在今天已司空见惯。有用之物的有用性本身并非不容置疑，无用则占据了那个再也不会被利润所扭曲的位置。被列为有用商品的大多数东西超出了肉体生命的直接再生产。这一再生产本身根本没有超出历史，相反，它取决于被人们视为文化的东西。如果工业时代的人要在石器时代的单调生活条件下过日子，那么他们无疑会死掉。批判理论的社会观用一个假说表达了这一点：劳动力的再生产一定符合特定的时代"历史地"获得的文化状况；这不一定是一个静态的自然范畴。不必跟着美国经济学家凡伯伦追溯技术统治论的起源，他有失公允地认为所有不是迫切需要的商品都是控制、地位和炫耀的表现，并且进一步指证被这个"被管理的世界"的邋遢行话视为文化的一切都是"作秀"。然而人不可以盲目到这种地步，对以下事实视而不见：在以前的全部历史中都有利于人的"有用性"不是直接的、为它自身而存在的东西，相反，它处在直接盯着利润的总体制之中。有用性本身已经被放逐到第二位了，它是由体制的机器生产出来的。没有其他任何观点能比这样的观点更能让社会意识"过敏"了。恰恰由于有用之物的有用性是如此可疑，所以这一机制才格外有必要展示它的"一切为了消费者"的功能，以便证明它的有用性。因此意识形态严格划定了有用和无用之间的界线。文化，作为独立于一切物质条件的"实体"——事实上，文化令这些条件变得完全无关紧要——文化的登基大典是和对"有用之物的纯粹有用性"的信念密切相关的。文化被视为完全无用的东西，并因此成了超越物质生产的计划和行政管理方法的东西；这导致了一个更为尖锐的属性定义，有用和无用的有效性要求都以此为基础。现实的一个因素已经出现在这一意识形态之中：文化和物质生活过程的分离，最终是体力劳动和脑力劳动之间的社会裂缝。这一状况的遗产可以在文化和行政管理的对立中看到。在行政管理那里闻到的庸人气息就像古人对低俗、有用、（归根结底是对）体力劳动的憎恶那样，两者属于同一类型——不仅仅是心理学上。文化和行政管理在思维中的僵硬对立，作为同时也试图迫使两者结合起来的社会和精神状况的产物，总是一件可疑的事情。在艺术史中众所周知的是，一旦过去的艺术品提出了集体劳动的要求——这也扩展到了伟大的建筑师、雕塑家和画家的个人创作之中——行政管理就会厉声喝止。因此，过去的行政管理与那些被今天的人们毫不犹豫地称为"文化的创造者"的人相处得一点也不幸福和谐——那不过是怀旧者的浪漫主义空想。教会和后来的意大利城市国家的摄政者，以及再后来的绝对君主，代表了行政管理在他们和文化领域的关系上的立场。他们和文化生产的关系大概远远比今天的行政管理和被管理的文化之间有更多的实质性。宗教的无可争辩的统治减少了文化和实际生活的差距，强势的君主（确切地说，佣兵队长往往就够了）要比分工细密的社会中的许多行政专家更靠近文化。这使得他们对文化的控制更为直接和严厉，因为不受任何规章制度或理性的手续规则的限制。文化构型的内在真理与今天的名目可疑的"委员会"的关系在那时同样乏善可陈。基本赞同他们时代的客观有效的时代精神的那些大艺术家（如巴赫）总是处在和他们的管理者的永恒冲突中。中世纪鼎盛期的此类冲突不太为人所知，这只是因为在那个时代，他们已经事先决定把拥护行政权力作为一项基本原则了。在和这一权力的关系中，几乎没有任何机会来实现他们自己的要求（直到现代的个人主义概念才充分认识到这些要求）。

尽管如此，文化和组织权力之间的关系发生了根本的变革。文化——作为超越了物种的自我保存体制的东西——关乎对现状及其一切制度规范的不可遏止的批判冲动。这不仅仅是体现在诸多文化结构中的一种趋势，也是对始终暴力地反对差异性的"整合"的抗议；在某种意义上，这一批判反对的是"夷平的一体化"观念本身。任何有差异性的事物，不能转化为现金的事物的兴盛都证明了现行实践的可疑。艺术不仅通过它表露的实际意图，也通过它的存在本身——事实上，正是通过它的非实用性——表明了其论战性，一种潜在的实用性。然而，把文化作为一个类别（"文化活动"）插入现行实践的总体之中，是不可能达成和解的——只要现有条件下的通行实践仍然畅通无阻。以前，现实和文化之间的分界线既不像现在这么尖锐，也不像现在这么深。例如，艺术品并不反映它们的自律和它们各自独有的形式法则；相反，它们是处在给定的语境之内的，它们在那里实现了某种功能，无论该功能多么直接。

它们并不去维护自己作为艺术作品存在的权利，而后人觉得这几乎是一件理所当然的事；它们的成功（其实是它们的艺术力量）的完整性和全面性恰恰得益于这一因素。保尔·瓦莱里扩展了这一论题，而没有成为"万物为人而存在"之类心灵鸡汤的受害者；人只有在他是可替代的时候才是时髦的。如果你读了瓦萨里的画家传记，会惊讶地注意到他高度赞扬文艺复兴时代的画家模仿自然的能力（画出酷似模特的肖像画的能力）。自摄影发明以来，这一能力——不易跟绘画的实用目的分离开来——越来越成为一件无关紧要的事情，这样的态度也蔓延到较老的绘画上。但就连瓦莱里也怀疑，这样的绘画具有的审美真实性来自它没有宣誓效忠于一种化学纯的美感概念，这意味着，归根到底，艺术仅仅在它不表现出任何艺术的野心之处才作为艺术而存在。这一态度涉及了对艺术的某种特性的充分认识，也就是说，艺术先前的天真无邪是不能用虚构的共同意志来重建的。

无论如何，随着资产阶级的兴起和启蒙运动，文化从实际生活过程中的解放过程已经使文化这个概念在很大程度上被中立化了。文化和现状的对立已经气息奄奄了。与《精神现象学》中的观点相反，黑格尔晚年的保守理论只把绝对精神的概念留给了狭义的文化领域：这是上述事态的第一个理论印记，也是迄今为止最重要的一个理论印记。中立化过程——把文化转变为某种独立的、外在的东西，取消了它和实践的任何可能的关系——使得文化有可能被整合进组织，而文化一直不屈不挠地想清洗掉组织在自己身上的痕迹。今天，高端的艺术呈现都是可以通过官方体制来培养、生产和提供的。如果艺术还想要生产，还想找到它的观众，实际上就必须依赖这样的支持。但与此同时，艺术谴责一切体制的、官方的东西。这就证明了文化的中立化，不可和解之物的中立化是同这些被中立化之物的行政管理不可调和的。文化丧失了它和实践之间的一切可能的联系，这一牺牲使得文化概念成了组织的一个实例。文化中如此叛逆的无用性被转化为一种得到容忍的否定性，或者更糟，反而变成了有用的东西，变成了体制的润滑油，变成了为别的东西而存在的东西，变成了虚假性，变成了为消费者量身定做的文化工业的商品。这一切都写在今天的文化和行政管理之间令人不爽的关系上了。

什么都无法逃脱彻底社会化了的社会的注意，这进一步影响了它牢牢控制的文化。可以举个简单的例子来说明这一点。曾经出版过一种小册子，显然是为那些到欧洲来文化旅游的人写的，它可以说明这样的小册子有可能变成什么样子。其中提供了某个夏天和秋天的艺术节的简明目录。这一安排是有明显理由的，它让文化旅游者决定他自己的时间，找到他自己认为感兴趣的东西；也就是说，他可以按照这些艺术节组织背后的那一原则来计划他的行程：他们被一个无所不包的组织包围并控制了。内在于节日（以及艺术节）这一概念中的东西——不管它多么世俗化，多么弱化——正是对独特之物的要求，对不可替代的重大事件的要求。节日来了就要庆祝，它们并不只是为了防止重叠才错开的。控制节日，将节日合理化的行政理性使节日丧失了节日性。这导致了一种怪诞风格的强化，这一怪诞风格不会不引起呈现在这些所谓的文化产品（甚至是先锋派的那些产品）中较敏感的神经的注意。文化努力保留一种和当代流行风格相反的情感，结果文化仍然被允许驾驶一种吉卜赛式马车；然而，吉卜赛马车已经偷偷地开进了一个怪异可怕的大厅，他们自己却没有觉察到这一点。

这或许充分解释了文化生产中内在张力的丧失，这一点在今天屡见不鲜，甚至在进步的文化生产中也是如此——更不要说那些不太进步的创作了。无论它如何要求自律、批判和反抗，只要它不能用总体的合法性来维护这一要求，那么就必然等于零。尤其是在它的冲动被整合进某种自上而下地作用于它们的"他律"的时候，也就是说，当它得到它所反叛的权力的批准，有了自由呼吸的一亩三分地之时。同时，这并不是很容易被批判的"垃圾经理满街跑"的结果。在被管理的世界中，经理们几乎像官僚一样，经常被当作替罪羊；把应当负责任的客观关系指派给具体的人，这种做法本身就是主导意识形态的产物。自相矛盾的发展是不可避免的。社会和经济发展的总体趋势毁掉了传统文化的物质基础，无论是自由主义风格的还是个人主义风格的文化。诉诸退出行政管理过程并对其敬而远之的"文化的创造者",这一诉求是一个中空的环。这不仅剥夺了他们谋生的可能,也剥夺了艺术作品与社会的接触和影响,而这是最伟大的真正作品也不能没有的东西,否则它会消亡的。赞美他们退出组织的纯洁性(那些在国内沉默的声音)的那些人很让人怀疑他们是不是鼠目寸光的小资产阶级反动派。流俗的意见认为,有创造性的精神(始终意味着不顺从的精神)的物质基础总是岌岌可危的,这一精神在大胆的坚持己见中保留了它的力量:这是迂腐之论。令人不满的状况并不是从今天开始的,但这一事实并不能证明这一状况将永远存在下去——哪怕它丧失了存在的必然性。认为更好的东西将通过他们的力量开辟道路,它们无非是一句富有启迪意义的姜饼广告。"夜里迷失了很多。"不时有些偶然的发现(例如卡尔·埃米尔·弗朗佐斯发现的格奥尔格·毕希纳)给出了一种无意义的毁灭论,即认为发生在人类历史中的毁灭是毫无意义的,即使是在精神生产领域。此外,这一领域发生了质变。不再有任何藏身之所,甚至连欧洲也没有了——在这方面,欧洲也像其他许多方面一样不自觉地模仿美国;不再有贫困的尊严,一个在被管理的世界上失去了地位的人甚至无法捱过冬天。想想19世纪末的保尔·魏尔伦的生存就足矣:当这位酗酒者沉沦之时,他在巴黎的医院里碰到了一些善解人意的好医生,他们在最极端的情形下也支持他。类似的事情在今天是不可想象的。这并不是说这种好医生或善良的人已经不存在了,换言之,被管理的世界还是在很多地方看到越来越多的人道主义,人人为我,我为人人。问题在于这样的医生处于行政管理的支配下,他们再也无权庇护流浪的天才了,不能给他尊严,使他免受屈辱。相反,他会成为公共福利的对象,被悉心照料、喂养和看护。但他肯定被剥夺了他的生活方式,从而没有可能表达他对他在世界上的生活目标的感觉——无论对魏尔伦的创作(确实被贬低、拒斥了)持有的态度如何犹豫不决。对社会有用的劳动概念是不能和整个社会化过程分离开来的。它必然也会打断那些只能用"否定这一过程"来界定其有用性的人,而对于今天的被救者来说，拯救几乎不可能是什么幸事。

要意识到这一状况，根本无须关注所谓"边境局势"（来自二战的一个要命的中立化词语），尽管这样的局势——紧急局势本身是和迄今为止的一切文化的实质不可分的：这里没有"普通"一词的容身之地。文化的基本社会阶层——这是这里的核心关注——已经变了，已经伸展到更为无害的领域。在20世纪20年代的维也纳，在勋伯格的圈子里，在这群反传统主义者中间，传统的力量（无论是艺术传统还是一般的个人行为的传统）是惊人的。把人吸引到这个圈子的精神肯定是艺术的精神，有选择性和敏感性的精神；它给自己打上了有鉴赏力和历史感的标记。这些艺术家打算消解已确立的观念和规范，弥漫于半封闭半封建的奥地利社会（尽管君主制已经废除）中的某种幼稚和讲求实际。他们的感性文化和饥渴难耐的敏锐恰恰来自这个社会，而这使得他们和维也纳的循规蹈矩产生了冲突。艺术革命的大胆和引以为豪的不拘小节携起手来。尽管有各种各样的讽刺和怀疑，关于一个坚固统一的社会秩序和精神秩序的无数范畴被认可了。这些范畴为这一代人的桀骜不驯的温和提供了一个并非无足轻重的前提。事实证明，为了能够真正否定传统，就必然要扎根于传统之中，这样才能将传统的独特生命力翻转过来，用它来反对僵化和自满。只有在主体有足够强大的力量并且能同时反对这些力量的地方，才有可能创造出尚未存在的东西来。只有在温暖的条件下、在令人安心的居住条件下，才能设想建构主义和温室——这不是纸上谈兵的事情。

无论如何，今天可以感觉到的文化与其客观条件之间的张力消除使文化面临着精神被冻死的危险。就文化与现实的关系而言，存在着一种非同时性的辩证法。只有在通往被管理的世界和社会现代性的发展尚不能非常成功地维护自身的地方（如法国和奥地利）才可能有审美现代性（先锋派）的繁荣。一旦现实认真考虑了通行的标准，一种有倾向性的"意识的夷平"就发生了。意识越是容易适应这个整合的现实，它就越是没有勇气超越永远在那里的现实。

当然，并非全部文化领域都屈服于这一非同时性的辩证法，大多数文化领域实际上需要最新的管理标准。对于既能吸收又能创造出今天最强大的生产力的自然科学共同体来说，确实如此。如果得不到行政管理提供的计划之帮助，他们根本不能很好地完成今天的任务。科学的合理性本身有点像管理的合理性。同样的情况发生在需要团队工作、集体协作和大范围调查的场合，比如经验的社会研究。该领域不仅效仿行政管理的范例来安排自己的培训，而且离不开行政管理，否则就会陷入混乱——首先就会既陷入偶然的个别性，又不负责任。甚至艺术也不能一股脑儿地反对这一切。比如建筑领域，因为以实际需要为基础，所以今天胜过那些自律的艺术类型，它就不能没有行政管理。由于电影的成本太高，只能通过投资来满足，它也依赖于一种类似于公共管理的计划。确切说来，在电影里，不可避免的计算和事物的真理之间的矛盾是由可怕的明晰性来界定的：电影的愚蠢不是个别失败的结果，而是这一矛盾的产物。其原则是对意图做出计划，使其能够把去电影院的观众纳入其计算之中，这导致了缺乏和谐。

行政管理并不是从外部强加给所谓创造者的。它在这个人自身中繁殖。一种特殊状况迟早会产生出那些想要从事行政管理的主体。生产文化的那些人在"人的有机构成的不断增长"（参见：阿多尔诺《道德底线》，第147节）面前也不感到安全。一旦他们面临着反对自发性的状况，他们的安全就终结了，正如物质生产领域所表明的那样。无论谁具备了洞察这一倾向的天分，他就能在最高级的先锋艺术作品中——实际上，甚至能够在个人情绪的最精微的差别中，在他的声音和姿势中——看到乔装改扮的行政管理范畴。必须注意这种朝着整合结构进发的审美倾向，可以有很多关键时刻来验证这一倾向。这一倾向期待着一种自上而下的计划，它和行政管理的类似性是不能忽视的。这一结构必须在总体上事先决定。按照马克斯·韦伯的论点，行政管理的性质使得它基本上排除了个人的任意裁决，这是有利于客观的调控过程的；同样，观念在艺术中的个别行动也是令人不悦的。与此同时，运用的处理方法也不是任意构想出来的——这赋予现象以分量——相反，它是随着内在的艺术效果发展起来的。这些方法可以追溯到历史的深处。（参见：阿多尔诺，《声音的形象》，《阿多尔诺全集》德文版第16卷，第95页。）但是，现在，这个让看似个别、偶然的东西发出声音的"艺术"恰恰变成了审美总禁令的主体，而艺术必将为不断的整合付出代价——这一整合呈现出的状况完全不同于实际的行政管理中看到的状况。在一定的范围内，行政管理——通过理性的排序整理流程——实际上阻止了消极的一致、盲目控制别人、裙带关系和偏袒。众所周知，从亚里士多德的政治学以来，不公平的阴影就笼罩在现实秩序的正义理性法则之上，结果使得行政管理行为的合理性需要亚里士多德概括的"平等"概念来矫正。艺术作品同样受到这一残余的限制。艺术作品依附于一种由外部命令和产生的冲动，其实是可憎的主观主义冲动。今天，所有进步艺术中的张力实际上是由彻底的结构和反对这一结构的同样彻底的抵抗这对立两极决定的。两极对立，却又经常互补。多说一句，必须从这个角度来理解滴色派。对文化概念的否定本身还处在酝酿之中，其主要因素是废除自主、自发和批判等概念：废除自主，是因为主体不仅不做自觉的决定，反而屈从并乐意屈从于任何预定的东西。原因在于，按照传统的文化概念，精神本应为自己立法，但是现在，在压倒一切的"只想活着"的要求面前，精神感到自己的无能。减少自发性，是因为总体的计划压倒了个人的冲动，并预先决定这一冲动，将其降低到幻象的水平，并且不再容忍那种有望产生自由总体的力量角逐。最终，批判垂死，是因为批判精神像机器里的沙子那样破坏了光滑运转的操作，而文化越来越以机器为楷模了。批判精神看似过时了，不负责任而且毫无价值，像是"安乐椅上的"思想。两代人之间的关系很滑稽地颠倒了，年轻人在现实原则中寻求有用性，而老一辈远离了明白易懂的世界。纳粹分子以野蛮的方式预告了这一切，从而像天堂一样地揭开其面具——他们和批判范畴有关，因为他们正是后来发展的先驱。这表现在他们用自己的艺术观点取代了批判，实际上这些"观点"仅仅提供了实际事物的信息。同样的倾向也存在于今天对批判精神的不断压制之中：一份先锋派的杂志骄傲地展示了副标题——"信息"。

在许多部门，账还没有做平。对于那些孤立、远离最强大的社会趋势的部门来说就更是如此，尽管它们并不能从自身的孤立中获益。另一方面，在官方文化中，账面平衡越来越完美。比方说，联合国教科文组织的诗人实际上成了能够有同情心的人，因为人类正处于非人道状况的顶峰。在回避任何争议问题的人道主义觉醒中，他们用心里的血刻写了高级行政管理的国际标语。对于政府和政党的权威机构强迫艺术家搞的那些幼稚的垃圾，已经毋庸多言了。如果西方资助了针对欠发达国家进行的"普世价值"研究计划，人们不会惊讶。不乏一些热心的知识分子，他们打算拿着（从征婚广告那里借来的）对生活的肯定来质疑真正的知识分子的批判精神。再指控一下所有真正人道的，根本不是官方的东西是"非人道的"，这种官方的人道主义图景就绘制完成了。因为批判减少了人的贫乏的精神占有物，摘下了让人看起来像是个慈善家的假面具。他把他对摘掉面具之后的形象的愤怒转向了那些摘面具的人，从而证实了爱尔维修的假说：真理不会伤害任何人，除了说出真理的人。我的毫不新鲜的意见（参见《最低限度的道德》第 132 节）是，近来贬低"顺从"概念的论辩法是说"越轨也不能免于标准化"，似乎任何抵抗行为都是某种"二级顺从"这个事实就能让懦弱的"一级顺从"（随波逐流，趋炎附势）变得更加可以让人接受似的。实际上，借用亨利希·雷吉乌斯（Heinrich Regius，霍克海默的笔名）的话说，人之所以攻击"顺从"这个词，只是因为他完全同意这个词定义的为人处世方式。

另一个更为明显的现象（它被贴上了缪斯女神的标签）是属于被管理的文化的。这就是企图——有效地（用群众心理学的术语说）——拯救被行政管理威胁的自发性，或者用那些小圈子里提及这一努力时的话来说，达成"正确的理解"：所有教育学的努力都要求精神是这一愿望的表达。可以看到的结果是退化，即盲目地自满于得到鼓励的"自发性"的主体。在这些领域，到处都讲着本真性的行话，绝非偶然。卡尔·罗恩（Karl Lorn）在他论述"被管理的语言"的新书里为这种语言提供了极具穿透力的例子，尤其是在论假装一章中。这一行话不同于行政语言的老酒——今天的旧文件柜里还能碰到这种充满着感人的低声下气的语言。旧的行政语言已经布满尘土、过时了，它见证了行政管理和文化的相对分离，而违反其本意的是，它向文化致敬了。但是，本真性的行话将异质的东西统一在同一个屋顶下。来自各个领域的语言成分——神学传统的、存在主义哲学的、青年运动的、军事的或来自表现主义的——都被制度吸收了，并且在某种程度上回归了私人领域，重新成了个人的所有物：这个人能够轻松愉快、自由地谈论着使命和相遇，谈论着本真的判断和关切，仿佛他自己乐在其中。其实他只是装腔作势，似乎每个人都是他自己的调频广播播音员。举个例子，如果一封信包含着"大约"一语，读者会假定几行字之后写信人将宣告他将在不久的将来访问他致信的人的意愿。人际交流的这种约定俗成不过是行政管理过程的面具，该过程将被通知者抽象为他的功能：可以开来关去的人性鼓励被通知者讨论那些没有回报的成果。

尽管如此，这一模式表明的东西属于行政管理，也就是说，人可以用哲学上声名狼藉的内在性概念或者用真实性得到保证的纯正文化来安慰自己。使用这些词句的人会第一个愤怒地攻击一切未被严加管制的东西。其实，还得文化自己来买单。甚至在文化被视为脱离现实的东西的时候，它也丝毫没有脱离现实，相反卷入了落实和实施的指令，无论多么间接和遥远。如果文化被彻底消除了这一冲动，它就无效了。文化管理仅仅重复了文化本身的罪过：把自己贬低为一种表征的要素，一块活动的场域，最终是一个群众活动的部门，是宣传部门，是旅游部门。如果把文化定义为"人的去野蛮化"，即把人从纯自然状态中超拔出来，并且没有用暴力镇压将自然状态永恒化，那么文化就是一场大溃败。只要人还缺乏"以人的尊严为标志的"生存所需的前提条件，文化就无法扎根在人身上。并非巧合，人仍然能野蛮地发作，因为对他的命运——他深深感受到的缺少自由——的怨恨被压抑了。他伸出双臂拥抱文化工业的垃圾（有点意识到它是垃圾），这一事实是同一事态的另一个方面：这一事态的无害性仅限于表面。文化早就陷入了它自身的矛盾（凝结着教育特权的文化内容），因此现在文化在物质生产过程之中占有一席之地，作为它的被管理的补充物。

此外，对于任何并不相信有必要直接产生出某些完全积极的东西的人来说，当他看到所有这些困难的时候，绝不会仅仅因为更好事物的客观可能性被封闭了，就满足于待在一边大摇其头。允诺要对一切进行彻底变革的激进主义是抽象的，因为即使在改变了的总体中，个人的问题也会卷土重来。一旦这一激进主义的观念挥发为妄想，它就丧失了基础，将任何进一步的努力交给了改良。就其自身而言，它就此成为阻碍更好的事物的代理人。过分的要求是一种高级的阻碍形式。另一方面，不容小觑的是，在"此时此地怎么办"的问题中已经设想了一种总体的社会主体，可谓是"善意者联盟"：为了给失败的混乱引入秩序，他们只需坐在巨大的圆桌旁。但是这一文化的"困境"（常用的"危机"一词已经不足以形容了）深深地扎根在有着严重局限性的"善意的人"身上。在主观的对立和客观的对抗引发了灾难之处，根本无法设想什么统一的意志。最终，精神在理性化的事实面前感受到的威胁标志着整个情形的非理性仍旧一点没变，所有特殊的理性化都加剧了这一非理性，这是因为它增强了盲目、未和解的普遍性对特殊性的压力。

计划和文化的对立导致了一种辩证的观念：吸收自发的、没有被列入计划的因素，为这些因素提供创造空间，强化它们的可能性。这一观念没有摈弃社会正义的基础。去中心化的可能性是有利于这一观念的，尤其是从现在已经接近了乌托邦维度的技术生产力状况的角度看。对某个特殊部门中（教育部门）未被计划的东西做计划，这是赫尔穆特·贝克（Helmut Becker）倡导的；也有其他一些领域提供了类似的情形。

尽管这看似可行，但完全不能消除虚假的感觉：也就是说，觉得未被计划的东西似乎被贬低为它自己的一套服饰，觉得与之相关的自由纯属子虚乌有。只要把纽约的综合艺术季刊、格林尼治村同希特勒之前时代的巴黎左岸比较一番，即可明白。在纽约地区，放荡仍然作为官方容忍的习俗而存在，因此它成了美国人说的"假货"。此外，允许艺术家保留一种特别的生活方式的倾向——一种统治了整个 19 世纪的倾向，允许他们的生活为资产阶级社会厌恶的东西提供某种形式，这就掩盖了欺骗：第一个揭露这种欺骗的也许是穆杰（Murger）的波希米亚小说。

对未被计划的东西做的计划从一开始就得设定它和无计划的具体内容之间的兼容程度，也就是说，从这一角度看，计划在多大程度是"合乎理性的"。此外还有一个涉及无人称的"人"的问题——谁是在最困难的情况下做决定的人。一开始只要求一种文化政策，这种政策只考虑文化自己的问题，并意识到上述困难，它不会把文化概念设想为某种具体、固定的价值构型，而是吸取了各种批判的意见，以促进其发展。这样的文化政策不会误以为自己是神意的，它不会盲目地效忠于文化，不会看不到文化与社会总体之间的纠缠——因此，它也真的陷入了纠缠；它将找到一条不同于幼稚的"以行政管理为信仰"（接受上帝给的官职就等于获得了神授的理性）的道路。行政管理若希望尽职尽责，就必须否定自己，它需要一种丢脸的专家形象。城市行政管理不能决定它买哪个画家的画，除非它能依靠对绘画有着严肃、客观、进步的理解力的人民。在确立专家的必要性时，人们立刻受到所有想象得到的指责乃至恶毒的指控。比如说，专家的判断仍然是为专家提供的判断，而忽视了社群（按照通行的词汇学，公共机构应由社群来任命）；又如，专家（本人必然是个管理者）高高在上做决定，从而消除了自发性。此外，他的权威性并不总是有保证的，难以把他和政党官僚区分开。尽管人们可能愿意承认上述意见的某些正确性，但是依然不信任这种"文化首先要为人的生活服务"的大街上的论调：持有这种论调的人的意识状态其实就是任何够格的文化都要克服的那种意识状态。在对现代艺术的攻击中有过多的快感，同时也伴随着对行政管理的攻击，说他们把纳税人的钱浪费在无关紧要的、没人要的试验上。这些论调都是虚假的民主，是极权主义技术的后裔：试图通过全民公决的民主形式来赢得人生。这些大众的灵魂之声最恨的就是自由精神，他们同情陈腐的反动。当整个社会制度在形式上许可了平等的权利之时，它依然继续保护教育特权，确保精微精神和进步的精神体验只是少数人的专利。精神事物（尤其是艺术）的进步始于反对大多数人的意志，这一老生常谈就使得所有进步的死敌有可能毫不内疚地隐藏在被排斥的"沉默的大多数"（他们无法表达他们自身的核心关切）的庇护下。去除了社会幼稚性的文化政策必须看穿这一复杂性，无惧大多数的群众。单单靠文化政策本身是难以根除民主秩序和少数人（社会条件决定了他们一直是少数）的实际意识状态之间的矛盾的。但是代议制民主——文化管理的专家靠它来赢得合法性——还是允许一定的平衡的。它使得有助于促进野蛮状态的阻碍行动成为可能：也就是说，厚颜无耻地诉诸共同意志，从而败坏了客观的质的概念。瓦尔特·本雅明认为批评家的任务是"为维护公众利益而反对公众本身"，这一思想也适用于文化政策。实现这一目的是专家的责任。渴望一种能超越专业知识领域的个人，这通常只是退化的标志，或是意味着渴望一类传播技术的专家：由于他们不了解实际，人们能够更好地与之相处，而他们则更有理由舒舒服服地栖身于自己的政策中。不存在所谓纯粹的文化直接性：只要文化允许自己被公众当成消费品来任意消费，它就在操纵人。主体只是通过客观规训的中介才成了文化的主体；在被管理的世界中，倡导者永远是那些专家。确切地说，这些专家的权威性其实是建立在事物本身的权威性的基础上，而不是建立在建议的力量或个人威信的基础上。需要有一个专家来决定谁是专家，这导致恶性循环。行政管理和专家的关系不只是必要性的问题，它也是一种德性。它为保护文化开启了一个视角，即从控制市场着手，而今天，市场毫不犹豫地摧残着文化。自律形式的精神不仅被行政管理所异化，也被消费者的被操纵的固定需求所异化。集权主义确立了行政管理的独立性，使其有可能——通过选出对这些事务不感到陌生的那些人——纠正对这些需求的规定。如果文化领域完全处于供求关系机制的支配下（更不要说独裁统治者的直接命令了），这就不太可能了。被管理的世界最可疑的一个方面——行政立场的独立性——遮蔽了某些更好事物的潜能。机关的力量已经如此强大，哪怕他们看透了自己和自己的功能，他们也能够突破"只为某种其他事物存在"的原则，即适应欺骗性的全民公决之愿望的原则。假如这些愿望实现了，就会不可逆转地压制一切文化，也就是说，会让文化从假定的孤立状态中产生出来。如果把这个被管理的世界理解为一切藏身之地都在迅速消失的世界，那么这个世界依然有可能对此做出补偿，并依靠有洞见的人的力量来创造自由的中心——当这些中心正在被盲目的、无意识的社会选择过程所淘汰的时候。在行政管理和社会的关系中，行政管理的独立性表现出"非理性"的特征，这恰恰是发展受到抑制的文化本身的避难之地。只有偏离盛行的理性，文化才能展现自己的理性。这一希望根植于管理者的意识状态当中，却并非理所当然：它取决于他们对认同"被管理的世界"本身的"消费社会"之权力及其精神的批判的独立性。

所有听到的建议都等于折翼的理念，如果里面没有逻辑错误的话。人太倾向于信奉盛行的教条：完全认可"文化"和"行政管理"这两个范畴，不考虑它们实际上是历史发展起来的范畴，而是把它们当作彼此分离、互相对立的静止障碍物，当作纯粹的现实。这么做的时候，人就依然处在物化的魔咒下，而对物化的批判内在于对文化和行政管理的更有说服力的反思之中。无论两个范畴在现实中如何物化，它们都没有彻底物化；两者都回指向了活生生的主体——正如最大胆的计算机所做的那样。因此，自发的意识还没有完全陷入物化的掌控，还处在改变体制之功能的位置上——意识在那个体制内部表达着自身。目前，在自由民主秩序之中，个人在体制内仍然有足够的自由，拥有帮助体制改正错误的自由。无论谁批判地、毫不妥协地自觉运用行政手段和行政机构，他就仍然能够做到某些事情，从而让文化不仅仅是被管理的文化。为他开启的这一"区别于永恒不变"的最小差异就为他界定了——无论希望多么渺茫——有关总体性的差异；希望关注的正是这一差异、分歧。

第七单元

社会与社会学批判

20. 弗洛伊德理论和法西斯宣传模式 ①

　　过去十年中，社会科学家仔细地研究了美国的法西斯主义鼓吹者的演讲和宣传小册子的内容和性质。有些研究按照内容分析的路线进行，最终成果收集在洛文塔尔和古特曼的《伪先知》②一书中。得到的总图景有两大特征。首先，除了一些奇怪的和完全消极的建议（比如把外国人送到集中营或驱逐犹太复国主义者），这个国家的法西斯主义宣传材料几乎不涉及任何具体、实际的政治问题。在宣传者的陈述中，压倒多数都是直截了当、意气用事的。它们显然是以心理学的计算为基础的，而无意通过对理性目的的理性陈述赢得追随者。虽然"煽动暴民者"（rabble-rouser）这个称呼由于内在地包含一种对大众的蔑视，从而令人反感，但是它仍然是合适的称呼，因为它表达了我们这些"未来希特勒"有意挑起的非理性的、攻击性的情绪氛围。如果说，把人民叫作"暴民"过于鲁莽，那么，说煽动者的目标正是把人民变成"暴民"，让他们投身于没有实际政治目标的暴力行动，并打算建立大屠杀的气氛，那就再准确不过了。煽动者普遍的目标，是巧妙地挑唆自从古斯塔夫·勒·庞的名著——《群众心理学》（1895）——之后就被通称为"群众心理"的那个东西。

　　其次，煽动者的方法确实是有系统的，并严格遵循一套容易理解的"技术"程序。这不仅仅是说政治目标的最终统一性：通过大众的支持反

---

① 本文写于 1951 年。见《阿多尔诺全集》德文版第 8 卷，第 408–433 页。

② 洛文塔尔（Leo Lowenthal）和古特曼（Norbert Guterman），《伪先知》（*Prophets of Deceit*），纽约：哈珀兄弟，1949 年版。另见：洛文塔尔和古特曼，《美国煽动者的肖像》，《公共舆论季刊》（*Public Opinion Quarterly*）1949 年秋季号，第 417 页以下。

对民主原则，从而废除民主政治；它更涉及内容的内在性质以及宣传自身的表达方式。不同煽动者之间，从较为有名的人物考夫林、杰拉德·史密斯到地方上偶尔露一下脸的煽动者，他们的言论的相似之处是如此之大，以至于原则上足以"窥一斑而见全豹"。再者，言论本身是如此单调，一旦熟悉了这些有限的技术，就会看到无尽的重复。事实上，老调重弹和缺乏概念是整个技术中不可或缺的成分。

程式的机械僵硬程度是明显的，它本身就表现了法西斯精神的若干心理学方面；但是人们忍不住会觉得，法西斯牌的宣传材料形成了一个具有总的一般观念的结构单元，是这个结构单元决定了所说出来的每一个字词，而无论这个总的一般观念是自觉的还是无意识的。结构单元似乎既指向暗含的政治观念，也指向心理的本质。就此而言，迄今的科学仅仅关心每个宣传技术单独的、某种意义上孤立的性质，只强调和研究技术的精神分析内涵。既然基本要素已经足够明朗，就应该把关注焦点集中于包含并产生了那些基本要素的心理学系统——如果这个术语让你联想到"偏执狂"之类，也不是纯属偶然。这么做似乎是很合适的，否则精神分析对个别技术的阐释将会是危险和武断的。这里需要发展出一个理论参照系。鉴于个别技术几乎都不可抗拒地要求精神分析的阐释，要求把更为全面、基本的精神分析理论运用到煽动者的总体方法上去，并推出这么一个参照系，也就顺理成章了。

远远早于德国法西斯的危险凸现之前，这一参照系就由弗洛伊德本人在《群众心理学和自我的分析》一书中提出了。英译本于 1922 年出版。[1]

---

[1] 德文版出版于 1921 年，题为《大众心理学和自我分析》(*Massenpsychologie und Ichanalyse*)；英译者詹姆斯·斯特拉齐 (James Strachey) 指出书名《群体心理学和自我的分析》(*Group Psychology and the Analysis of the Ego*) 里的"群体"(group) 就是勒·庞的"群众"(foule) 和德语的"大众"(masse)。可以再补充一点，书名里的"自我"就是指个人，而没有晚期弗洛伊德理论中与"本我""超我"并举的含义。弗洛伊德的"群众心理学"最重要的含义就是，他没有指认出一种独立的、实体化的"群众心理"(mentality of crowd)，而是把勒·庞和麦独孤 (McDougall) 等作者观察和描述的现象归结为发生在个人身上的退化——这些个人构成了群体，并中了群体的魔咒。

如果我们认为，虽然弗洛伊德对问题的政治层面不感兴趣，但是他纯粹的精神分析范畴却清晰地预见了法西斯主义群众运动的兴起及其性质，那并非夸大其词。既然精神分析家的无意识能够觉察病人的无意识，那么也可以说，分析家的理论直觉能够预见到隐藏在理性水平之下却显露于更深层水平上的趋势。第一次世界大战结束之后，弗洛伊德的学术焦点并非偶然地转向了自恋以及这一特殊意义上的自我问题。在现在这个时代，社会机制和本能的相关冲突起着越来越重要的作用。实践的精神分析家证实，"经典的"神经官能症（如作为方法模型的转化性歇斯底里），现在的发病率已经低于弗洛伊德发展其学说的那个时候了——那时，沙可（Charcot）正在进行歇斯底里的临床治疗，易卜生则把歇斯底里编进戏剧的主题里。尽管如此，在弗洛伊德看来，群众心理的问题与成为时代特征的新型心理疾患紧密相关。这一心理疾患证明了由社会经济原因造成的个人的衰退以及随之而来的软弱无力感。弗洛伊德本人不关心社会变迁，可以认为，他是在个人的单子范围内追踪到个人深刻的危机以及盲从于外部权力（集体机构）的意愿。弗洛伊德并未专门研究当代社会的发展，但是通过他自己的工作进展、主题材料的选择和指导概念的演化，弗洛伊德指明了历史的发展趋势。弗洛伊德书中的方法，构成了对勒·庞的群众心理描述的动力学解释，也对勒·庞以及其他一些精神分析之前的心理学家的许多武断的概念——都是些巫术咒语——提出了批评。这些概念似乎是理解令人惊讶的现象的关键。在这些概念中，首当其冲的是"暗示"的概念。这一概念，作为权宜之计，在对大大小小的希特勒们蛊惑大众的魔法的流行看法中依然起着很大的作用。弗洛伊德并未质疑勒·庞对群众特征的著名描述的准确性：群众是丧失个性的、非理性的、容易受到影响的、倾向于暴力行动的、总体上是退步的。他和勒·庞的区别在于，他没有像传统那样蔑视群众，而这是绝大多数旧心理学家所要论证的论题。弗洛伊德没有跟从这些一般描述，推断群众是低人一等的而且永远是低人一等的。他以真正的启蒙精神发问：是什么把群众变成了"群众"？他拒绝采纳社会本能或者牧群本能的轻率假说，对他而言，那只不过是提出了问题，而不是问题的答案。弗洛伊德是用纯粹心理学上的理由拒绝的，而从社会学的角度看，他的拒绝也是站得住脚的。把现代大众的形成过程和生物学现象进行简单的类比，几乎是无效的。因为当代大众起码看上去是单个的人，是自由竞争的个人主义社会的孩子，而环境的约束使他们成为独立自主的单位；他们不断被告诫要"健壮"，要警惕"投降"。即使人们认定，古代的、前个体的本能仍继续存在，也不能简单地指认这一遗传性，而是不得不解释：为什么现代人返回到明显与自己的理性水平和现阶段进步的技术文明相抵触的行为形式？这正是弗洛伊德打算做的事情。他试图发现是何种心理力量导致了个体转化为群众。"如果群体中的个人结合为一个整体，那肯定有什么东西使他们结合，这个结合的纽带同时也必然是群体的特征。"[①]而这样的质询等于提出了法西斯主义操纵的基础问题。法西斯主义的政治煽动赢得了千百万人的支持，但法西斯主义的目标却是和千百万支持者自身的合理利益背道而驰的。因此，弗洛伊德所寻找的这一纽带，必定是人为制造出来的。如果说，政治煽动的方法是完全现实主义的——他们成功地获得欢迎已证明了这一点，那么就可以假设说：所寻找的纽带正是他们制造的东西；事实上，也就是不同宣传技术背后的统一原则。

弗洛伊德根据一般的精神分析理论，认为把个人整合为群众的纽带是性本能（libido）性质的。早期的心理学家曾偶尔触及群众心理学的这个方面。"麦独孤认为，人在群体中的情绪十分高涨，而在其他情况下他们很少或绝对不会这样。屈从于自己的热情的个人合并为群体，失去了个体的束缚感，对他们来说，这是愉快的体验。"[②]弗洛伊德没有停留在这些观察上，而是进一步用"快乐原则"解释了群众的联系，也就是说，屈从于群众的个人获得了实际的或替代性的满足。希特勒很明白"屈从形成群众"的性本能根源，他将女性的被动特征赋予参加其集会的人，

---

① 弗洛伊德：《群体心理学和自我的分析》（英文版），伦敦 1922 年版，第 7 页。

② 弗洛伊德：《群体心理学和自我的分析》（英文版），第 27 页。

这也提示了无意识同性恋在群众心理学中的作用。弗洛伊德把性本能引进群众心理学的最重要后果是：先前的特殊群众或牧群本能之类的武断建构就此失去了它们虚假的首要地位和不可还原性。这些都是结果，而不是原因。对弗洛伊德而言，群众的特别之处并非新的品质，而是原来通常隐藏着的旧品质的显现。"在我们看来，无须强调新特性的表象。只要说'个体在群体中能够摆脱对无意识本能的压抑'，就足够了。"[①]这不仅仅是临时性的辅助假设，也证明了以下事实的合法性：淹没在群众中的人不是原始人，但他们表现出和他们"正常的"理性行为相矛盾的原始态度。即使最琐碎的描述也不能怀疑：群众的有些特质和古代特性有亲缘关系。这儿要特别提及所有群体心理学作者都强调的一个现象，从暴力情绪到暴力行动的潜在捷径。在弗洛伊德对原始文化的著作中，上述现象导致了以下结论：原始部落谋杀父亲，并非想象，而是符合史前的事实的。用动力论的术语说，这些特质的复活应当被理解为"冲突"的结果。这有助于解释法西斯主义的一些心理征兆，而如果没有不同心理力量之间的对抗，它们几乎是不可理解的。这里，人们首先应当想到的心理学范畴，是弗洛伊德在《文明及其不满》中讨论的"破坏欲"。作为对文明的反叛，法西斯主义并不仅仅是古代的再现，而是古代在文明之中的再生产，是文明本身再生产出来的古代。简单地把法西斯主义的反叛力量定义为"推翻现存社会秩序之压力的强大的本我能量"，是非常不合适的。相反，这一反叛在部分程度上借助了其他被压抑到无意识运作的心理原动能。

既然群众成员之间的性本能纽带显然不属于不可抑制的性本能，那么问题就来了：是什么样的心理机制把原始的性能量转化为凝聚群体的情感？为了回答这个问题，弗洛伊德分析了被"暗示"和"暗示感受性"等范畴所掩盖的现象。他指认"暗示"是掩盖了"爱的关系"的庇护所或伪装。至为关键的一点是，存在于"暗示"背后的"爱的关系"仍然

---

① 弗洛伊德：《群体心理学和自我的分析》（英文版），第 9–10 页。

是无意识的①。弗洛伊德发现，在军队或教会这样的有组织群体中，要么绝口不提成员之间的爱，要么就只以升华、间接的方式表达——用某些宗教形象作为中介，成员们通过爱这些形象而结为一体，这些形象的博爱也是成员们彼此相处时模仿的对象。有重要意义的是，在当今社会中，在人为整合起来的法西斯主义群众中，也不允许提到爱。希特勒回避了传统的慈父形象，代之以完全负面的森严的权威形象。爱的概念被放逐到抽象的"德国"观念之中，并很少提及爱——除非爱是作为"狂热"的一种标志，也就是说，除非这种爱同时也笼上了一层对不在爱的范围之内的那些人的敌意和攻击性。法西斯领袖的基本信条之一就是把原始的性冲动维持在无意识的水平上，这样就使得它的表现适合于政治目的。"宗教救赎"之类的客观概念在群众形成过程中所起的作用越少，操控群众越是成为唯一的目标，未受抑制的爱就越是彻底地退化、铸造为"服从"。在法西斯主义意识形态的内容中，几乎没有什么东西是人"能够"去爱的。

法西斯的性本能程式和法西斯政治煽动的全部技术都是集权主义的。在这里，政治煽动的技术和催眠师的心理机制吻合了。通过这一心理机制，个人退化了，被还原为群体的一个成员而已。

通过他采取的手段，催眠师唤醒了被催眠者内部的古代遗传部分，该部分曾使他顺从父母并在他与其父亲的关系中经历到一次个体的复苏：因此，被唤醒的是至上的、可怕的人格观念，只能对它采取一种被动的受虐狂态度，个人的意志不得不向它投降，但是和它单独相处、"面面相觑"，却是件可怕的事情。我们只有这样去理解，才能描绘所谓"暗示"现象所反映出来的原始部落成员和族长的关系。因此认为群体形成过程中的诡异性和强迫性最早源于原始

---

① "……爱的关系……也成为群体精神的本质。让我们记住，权威根本不提任何此类关系。"弗洛伊德：《群体心理学和自我的分析》（英文版），第40页。

部落，是很正当的。群体领袖仍旧是趾高气扬的族长，群体仍旧希望被不受约束的力量统治，对权威有着极大热忱；用勒·庞的话说，他们渴望服从。族长是群体的偶像，他接管了"自我理想"而统治着"自我"。最好把催眠说成是两个人的群体，另外，它也给出了暗示的定义——不是建立在知觉和推理的基础上，而是建立在性本能联结的基础上的信念。[①]

　　这实际上界定了法西斯宣传的性质和内容。它之所以是心理学的，是因为非理性的集权主义目标是无法通过理性说服的手段实现的，只能通过巧妙地召唤"被催眠者的古代遗传部分"来实现。法西斯的煽动集中在领袖的概念上，不论这个领袖是不是实际的领导人，也不管他是不是集体利益的代表。只有领袖的心理学形象才能够重新激活全能的、森严的原始父亲概念。法西斯宣传的"人格化"——不断宣扬名字和所谓伟人，而不去讨论客观的原因——的最终根源就在这里，否则它就是谜一样难解的。正因为无所不能、不受约束的父亲形象的幻想形成过程超越了个别的父亲形象，因而容易扩大为"群体的自我"，所以它是激发对父亲的"被动受虐态度"的唯一方式——在这种态度中，人们的意志无条件地缴械投降，屈从于父亲。法西斯主义的追随者的政治行为越是跟他私人的切身利益不相容，越是跟他实际所属的集团或阶级的合理利益不相容，就越是需要这种态度。[②]因此，从领袖的角度看，追随者被召唤的非理性，其实是相当合乎理性的：它必须成为"一种建立在性欲联系的基础之上的信念，而不是以感知和推理过程为基础的"。

　　将性本能转化为领袖与追随者之间，以及追随者彼此之间的纽带的，是心理的认同机制。弗洛伊德的大部分著作都在分析认同机制[③]。这儿不

---

① 弗洛伊德:《群体心理学和自我的分析》(英文版)，第 99–100 页。

② 弗洛伊德:《群体心理学和自我的分析》(英文版)，第 17 页。

③ 弗洛伊德:《群体心理学和自我的分析》(英文版)，第 58 页以下。

可能讨论这些微妙的理论差异，特别是"认同"和"内摄"（introjection）的区别。不过，有一点需要说明，对法西斯主义的心理学做出卓越贡献的晚期恩斯特·齐美尔（Ernst Simmel）认为弗洛伊德的认同机制中的"冲突性"是性本能组织的口腔期的衍生物，并发展出一套分析"反犹主义"的理论。[①]

在认同论和法西斯宣传、法西斯心理的关系上，许多观点我们都是赞同的。有些观点，尤其是艾里克·洪堡·艾里克森（Erik hamburger Erikson）的观点，认为法西斯主义领袖这一类型看起来非常不同于古代的国王之类的父亲形象。但是，这一观点和弗洛伊德的原始父亲理论之间的不一致仅仅是表面上的。弗洛伊德对认同机制的讨论有助于我们理解到，就主体动力学而言，那些变化实际上是由客观历史条件造成的。认同是"与他人的情感联系的'最初'表现，'作用于'俄狄浦斯情结的早期历史"[②]。这一前俄狄浦斯的认同成分就把作为全能的原始父亲的"领袖形象"和实际的"父亲形象"分离开来了。作为对俄狄浦斯情结的回应，儿童对其父亲的认同只不过是次级的现象；幼稚的退化将越过这一父亲形象，并通过"情感依恋"过程到达更古老的形象。而且，作为认同机制的最基本方面的自恋行动，即把依恋的对象变成自身的一部分的"吞咽"行动，给我们提供了认清以下事实的线索：现代领袖形象有时似乎是主体自己的人格的放大，是他自己的集体投射，而不是在主体的婴儿期的以后阶段起作用的父亲形象（这种父亲形象在今天的社会中的作用已经下降了）。[③] 所有这些方面都有待于进一步阐述。

认同机制在法西斯主义的群众形成过程中起着重要的作用，而弗洛伊德的"偶像化"理论又认识到自恋在认同机制中的核心作用。"我们用

[①] 弗洛伊德:《群体心理学和自我的分析》（英文版），第61页。

[②] 弗洛伊德:《群体心理学和自我的分析》（英文版），第60页。

[③] 参见马克斯·霍克海默（1949），《权威主义和今天的家庭》，载于安神（R. N. Anshen）编，《家庭的功能和命运》（*The Family*: *Its Function and Destiny*），纽约：哈珀兄弟。

对待我们自己的'自我'的方式来看待对象。这样，我们在爱的时候，就有大量自恋的性本能流溢向对象。在许多爱的选择形式中，这都是很明显的。对象成了一些不能实现的自我理想的替代品。我们爱它，只因为我们曾为之竭力奋斗的自我的完美，而现在我们希望用这样的迂回方式作为满足我们的自恋的手段。"①这恰恰是法西斯领袖在追随者面前兜售的"偶像化"，而"元首"这一意识形态又为"偶像化"推波助澜。法西斯领袖所召集的群众，一般都遭受了典型的现代冲突：冲突的一方是极其理性、自我维护的自我之驱策，另一方则是自我的要求始终得不到满足。这一冲突导致了强烈的自恋冲动，而只有"偶像化"才能消解和满足这一冲动，也就是把一部分自恋的性本能转移到客体对象上去。我们再一次看到领袖形象和放大的主体之间的类似性：使领袖成为他自己所爱的偶像，但去掉了有损于他的经验自我之形象的那些挫折和缺憾的污点。这一通过"偶像化"来实现认同的机制，这一真正的自觉团结的漫画像，是集体性的。它对无数的人有效，这些人的人格倾向性和性本能倾向都很相似。法西斯主义的"人民共同体"完全符合弗洛伊德的"群体"定义：拥有同一个替代自我理想的对象，进而互相认同为彼此的"自我"的许多个人②。反过来，领袖形象又借助集体的力量，显得像原始的父亲一样无所不能。

　　弗洛伊德对领袖形象的心理学建构与法西斯领袖类型令人震惊地严丝合缝，至少就它公开的建构来说是这样。他的描述不仅适用于希特勒的形象，也适用于美国的煽动者自我刻画的偶像化图形。为了获得自恋式的认同，领袖不得不让他本人显出绝对自恋的样子。从弗洛伊德正是这一洞见出发推演出"原始部落的族长"的形象的——这同时也是希特勒的画像：

---

① 弗洛伊德：《群体心理学和自我的分析》（英文版），第74页。
② 弗洛伊德：《群体心理学和自我的分析》（英文版），第80页。

他，虽然站在人类历史的开端，却已经是尼采期待未来出现的
"超人"①。甚至今天，群体的成员也仍旧迫切需要这样的幻觉：他们
是平等的，领袖公平地爱着他们；但领袖本人却不需要别人的爱，
他具有主宰者的天性，绝对自恋又绝对自信、自立。我们知道，爱
制止了自恋。这一运作方式才使得爱能够跻身于文明的因素。②

于是就可以解释，为什么煽动演说显著的特征之一，就是缺少正面的行
动纲领，也不"给出"任何东西，而是充斥着威胁和拒绝的自相矛盾的
词句。只有不去爱人，领袖才能被人爱。弗洛伊德还看到领袖形象的另
外一方面，似乎和前一方面对立：领袖几乎是个超人，但他又是作为普
通人去完成这些奇迹的，就像希特勒摆出一副金刚和乡村剃头匠的混合
物的样子。弗洛伊德同样用自恋理论来解释这一点。在他看来：

> 个体放弃了自我理想，并且用体现在领袖身上的群体偶像替换
> 了它。[然而]许多个体中的"自我"和"自我理想"的分离并未充
> 分发展，两者很容易趋于一致；自我经常保留了其早先的自我满足。
> 这种情况就使得领袖的选择更加轻松。他只需以一种特别显著的纯
> 形式，在形式上拥有个体关心的那些典型性质，只需给人一种有着
> 更强有力、更自由的性本能的印象；在那种情况下，对铁腕领袖的
> 需要便满足了他，并使他获得了原本得不到的无与伦比的地位。如
> 果不是这样，群体其他成员的自我理想就不会原封不动地体现在他
> 的人格中，然后被"暗示"——即认同作用——弄得神魂颠倒。③

---

① 有必要强调的是，尼采的超人概念和这一古代形象毫无共同之处，不能认为尼采期
  待着法西斯主义的未来。只有在"超人"变成廉价的口号之后，弗洛伊德这里的指
  认才是适用的。
② 弗洛伊德:《群体心理学和自我的分析》(英文版)，第93页。
③ 弗洛伊德:《群体心理学和自我的分析》(英文版)，第102页。

即使是法西斯领袖令人惊诧的低能症候、他与蹩脚演员和反社会的精神病人之间的类似，也不出弗洛伊德的理论所料。由于追随者的一部分自恋的性本能未能投射到领袖形象中去，而仍然依附于追随者自己的"自我"，所以这位超人必须和追随者相似，成为他的"放大"。因此，法西斯主义的人格化宣传的基本技巧之一，就是"伟大的小人物"的观念——他既无所不能，又只是普通民众的一员，是一位没有被物质财富或精神财富玷污的热血美国人。心理的矛盾冲突有助于制造一个社会奇迹。领袖形象满足了追随者既想"服从权威"又想自己当上权威的双重愿望。这是符合这个非理性控制的世界的，尽管这个世界已经失去了普遍启蒙以来的内在信念。服从独裁者的人民也知道独裁者是多余的。通过假设他们自己就是粗鲁的压迫者，他们调和了这一心理矛盾。

煽动者设计的所有标准手法都和弗洛伊德揭露的"人格化"技术和"伟大的小人物"概念相一致，而后来这些成了法西斯鼓动的基本结构。下面只是随意举几个例子。

弗洛伊德对非理性群体的等级制度做了极为详尽的分析。"显然，士兵把他的上级——也就是军队真正的领导者当作自己的偶像，而他们认同了彼此的平等，并且从他们的'自我'的共同体之中派生出互相帮助、有福共享的义务。然而，如果士兵有意识、直接地试图和将军做'哥们儿'，那就荒唐可笑了。"[1] 哪怕是最简短的法西斯煽动也会不断强调仪式化的典礼和等级差异。在高度理性化和量化的工业社会背景中，等级制度越是衰落，出于纯粹的心理技术上的原因，法西斯分子就越是要人为制造并蛮横地强加一个毫无客观存在根据的等级制度。可以加一句，这并非性本能的唯一源泉。等级制度的结构和施虐虐待狂性格的愿望是完全一致的。希特勒的著名公式"对上级负责任，对下级树权威"，天衣无缝地将这一矛盾性格合理化了。

在对弱小无助的少数民族的残忍迫害中表现出的践踏下等人的倾向，

---

① 弗洛伊德：《群体心理学和自我的分析》（英文版），第110页。

就像对外国人的仇恨一样是公开的。实际上，这两种倾向经常是互相依存的。弗洛伊德的理论可以让我们理解在被爱的群体内和被排斥的群体外之间这种普遍的僵硬区分。在我们的文化中，这种思维和行为方式已经被视为理所当然，以至于人们很少会严肃地发问：人们为什么爱那些和他们一样的人，恨那些不一样的人呢？和许多其他例子一样，弗洛伊德方法的创造性就表现在他对普遍接受的观念提出了质疑。勒·庞注意到，非理性的群体"容易走极端"[①]，弗洛伊德在此观察的基础上提出：群体内和群体外的二分法是如此根深蒂固，甚至那些排斥此观念的群体也会受其影响。因此弗洛伊德在 1921 年就驱散了自由主义的幻想：文明的进步会自动带来宽容度的上升，并减少对群体外的暴力。

> 甚至在基督王国中，不属于信仰共同体，既不爱基督也得不到基督的爱的那些人民也在这一联结之外。因为只要是宗教，哪怕是爱的宗教，对不属于它的人也是冷酷无爱的。确实，所有宗教说到底都是爱的宗教，然而对每个宗教来说，爱它所容纳的人，对不属于它的人则残忍而不宽容，似乎都是天经地义的。不论我们为了亲自发现这一点费了多大周折，都不能用这样的理由来苛责教徒；在这方面，不信教的人或者对宗教不感兴趣的人在心理上更为优秀。即使今天的不宽容表现得再也不会像前几个世纪那样残暴，我们也很难下结论说人性变得柔和了。原因其实在于宗教情感以及依赖于宗教情感的性本能联结无疑都削弱了。如果其他的群体联结接替了宗教的联结，那么对群外人的不宽容也就会和宗教战争的岁月一样了。[②]

弗洛伊德错误的政治诊断——他谴责"社会主义者"是德国的头号

---

① 弗洛伊德：《群体心理学和自我的分析》（英文版），第 16 页。
② 弗洛伊德：《群体心理学和自我的分析》（英文版），第 50–51 页。

敌人——就和他预言了法西斯分子是清洗群外人的罪魁祸首、极具破坏力一样，令人震惊。事实上，宗教的中立化似乎走向了与启蒙者弗洛伊德的预计相反的方向：宗教信徒和非教徒之间的对立得到了维持和巩固。它居然成为一种自在的结构，而不需要任何观念内容；失去了内在信念之后，它变得更加顽固了。与此同时，宗教中有关爱的教义开始丧失了缓和矛盾的能力。这就是所有法西斯煽动都玩弄的"绵羊和山羊"手法的要害。谁被选择，谁被抛弃，已经没有了任何精神标准，干脆用一些貌似自然的标准来代替（比方说，似乎天经地义的种族标准），这甚至比中世纪的"异端"概念还要冷酷无情。弗洛伊德成功地指认了这一手法的性本能作用。它是否定性的整合力量。既然肯定性的性本能冲动已经完全投放到原始父亲（即领袖）的形象上了，既然几乎没有什么肯定性的内容可用了，那么就不得不寻找否定性的性本能冲动。"领袖或者领导的观念也可能是否定性的，对个别人或机构的仇恨也会以和凝聚力一模一样的方式运作，也会像肯定性的联系一样唤起某种情感纽带。"① 毋庸置疑，这种否定性的整合是靠破坏的本能喂养的，虽然弗洛伊德在《群体心理学》一书中并未提及，但是在《文明及其不满》中被指认为决定性的角色。在现在的语境中，弗洛伊德解释了伴随着自恋的对群外人的仇视：

> 人们不得不面对陌生人时，会感到一种未加掩饰的冷漠和憎恶，我们可以从中辨认出是爱自己的表现——自恋的表现。这种自爱欲望是为了个体的自我维护，仿佛任何和个体特定的发展轨迹不一致的东西都是对个体的批评和改邪归正的要求。②

法西斯宣传所提供的自恋满足是明显的。它不断进行暗示，有时采用相

---

① 弗洛伊德:《群体心理学和自我的分析》(英文版)，第53页。
② 弗洛伊德:《群体心理学和自我的分析》(英文版)，第55—56页。

当迂回的方式：追随者是更优秀的，仅仅因为他属于这个群体内部，就要比那些被排斥在群体之外的人更高贵、纯洁。同时，任何批评的声音或者清醒的自我认识都会因为破坏了自恋而招致怨恨，并引起公愤。这就解释了所有的法西斯主义者对他们认为是陈腐的东西（zersetzend）的暴力反应，因为那些东西宣判了他们自己顽固坚持的价值观是虚假的；这也解释了有偏见的人对一切内省都抱有的敌意。把敌意对准群体外部，就消除了群体内部的不容异议的有可能给群体成员带来的心理矛盾。

　　但是，作为群体形成过程的结果，这种宽容总的说来在群体内消失了，也许是暂时的，也许永远。只有群体形成过程依旧存在或扩张，个体才会团结如一人般地行动，容忍他人的特殊脾性，互相平等地对待，没有憎恶。依据我们的理论观点，只有一种因素能够产生这种有限制的自恋，那就是和他人的性本能联结。[1]

这一标准的"团结把戏"是煽动者梦寐以求的。他们强调和群外人的差异，而无视自己群体内的差异；他们企图拉平群体内部的不同性质差异，仅仅保留等级上的差异。"我们都在同一条船上"，没人敢当出头椽子——势利鬼、知识分子、寻欢作乐者，总是被攻击的。恶意的平等主义的暗流——所有低声下气、忍辱偷生者都亲如兄弟——既是法西斯主义宣传的一部分，也是法西斯主义本身的构成要件。希特勒臭名昭著的口号"有饭同吃"（Eintopfgericht）就是一个象征。他们越是不想改变现有的社会结构，就越是对社会正义夸夸其谈，意思是说："人民共同体"的成员不能贪图个人的享乐。反动的平等主义取代了通过消灭压迫而实现真正的平等，这也是法西斯心理的一部分；这反映在煽动者的"你自己知道就好"这一手法中，它允诺要揭发各种各样被禁止、却被他人享受的愉悦。弗洛伊德这样解释该现象：个体转化成为一个心理上的

---

[1] 弗洛伊德：《群体心理学和自我的分析》（英文版），第 56 页。

"兄弟部落"的成员。他们形成的凝聚力是彼此之间的原始嫉妒的反应，嫉妒心被迫为群体的凝聚力服务。

> 社会中后来以"集体精神"的面目出现的东西，与其原始嫉妒的起源并无任何不符之处。谁也不许比谁强，大家应该都干一样的活，拿的一样多。社会正义意味着我们自己放弃了很多东西，为的是让别人也与它们绝缘，或者，换句话说，这样一来他们也就不再要求这些东西了。①

可以补充一点，在煽动者的技术中，对兄弟情谊的矛盾心理有相当令人吃惊的重复表达。弗洛伊德和兰克（Rank）指出，在童话故事里面，蜜蜂和蚂蚁之类的小动物"是原始部落的兄弟，就像在梦的系统里面，昆虫和害虫（轻蔑地）代表（小不点儿一般的）兄弟姐妹一样"②。既然假定群体内部成员已经"通过对同一对象的同样的爱而成功地彼此认同"③，他们就不能承认彼此间有这种轻蔑。于是就通过对这些低等动物的完全否定性的发泄（cathexis）来表达它，这其中也融合了对群外人的恨，并投射到群外人身上。事实上，把群外人——外国人，特别是避难者和犹太人——比作昆虫和害虫，是法西斯煽动者极喜欢使用的手法之一。对此，洛文塔尔有详尽的叙说。

如果我们有理由认为，法西斯主义宣传家的刺激材料符合弗洛伊德的群体心理学所述的机制，那么我们就不得不问自己一个几乎无法回避的问题：这些粗野、教育程度不高的法西斯煽动者是如何获得关于这些机制的知识的呢？并不能认为希特勒的《我的奋斗》影响了美国的法西斯政治煽动，因为希特勒本人的群体心理学知识的理论水平怎么也不可

---

① 弗洛伊德：《群体心理学和自我的分析》（英文版），第 87-88 页。
② 弗洛伊德：《群体心理学和自我的分析》（英文版），第 114 页。
③ 弗洛伊德：《群体心理学和自我的分析》（英文版），第 87 页。

能高过勒·庞的那些广为流传的细微观察。同样也不能认为戈培尔具有宣传大师的智慧，他完全知道当代深层心理学的最新研究成果。如果浏览一下他的演说和新出版的日记选段，留给我们的印象是：他的精明足以玩弄权力政治的游戏，但是在所有社会问题和心理学问题上的发言都很幼稚肤浅，低于他自己的口号和报纸社论的水准。睿智和"激进"的知识分子戈培尔的概念是和这个魔鬼的名字有关的传奇的一部分，这个传奇是热切的新闻媒体炮制的，而这个传奇本身就需要精神分析的解释。戈培尔本人是用刻板成见来思考问题的，他完全处于人格化技术的魔咒的支配下。所以，对于法西斯主义者操纵大众的心理学技术，就不能从学识上寻找这些命令的根源。最重要的根源似乎是前文提及的对领袖的基本认同，以及禁锢在这样的认同机制中的追随者。领袖之所以能够猜出那些易于接受其宣传的人的心理需求，是因为他和他们在心理上是相似的；而领袖和大众的区别在于，领袖可以口无遮拦地表达潜藏在他内心中的东西，而不是说领袖比大众杰出或优秀。领袖是典型的口腔期性格类型，有一种不断说话、愚弄他人的强迫症。领袖对追随者施加的著名咒语大多取决于他的口才：缺乏理性意义的语言本身，神奇地推动了把个人还原为群体一员的返古退化。鉴于演讲肆无忌惮却又空洞无物的性质本身是以自我控制的缺席（至少暂时）为前提的，因此它暗示的是软弱而不是强大。法西斯煽动者的自诩强大，实际上经常伴随着这些软弱的暗示，特别是在乞求金钱的资助时——可以确定，这些软弱的暗示已经和强大的概念本身巧妙地融为一体了。为了成功地满足其听众的无意识倾向，煽动者只需把他自己的无意识向外暴露即可。他独特的性格症候使得他能够分毫不差地做到这一点，而经验教会了他有意识地利用这一能力，教会了他像一个演员那样理性地使用他的非理性，或者像某些知道如何贩卖自己的天资和敏感的记者。不必知道心理学理论，他就能够按照这些理论去说、去演：理由很简单，这些心理学理论是正确的。为了敲击他的听众的心灵，他唯一要做的，就是精明地利用他本身的心理学。

　　还有一个因素也使得煽动者针对心理学基础的技术不断增强，日臻完备。我们知道，法西斯煽动现在已经成为一门职业，事实上成了一种谋生手段。它有充足的时间来检验不同诉求的有效性，也就是说，通过所谓的"自然选择"，只有那些能够蛊惑人心的技术存活了下来。它们的有效性本身是消费者心理学的一个函数。通过"冻结"的过程——这是现代大众文化中屡见不鲜的一种技术，存活下来的诉求就成了宣传的标准，就像商业促销中被证明为最有价值的广告语那样。反过来，这一标准化的过程又是符合刻板成见的思维方式的，也就是说，符合那些易于接受宣传的人们的"刻板思维癖"和他们对无尽的不断重复的幼稚愿望。很难说，后一心理倾向会不会使得煽动者的标准手法怎么过度使用都不变钝。在纳粹德国，每个人都拿某些宣传用语逗乐子，如把"血统和土地"（Blut und Boden）戏谑地称作"血土"（Blubo），从北方种族的概念衍化出动词"北方化"（aufnorden）。尽管如此，这些诉求并没有丧失其吸引力。相反，它们的"虚假光环"被犬儒主义、施虐狂似的享用了，这恰恰说明决定第三帝国人民命运的权力是至高无上的，也就是说，理性的客观性也不能拿它怎么样。

　　人们可能会进一步问道：为什么这里讨论的群体心理学特别适用于法西斯主义，而不适用于大多数其他争取群众支持的运动呢？只要把法西斯主义的宣传和自由主义、进步的政党的宣传随便做个比较，就可以证明这是千真万确的。然而，无论是弗洛伊德还是勒·庞，都没有看到这个区别。他们以类似形式社会学的概念化方式谈到"这样"的群众，而对所涉及的群体的政治目标不加分辨。事实上，尽管弗洛伊德选择的教会和军队的例子在本质上是保守的、等级制度的，但是弗洛伊德就像勒·庞一样，都是在研究传统的社会主义运动，而不是其对立面。另一方面，勒·庞关心的主要是无组织、无纪律的偶发群集。只有超越了心理学范围的社会理论，才能彻底回答这里提出的问题。我们自己赞成以下几点看法：首先，法西斯主义的客观目的基本上是不合乎理性的，因为这些目的和他们试图拉拢的千百万群众的物质利益是南辕北辙的，哪怕希特勒上台后的最初几年有过战前的繁荣。法西斯主义固有的战争危险将招致毁灭，而大众至少在前意识里是明白这一点的。所以，当法西斯主义行使其非理性的权力时，尽管是一个把非理性伪装成理性的意识形态神话，但也并不完全是撒谎。既然法西斯主义无法通过理性的论证来赢得大众，它的宣传就必然要偏离推理逻辑思考的轨道；它必须面向心理，不得不使用非理性、无意识、退化的动员过程来赢得大众支持。由于所有遭受了不可理喻的挫败的那些阶层的全体大众，他们的心灵都因此变得麻木不仁，所以上述动员的任务变得更容易完成。法西斯主义宣传的秘密可能就在于把人当作他们现在的样子看待：今天的标准化的大众文化的真正孩子，几乎完全被剥夺了自主性和自发性；法西斯宣传非但不提出任何社会目标，也没有任何超越了心理学现状的目标要实现。法西斯的宣传只是为了自己的目的而"复制"现存的心理状态；它无须引入变革——作为它显著的特征之一，强制性重复又带来了持续重复的必要性。它完全依赖于总体结构，也依赖于集权主义性格的每一个独特的特性——集权主义性格本身就是现代社会的非理性方面的内化产物。在占统治地位的社会条件下，法西斯宣传的非理性也就在本能经济学的意义上成为理性的了。因为如果现状被认为是理所当然、不可变更的话，看穿它就需要花费艰巨的努力，而适应它、认同它则能够获得一些起码的满足——法西斯宣传的焦点正在于此。这也就解释了，为什么极端反动的群众运动使用"群众心理学"的程度要比那些更忠诚于大众的群众运动高出很多。无疑，即使是最进步的政治运动，一旦它倒向盲目的力量，粉碎其理性内容，也将堕落到"群众心理学"及其操纵的水平上。

所谓的法西斯主义心理学主要通过操纵来发动。理性计算的技术所带来的东西，被天真地以为是大众的非理性"天性"。这样的洞见有助于我们解决"法西斯主义是不是一种群众现象"的问题，而心理学术语是根本无法解决这个问题的。大众当中肯定存在着接受法西斯主义的潜在倾向，但要把这样的潜在倾向转化为现实，对无意识的操纵——弗洛伊德用遗传学术语解释的某种"暗示"——同样也是必不可少的。这证实了法西斯主义并非心理问题，而想用心理学术语说明其根源和历史作用的任何企图都仍旧落在法西斯主义煽动的"非理性力量"的意识形态窠臼中。虽然法西斯主义的煽动者毫无疑问地在演说中加入了一些倾向，但他是作为强大的经济和政治利益的代表才这么做的。心理上的倾向实际上并不能够产生法西斯主义；毋宁说，法西斯主义为了其自身利益，基于完全非心理学的考虑，才界定了一个可被成功利用的心理领域。大众被法西斯宣传所迷惑，这一现象并不是什么本能和冲动的原始表达，而是大众的心理学的"准科学的"重生——弗洛伊德在他对有组织群体的探讨中描述的"人为的退化"。大众的心理学被他们的领袖接管了，从而成为领袖统治的工具。这不是直接通过群众运动表现出来的。这一现象不是史无前例的，而是历史上的反革命运动一再预示了的。远在法西斯主义起源之前，心理学就成为强权制度的要素之一，因为大众的潜在抵抗（他们自身的理性）使制度必须进行总体化。弗洛伊德理论说的是，对领袖形象的认同取代了个体的自恋，这指出了一个可称之为"压迫者对群众心理学的盗用"的方向。确切点说，这一过程有其心理学的方面，但是它也表明了心理动机（在原有的、自由主义的意义上）被日渐剥夺的趋势。这样的动机被上面所述方向的社会机制全面控制、吸收了。当领袖成为群众心理学的意识，并成为他们自身的左膀右臂，这样的动机在一定意义上便不复存在了。精神分析的基本结构中也包含这样的可能性，因为弗洛伊德的心理学概念从根本上说是否定的心理学。在他的心理学里面，无意识具有至高无上的权威，并规定本我应当成为自我。人要是能够从无意识的他律统治中解放出来，就等于废除了弗洛伊德的心理学。法西斯主义用永恒的依赖性取代了实现自由的可能性，用社会控制对无意识的侵占代替了让主体意识到他们的无意识，因而在相反的意义上推动了弗洛伊德理论的废除。这是因为心理学总是在指明个体的一些束缚的同时也预设了自由，也就是个体的某种自足和自主。19世纪之所以是伟大的心理学思想的世纪，并不是偶然的。在彻底物化的社会中，人与人事实上已经没有任何直接联系，每一个人都被还原为一个社会原

子，仅仅是集体的一个函数，虽然个人的内部还存在着心理学过程，但
心理学过程已经不再是社会过程的决定力量。个体的心理学已经丧失了
黑格尔或许会叫作"实体"的东西。也许，弗洛伊德著作的功绩就在于，
尽管他自己只是在心理学范围内工作，并且明智地拒绝从外部引入社会
学因子，他还是触及了心理学退位的转折点。心理"贫困"的主体"向客
体投降"，而"客体已经取代了主体的大部分主要器官"①；也就是说，"超
我"的概念几乎就预言了形成法西斯集体的那种后心理学的、去个体化
的社会原子。在这些社会原子之中，群体形成的心理动力学已经力不从
心，不再成为现实。"虚假光环"这一范畴既适用于领袖，也适用于大众
的认同行为及其所谓的狂热和歇斯底里。就像人们的内心深处并不相信
犹太人是邪恶的，他们同样也不完全相信他们的领袖。他们并没有完全
认同领袖，而是扮演了这种认同，用他们自己的热情去表演，并且就这
样参与了领袖的表演。通过这样的表演，他们不断涌动的本能冲动和他
们达到的启蒙的历史阶段之间的平衡就被打破了，而这样的平衡是不能
任意扰动的。也许，正是对自身的"群体心理学"的虚假性的怀疑才使
得法西斯群众如此残酷无情，如此不可接近。哪怕停一秒钟来理性思考，
整个表演就要化为泡影，他们将不得不再次陷入恐慌。弗洛伊德在人们
始料未及的一个语境中，谈到了这个"虚假光环"的要素。他当时讨论
的是催眠，他认为催眠是把个人退化到原始部落和原始父亲之间的关系。

　　正如我们从其他反应中所知道的那样，个体不同程度地保留了
复活这种古老状况的倾向。有一种看法认为，不管怎么说，催眠只
是游戏，只不过是这些旧有印象的虚假重生；这就提示我们：对催
眠造成的意志中断的严重后果，是存在着反抗的。②

① 弗洛伊德：《群体心理学和自我的分析》（英文版），第76页。
② 弗洛伊德：《群体心理学和自我的分析》（英文版），第99页。

同时，这一游戏被社会化了，事实证明其后果是极其严重的。弗洛伊德在催眠和群体心理学之间做了一个区分，前者仅仅发生在两个人之间。但是，领袖对大众心理学的盗用，他们的技术流水线操作使他们能够把催眠的咒语扩大到集体范围。纳粹的战斗口号"德意志醒来！"正好掩盖了它的反面。另外，咒语的集体化和制度化已把移情作用变得越来越间接和不稳定，以至于表演的成分，也就是热情认同的"虚假光环"因素乃至所有传统的群体心理动力学背后的"虚假性"因素都剧烈地增强了。一旦突然意识到咒语的虚假性，这一增强便会达到突然终结，最终崩溃掉。社会化的催眠也在其自身内部养育着消除退化之幽灵的力量，它的遥控最终将唤醒那些虽然没睡着但却紧闭双眼的人们。

21. 社会学和经验研究 ①

一

　　集合在社会学这一学科门类名下的处理方式，只在一个极端抽象的意义上是统一的，也就是说，它们都是某种处理社会的方式。但它们的对象和它们的方法都不统一。有的诉诸社会的总体性及其运动法则，还有的则针锋相对，诉诸个别的社会现象——谁要是将它和某个“社会”的概念相联系，谁就会因为玄学的罪名而付出被放逐的代价。相应的方法也不同。对前者而言，对社会环境的考察应该从社会结构的基本条件出发，比如交换关系。对后者而言，这样的努力——即使它并不想从独断论的立场去维护事实的合法性——被打发为科学发展过程中的哲学残余，它要让位于实际情况的单纯确定。两种观念的根源在于历史形成的分歧模式。社会理论起源于哲学，与此同时，它试图确定社会的深层结构——在传统哲学里叫作永恒本质或者精神的东西，以回答哲学提出的问题。就像哲学不信任表象的欺骗而寻求阐释一样，社会的表面越是平滑，理论就越是深刻地不信任它。理论试图给暗中控制机器整体的东西命名。对思想的热烈愿望来说，纯存在物的无意义性是无法忍受的，这一愿望现已逐渐隐匿在祛魅的愿望中。它企图搬开下面住着神秘怪物的石头。这样的知识只给我们提供了意义。对事实的社会学研究反对这样的愿望。马克斯·韦伯接受的那种祛魅只不过是这种研究的鬼把戏之一，

――――――――――
① 本文写于 1957 年。见《阿多尔诺全集》德文版第 8 卷。

至于寻求秘密掌管的东西并希望改变它，则被视为在改变外在事物的道路上白白浪费时间。今天，这种情形越发明显，因为通常叫作经验社会科学的东西，自从孔德的实证主义以来，或多或少都公开承认自己以自然科学为榜样。两种趋势无法用一个公分母通约。对社会总体的理论思考根本无法被经验发现所实现；它们躲避后者，就像精神躲避心理实验一样。每一个社会总体的观点都必须超越其分散的事实。建构总体性的第一个条件就是事实的观念，好把分散的资料组织在其周围。从生活经验出发，而不是从社会控制机制安排好了的个人出发，从过去已经被构想的东西的记忆中，从个人思考的不偏离的结果中，这样的建构大概总是会把概念附加于材料上，在与材料的关系中重构概念。但是，如果理论不想沦为独断论（这种独断论的发现总是让现已上升为思想禁令的怀疑论欢欣鼓舞）的牺牲品，那么理论根本就不该在那里。它必须如其所做的那样，把它的概念从外部转换到对象自身具有的东西，转换到对象试图摆脱自身而想成为的东西，并用"它究竟是什么"来拷问对象。它必须把暂时的、有固定空间的对象的坚固性消解为可能与现实之间的张力场：每个人，为了生存，都依靠他人。换言之，理论无可辩驳地是批判性的。但是，由于这个原因，从理论派生而来的假设——对能够经常预料到的东西的预测——对理论来说是远远不够的。能够预料的东西只是社会活动的片断，和批判的目标不相容。理论不应该受到这样的蒙蔽：因为实际事物正如社会理论揣测的那样就沾沾自喜。也就是说，一旦理论作为假设出现，其内部组成就改变了。孤立的观察和验证，正属于它想穿透的欺骗性的环境。具体化和得到的确定性必须付出丧失穿透力的代价，原则上，它将会被还原为它审问的现象。但是，如果反之，一个人希望按照一般的科学习俗，从个别的调查开始进入社会的总体，那么在最好的情况下，他也不过得到更高的分类概念，而不是表达社会生活自身的概念。社会"建立在劳动分工的基础上"，这一社会范畴要比"资本主义社会"更高、更一般，但却不是更具有实质性。毋宁说，它更无实质性，对于人们的生活和遇到的威胁说得更少。不过，这不是说逻辑上较低的概念，如"城市化"，就说得更多。社会学的抽象水平无论往上还是往下，都和社会学知识的价值无关。因此，别指望从诸如帕森斯的"功能主义"模式之类的体系标准化中得到什么，也别指望那些"理论和经验将会综合"的老生常谈。由于社会学还处在所谓的"史前时期"故而迟迟无法兑现的这一允诺，错误地把理论等同于形式上的统一，拒绝承认清除了实质内容的社会理论取消了其中所有的重点。应该记住，冷淡地诉诸"群体"是和诉诸"工业社会"相对立的。建立在分类体系的模式基础上的社会理论构成，代替了赋予社会以法则的最薄的概念残留物。经验的东西和理论无法构成连续统一体。与现代社会的本质洞察相比，经验研究的贡献就好比汪洋中的一滴水。但是按照经验主义的游戏规则，关于中心结构法则的经验证据，在任何意义上讲都是互相矛盾的。把这些分歧调和起来，可不是件平坦顺利的事情。只有一种和谐社会的观点才招致了这样的企图。相反，必须用一种富有成效的方式，把张力关系放在首位。

<h2 style="text-align:center">二</h2>

今天，随着对精神科学的社会学和形式社会学的双重失望，主流趋势已经把首要地位给予了经验社会学。它直接的实际应用，以及它与每个行政管理类型的亲和关系，无疑在这里起到作用。但是，它反对任意武断地或空洞地谈论社会，这是正当合理的。尽管如此，经验的处理方式不值得优先考虑。这不仅是因为存在着其他的处理方式。学科和思想方式的合理性，不仅仅由于它们的存在，而在于事实给它们划出的界限。自相矛盾的是，虽然经验方法的吸引力来自于它对客观性的要求，却对主观性情有独钟——这可以用它的市场研究起源来解释。大体上，它偏向于从人口普查式的统计数据——如性别、年龄、婚姻状况、收入、教育和爱好、观点和态度——中抽象出人类主体的行为模式。就此而言，无论如何，它们只有在这个范围之内才能为自己辩护。作为所谓"事件

的客观状态"的汇总，它们顶多只能不太容易地和用于行政管理目的的前科学信息区分开来。总的来说，经验社会研究的客观性是方法的客观性，而不是被调查研究的对象的客观性。对个别人的不断变化的数据的调查所产生的陈述，来自于按照概率论的法则进行的统计处理过程，这一过程只考虑普遍性而不受个别波动的影响。但就算它们的效度是客观的，在大多数情况下，平均值仍然是关于人类主体的客观陈述，它们事实上仍是人类主体如何看待自身、看待现实的陈述。经验方法——问卷、访谈和无论什么可能的组合或补充——无视社会的客观性，无视人类行为所体现出来的一切条件、制度和力量，充其量不过是把这些东西解释为偶然事件。这里有错误的不仅仅是那些有意无意地阻止说明这些状况的研究委托人，不仅仅是在美国——例如，甚至是在发布大众传播的研究计划的时候——谨慎地担保只记录主导"商业体制"内的反应，而不分析体制结构和含义本身的那些人。此外，即使是经验的手段在客观上也服务于这个目的。这涉及基本上预先排列好的、针对许多个人的问题及其统计评估，它们事先就打算认识广泛持有的（因此是预先形成的）观点，作为判断对象自身的合理依据。这些观点肯定也反映了一部分客观性，但绝非全部，通常还是以歪曲的形式反映。无论如何，只要对工人们在职业中的功能方式粗粗一瞥，就会证明：主观的观点、态度、行为模式和这样的客观性相比，分量是第二位的。无论这种处理方式怎么实证，它们隐含的基础观念（源于民主选举的根本规则和毫不犹豫的普遍化）是：体现在普遍适用的统计处理过程中的人类意识或无意识的内容，占据了社会进程的直接的关键角色。除了它们的客观化过程之外，事实上，在解释的时候，这一方法无力穿透对象的客观化过程，特别是经济客观性的限制。对它们来说，所有观点实际上都具有同样的有效性，它们纯粹通过附加的数据提炼过程捕捉基本的差异，比如选择关键的群体，按照社会力量的比例给观点以权重。第一位的东西成了第二位的。然而，方法的这一颠倒，并非与调查对象无关。虽然经验社会学对同时兴起的哲学人类学十分厌恶，但两者有共同的立场，即如下信念：已在此时此地的此种人就是中心，而不是去测量先前已经作为社会总体性的要素的社会化的人——事实上，绝大部分程度上是社会总体性的客体。方法的物化性质（Dinghaftigkeit）要求敲定事实的内在倾向，它已被转移到了对象上，即：对于业已确定的主观事实来说，似乎它们就是事实本身，而不是假设的实体。这个方法既可能崇拜其对象，也可能自己就堕落为被崇拜的对象。难怪在经验社会研究的讨论中，方法问题比实质问题分量更重——就其讨论的科学方法的逻辑而言，这非常正确。作为评判的标准，被考察对象的尊严经常被方法所要确定的事实的客观性所取代。在经验的科学程序中，研究对象的选择和调查的出发点是被决定的，如果不是被实际的行政管理考虑所决定，也不是由调查对象的根本性质所决定，就是被可以实施的研究方法——这些方法大多必须进一步发展——所决定。这就解释了为什么那么多的经验研究无疑是无足轻重的。操作性或者工具性的定义程序是经验研究最常用的——用调查本身的问题答案的特定数值来精确定义一个"保守主义"之类的范畴——这认可了方法凌驾于对象之上，最终认可了科学事业本身的任意性。假装用一种研究工具作为手段来考察对象，而研究工具通过自身的构想就决定了对象是什么；换句话说，我们遇到了一个简单的循环。拒绝和不清晰的、模棱两可的概念打交道，这种忠诚于科学的姿态成了自我满足的研究事业强加给调查对象的借口。随着这种缺乏教养的傲慢，伟大的哲学传统对这种精确定义的实践的反对意见被遗忘了。[1] 这一传统作为学究余孽而抛弃的，是个别学科打着科学精确性的旗号而不加反思、拖拖拉拉前进的方式。一旦把工具性定义的概念外推到哪怕是常规的普遍概念——这几乎不可避免——研究就有一种不纯洁的负罪感，因为这会破坏其精确性。

---

[1] 参见康德，《纯粹理性批判》英文版，N. Kemp Smith 译，伦敦：麦克米兰出版公司，1933 年版，第 586 页以下；黑格尔，《逻辑学》英文版，A. V. Miller 译，1969 年版，第 795 页以下；以及尼采的无数论述。

三

社会性质本身造成了它不能愉快地照搬照抄自然科学的模式。尽管意识形态不这么看，而且这已经被德国对新技术的反动对立所理性化了，但这不是因为人的尊严——由于人类竭力为之奋斗的逐渐废止——将被视人类为自然一部分的方法所排除。相反，说人类的统治要求抹去了他自然存在的记忆，把盲目的自然自发性永恒化，因而犯下厚颜无耻的罪行，这要比用自然本能来提醒人类更正确一些。"社会学不是精神科学。"只要社会的冷酷无情继续把人类还原为客体，把他们的状况转化为"第二自然"，那些只做这些事的方法就并非亵渎。方法中自由的匮乏为自由服务的方式就是无言地证实了自由的普遍匮乏。金赛的调查激起的愤怒抗议和尖锐的捍卫姿态，是金赛最有力量的证据。无论人——事实上，在条件的压力下——在何处被还原为"两栖动物"的反应模式[①]，就像他们作为大众媒介不可或缺的消费者和在其他严格管制的快乐中的能力一样，对他们来说，激怒了根深蒂固的人道主义观点的意见研究，要——比如说，比一种"解释"社会学——更合适。因为，理解的根本基础，即本来是统一的、有意义的人类行为，已经被单纯反应的人类主体本身取代了。既是原子化的，又"下至原子上至一般"都分好了类的社会科学，是原子化的、按照抽象的分类概念（即行政管理的概念）组织起来的社会的"美杜莎之镜"。但是要成为真理，这种"现实与思想的同一性"还需要自我反思。它的合法性仅仅是批判性。在状态被实体化的时刻，也就是研究方法以永恒的科学理性掌握并表达状态，而不把它当作某个人的思想对象的时刻，人们就有意无意地在把状态永恒化。经验社会研究错误地把附带现象——我们构造的世界——当作对象本身。在应用的时候，存在着一种预设：不要从方法的需要出发，而要从社会的状态出发，即

[①] 参见霍克海默、阿多尔诺，《启蒙的辩证法》，伦敦：新左派图书，1973 年版，第 36 页。

历史地推断。这种实体化方法要求被测试人的具体意识。如果一份问卷询问音乐趣味，在这么做的时候，提供了在"古典"和"流行"的分类之间的选择，它会立刻相信它已经确定了被问受众是按照这些分类来收听的。类似地，当一个人打开收音机时，就被不加反思地自动识别，无论他找到一个流行音乐节目，还是考虑严肃音乐，或者是宗教行为的背景音乐。但是，只要这些反应形式的社会条件并未触及，正确的发现也是误导性的。它认为把音乐经验分为"古典"和"流行"就万事大吉了，而且是十分自然的。但这个划分自身不言自明的永恒性，仅仅提出了与社会相关的、很必要的问题：先验的区隔下的音乐知觉是否剧烈地影响了对知觉对象的自发体验。只有洞察现存反应形式的起源以及它们和被体验的意义的关系，一个人才能破译所记录的现象。然而，经验主义的时髦习惯将拒绝任何对特定艺术作品的客观意义的讨论，这样的意义仅仅是作为听众的主观投射才被讨论，结构被放逐为心理学实验安排中的"刺激物"而已。这种方式，从一开始就排除了讨论大众和文化工业作用于大众的产品之间关系的可能性。最终，产品自身按照大众的反应来界定，而这些大众和产品的关系就在讨论中。但今天，超越孤立的研究显得尤为迫切，因为随着媒介对大多数人的控制越来越强，他们意识的预先形成也日益增强，以至于对这种预先形成的意识几乎没有藏身的缝隙。即使像杜克海姆这样和社会研究在拒绝"理解"这一点上相一致的实证主义社会学家，也有很好的理由把他所坚持的统计法则与社会强制联系起来[①]，甚至认识到后者是社会普遍的规律性（general law—like nature）的标准。当代社会研究否认这一关联，因此也牺牲了它的一般概括和决定结构的具体社会事物之间的关联。但如果这样的视角被抛弃，并认为是某些时刻必须执行的特殊调查的任务，那么科学的反映确实只是复制，实体化的物化统觉，于是对象通过复制本身而被歪曲了。它施魔法把中介的东西变成了直接的东西。要改正，仅仅像杜克海姆打算做的那样，

---

① 埃米尔·迪尔凯姆，《社会学方法的准则》，巴黎：PUF，1950年版，第6页以下。

在描述中区分"集体领域"和"个人领域"是不够的，这两个领域的关系必须被中介，它必须有自己的理论基础。定量分析和定性分析的区分不是绝对的。这绝不是最重要的事情。众所周知，无论谁做定量分析，首先都必须从要素的定性差异中抽象，每一社会的个别都包含了对定量概括有效的一般决定物。定量概括的适当分类总是定性的。一种不能公平地对待这一事实的方法，一种声称定性分析和集体领域的本质不相容，因而拒绝它的方法，就会歪曲了它应该调查的东西。社会只有一个。即使主要的社会力量的影响还没有被感觉到，"欠发展"的圈层也和那些理性程度更高、社会化程度更加同一的圈层在功能上互相联系。无视这一点，并在归纳演绎的时候满足于这样弱而不完善的概念的某种社会学[1]，过分热情地企图说什么东西存在，从而支持了现存的东西。从严格意义上讲，这样的社会学就是意识形态——必要的幻觉。它是幻觉，因为方法的多样性没有围绕对象的统一性，而是揭示了它背后所谓的因子——为了图方便，把对象分解为因子；它是必要的，因为对象，即社会，对直呼其名是没有什么好害怕的，因此它自动地只鼓励和容忍这样一种关于自身的知识从它背后没有任何影响地溜掉。归纳和演绎的概念二分法是辩证法的科学替代物。但是只要是作为有约束力的社会理论，就必须把自己完全浸入材料中，所以要处理的事实自身就必须让人从其理解过程中清楚地看到社会的总体性。然而，如果方法已经提供了野蛮的事实，结果就没有任何光线能够穿透它。对形式社会学的严厉反对和完善，以及盲目地确立事实，使得一般和特殊之间的关系消失了。但社会从这一关系中延长其生命，因此这一关系给社会学提供了唯一对人有价值的对象。若谁顺理成章地把被分离的事实加到一起，物质关系就会头脚倒立在方法的梯度上。立刻定量化——哪怕是定性发现——的急切愿望，并不罕见。科学希望用它一致性的体系来清除一般和特殊之间的张力世界，

① 参见埃里希·雷格洛茨基（Erich Reigrotzki），《联邦共和国的社会团结》，图宾根：Mohr，1956 年版，第 4 页。

但这个世界正是靠不一致性才统一起来的。

四

这种不一致性便是社会学的对象——社会及社会现象——为什么不能具有所谓"经典的自然科学"能够指望的那种同质性的原因所在。在社会学里，人们无法像习惯于从观察一块铅的性质而推断出铅的一般性质那样，从社会事态的一部分命题推断其一般的有效性（即使有所限定）。社会科学法则的普遍性根本不是那种能够彻底包含个别部分的概念领域，而在本质上总是和具体的、历史的一般与特殊的关系有关。用否定的话说，这证实了社会缺乏同质性——迄今为止历史的"无政府"状态；而用肯定的话说，这证实了无法用大数法则掌握的自发性要素。任何人，只要把人类世界和数学的自然科学中的对象——至少在宏观领域的对象的有规则性、相对恒定不变性——加以对比，都没有美化这个世界。社会的对抗性质是核心的东西，仅仅概括出普遍性，就会像变戏法一样把这变走。同质性——而不是同质性的缺乏——需要加以澄清：鉴于同质性把人类行为提交给大数法则，这一法则的应用和个体化原则相矛盾，也就是说，无论怎样，都不能把人贬低为仅仅是一个物种的成员。他们的行为模式经过了智力的中介。后者肯定包含了统计的普遍性中很容易反复出现的一般要素。不过资产阶级社会中有分歧的特殊的个人利益也把这个一般给特殊化了，即使具有同一性，这些个人利益也是互相对立的，更不要提在社会束缚下被再生产出来的个人的非理性了。把分散的个人利益用他们"意见"的图表统一起来，只是个人主义原则的统一性。目前广为流传的有关社会原子的谈论，肯定正确地反映了个人面对社会总体性时的无能为力。当然，和自然科学的原子概念相比而言，它只是一种隐喻。即使在电视荧屏前，最小的社会单元的相似性也不能严格地用物理学、化学中可能的精确性来确定。可是经验的社会研究望文生义地采纳了社会原子的概念。它在一定程度上成功了，那就是对社会的一种批判性反思。社会普遍的似规律性使统计元素丧失了资格，证实了一般和特殊是不可调和的，证实了在个人主义社会里的个人盲目地屈从于一般，自己取消了自己的资格。对社会的"性格面具"的谈论一度记录了这一事态，但当代的经验主义已经忘记了它。共有的社会反应本质上是对社会压力的反应。只有采用这种解释，经验研究及其集体领域概念才能用如此高压的手段对个性化置之不理：既然后者到现在为止仍然只是意识形态，既然人类现在还不成其为人。在解放了的社会里，统计学将以一种积极的方式成为今天它只能以负面的术语成为的东西：行政管理的科学，但那将真的成为对物（消费品、商品）的管理科学，而不是对人的管理科学。不过，姑且不管它的社会结构基础如何拙劣，经验社会研究应自我批评其能力的局限，它得到的一般概括不能立即归因于现实——这个被标准化了的世界，它们总是应该同样归因于方法。因为，即使从加诸个人的问题或者他们有限制的选择——自助餐厅——中概括出了一般性，这个方法事先就预备好了要确定的东西——被调查的意见观点——在这一方式下成了一个原子。

五

　　洞察到社会学作为科学结构的异质性——也就是说，洞察到绝对的异质性，而不是渐次变化的、容易沟通的异质性——乃是社会理论、客观的社会状况和制度分析之类学科与主观取向的狭义"社会研究"之间的分歧，这并不意味着人们就应该简单地接受这些学科之间没有什么结果的划分。当科学本身带着武断的劳动分工的标记，而不能让人毫无困难地从中辨认出友善的总体性的时候，对科学统一性的形式需要肯定不能得到尊重，它的社会存在从任何意义上讲都是成问题的。但是分歧的社会学方法之间的批评性融合，是具体原因的要求，认识目标的要求。从社会理论形成和特定社会利益的特定连接的视角看，改正这种类型的研究方法就是有益的，无论后者由于其"行政管理"结构的缘故与特殊利益有何纠缠。无数社会理论的断言——这里只是为了举例而提及，马克斯·舍勒断言的底层阶级的典型意识形式（"怨恨"，中译者注）——可以在严格的调查的帮助下被证实或被反驳。[①] 另外，社会研究独立于理论和客观社会结构知识之间的纠葛，否则它将退化为互不相干或者甘心顺从于道歉的口号，比如那些偶然流行的家庭的口号。孤立的社会研究一旦希望拔除总体性，把它当作仅仅是玄学的偏见，就是不正确的，因为从原则上讲，总体性是方法不能理解的。科学发誓只关注现象。如果谁立下禁忌，把存在问题当作幻觉，作为方法不能认识到的某物，那么本质的联系——社会中实际上最重要的东西——就先验地得到了知识的保护。问这些本质联系是否"真实"或者是否仅仅是概念的结构，是无效的。把概念赋予社会现实的人，不需要害怕唯心主义的指控。这里指的不仅仅是知识主体建构的概念，也是支配事实自身的概念。即使是在所有存在的概念中介的理论里，黑格尔也预见到了现实中有决定性的东西。决定人类命运如何自我展开的法则是交换的法则。而且，接下来，这不代表简单的直接性，而是概念性的。交换行为把交换产品还原为其等价物，抽象的某物，但绝对不是——像传统的谈论所维护的那样——物质的东西。然而，这一中介概念既不是通常期望的一般陈述，也不是对建立秩序的科学的一部分的缩略补充。社会分毫不差地遵守这个概念，它提供了所有根本性的社会事件的客观有效模式。这一概念既独立于人类屈从于它的意识，又独立于科学家的意识。面对物理现实和硬邦邦的数据的人，可以把这个概念实体称为幻象，因为等价物的交换仍旧是又公正又不公正。它不是有组织的科学把现实理想化的幻象，而是现实固有的幻象。而且，关于社会法则不真实性的谈论，只具有批评的正当性，即和商品的拜物教性质有关。交换价值，和使用价值

[①] 参见《意识形态和行动》，载于霍克海默、阿多尔诺，《社会学（之二），谈话和报告》，法兰克福社会学丛书，第 10 卷，第二版，法兰克福：苏尔坎普，1967 年版，第 41 页以下。

相比起来只是精神的构象，统治着人类的需求并取代了它；幻象统治现实。就此而言，社会是个神话，对它的阐释一如既往地十分必要。同时，这个幻象是最真实的东西，它是经常用来迷惑世界的常规模型。对这一幻象的批评和实证主义的科学批评毫无关系，按照该科学批评，人们不能认为交换的客观性是有效的。可现实本身不停地巩固、证实着这一有效性。但是如果社会学经验主义主张法则不是现实存在的某物，那么它就不自愿地指示了对象中的某些社会幻象——社会学经验主义错误地把这一幻象赋予方法。科学精神所宣称的反唯心主义，正有利于意识形态的继续存在。意识形态被认为是无法通向科学的，因为它不是事实，当然不是。没有什么比这种概念中介更加强有力的了，它当着人类的面把"为他的存在"变作"自为的存在"，阻止人类形成有关他们生存于其中的状况的意识。一旦社会学反对认识它只知道是其"事实"的东西，仍然单纯满足于登记和命令它——这么做的时候，错误地把被提纯的规则当作统治事实的法则，并和它们的进展取得一致——那么它就已经屈服于辩护，即使它不认为它做了这些。因此在社会科学中，人们无法像自然科学那样从部分推至整体，因为社会科学是概念的东西，和它的逻辑外延以及构成整体的个别元素的特征的同一性都全然不同。尽管如此，由于其被中介的概念性质，整体与"总体性"和形式毫无共同之处，后者总是需要被概念化为当下的直接存在。社会要比有机体更像一个系统。缺乏理论而只能勉强拼凑一些假设的经验研究，对它真正的对象——社会系统视而不见，因为它的对象并不等于所有部分之和。它没有把部分都包括在内，也没有像地图那样，是由"国家和人民"并列在一起而组成的。无论是文字还是图形，都没有社会地图册来代表社会。由于社会不只是其成员的当下生活以及相关的主客观事实，竭尽全力调查这些直接性的研究迷失了路标。这一方法的一切实体化——甚至是把能够简单观察到的东西奉为偶像的实体化，都制造了生命存在的幻象，一个亲切友善的幻象，如其所示，从一副面容到一副面容。假如这样的幻象仍未被消解，那么消解它并非社会知识的最后一件任务。不管怎样，今天这件任务被抑制住了。在这方面，美化存在的形而上学和对实际情形的僵硬描述同样是有罪的。而且在一个相当可观的程度上，经验社会学的实践并没有遵守它自己的许可：假设是必要的。而后者的必要性是被不情愿地承认的，每个假设都面临怀疑，因为它可能成为"偏见"，并导致研究的无偏倚性被侵犯。[①]这个观点的基础是"真理的剩余理论"，该观念认为真理是排除了纯粹主观的添加物——一种成本价格——之后留下的东西。自齐美尔和弗洛伊德以来，心理学就认识到：认识主体的主观参与程度，会增加而不是减少对象经验的确定性——如果对象经验和社会一样，在本质上是经过主观中介的。但是，这一洞见还没有被社会科学所吸收。一旦为了有利于科学家负责的行为，而把个人常识搁置起来，人们就会在尽可能没有假设的处理方式中寻找救赎。经验社会研究应该彻底扫除"研究应当从白板（*tabula rasa*）开始"的迷信，这一迷信要求以无约束条件的方式收集所准备的资料。要这么做，它就应当想起经久不息的认识论论战，这一论战已经被研究过程的迫切要求带来的急功近利意识心甘情愿地全盘抛在脑后。和它本身的禁欲主义理想有关的怀疑主义，对怀疑论的科学来说是合适的。人们经常引用的"科学家需要10%的灵感和90%的汗水"已经屈居次席，并导致了对思想的禁止。长期以来，学者们苦行僧式的工作，主要就包括了放弃那些思想本来就得不到的可怜回报。如今，收入不菲的行政主管接替了学者，在智力方面的缺乏，不仅被当作这个加入队伍的人谦逊、从善如流的优点而得到称颂，另外也通过研究等级的建立而被制度化了，这些研究等级几乎不能认识到个人的自发性，要不就只把它当作人际摩擦的索引。但是，宏伟的灵感和艰苦卓绝的研究工作之间的对立，重要性只是第二位的。思想不会一下子飞来，哪怕它们突然出现，也是经过了长期的地下过程才结晶出来。研究专家自得地叫作"直觉"的那种突

---

① 参见雷内·柯尼希，《社会研究的观察和实验》，载于《实用社会学》，科隆：政治学和经济学出版社，1956年版，第2卷，第27页。

然爆发，标志着穿透了生活经验的那层公众意见的硬壳。正是对立于后者之物的绵长气息，而不是突出强调高天赋的要素，才使得未加严格管束的思想能够与存在相联系，这一联系经常被扩张了的干预装置无情破坏。相反，科学的艰巨性总是概念的操作和概念作用的发挥，是它所等同的那些机械的、顽固的无意识地处理程序的对立物。科学应当是对研究中的现象所试图成为的东西的真实和不真实的认识。没有任何知识不同时是批判性的，因为知识内在地区分着真伪。社会学只有把与其组织对立的、已经被石化的那一面发动起来，才能获得其意义。

六

学科之间绝对的差异被下列事实确认：本应是基础的东西，即经验调查和中心的理论问题的结合，除了若干孤立的努力之外，仍然没有达到。符合经验研究本身的"客观性"规则的、对经验研究最谦虚的、貌似有理的——用固有的批评话语说——要求，将把它所有面向人类和人类群体的主观意识和无意识的陈述，指向他们的生存的客观因素。对社会研究的主流领域来说似乎只是次要的附属物，或者仅仅是"背景研究"的东西，提供了社会研究有可能接触到本质的前提条件。不可避免地，在这些给定的因素中，首先强调的是和被研究者的主观意见、情感、行为有联系的东西，尽管这些联系的范围特别广，以至于这样的争论真的不应该自满于个别制度规范的知识，而应该求助于社会结构。把特定意见和特定条件相对照的做法，并没有排除这一绝对的困难。但就算有这么重大的保留，一旦能够和意见涉及的现实的性质对比衡量，意见研究的结果就获得了一种不同的价值。因此，出现在社会客观性和主观意识之间的差异，不论这一意识普遍分布的形式如何，都标志着经验社会研究接触到了社会的知识——意识形态的知识，有关它们的起源和功能的知识。这些知识是经验社会研究的实际目标，尽管当然不是唯一目标。然而，鸡零狗碎的经验研究称不上是社会的知识。市场的法则，在仍然对它不加反思的处理体系中，仍然是一个伪装。即使一项调查提供了压倒性的统计证据，表明工人不再认为自己是工人并否认无产阶级之类的东西存在，也根本没有证实无产阶级真的不存在了。相反，这样的主观方面的发现不得不和客观方面的发现对比起来看，比如那些被询问者在生产过程中的地位、他们能否控制生产的手段、他们的社会权力或者没有权力。与人类主体有关的经验发现必定具有它们的意义。在意识形态理论的内容中，人们不应该只是问这些意识方式如何出现，也要问他们的真实生存中，社会客观性的本质是否改变。无论人性和人类的自我意识是如何在真实生存中被产生、再生产的，错误的教条都不予理会。即使这些意识的存在——不管它们是作为肯定现实的元素而存在还是作为不同事物的潜在可能而存在，是社会总体性的一个要素。理论也罢，理论的缺席也罢，一经掌握群众，都可以成为物质力量。经验研究不仅是防止盲目的重叠构造的矫正物，也是表象和本质关系的矫正物。如果社会理论的任务是要批判性地把表象的认知价值相对化，相反地，经验研究的任务就是保护本质规律的概念，避免它被神话化。表象总是本质的表象，而不是单纯的幻象。它的变化不会与本质无关。如果工人们除了知道"自己是个工人"以外什么都不知道，这就影响了工人概念的内在组成，即使其客观定义——和生产条件的分离——仍然是完善的。

七

经验的社会研究无法避开下一事实：无论是主观因素还是客观的关系，给出的被调查因素都经过了社会的中介。给出的东西，它作为最终的东西——跟它的方法一致——而遭遇的事实，并不是最终的东西，而是有条件的。因此，经验研究不能把它的知识根基——事实的给出跟它的方法有关——和现实的基础——事实的自在存在、它们如此这般的直接性、它们的基础特征——混淆起来。它自己就可以防止这样的混淆，它通过方法的精确处理消除了数据的直接性。这说明了动机分析的意义，尽管它们仍然处在主观反应的魔咒之下。它们确实能很少依赖直接性问题，相关关系表示功能的关联而不说明偶然的决定因素。原则上，间接性方法的发展是经验研究超越单纯观察和搜集表面事实的一个机会。它的自我批判式的发展仍然存在着认识方面的问题，也就是说，确定的事实没有忠实地反映基础性的社会条件，而是通过这些条件必然的自我欺骗，同时构成了面纱。对于这些发现——被不无道理地称作"舆论研究"的发现而言，黑格尔在《法哲学原理》中关于舆论的陈述是普遍有效的："它值得尊重，也在同样的程度上值得蔑视。"[1] 它必须得到尊重，因为即使是意识形态，必定虚假的意识，也是社会现实的一部分，任何希望认识社会现实的人都必须熟知。但它必须得到蔑视，因为它对真理的承认必须被批判。经验社会研究一旦把舆论断定为绝对的存在，自己也就成为意识形态。这是未加反思的唯名论的真理概念的错误，这一真理概念不能确证别的真理，就错误地把"众意"（*volonté de tous*）等同于普遍真理。这一趋势在美国的经验社会研究中尤其明显。但是不应该武断地——例如，以规定的"价值观"的形式——责难把"公意"（*volonté générale*）作为自在真理的纯粹确认。这样的处理方式和那种把流行的意见当作客观有效的措施一样充满着任意武断性。自罗伯斯庇尔以来，法令建立的"公意"可能要比观念中立的"众意"假设有更大的危害。内在的分析提供了走出这一厄运的唯一路径；对意见一致性和不一致性的分析本身，以及意见和现实的关系，无论如何不是客观有效性和意见的抽象对立面。意见不应被柏拉图式的傲慢拒之门外，它的不真实源于以下的真实：源于支持性的社会关系，最终源于后者自己的不真实。另一方面，不管怎样，普遍的意见不代表真理的近似值，而代表社会的普遍幻觉。参与到普遍幻觉之中的，是无反思的社会研究想象出来的"最高的存在"（ens realissimum）：那些被询问者，人类主体。他们自身的性质、他们作为主体的"存在"依赖于客观性，依赖于他们遵守并构成了

---

[1] 参见黑格尔，《法哲学原理》，第 318 节。

他们的观念的那些机制。不过，如果人们在事实自身中察觉到超越事实的趋势，那么就能够测定它。那就是哲学在经验的社会研究中的功能。如果它未被认识到或被压制，如果仅仅复制现实，那么这样的复制同时也是把事实败坏为意识形态。

22. 知识社会学的意识 ①

卡尔·曼海姆阐述的知识社会学在德国又一次开始为人们所接受。这一次它得感谢它那并无害处的怀疑论姿态。像它的对头存在主义一样，知识社会学也怀疑一切，却什么也不批评。被真正的或自诩的"教条"压得透不过气来的那些知识分子在这种氛围中感到欣慰：这是一种似乎没有偏见和假设的氛围，这种氛围同时也为他们添加了某些马克斯·韦伯式的情怀以及孤独而大胆的理性，从而弥补了他们步履维艰的自主意识。在曼海姆身上，也和他的对手雅斯贝尔斯一样，出现了许多韦伯学派的理论冲动，这些冲动深深地植根于韦伯学派这座多元历史学的大厦中。其中最重要的冲动是以真正的理论形式来压制意识形态理论的倾向。这些思考证明了我们回到曼海姆的一本早期著作——《重建时期的人与社会》的正当性。曼海姆的这部著作对公众的影响比论意识形态的那本书更大。虽然，人们无法相信该著作所阐明的每一条公式，但是，这部著作的伟大之处就在于对知识社会学的影响提出了灼见。

这部著作的精神是"实证主义的"；社会现象只是被视为"如此这般"的现象，然后按照一般概念进行分类。在该过程中，社会对抗总是倾向于被掩盖起来。社会对抗只是作为对概念结构的微妙校正才得以幸存下来，而这一概念结构所提炼的"原则"被独断地确立起来，并投入了影子之间的战争："当下的重建时代中的一切冲突的最终根源可以用一

---

① 本文发表于《棱镜：社会文化和批判》（1955）。见《阿多尔诺全集》德文版第 10 卷（上册），第 31 页。

个单独的公式来把握。一切张力都产生于自由放任原则和新的调控原则之间的未受控制的相互作用。"似乎一切都不取决于谁在调控谁。或者说，这个时代的困境不是某些特定的团体或某个特定的社会结构造成的，"非理性"反倒成了替罪羊。对抗的不断增长被优雅地说成是"人的能力的不均衡发展"，似乎这只是个性的问题，而不是那个取消了个人的匿名机制的问题。正确与错误以同样的方式被掩盖了；从中抽象出"普通人"，并赋予他一种"永远存在的"本体论上的"狭隘性"。曼海姆坦率地承认，他的"经验的自我观察"这个术语是从更精确的科学中借用过来的："所有这些自我观察的形式都有掩盖和忽视个体差异的倾向，因为这些形式感兴趣的是在人及其可变性中的普遍性。"然而，并不关心人所处的特殊境遇和他所经历的现实转变。曼海姆概念世界的普遍化秩序用它的中立性适应了这个现实世界，它在运用社会批判的术语的同时却又移除了术语的锋芒。

如此这般的"社会"概念从一开始就是软弱无力的，因为它起源于"整合"这一极其折中妥协的术语。它的出现绝非偶然。曼海姆用社会总体这个概念时并不强调社会总体中的人的复杂依赖性，而是用它来把社会过程赞颂为矛盾在总体中的消失。从理论上讲，矛盾消失在平衡中了，尽管社会生活过程恰恰是由矛盾构成的。"因此，以下结论并非一目了然的：盛行于社会中的某种意见是选择过程的结果，选择过程将许多同样指向生活的表达整合为一体。"在这一选择概念中消失了的是以下事实：机制之所以能够不停运转下去，是因为在疯狂的牺牲的条件下，在持续灾害的威胁下，人被剥夺了。危险的、非理性的社会自我保存披上了虚假的外衣，变成了它的内在正义或"合理性"的一种成果。

整合出现了，精英还会远吗？曼海姆认为，"文化危机"是容易消除的恐怖和恐惧，对他来说，这只不过是"精英的形成问题"。曼海姆提炼出这一问题得以结晶化的四个过程：精英数目的增长及其带来的精英影响的衰弱，精英团体丧失了排他性，精英选择过程中的变化，精英构成的变化。首先，这一分析中所运用的范畴是高度可疑的。怀着"不怒不苦"（sine ira et studio）的精神记录事实的实证主义者倾向于接受那些隐瞒事实的说法。其中一个说法便是"精英"这个概念本身。这一概念的虚假性体现在以下事实中：特殊团体的特权被目的论地设定为某种客观选择过程的结果，其实把他们推选为精英的只是他们自己。曼海姆在运用"精英"这个概念时，忽视了"社会权力"。他以形式社会学的方式"描述性地"使用这个概念。这就使他能如其所愿地只考察每个特定的享有特权的团体。同时，"精英"这个概念的用法使得目前的紧急状况可以从同样"中立的"精英机制的功能失调中推导出来，而不用考虑政治经济学的状况。这样一来，曼海姆就跟事实发生了公开的冲突。他断言，在大众民主的社会中，任何人要进入有社会影响的领域已经变得越来越容易了，因此精英丧失了"他们的独特性，而这对于智力和心理冲动的发展都是必要的"；曼海姆的上述声称与最卑微的前科学经验发生了矛盾。精英缺少的同质性是一种虚构，这种虚构与价值观世界的混乱以及所有稳定的秩序形式的解体有关。谁不适合进入，谁就被排斥在外面。甚至反映实际利益之差别的那些信念之差别，首先也是为了掩盖存在于所有决定因素中的基本同一性。没有比谈论"文化危机"更能混淆视听的说法了。曼海姆却毫不犹豫地对此津津乐道。"文化危机"将现实的痛苦变成了精神的罪恶，否定了文明，基本上总是助长了野蛮。文化批判的功能已经改变了。文化庸人早就不再是进步的人，不再是尼采指认的大卫·弗里德里希·施特劳斯那种人。相反，他已经学会了深奥和悲观。他以深奥和悲观的名义否定一切不符合他的眼前利益的人性，而他可敬的破坏冲动转过来反对那些他为其衰落倍感哀婉痛惜的文化产品。在这位文化危机的社会学家看来，这不值一提。他的英雄般的"理性"甚至忍不住要拿"自从彼得迈耶时期结束以来欧洲艺术的创造力就终结了"这一陈腐观点来反对现代艺术，这一反对既是浪漫主义的，又是反动的。

　　与精英理论一道被接受的是它特别的着色。常规观念掺杂进了对它们所代表的事物的幼稚的尊重。曼海姆把"血统、财产和成就"说成是精英的选择原则。他那摧毁意识形态的激情并没能使他考虑一下这些原则的合法性。事实上，他能够谈论希特勒时期的"真正的血统原则"，这一原则在过去曾保证了"少数贵族世家及其传统的纯洁性"。从这里发展到"血与土"的新贵族专政，仅有一步之遥。曼海姆总体上的文化悲观主义使他没有迈出这一步。在他看来，血统还是太少了。他害怕大众民主，在这种民主中，血统和财产不再是选择原则了；精英的过快变化将会有损连续性。曼海姆特别关心这一事实：随着"真正的血统原则"这一神秘的学说，事情好像不对劲了。"它变得民主了，突然给大众提供了社会升迁的特权，而无须他们做出任何成就。"正如过去的贵族并不比其他人高贵，今日的贵族专政对真正取消"特权原则"也没有客观和主观上的兴趣。精英理论很喜欢这种不变，它用"血统原则和财产原则"的标题将今天的社会学家所说的"社会分化"的不同发展阶段（如封建制和资本主义）统一起来，并以同样的幽默将彼此隶属的财产和成就分开。马克斯·韦伯指出，早期资本主义的精神将两者等同起来，也就是说，在一个理性建构的工作过程中，取得成就的能力可以从物质成功的角度来衡量。把成就等同于物质成功，其心理学表现可以在成功崇拜的倾向中找到。曼海姆认为这种倾向以"追求地位的冲动"的升华形式表现出来。当作为个人的经济理性的"成就"跟作为其可能报偿的"财产"之间显然不再吻合时，财产和成就第一次在资产阶级意识形态中被分离开来。只有在那时，资产阶级才真正成为有身份地位的人。因此曼海姆的选择机制纯属杜撰，是任意选择出来的、远离社会实际生活过程的坐标。

要命的是，从上面得出的结论非常类似于维尔纳·桑巴特和奥尔特加·加塞特的不靠谱概念。曼海姆说起了"知识分子的无产阶级化"。他正确地提请人们注意文化市场拥挤如过江之鲫这一事实。根据曼海姆的观察，文化市场僧多粥少，取得文化资格的人远远多于（从正规教育的角度看的确如此）能提供给这些人的合适地位。然而，这种状况被认为导致了文化的社会价值的下降，因为"按照社会学的规律，文化商品的社会价值是由生产这些商品的人的社会地位决定的"。曼海姆继续说，"文化的社会价值必然下降，还因为知识分子界招募的新成员不断向较低的社会阶层（特别是向小官吏阶层）扩散"。这样便形成了无产者这个概念，这个概念和上层资产阶级的概念一样，是单纯的意识结构概念，它谴责任何不熟悉规则的人为"无产者"。这一过程的起源没有得到考察，结果造成了错误。曼海姆要人们注意社会意识与社会最底层的意识的"结构同化"，因此他就把谴责指向了那些阶层的成员和他们宣称的大众民主的解放。但是，造成"愚蠢化"的并不是被压迫者，而是压迫本身，压迫不仅影响了被压迫者，而且从根本上讲也影响了压迫者。曼海姆几乎没有注意到这一事实。知识分子职位的拥堵是由经济职位的拥堵造成的，基本上是由技术性失业造成的。这与曼海姆的精英民主化无关，而知识分子的后备军是最后影响这些精英的。此外，"文化的所谓地位依赖于创作文化的人的地位"这条社会学规律是错误概括的教科书案例。人们只需要回顾一下 18 世纪的音乐就够了。毫无疑问，音乐同当时的德国有着密切的文化相关性。除了依附于宫廷的艺术大师、第一女高音和男歌手，音乐家并不受人尊敬。巴赫是个下层的教会小吏，年轻的海顿是个仆人。只有当音乐家们的作品不再适合即时的消费，只有当作曲家开始（像贝多芬那样）反对他的主宰者——社会的时候，音乐家们才获得了社会地位。曼海姆得出错误结论的原因在于他的方法中的心理学主义。在他的学说中，社会的个人主义外观掩盖了以下事实：社会的本质恰恰是由经历了沉降过程的发展形式所构成的，这些形式使得个人仅仅成为客观趋势的代理人。尽管知识社会学有着消除幻象的表象，但知识社会学的观点仍是黑格尔之前的。它诉诸一群组织者，就曼海姆的"规律"来说，它诉诸文化的携带者：这一诉求是以"社会和个人之间的和谐"这个先验假说为前提的。"社会和个人之间缺乏和谐"才是批判理论最迫切的课题。批判理论是关于人的关系的理论，这只是就它是关于人的关系的"非人性"的理论这个意义上说的。

知识社会学造成的歪曲肇始于该社会学的方法，它把辩证的概念变成了分类的概念。因为在每一种情况下，社会矛盾都被归入个别的逻辑等级，社会阶级本身就消失了，总体的图景也变得和谐了。例如，在该书的第三部分，曼海姆把意识区分为三个层次：偶然发现、创造发明和计划，他试图把各个时代的辩证结构仅仅解释成普遍的"社会化的人"的行为模式的流变，在这个模式中，起决定作用的对立消失了："当然，将创造思维（通过理性的努力实现直接的目标）和计划思维分开的界线并不是牢固不变的。没有人能够确切说明，创造思维向计划思维的这种过渡究竟在多大的预测程度上，在不断扩大的自觉调控的哪一点上发生。"从自由社会向"计划"社会的连续性过渡这种观念是跟不同思维模式之间的过渡的观念相联系着的。由此产生了这样一个信念，即引导着历史过程的是一个体现了社会总体的、内在一致的主体。将辩证概念转译为分类概念，这是从现实的社会权力状况中抽象出来的，而那些不同的思维层次仅仅依赖于这一权力状况。"以往和现今社会学观点的新贡献是，它把历史看作是一个向调控干预的试验开放的领域。"尽管这种干预的能力总要受到当时的认识水平的限制。把社会斗争抹平为可以在形式上加以定义，可以预先进行抽象的行为模式，就可以让他理直气壮地发出有关未来的宣言："但是另一条道路仍然是开放的——通过理解、协定和妥协，也就是说，通过理智状态在国际社会的关键位置中获胜（迄今为止，这种胜利只是在特定的国家群体范围内才可能：在这块飞地内，人们凭借这种方法确立了和平），统一的计划将实现。"通过妥协的概念，本应由计划来解决的矛盾被保留了下来；计划的抽象概念预先掩盖了这些矛盾，因此，计划本身就是一种妥协，是它保留了的自由放任原则和对其不足的认识之间的妥协。

如果不损害辩证概念中包含的真理，就无法将辩证概念转译为形式社会学的范畴。曼海姆与实证主义的调情达到了这样的程度，他相信自己能够客观地依赖既定的事实，但他相当不靠谱地称这些既定的事实是"未予阐明的"，这些"未予阐明的"事实可以放进社会学的思维机器中，从而上升为普遍概念。不过，只有所谓"直接给定的事实"能够像幼稚的第一眼即可看到的那样容易地从其具体语境中抽象出来，这种按照概念序列进行的分类才是适当的认识过程。但它是不适当的，因为社会现实在它被理论排序看到之前就具有一种高度"被阐明的"结构——科学的主体及其经验数据都依赖于这种结构。随着分析的深入，原始事实不再是描述性的、自洽的数据，社会学也不再能够随意地根据自身的需要对这些事实进行分类。随着对社会的理论认识的发展，"事实"也必定经过了校正，但这并不像幼稚的经验看来的那样，意味着新的主观排序图式也要随之校正，相反，所谓给定的数据并不只是供概念加工的材料，也就是说，这些数据是由社会总体形成的，因而它们本身是有一定的"结构"的。不牺牲掉"通过抽象来进行的概念化"的自由，就不能克服唯心主义。存在先于意识的命题包括了"在概念的形成和运动中表示现实的动态趋势"的方法论原则，而不是按照概念的实用性、便利性要求来形成概念和检验概念。知识社会学看不到这一原则。只要它的抽象仅仅是跟一种通过区分和校正而发展的"经验"相和谐的抽象，这些抽象就是武断的。曼海姆本人并没有承认由此导致的逻辑结论："毫无偏见地"记录事实乃是一种幻想。社会科学家的经验并没有为他提供未经区分的、混乱的、有待组织的材料；相反，他的经验材料是"社会秩序"，是比任何哲学所设想的更重要的"体系"。判断其概念正确与否的标准，既不是它们的普遍性，也不是它们接近"纯"事实的程度，而是这些概念把握社会运动的真实规律，进而使顽固的事实变得透明的准确性。在一个由"整合""精英"和"阐明"之类概念定义的坐标系中，那些起决定作用的规律以及规律所表明的人类生活的一切只不过是偶然的、意外的，只不过是社会学上的"区分"。由于这个原因，进行着"概括"和"区分"的社会学似乎是对现实的一种拙劣模仿。这种社会学不反对"不考虑资本的集中和集中化"之类的陈述。这种抽象并不是"中立的"。理论考虑什么，不考虑什么，决定了理论的性质。如果"不考虑"的理由是充分的，人们也可以通过观察素食主义者或者马兹达兹南的追随者这样一些团体来分析精英，然后用概念来提炼这一分析，直到它的明显荒谬性消失为止。但是，任何校正都不能补偿基本范畴的错误选择，因为世界不是按照这些范畴被组织起来的。尽管有着种种概念的校正，这种错误还是将重点彻底转移了，以致现实脱离了概念。精英是"马兹达兹南形式的团体"，碰巧具有"占有社会权力"的特征。曼海姆曾说："在文化领域（同样适用于经济领域），绝对的自由主义是永远不存在的，社会力量的间接作用总是与（比方说）教育的调节并存的。"显然，曼海姆试图为一度无拘无束地盛行的，同时早就表现为意识形态的对自由放任原则的信仰做一次区分的校正。但是，通过对初始概念的选择（仅仅在后来才加以区分），关键的问题遭到了扭曲：甚至在自由主义的旗号下，自由放任原则仅用来掩饰经济上的控制，而"文化商品"的生产基本上是由他们同占统治地位的社会利益的一致性决定的。对意识形态基本问题的洞察挥发为一种手腕，这种伎俩不是首先针对具体的（亦即没有让必不可少的普遍概念实体化），而是通过表明"它也想到了具体"来寻求调和。

这种方法的不完善性体现在它的两极：规律和"例子"。知识社会学认为顽固的事实存在着各种区别，并将这些区别归并于最高的普遍单位中；同时，它赋予这些任意的普遍概括以一种处置事实的内在权力，它称之为社会"规律"，比如文化商品与生产这些商品的人的社会地位相关的规律。这些规律被实体化了。有时，它们具有一种真正夸张的特点："然而，目前有一条决定性的规律在统治着我们。对于由自然选择调节的无计划领域和有意组织的领域来说，只要无计划的领域占支配地位，它们就能够相安无事地并存。"（着重号是曼海姆强调的）这种形式的量化命题并不比巴德尔的形而上学命题更明确，与后者比较，前者唯一的优势在于缺乏想象力。曼海姆把普遍概念实体化的错误可以从他把辩证运动的规律贬低为"中介原则"的插入语中看出："不管我们怎样必须将中介原则以及相应的概念（如"晚期资本主义""结构性失业""下层中产阶级的意识形态"等）看成特定历史背景的具体表述，但是不应忘记，我们正在做的是区分出抽象的、普遍的决定因素（普遍因素），并使之个别化。在某种意义上说，中介原则不过是若干联系非常紧密的普遍因素的暂时组合，由于那些普遍因素交织在一起，以至于像是一个单独的原因在起作用。我们在这里要讨论的基本上是历史的、个别的背景中的普遍因素，这点可以从我们的例子中清楚地看到。我们的第一个观点是调节社会秩序的普遍原则，这一秩序自由地限制着法人；第二个观点是失业造成的普遍的心理影响；第三个观点是一条普遍规律，即社会进步的希望对个人的影响往往倾向于模糊他们的真正社会地位。"曼海姆继续说，正如相信"一般人"的概念本身的有效性乃是一种错误，"忽视或轻视了这些历史类型的具体行为模式中的人类心理的普遍原则，也是错误的"。因此历史事件似乎一部分由"普遍"原因决定，另一部分由"特殊"原因决定，普遍原因和特殊原因一起形成了某种"组合"。但是这就意味着混淆了抽象的层次与原因。曼海姆看出辩证思维的致命弱点在于它误解了"普遍力量"——好像商品形式对他讨论的一切问题来说还不够"普遍"似的。然而"普遍力量"不是与特殊力量相对立的独立力量，仿佛某个具体事件先是由某个因果命题"引起"，然后由特定的"历史状况"再"引起"一次。任何事件的发生都不是由普遍力量引起的，更不是由规律引起的；因果性并不是事件的"原因"，而是可以将各种具体的因果因素归入其中的最高的概念普遍性。牛顿对苹果下落的观察的意义并不是说，因果性的普遍规律在一个包括了较低级抽象因素的复合体内"起作用"。因果性仅仅在特殊事物中起作用，而不是外在于它。只有在这个意义内，下落苹果才是"万有引力定律的一个例子"；万有引力定律对这个苹果的下落的依赖程度就像这个苹果的下落对万有引力定律的依赖程度一样。各种力量的具体作用可以被还原成不同水平的普遍性的图式，但这并不是一个"普遍"力量和"特殊"力量相结合的问题。当然，曼海姆的多元论把关键因素设想为许多视角中的一种，所以它不大愿意放弃普遍因素和特殊因素的总和。

因此，被预先洗礼为"独特情境"的事实成了这些力量仅有的一个例子。相反，辩证理论并不比康德更能接受例子这一概念的有效性。例子是方便的、可互换的说明；因此，选择出来的例子总是和今天人类真正关心的问题保持着令人舒心的距离，要不它们就是从帽子里变出来的。

但是，它们很快就不得不为后果付出代价。比如，曼海姆写道："为了说明从重要的非理性中产生的干扰，我们可以看一个明显的例子，一个国家的外交人员已经周密地制订出一系列行动计划并决定采取某种措施，这时，其中的一位官员突然精神崩溃，于是采取了与计划相反的行动，从而破坏了这一计划。"把这种私事描绘成"因素"是无用的，他不仅浪漫地过高估计了个别外交官的"行动范围"，而且，除非这种错误本身比外交官的考虑能更强烈地作用于政治发展进程，那么，人们只需通个五分钟的电话就能纠正这一错误。曼海姆还像儿童读物一般绘声绘色地说："作为一名士兵，我必须控制自己的冲动，并且很想成为一位完全不同于自由猎手的人，自由猎手的行动只有周期性的目的性，他只是偶尔才需要克制自己，例如当他必须瞄准猎物射击的时刻。"众所周知，近年来猎人的职业已经被狩猎运动所代替，就连那些只在向猎物开枪的时候才控制自己（为了不让自己被自己的枪声吓坏）的运动员也几乎猎获不到什么猎物，可能把他的猎物吓跑了，或者甚至找不到他的猎物。这些例子的微不足道与知识社会学产生的影响有密切关系。这些例子被挑选出来是由于其主观的中立性，所以预先就是无关紧要的，目的是转移人们的视线。社会学起源于批判社会原则的冲动，社会学发现自己同这些原则相冲突；知识社会学是用来思考身穿绿衣的猎人和身着黑衣的外交官的。

从内容的角度看，这种概念化的形式主义倾向在宣布其纲领要求时暴露了自己。要求的是社会彻底组织化的"最优化"，却没有想到为了获得这一最优化就不得不打破许多缺口。如果事物只是合理地组合在一起，那么一切事物都将各得其所。曼海姆的理想与此相符，这是处在"无意识的保守主义"和"误导的乌托邦主义"之间"值得追求的方向"："然而，我们同时能看到可能解决目前紧张局势的一般纲领，即一种利用了计划的集权主义民主，并且从当前原则的冲突中创造一个稳定的体系。"这是与侧重点从"危机"转向"人类问题"的提升相一致的——在这方面，曼海姆表明他本人与现代德国人类学家（尽管他声称反对他们）和存在主义哲学家的意见一致。有两大特征能说明曼海姆的知识社会学的顺从姿态。首先，这种社会学与症候有关，它完全故意地过高估计意识形态的意义，以反对这些意识形态代表的事物。这种社会学平静地与意识形态共享了极富争议的（应予以批判的）"非理性"概念："更重要的是，我们必须认识到，非理性并不都是有害的，相反，当非理性作为实现合理或客观的目标的一种推动力而起作用时，当非理性通过升华和涵养创造文化价值时，当非理性作为纯粹的热忱提高人们的生活乐趣而不是因缺乏计划而破坏社会秩序时，它就是人拥有的极宝贵的力量之一。"无论是说非理性通过涵养创造文化价值（尽管顾名思义，价值是涵养的产物），还是说非理性"提高"了人们生活的乐趣（尽管这种生活还是那么不合理），都没有触及非理性的本质。但是，在任何情况下，把本能等同于非理性都是不祥之兆，因为非理性这个概念以"价值中立的"方式被运用于力比多以及力比多的压抑所采取的形式。在曼海姆看来，非理性似乎赋予意识形态一种实质意义。这些意识形态受到一种父亲般的再次检验，但却又原封不动地保留了下来；它们隐藏的东西永远不会暴露。然而，当下实践的粗鄙唯物主义与这种无批判地接受症候的实证主义倾向，与这种对意识形态要求的明显尊重有着密切的关系。在和蔼的观察目光下，外表完好如初；而这种社会学的最终智慧就是人心不可能产生任何严重威胁到其精心标定的界限的超越冲动，"在实际的事实中，观念（同样适用于词汇）的存在体永远不能超出所讨论的社会的视域和活动范围"，任何对这些界限的"逾越"都会很容易被视为"对精神价值等等唤起的感情的调节"。这种唯物主义非常像是一位绝不允许他的后代具有新思想的家长，既然一切事物都已经被思考过了，他建议他的后代专心致志于谋生，获得一种体面的生存。这种老练、傲慢的唯物主义乃是曼海姆的历史观中的唯心主义的倒影。曼海姆在其他方面，特别是在他的合理性及其进步的思想中，也是忠实于这种唯心主义的。按照这种唯心主义，意识中的变化甚至能够使"社会的结构原则彻底脱离它的铰链"。

　　知识社会学的现实吸引力只在如下事实中才能找到，即意识中的那些变化（如"计划理性"的成就）同今天的计划者的论证直接相关："只有少数几个组织者的头脑才能思考一个起作用的、彻底合理的社会的复杂活动，这一事实确保了那些组织者在社会中的主导地位。"这一论题显然已经超出了知识社会学的意识的范围。客观精神，作为少数组织者的客观精神，通过这一论题发出了声音。知识社会学梦想着征服新的学术领域，但他们毫不怀疑地为之效力的人正毫不犹豫地打算废除那些学术领域。自由主义常识滋养的曼海姆的种种思想最终都是为了同一件事——推荐社会计划，而又不触动社会的基础。这种荒谬导致的结果现在已经昭然若揭，曼海姆却肤浅地将它看作是一种有待于上面的人（即那些控制生产资料的人）来消除的"文化危机"。这意味着那些看不到出路的自由主义者要使自己成为社会的独裁安排的代言人，哪怕他同时认为自己是反对独裁的。当然，知识社会学会答复道，判断计划的最终标准不是权力而是理性，而理性又包括颠覆强权的任务。不过，自哲学王柏拉图以来，这一颠覆所包括的内容是明确的。曼海姆推崇自由漂浮的知识分子，这一问题的答案不应到他"植根于存在"的反动假设中去找，而应当到以下提示中找：自命为"自由漂浮"的知识分子归根到底植根于那一必须改变的、只是假意批评的存在中。对他们来说，理性是这种制度的功能最优化，它延缓了灾难的发生，而不过问该制度的总体实际上是不是非理性的最优化。在形形色色的极权主义制度中，旨在维持制度的计划导致了对该制度不可避免产生的矛盾的野蛮镇压。计划的鼓吹者们以理性的名义将权力转交给那些已经以神秘化的名义占有了权力的人。今天，理性的权力是那些目前掌权的人的盲目的理性。但是，随着权力向灾难推进，它将导致精神有节制地否认理性的权力，并消灭这种权力。这种理性的权力仍然自称是自由主义的，确切地说，对它而言，自由已经"从社会学的观点看，仅仅是有效集中控制范围的扩大与受影响的群体规模之间的不相称"。知识社会学为无家可归的知识分子安排了说教的场所，在那里，知识分子能够学会忘掉自己。

23. 闲暇时间 ①

关于闲暇时间的问题——人们怎么利用它的，它最终为人们带来了怎样的机遇——不能作为抽象的一般性问题来泛泛而谈。"闲暇时间"（free time）或"空闲时间"（spare time）的说法只是最近才偶然兴起的，但它的词源"闲暇"（leisure, Muße）指的是一种无拘无束的、舒适的生活方式的特权，因此这里发生了性质的改变，变得更为普及——它指向了一种具体的差别，即指向了既不自由又不空闲的时间，被劳动占用的时间，可以说是一种异质性的时间。闲暇时间与其对立面是绑在一起、无法分开的。事实上，这种对立关系使得闲暇时间具有了若干本质特征。此外——更为重要的是——闲暇时间依赖于社会关系的总体性，而人们仍然处于这一总体性的魔咒支配之下。无论是在劳动中还是在意识中，人们都未能真正获得自由。甚至那些善意地用"角色"一语来把握这个事实的社会学也因为所选择的这个术语本身来自戏剧领域的缘故而暗示了以下事实：社会骗得人们接受的"生存"既不同于人们自身的存在，也不同于他们可能成为的存在。当然，仅仅简单地将人们的存在本身与他们所谓的社会角色区分开来，这并不足取。这些角色是如此深刻地影响着人性的最内在的关联，以至于在这个前所未有的社会整合的时代里，我们已经难以说出人类还有什么东西不是由功能决定的。这一观点对于闲暇时间问题的思考尤为重要。这就意味着即使在魔咒的控制有所松懈

---

① 本文发表于《关键词：批判模型之二》（1969）。见《阿多尔诺全集》德文版第 10 卷（下册），第 645 页。

之处，也就是在人们至少主观上确信自己正按照他们自己的自由意志行事的地方，这一自由意志本身仍然是由他们在非劳动时间内试图摆脱的那一力量所决定的。今天，如何正确对待闲暇时间的问题应当这样提出：什么构成了闲暇时间？劳动生产率在何种持续存在的不自由条件（即人们生来就遭遇到的生产关系）下不断提高？什么规定了如今人类生存（正如他们一直在做的那样）的规则？闲暇时间已经在我们的时代和岁月中急剧扩张了。由于还没有完全开发的自动化和原子能领域的发明创造，这一扩张还将继续深化。如果谁想要撇开意识形态的偏见来回答问题，就不能不怀疑"闲暇时间"是否正走向其对立面，正成为对"自由时间"的拙劣模仿。不自由就这样逐步吞食了"自由时间"，而大多数不自由的人并不知道这一进程，就像他们并没意识到自己的不自由那样。

我想用我自己的亲身经验来阐明这个问题。人们经常在访谈中问及别人的兴趣爱好。当画报周刊报道文化工业的某个巨头的个人生活时，他们总是不放过报道采访对象的个人爱好的机会，尽管私密程度有所不同。当人们问我这个问题时，我惊呆了。我没有业余爱好。这不是说我是工作狂，除了努力完成工作上的指定任务就不会干别的了；而是说，对于超出我的专业范围之外的活动，我都毫无例外地认真严肃地从事它们。对我来说，要不是我已经被这种今天司空见惯的野蛮精神的诸多实例提前打了预防针，我肯定会被"它们是业余爱好（仅仅为了消磨时间而随意进行的事情）"这种说法吓坏的。一方面，创作音乐、听音乐、阅读我感兴趣的材料，这些活动都是我的生活的一部分；称之为爱好是对它们的侮辱。另一方面，我很幸运地从事着哲学和社会学著作的写作以及大学的教学工作，这一切都不是根本对立于闲暇时间的，而是被如今的一刀切式的两分法强行分开的。我很清楚，在这里我是享有特权的，这是幸运，也是罪过：我属于极少数能有机会从事符合自己意愿的工作的人。恐怕这也是我的工作和我在工作之外做的事情之间并不存在着牢固的僵硬对立的一个原因。如果闲暇时间真的就是要让每个人都能享受到曾经只是少数人的特权的那种状态（和封建社会相比，资产阶级社会在这方面取得了若干进步），那么我将按照自己在工作之外的生活经验来描述它，虽然这一模式必然会在不同条件下发生相应的改变。

如果我们采纳马克思的假设，认定资产阶级社会中的劳动力成了商品，而劳动凝结在商品之中（物化），那么"爱好"一词就是自相矛盾：这一人类状况把自己当作物化的对立面，当作是处于完全被中介了的总体系内的一块"无中介的生活"绿洲，而它本身其实已经物化了——正如"劳动时间"和"闲暇时间"的僵硬对立所揭示的那样。闲暇时间不过是以利润为导向的社会生活诸形式的延续。就像"表演行业"在今天已经被人严肃看待一样，"休闲产业"一语中的讽刺意味也被人们彻底忘记了。一个众所周知的确凿事实是，旅游、野营之类的休闲活动遍地都是，并围绕着利润这个中心组织起来。与此同时，工作时间和闲暇时间之间的差别成为人们心目中不可动摇的规范，无论是在意识层面还是在无意识层面皆然。这是因为，根据占统治地位的工作伦理，免于工作的时间应该用于恢复被耗费了的劳动力，恰恰因为无工作的时间仅仅是工作的附庸，因此它被人们从带着清教徒热情的工作中切割出来。这里我们遇到的是一条资产阶级性质的行为规范。一方面，应专心工作，不要分神或胡闹；这是雇佣劳动的规矩，这一法则被内化了。另一方面，闲暇时间不应该和工作类似，这样才能保证工作的效率。因此，许多休闲活动很无聊。与工作领域的行为模式相反，它不允许人们耗费精力：这是闲暇领域的秘密。以前，儿童的学校成绩单里为他们的专心程度打分。其合理的推论就是，成人非常关切的是孩子们不应在闲暇时间耗费太多精力；不要读太多书，不要睡得太晚。这样的担忧也许真的是善意的。父母们也不自觉地意识到，精神的某种无拘无束状态是和人类生活的有效分化水火不相容的。此外，主流的风气怀疑一切杂多、异质的东西，怀疑任何不能清楚明白地归类的东西。生活的严格二分法加深了物化，这一物化几乎将闲暇时间蚕食殆尽。

在业余爱好这个意识形态上，可以清晰地看出蚕食是如何发生的。"你有什么爱好"这个问题的自然性中隐藏的假设前提是：你必须有一个爱好，甚至你最好有许多不同的爱好，这样才能符合不同的"休闲产业"
所能提供的东西。被组织的自由就是强制。要是你没有爱好，没有业余，
那就太可悲了；你就是一个苦行僧或者老土，一个怪人，而在这个一直
骗你说"你的闲暇时间应该怎样怎样"的社会里，你会被唾沫星子淹死
的。这样的强制不仅仅是外在的。它也成为功能系统中的人的内在需要。
曾经在很久之前的青年运动中非常流行的野营活动是对单调乏味的资产
阶级生活的抗议。人们不得不"出家"（在这个词的两个意思上）。睡在
星光下意味着离开了屋子，也逃离了家庭。自从青年运动之后就灭绝了
的这一需求现在又被野营产业控制和制度化了。如果不是人们内心已经
有了渴望，产业本身并不能强迫人们购买帐篷和卧具以及无数的额外用
品；然而商业把人们对自由的需要功能化了，人们的需要被商业扩展并
复制了。人们要的自由回过头来又压迫了他们。安适就这样被整合进了
闲暇时间；人们不知道就在他们感到最自由的时刻，他们其实是完全不
自由的：因为这一不自由的规则是从他们自己身上抽象出来的。

就"闲暇时间"这一观点的严格意义讲——也就是在它与工作相对
立的意义上，至少在某种过时的意识形态的含义上——该观念有某些空
洞性（黑格尔会称之为"抽象的"）。一个典型的例子是晒日光浴，那些
人在烈日下烘烤自己，只是为了把皮肤晒黑，但烈日灼人，日光浴的过
程并不舒服，甚至很可能非常痛苦，有损精神。在日光浴这个例子里能
明显看出，商品的拜物教性质已经向现实的人们提出了要求；他们自己
变成了被崇拜的物。说棕色皮肤的女孩更性感，这类观点恐怕只是另一
种合理化。日光染色就是目的本身，比起它可能吸引到的男朋友来说是
远为重要的。如果雇员们度假归来，却没有变成他们有义务获得的肤色，
那么同事们就会责问他们"到底度假了没有"。兴盛于闲暇时间的拜物教
乃是屈从于更深远的社会控制的。显然，化妆品工业及其铺天盖地、不
可抗拒的广告是其中的一个因素。但是人们情愿对显而易见的东西视而
不见。

在太阳底下睡觉的行为意味着当今条件下的闲暇时间所包含的一个

要素达到了顶点：这就是厌倦。人们期待从他们的假日或闲暇时间的其他游玩中得到的奇迹便遭到了无尽的轻蔑嘲笑，因为即使在这里，他们也没有迈过"永远一样"的门槛：远方不再是不一样的地方（他们仍然感到了波德莱尔的"无聊"）。受害者的嘲笑是和迫害机制自动连着的。早期叔本华阐述了一种厌倦理论。从他的形而上学悲观主义出发，他教导说，人要么因为他们盲目的欲望无法满足而痛苦，要么因为满足了欲望而厌倦。这一理论很好地描述了他律条件下的闲暇时间，在新德国，这一状况可以命名为"外部决定"。带着愤世嫉俗，叔本华傲慢地认为人是自然的工厂产品，这就说明了商品的总体性实际上把人变成了什么东西。愤怒的冷嘲热讽还是要比关于"人的不可还原的本质"的神圣抗议更尊重人。然而，不应把叔本华的学说视为某种具有普遍有效性的东西，甚至把它当成是对人类的本质属性的洞察。厌倦只不过是特定生活的功能，这种生活处于劳动的强制之下，处于严格的社会分工之下。并不见得非如此不可。一旦空余时间的行为是真正自主的活动，是自由的人自己决定的活动，那么厌倦就几乎消失了。它不会出现在仅仅为了寻求愉悦的活动中，就像它不会出现在那些合理的、有意义的闲暇活动中那样。甚至游手好闲也不一定是粗俗的，而是会被当成是摆脱了自我控制的一种幸福的解放。如果人能够自己决定他们自己和他们自己的生活，如果他们不再陷入"永远一样"的王国，他们就不会厌倦。厌倦是对客观的沉闷的反映。政治冷漠也是这样。冷漠的最大原因无疑是民众的不公平感——这一点适用于今天世界上的所有政治制度，民众觉得社会允许他们参与的政治领域几乎不能改变他们的实际生活。既然看不到政治与他们的切身利益的相关性，他们就退出了一切政治活动。健康的（或确实是精神疾病的）无力感是和厌倦密切相关的：厌倦是一种客观的绝望。这也是人被社会总体性蹂躏后的一种畸形症候，这些症候里最重要的肯定是对幻想的诋毁和想象力的萎缩。幻想仅仅成了性幻想，或是渴望被一种不再是精神的"科学精神"所禁止的东西。想要适应社会的人必须学会不断抑制他们的幻想。对大多数人来说，想象力的发展随着儿童早期的经验而中止了。缺乏想象力是社会培养和灌输的结果，这就使得人们在闲暇时间非常无助。问人们在他们可支配的大量闲暇时间里应该做什么（就好像闲暇时间是施舍的问题而不是人权问题一样），这个无关痛痒的问题恰恰是以无想象力为基础的。人们之所以在其闲暇时间内几乎无事可做，是因为他们的想象力被截除了，所以他们失去了快乐享受自由状态的能力。人们被拒之于自由门外，自由的价值被贬低，长此以往，如今人们已不再喜爱自由。他们需要肤浅的娱乐。文化保守主义赏赐给他们娱乐，并以此羞辱他们。这些娱乐是为了给工作积聚精力，而这正是文化保守主义捍卫的社会秩序要求的。正因为如此，当体制已经不再要求人们的劳动之后，人们还是束缚在他们的工作上，拴在那个训练他们劳动的体制上。

在当前的条件下，期待或要求人们在他们的闲暇时间内有真正的创造力，将是错误而愚蠢的。因为创造力——产生某种尚不存在的东西的能力——恰恰是他们身上被灭绝了的能力。他们在闲暇时间内创造的东西不会超过无所不在的业余爱好的水平——模仿诗歌或临摹绘画，而在不容争辩的社会分工条件下，其他人肯定会做得比这些业余涂鸦者（Freizeitler）更好。他们创作的东西太肤浅了。这种肤浅性使得产品质量低劣，反过来使得创作过程毫无快乐可言。

即使人们在闲暇时间里从事的最肤浅、最无意义的活动也被整合进了社会。社会需要仍然在这里起作用。某些服务业形式（特别是家庭佣人）已经消亡了，需求远远少于供给。在美国，只有真正的富豪才请得起佣人，欧洲的情况也差不多。这意味着许多人在从事着被正式废除的活动。"自己动手"（do it yourself，DIY）这个口号随即成了有用的忠告。这个口号也来源于人们对机械化的怨恨，机械化减轻了人的负担，给他们很多无用的时间（引起争论的不是事实本身，而是对它的解释）。这里，仍然是某些特殊行业的利益怂恿人们承担了本来可以让别人做的事情；也正是因为那些利益，本来可以提供的便利服务衰落了：它们必须消亡。实际上，在一个以分工为基础的社会中，"人们可以节省花费在服务上的钱"这一观念属于很古老的资产阶级意识；这是顽固的自我利益造就的经济，这一经济无视的事实是：这不过是各种专业技术之间的交换，而交换恰恰让体制保持在首要地位。威廉·退尔，这位令人憎恶的"绝对个性的典范"宣称家里有了斧子就再也用不着木匠了，席勒的这句话里包含了资产阶级意识的全部本体论。

"自己动手"，空余时间行为的这一当代典范适合了更为深远的背景。三十多年前我就把这类行为叫作"伪行动"。从那之后，伪行动便雨后春笋般地涌现了，甚至是（尤其是）在那些自诩为反建制者的人群中。一般来说，可以认定所有形式的伪行动都包含着某种被压抑了的"改变石化的社会关系"的需要。伪行动是误入歧途的自发性。误入歧途并非偶然；因为人们不相信扔掉他们的桎梏真的难于上青天。他们宁可转而从事一些虚假的、虚幻的活动，宁可获得体制化的替代满足，也不愿意直接面对"改变的可能性非常小"这一现状。伪行动是对社会一边要求一边扼杀的那种创造力的杜撰和滑稽模仿，就个人而言，他并不真的想要那种创造力。创造性的闲暇时间只对那些推翻了监护的人才是可能的，而对于处在他律条件下并让自己成为他律的活动者的那些人来说，是不可能的。

闲暇时间不仅仅是劳动的反面。在完全就业成了理想的这个体制里，闲暇时间不过是劳动的阴影，是劳动的延续。我们还缺乏一种明晰的体育社会学，特别是观众的社会学。但是可以提出一个假设，也就是说，随着体育对身体的运用，随着身体在团队活动中的功能化（这在最流行的体育中屡见不鲜），人们业已不自觉地训练成了一种行为模式，而不论是升华到更高层面还是更低层面，这种行为模式是劳动过程要求的。参加体育活动的公认理由把保持身体健康视为体育的唯一的、独立的目的；但这是自欺欺人，适合劳动的健康肯定是体育活动的隐蔽目的之一。在体育中，人们第一次自己折磨自己，并将其作为他们自己的自由的胜利而庆贺，这正是社会强加于他们的，而他们必须学会乐在其中的折磨。

让我再来谈谈闲暇时间和文化工业的关系。自从霍克海默和我在三十多年前发明了这个词以来，对这种统治和整合手段已经写了很多了，所以我宁可挑一个我们当时无法充分论述的个别问题来谈。对文化工业的意识形态批判有一个前提，即认为文化工业的标准就是娱乐和低俗文化的石化标准，它倾向于认为文化工业完全彻底地控制和主宰着其对象的意识和无意识——而在自由主义时代，文化工业正是从那些人的品位中成长起来的。尽管如此，我们还是有理由相信：在精神生活过程中，正如在物质生活过程中一样，生产控制着消费，特别是在生产与消费无限接近之处，即在文化工业中。也许有人以为，文化工业已经完美地迎合了它的消费者。可是文化工业是一个总体现象——它允诺要让人们暂时逃离"永远一样"，可它自己却是"永远一样"的现象——因此简单地将文化工业与消费者的意识之间画上等号，这是可疑的做法。多年以前，我们在法兰克福社会研究所进行了一项相关研究。不幸的是，对研究材料的充分分析被其他更迫切的事情耽搁了。不过，匆匆一瞥也不难发现某些与所谓闲暇时间问题有关的东西。研究涉及荷兰的贝阿特丽丝公主与德国外交官克劳斯·封·阿姆斯伯格的婚礼。研究的目的是了解德国公众对婚礼的反应：该婚礼由大众媒介播出，不停出现在画报周刊上，因此也被公众在闲暇时间消费了。鉴于事件呈现的方式（比如写它的文章）赋予它一种非同寻常的重要性，我们期待读者和观众们严肃地看待它。我们尤其期待看到典型的当代意识形态——个性化——在其中的运作；通过个性化（作为对现实的功能化的一种补偿），个别人的价值和私人关系的价值将被高估，显得比实际社会决定因素更重要。现在我得审慎地说，这些期待过于简单化了。事实上，研究提供了一个教科书般的案例，说明了批判的理论思维可以从经验的社会研究中学到东西并得到矫正。批判理论完全能够探测一种分裂意识的症候。一方面，人们很享受这一此时此地的具体事件，这跟他们日常生活里的其他事情可大不一样：用现代德国人用滥掉的字眼来说，这是"一辈子就一次"（einmalig）的体验。就此而言，受众的反应符合通常的模式，即再重要的新闻哪怕是政治新闻也被信息传播的方式变成了消费品。但是，我们的访谈设置的问题一方面涉及观众即时反应的决定因素，另一方面涉及访谈对象赋予大事件的政治意义。在这里，许多（忽略百分比）访谈对象突然变得很现实，开始批判地评价这一事件的政治和社会重要性，这正是他们在电视机前屏住呼吸观看的"一辈子就一次"的事件。文化工业提供给闲暇时间的人们的东西的确被消费、接受了，但是，如果我的结论不是太匆忙草率的话，接受伴随着保留，这就使得最幼稚的戏剧或电影观众也不会认为他们看到的就是真的现实。也许还可以加一句，他们并不相信。显然，意识和闲暇时间的整合没那么成功。个人的现实利益仍强大得足以抵抗总体的包容，尽管抵抗有很大的局限。这也符合一条社会预测：只要社会的内在对抗没有减少，那么这个社会就不能完全被整合，哪怕是在意识中。社会无法一直用它自己的方式得到整合，特别是在闲暇时间中。闲暇时间确实向人们提出了要求，但是它的性质决定了它在要求人们的时候不能把他们推倒在角落里。我就不谈后果了，但是我认为我们能够从中看到成熟的机会，这一机会最终将有助于我们把自由时间转化为自由本身。

第八单元

漂流瓶中的谜语

24.《否定的辩证法》导言（节选）①

【哲学的可能性】

　　一度显得过时的哲学，因为错过了实现自己的时机，而又存活了下来。"哲学仅仅解释了世界"这样的结论性判断是哲学在现实面前的屈服，它弄残了哲学本身，并成为改变世界的尝试失败之后的一种理性的失败主义。它并不容许具体地指控这样的理论究竟犯下了何种"不合时宜"之罪——今天，哲学一如既往地被怀疑为不合时宜。也许，允诺要付诸实践的解释并不完善。理论批判所依赖的时刻不能仅仅通过理论本身来延长。在可预见的将来都不会发生的实践再也不是控诉自鸣得意的思辨的上诉法庭；它主要被行政当局用作窒息批判思想的借口，无论实际的改变需要什么样的批判思想，都无一例外地被谴责为无用的扯淡。

　　哲学违背了它要与现实一致或要实现自己的誓言，于是它被迫无情地自我批判。从前，哲学似乎是对立于感知觉等外在经验的，是完全不幼稚的东西；现在的哲学本身反而和150年前的歌德眼中的那些沉湎于

---

①《否定的辩证法》一书出版于1966年，收录于《阿多尔诺全集》德文版第6卷。这里选译的是其导言的前一半（德文版中以空行表明了这一分隔）。译自英文版《否定的辩证法》，丹尼斯·雷德蒙德（Dennis Redmond）译，2001年版，第15–42页。这篇导言里的小标题为英译者所加，故而放在方括号中，仅供参考。每一小标题对应的是原文的一个自然段，英译者为阅读方便，加以进一步的分段。原文见德文版《阿多尔诺全集》第6卷，第2–47页；总页码第2830–2875页。

思辨的腐儒们一样幼稚了。内省的思想建筑师居住在外向的技术专家所掌管的月球背面。哲学的习惯是用概念结构来安置总体，但随着社会的急剧扩张和实证的自然科学的大踏步迈进，这些概念结构就好比是晚期工业资本主义中的简单商品经济的遗产。任何一种精神和权力之间的失衡（自从堕落为老生常谈以来）已是如此巨大，以至于这些精神概念本身呼唤的任何理解这一统治权的企图都陷于失败。从事这种理解的意愿本身就表明了一种权力的要求，这一要求恰恰被有待理解的权力所拒绝。

随着各门具体科学的兴起，哲学必然被迫退化为一门狭隘的专门学科：这就是哲学的历史命运最一目了然的表现。如果说，康德如他自称的那样把他自己"从经院哲学的概念中解放出来，并走进了世界概念的哲学"，那么哲学现在又不得不退回到经院式的哲学概念中去。一旦哲学错误地把经院哲学的概念混同为世界的概念，其自命不凡就成了绝对的荒谬。黑格尔知道这一点，尽管他把哲学列入了"绝对精神"之内，但他还是把哲学作为现实的一个要素，当作劳动分工中的一种活动，从而限定了哲学。从那之后，哲学本身的狭隘性及其与现实不相称的情形越来越严重，哲学也就越来越彻底地忘掉了上述局限性，就越来越把它当作外在于哲学的东西清除掉，以便确立哲学在总体性中的地位——哲学将总体性作为它特有的研究对象；哲学并没有认识到其内在的真理性，直至其内在的构造有多么依赖于这一局限性。

只有摆脱了这种幼稚的哲学才是值得继续向前思考的哲学。不过，对哲学的批判性自我反思不能止步于哲学史上已经取得的最高成果面前。在黑格尔哲学没落的今天，哲学的任务是诘问"哲学是否可能"，就像康德在批判了理性主义之后诘问"形而上学如何可能"一样。如果说，黑格尔的辩证法代表了用哲学概念处理异于概念的事物的不成功尝试，那么在他的尝试失败后，就应当去解释他和辩证法的关系，并解释他失败的原因。

【辩证法不是立场】

今天的理论都逃不开市场：每一理论都是诸竞争观点中的一种可能性，都要供人选用、剪下。没有人能掩耳盗铃地宣布他的理论可免于此种命运，这肯定会被指责为自恋的自卖自夸。但这一指责并不能让辩证法哑口无言；与之相伴的非难，即指责辩证法只不过是多余的、随意挂在事物外面的方法，也同样不能。因为辩证法这一名称只不过表明了事物并非毫无保留地进入其概念中。这是和公认的充足标准相抵触的。矛盾并不是黑格尔的绝对唯心主义将它神圣化的那样：它并不是赫拉克利特意义上的本质。它揭示了同一性的虚假，揭示了概念并未穷尽被构想之物这一事实。

然而，同一性的表象是作为纯形式的思维本身固有的。思维意味着同一。概念的图式自满地将思维想要理解的东西推到一旁。其表象与其真理性交缠在一起。表象是不能简单地消除的，比方说，通过宣称"在思维规定的总体之外还存在着物自体"来消除。这是康德的论点，黑格尔鸣鼓而攻之，他暗示：概念之外的"自在之物"是完全不可规定的东西，是空洞的，是虚无。既然意识到概念的总体性只是一个表象，那么就没有别的路可走了，只有打破总体同一性的表象：这符合它自身的尺度。既然这一总体性是按照逻辑学构成的，而逻辑学的核心是排中律，那么任何违反排中律的东西，无论性质如何不同，都是矛盾。矛盾是同一性下的非同一性；矛盾律在辩证法中的首要地位使得同一性思维成为衡量异质性的尺度。异质的东西与其自身限制的冲突，使它越出了自身。

辩证法就是始终意识到非同一性。它并不预先采纳某一立场。思维不可避免的不充分性，它对它所思考的东西的亏欠，将思维推向了辩证法。如果我们重复亚里士多德主义者对黑格尔的批评，认为辩证法将任何进入其磨坊的东西都碾为纯逻辑的矛盾形式，认为辩证法忽视了真正的多样性并无矛盾，不过是差异（连克罗齐也赞成这一观点），那么我们就是为事物的过失而责备方法。我们要区分的事物呈现出分歧、不和谐、否定，只是因为我们的意识结构强迫它保持同一性，只是因为意识对任何与自身不同一的事物都是以总体性为衡量标准的。这正是辩证法所坚持的把我们的意识作为矛盾的东西。由于意识的内在性质，矛盾性本身是一个命中注定、不可避免的合法角色。思维的同一性和矛盾是焊接在一起的。矛盾的总体性只不过表明总体的同一化的虚假，正如同一化所示的那样。矛盾也就是法则造成的非同一性，它也影响了非同一的东西。

【现实与辩证法】

这一法则不是思维的法则，而是现实。毫无疑问，服从辩证法约束的人不得不付出的痛苦代价是经验中的质的多样性。辩证法造成的"经验的贫乏"（这一点让主流观点恼火不已）表明了它完全符合这个被管理的世界的抽象的垄断性质。辩证法造成的痛苦是世界的这　痛苦，是上升为概念的世界之痛苦。认识必须向辩证法鞠躬致敬，如果它不想再次把具体事物贬为意识形态的话——而认识其实已经开始成为意识形态了。

辩证法的另一版本满足于一场黯淡的复兴，满足于康德的二律背反命题的概念史衍生物：康德的继承者们设计了体系，但未能完成。它只能被否定地完成。辩证法按照普遍性的命令展开了普遍性和特殊性之区分。一旦主观和客观的分裂进入了意识，耕犁着意识思考的一切，乃至客观事物，那么对主体而言，就将不可避免地走向和解。这将释放出非同一性的东西，使之摆脱强制，乃至精神化的强制，它第一次开启了通向不同事物的多样性的道路，使辩证法对它们再也不拥有权力。和解将是"不再有敌意的多样性"的中介，是某种被主观理性革除了的东西。

辩证法效力于和解。它去除了它所遵循的逻辑本身的强制性，该强制性使辩证法被斥为"泛逻辑主义"。唯心主义把辩证法等同于绝对主体的首要性，它是概念的整体运动过程及其每一步骤的否定性推动力。哪怕是在黑格尔的观念中，主体的这种首要性也已经遭到了历史性的谴责。黑格尔想要超越个体意识以及康德或费希特的先验主体。主体的首要性不仅仅是被变弱了的思维的软弱无力（思维无力解释世界进程的不可抗拒的权力）取消了。无论是逻辑上的和解还是政治、历史上的和解，绝对唯心主义主张的和解（其他理论都不能自圆其说）没有一个是站得住脚的。自圆其说的唯心主义只能把自己构成为矛盾的一个缩影，这既是它在逻辑上连贯的真理，也是它把逻辑性作为逻辑性而招致的惩罚；是表象，也是必然。

一旦重新打开辩证法的箱子，辩证法的唯心主义形式退化为文化教育的包袱，非唯心主义形式的辩证法就退化为教条。然而，辩证法的重新开放不仅仅决定了哲学研究的传统模式的现实性，也不仅仅决定了认识对象的哲学结构的现实性。黑格尔让哲学重新获得了实在性思考的权利和能力，而不是提供一些空洞无物的认识形式的分析。现代哲学在处理实在问题时，不是沦为陈腐的世界观，就是沦为黑格尔否定过的形式主义，成为"无关紧要的东西"。现象学的发展是这方面的一个历史证据：一度出于内容的需要而活泼有生气的现象学最终打发掉了一切内容，认为内容会玷污它对存在的召唤。

黑格尔对实在的哲学思考把"主体的首要性"——或者，用他在《逻辑学》导言里的著名说法，"同一和非同一的同一"——作为其基础和结果。在他看来，精神之所以可以规定特定的个别事物，是因为事物的内在规定性不是别的，正是精神。按照黑格尔的看法，离开这一假设，哲学就无法认识任何实在的、本质的东西。假如唯心主义获得的辩证法概念并没有藏身于经验中（与黑格尔的论断相反，经验是独立于唯心主义体系的），哲学就会不可避免地拒绝对实在的任何洞察，而把自己限定在科学方法论的阈中。把科学方法论叫作哲学，实际上是取消了哲学。

【哲学的旨趣】

在历史的这一时刻，哲学真正的兴趣恰恰是黑格尔以及哲学传统不感兴趣的东西：非概念性、个别性和特殊性。哲学感兴趣的是自柏拉图以降就被打发为暂时的、无意义的东西，是被黑格尔称为"懒惰的存在"的东西。哲学的主题将是那些曾被哲学贬为偶然的、微不足道的"质"。对概念来说，当务之急是它不能涵盖的东西，被它的抽象机制淘汰掉的东西，已经不是概念的实例的东西。

现代哲学的先驱柏格森和胡塞尔都产生过这一想法，但又缩回到传统的形而上学。柏格森为了非概念性的缘故，下令建立了一种认识类型。辩证法的盐被混沌的生命之流冲刷走了；硬邦邦的现实被打发为次生的东西，而不是与其次生性一起被理解。柏格森憎恨僵硬的普遍概念，他建立了对非理性的直接性的崇拜，对不自由中的最高自由的崇拜。他按照他向来反对的笛卡儿和康德的学说，勾勒出他自己的两种互相对立的认识模式；作为实用知识的因果机械论模式不受直觉模式的影响，正如资产阶级体制不受那些对体制享有特权的人的悠闲态度的影响一样。

在柏格森的哲学中，被称道的直觉本身仍然是相当抽象的；它们很少超越现象的时间意识，而这正是康德的历史-物理时间（用柏格森的说法，空间的时间）的基础。尽管它努力展开，但精神的直觉行为模式事实上仍是模仿反应的远古残留。比过去略胜一筹的是，它允诺要超越僵硬的现在。直觉只不过是断断续续的。然而，任何认识（包括柏格森本人的认识）都需要他不屑一顾的理性，这恰恰是因为认识想要得到具体的说明。被奉为绝对的"绵延"、纯粹的"生成"、"纯活动"——这一切又退缩为柏格森嘲笑过的那种（自柏拉图和亚里士多德以来的）形而上学的"无时间性"了。他没有意识到，如果他索求的东西不是海市蜃楼，那就只能用认识的工具，通过对认识工具的反思才能看得见。他没有意识到，从一开始就不以认识工具为中介的方式只会堕落为胡思乱想。

另一方面，逻辑学家胡塞尔真的想明确区分认识本质的模式和一般的概括抽象。他采取了一种能觉察特殊事物的本质的具体意识体验。但这样"直观"的本质和通常的普遍概念实际上没任何分别。"本质直观"的功能结构与它的目标有显著差异。因此，两种打破唯心主义的尝试都没成功：柏格森和他的主要敌人实证主义者一样，走向了意识的直接材料；胡塞尔同样走向了意识流的现象。两人都裹足于主观内在性的范围内。他们徒劳的尝试应予反对，但其目标应坚持下来：这是一个跟维特根斯坦唱反调的目标，即"言说不可言说之物"。

这一要求包含的明显矛盾是哲学本身的矛盾：哲学在和它的各种具体矛盾纠缠之前，就被确认为辩证法。哲学的自我反思包含着解决这一悖论。别的东西都是意义、后结构，在今天亦如黑格尔时代，是"前哲学的"活动。对令人怀疑的"哲学的可能性"的信心，对概念能够超越（作为出发点和归宿的）概念而达到非概念性的信心，既是与哲学不可分割的，也是折磨哲学的幼稚病的一部分。否则，哲学就只能和一切与人类精神有关的事物一样惨遭截肢。哪怕是最简单的手术也是无法想象的——真理没有了，万物皆为虚无。不过，无论概念在其抽象范围之外捡到了什么真理，那都只能是被概念压制、贬抑和丢弃的东西。认识的乌托邦就是用概念去解封被概念封缄起来的非概念之物，但并不将它们变得和概念一样。

【对抗性的总体】

上述的辩证法的概念令我们怀疑其可能性。对包罗万象的矛盾运动的预想似乎万变不离其宗，总是在说教着一种精神的总体性——这恰恰是我们刚刚驳斥的同一性论题。据说，精神不停地反思着事物的矛盾，如果它以矛盾的形式组织起来，就会是这一事物本身。真理是总体性的真理——唯心主义辩证法把特殊斥为片面和谬误，超越了特殊而奔向总体性的真理；如果没有预先想好总体性的真理，辩证法就失去了前进的动力和方向。对此，我们不得不反驳道：思想经验的对象是一个对抗性的体系——完全是现实的对抗，而不是仅仅存在于认识主体重新发现对抗的认识中介中。唯心主义在主体和精神的领域投射出了现实的强制性构造，应将这一构造重新转译出来，归还给现实。唯心主义留下的东西是：决定精神的客观存在物——社会——既是主体的缩影，又是对主体的否定。社会中的主体是不可认识、无能为力的；它那令人绝望的客观性和概念性却被唯心主义误认为是实证的东西。

体系不是绝对精神的体系，而是某种最限制人的"精神"的体系，拥有这种"精神"的人们甚至不知道它就是他们自己的精神。社会物质生产过程对主体的先行构成问题尚未得到解决，而跟它的理论构成根本不同的是，它与主体不可调和。它们自身的理性像先验主体那样，不自觉地用交换建立起了同一性，却依然无法与主体相提并论——即使把它和主体通分，称之为"敌对于主体的主体"。这一概括既真又非真：说它真，因为它构成了被黑格尔叫作精神的"以太"；说它不真，是因为其理性尚不足以构成理性，是因为它的普遍性还是特殊利益的产物。正因为如此，对同一性的哲学批判超越了哲学。乌托邦的难言之隐在于：它需要没有归并到同一性之下的东西——用马克思主义的术语说，就是"使用价值"——这样生活才能继续，哪怕是在当下占统治地位的生产关系中。乌托邦深深植根于反对它实现的死敌之中。从乌托邦的具体可能性的视角出发，辩证法是事物的虚假状态的本体论。事物的正确状态将从辩证法中解放出来，它既不是体系，也不是矛盾。

【概念的祛魅】

哲学，包括黑格尔的哲学在内，往往遭受这样的反对意见：它们都免不了用强制性的概念做材料，这实际上就已经是唯心主义了。实际上，任何哲学，包括最极端的经验主义，都不能陷在"野蛮的事实"里面，像解剖病例或物理实验那样表达事实；任何哲学都无法像栩栩如生的图画一样把特殊事物拼贴成一个让人信以为真的文本。不过，这一主张就其形式的普遍性来说，和概念在自身领域中的幼稚的自我阐释一样，都是盲目崇拜概念的观点，都把概念当成了自给自足的总体，而哲学思维对此总体无能为力。说真的，所有的概念乃至哲学概念都指向非概念的东西。因为概念本身就是现实的要素，现实产生了形成概念的需要——主要是为了控制自然。似乎来自其内部的概念中介，即概念领域的优先性——没有概念，什么都不能认识——并不等于说概念是自在的存在。自在之物的表象导致了把概念排除在现实之外的运动，而概念本身统治着现实。

哲学必然要操作概念，这一必然性并不导致概念的优先性，但也不会让对概念优先性的批判成为对哲学的终审判决。虽然哲学的概念性与哲学不可分离，但它并不是哲学的绝对——这一观点仍然是以概念性为中介的，它既不是教条，也不是幼稚的现实主义。再者，诸如黑格尔《逻辑学》开头的"有"之类的概念就意味着非概念性，如拉斯克（Lask）所说，它们"意味着超越自身"。对概念性本身的不满也是概念的本性，尽管把非概念性包含在概念的意义之中会导致两者等量齐观，从而纠缠不清。就意识而言，概念的内容是内在的；就本体而言，概念的内容是先验的。概念的这一自我意识就能去除概念拜物教了。哲学的自我反思确证了概念中的非概念之物。否则，概念就会如康德推断的那样空无一物：最终，概念不是任何事物的概念，也就是虚无了。

哲学让我们明白了这一点，它消除了概念的自给自足，让我们茅塞顿开。概念即使在处理存在的事物时也只不过是概念，而没有改变概念陷于非概念的总体之中的事实——概念仅仅通过它的物化（即真正创造出一个概念）才与非概念的总体隔绝开来。概念是辩证逻辑的诸要素之一。概念是以非概念之物为中介的，非概念之物通过概念的意义表达自身，这反过来也确立了概念性。概念和非概念之物的关系是概念的基本特征：在传统认识论中，每一概念定义最终都需要非概念的、直接指示的要素；但反过来，存在被归并到概念的抽象统一性中，就和存在分离了：这更是概念的基本特征。扭转概念性的这个方向，使之转向非同一的东西，是"否定的辩证法"的关键。洞察概念中的非概念性构成，将消除概念携带着的，即使反思也无法阻止的"同一性强制"。其自我规定将瓦解概念作为"自在存在"的意义单元的表象，概念与其意义分离的表象。

【"无限"】

概念的祛魅是哲学的解毒剂，防止哲学滋生蔓延而成为绝对本身。唯心主义遗赠给我们的"无限"概念——它也被唯心主义败坏——需要改变其功能。哲学不应像科学那样穷尽事物，把现象还原为最小的公理集合。这在黑格尔对费希特的驳斥中可见端倪：费希特被指责为从"公理"出发。相反，哲学想要深入到与其异质的事物之中，而不把事物还原为预先造好的范畴。哲学想要尽可能地靠近这相异的质，正如现象学和齐美尔尝试未果的计划那样。哲学的目标是不折不扣的放弃。哲学的内容只有在它并非哲学指定的时候才是可理解的。认为哲学可以在有限的规定中把握本质，这不过是一种幻想。必须放弃这种幻想。

唯心主义哲学家们轻率地把"无限"挂在嘴上，或许只是出于一种愿望，想要消除对其乏味的概念图式的"限定"（黑格尔的体系也是如此，尽管他有他的意图）的那些恼人的怀疑。传统哲学认为自己有一个无限的目标，它在此信念下成为有限的、确定的哲学。新哲学应当撤销这一声称，不再试图让自己和别人相信它支配着无限。毋宁说，由于新哲学拒绝把自己界定为一定数量的定理构筑成的僵硬体系，在这个意义上可以谨慎地称之为"无限的"哲学。它的内容将是不构成任何图式的客体多样性——该多样性作用于哲学，或者说，哲学找寻着这种多样性。哲学真正地把自己托付给这些客体，而不是把客体当成镜子，从中重新读出哲学自己，把它自己的镜像错认为实在。在概念反思的中介里没有别的，只有完全的、未还原的经验；而即使是"意识经验的科学"也把这种经验还原为范畴的实例。使哲学甘冒无限之风险的，是一种没有保证的期盼，盼的是哲学解译的每一个别性、特殊性都像莱布尼兹的单子那样代表了永远难以捉摸的"自在总体"——不过可以肯定，这将是某种"前定的不和谐"，而不是什么"前定和谐"。对第一哲学的元批判，同时也是对哲学的有限性的批评：哲学吹嘘着无限，却对它置之不理。

认识没有完全把握它的对象，不应制造出总体的幻象。于是，对艺术作品做哲学阐释的目标就不是让作品等同于概念，把作品消融于概念里；然而，艺术作品通过哲学阐释展开了它自身的真理。可以预见的是，无论是形式的抽象过程，还是把概念运用于其定义下的事物，都和最广义的"技术"一样有用。但是，哲学——拒绝削足适履的哲学——与此不搭界。基本上，哲学总是迷路，但这恰恰是哲学能够取得成果的唯一原因。怀疑论和实用主义（最近的版本是杜威的极其人道的实用主义）都认识到了这一点。这应该成为站得住脚的哲学的酵母之一，而不应为了让哲学通过有效性检验而否认这一点。

针对方法的全面统治，哲学用游戏这个要素作为矫正，将哲学视为科学的传统观念却想要驱除该要素。它也让黑格尔如坐针毡，他拒不接受"由外在机遇和游戏，而不是由理性决定的类型和特征"。这位思想家并不幼稚，他知道思维与其对象隔得多远，但他谈论诸对象的时候却总显得他能完全把握它们。这使思维显得滑稽可笑，像小丑表演。他绝不能否认其小丑特点，起码不能是因为只有这些特点才有可能把他禁止的东西带给他。哲学是最严肃的东西，但哲学其实根本没那么严肃。按哲学自身的概念来说，哲学的目标并不是先验的东西，不是哲学有权控制的东西，哲学的目标是一个不受控制的世界，而在这个世界里，概念性属于禁忌。要让概念来表达被它压制的东西——模仿，概念只好采取一些模仿的行为，但这是概念自身的模仿行为，而不是抛弃概念，完全变成模仿。

于是，美学要素对哲学就不是偶然的了，尽管其理由完全不同于谢林的理由。但哲学同样有义务用其洞见的说服力将美学要素升华为现实的要素。说服力和游戏是哲学的两极。哲学和艺术的亲缘并没有赋予哲学借用艺术的权力，至少不能借用被野蛮人当作艺术特权的直觉。即使是在审美劳动中，直觉也从来不像天空的闪电那样单独存在，也不像闪电那样激发艺术品。它们源自作品结构的形式法则。谁要是想把直觉抽出来单独保存，它们就立刻瓦解。思维不能保证思维的源头活水一直保持新鲜。我们也不拥有一种与思维完全不同的认识类型。直觉主义恐慌地想逃离思维，却劳而无功。

企图模仿艺术的哲学将沦为艺术品，不再是哲学。它提出了同一性的要求：要求其对象消融于它，实际上，它赋予哲学以至高的权力，准许哲学把异质的东西当作先验的材料来处置——然而，哲学与异质的东西的关联才是哲学真正的主题。哲学和艺术的共同点不在形式上，不在形式的处理手法上，而在于它们都是一种禁止虚假变形的行为方式。两者通过各自的抵抗而忠于各自的本质：艺术把自己弄得晦涩，抵抗的是"意义"，哲学则拒绝依附于任何直接事物。哲学概念不肯抛弃的是一种渴望，正是这种渴望使艺术成为充满活力的非概念之物，这一渴望的实现使得艺术逃出了它的直接性（仅仅是表象）。概念是思维的细胞，也是思维和思维对象之间的鸿沟，它否定了上述渴望。哲学既无法克服这种否定，但又不能屈从于它。哲学的重任是努力用概念来超越概念。

【思辨的要素】

唯心主义夸大了思辨，也就使思辨被污名化。然而，哲学甚至在打破了唯心主义之后也仍然无法脱离思辨——当然，这里说的思辨要比黑格尔主义者公开肯定的更为广义。实证主义者毫不费力地把思辨的帽子扣在唯物主义上。因为它的出发点是客观存在的规律，而不是实验数据或命题集合。为洗去意识形态的嫌疑，把马克思叫作"形而上学者"要比"阶级敌人"更时髦，也更安全。

但这一安全立场只是幻觉，它对真理的声称要求人们站得比那一立场更高。哲学不会让仅仅谈论其核心关切却不满足这些关切的那些定理蒙混过关——哪怕它仅仅说了"不"。19世纪以来对康德的反动已经意识到了这点，却一次又一次地妥协于蒙昧主义。不过，哲学的抵抗需要展开。甚至在音乐里（也许在一切艺术里），也不会立刻满足那个激活了第一个小节的冲动，而只能在进一步的阐述过程中实现。就这个程度而言，尽管音乐作为总体是一个表象，但它也是对表象的批判，是对呈现于此时此地的"内容"的批判。哲学毫不逊色地适合于这种中介角色。当哲学张口就说些什么时，它就招致了黑格尔批判的"空洞的深奥"。背诵深奥的词句并不能让人深刻，这就好比充斥着形而上学观点的小说并不会因此变成形而上学。

要求哲学直接面对存在问题或其他一些西方哲学的基本问题，是赤裸裸的论题拜物教。尽管哲学跟这些论题的客观价值是不可分离的，然而这样的直接处理方式并不见得符合这些论题的性质。我们必须小心提防重蹈哲学反思的覆辙，以便使我们的主要兴趣能够停留在转瞬即逝的对象中，而这些对象尚未被哲学的意图过分决定。传统哲学论题应该予以否定，尽管这些问题的疑问束缚着我们。客观上总结为一个总体的世界没有释放人类意识。它被紧紧绑在它要逃离的问题上。但如果不注意问题的历史形式，轻率地重新开始，思维就会愈发成为那些历史问题的牺牲品。

哲学享有"深度"这个概念，只是因为它的精神气息。现代的一个典型例子是康德关于纯粹理性概念的演绎。其作者用一种深不可测的反语，称之为"多少有些深奥的东西"。如黑格尔所说，深奥也是辩证法的一个要素，而不是孤立的特征。按照可怕的德国传统，向魔鬼和死人的神正论宣誓效忠的思想就是深奥的思想。神学的终极目标被心照不宣地翻来弄去，似乎它的结果（即对先验性的确证）将决定思想的价值，或者说，纯粹自为的存在将决定沉浸到内在性之中的深度。似乎从世界撤离就等于意识到了世界的基础。相反，对深奥的幻象来说，抵抗才是衡量深奥的真正标准——在人类的精神史上，深奥的幻象总是乐于助人的，因为人们对现状感到乏味、不满。

现状的权力构成了我们的意识要捣毁的表面。意识必须突破现状。单凭这一点，就会使深奥的假设不再是意识形态。在这样的抵抗中，也存在着思辨的要素：任何不接受既定事实统治的东西都超越了事实，哪怕它们和事实有着最紧密的接触，哪怕它们否定了神圣的先验性。当思想超越了它在抵抗中受到的束缚时，它就自由了。自由符合主体表达的欲望。痛苦需要有说话的机会，这一需要是一切真理的条件。因为痛苦是压迫着主体的客观性，所以最主观的痛苦体验（表达痛苦）是以客观性为中介的。

【表达】

这有助于解释，为什么哲学的表达不是无关紧要的外部事务，而是内在于哲学概念的。哲学的综合表现要素，非概念性模仿的要素，只有通过语言表达才能对象化。哲学的自由只不过是它让这种不自由发声的能力。如果表现要素想要做得更多，它就堕落为一种意见；而放弃了表现要素和表达的义务，哲学就混同于科学了。

表现和说服力不是哲学的两种可能性。它们彼此依赖，不可或缺。表现依靠思想来摆脱其偶然性，它作用于思想，正如思想作用于表现。思想，作为某种被表现的东西，只有通过语言表达出来才是明确有力的。表达得含糊不清的思想是苍白无力的。表现使它表现的东西具有了说服力。这并非表现本身的目的，而是从被表现的苦难状况中得来的，因为这种苦难也是哲学批判的对象。非唯心主义的思辨哲学想要保持其说服力，以打破说服力对它的专制的要求。本雅明的"拱廊街计划"的第一稿中把无与伦比的思辨力量和对实际事物的细致入微结合起来，可是后来，他在一封关于该著作最初的真正形而上学层面的信中说，这一著作只能用"未经许可的诗体"完成。这一投降声明说明了拒绝迷途的哲学遇到的困难，也说明它的概念已无法继续前进了。这可能是由于本雅明全盘接受了辩证唯物主义这一世界观的缘故，实际上，他是盲目接受的。他未能写出拱廊街计划的明确提纲，这就提醒了我们，只有在哲学冒着彻底失败的危险之际，也就是说，当哲学质疑传统偷偷贩卖的"绝对可靠性"之际，哲学才不仅仅是"喧哗和骚动"。本雅明对他自己的思想的这一投降主义路线是由一种非辨证的实证性的残余决定的。他暗度陈仓，把该残余从他的神学阶段原封不动地带进他的唯物主义阶段。相比之下，黑格尔把思维等同于"否定性"，认为否定性既防止哲学滑向科学的实证性，又防止哲学成为肤浅的偶然性：黑格尔的这一等同是有经验内容的。

思维，就其自身而言，更不要说在所有特殊内容的面前，就是一种否定，是对强加于它的东西的抵抗。这是思维从它的原型——劳动和物质材料之间的关系——那儿继承下来的东西。今天，当意识形态怂恿思想越来越实证的时候，也狡猾地注意到这种实证性和思想南辕北辙，所以为了让思维习惯于实证性，也需要社会权威的良言相劝。"思维"这一概念本身就暗含着否定的努力，作为对立于消极被动的直观的东西，思维已经是否定的了，它拒绝了"向一切直接性卑躬屈膝"的无礼要求。没有判断和推理，批判思维是不可能的；而这些思想形式之中已经包含着批判的萌芽了。思维形式如果不同时排除它们没有获得的东西，就不会是确定的；它们试图编织的真理将会否认任何它们还没有产生出来的东西——无论这种否认的合理性有多么可疑。判断某一事物是这样，就是对任何不同于该判断所表示的主谓关系的潜在反驳。思维形式想要超越单纯给定的事实。思维对它的材料采取的立场，并不仅仅是将对自然的控制变成精神的控制。思维进行综合的时候确实对客体施加了暴力，但它同时也注意到它面对的客体所期待的可能性，从而不自觉地遵循着复原其所作所为的观念。这一不自觉的倾向在哲学中成为自觉的、有意识的。不可和解的思想伴随着和解的希望。因为思想对单纯存在的事物的抵抗，主体要求的支配的自由，也要求客体对象找回在对象化过程中失去的东西。

【与体系的关系】

传统思辨在康德的基础上发展了对所谓"混乱的多样性"的综合，其终极目标是抛弃任何内容。与之相反，开放的、无遮蔽的哲学的终极目标是反体系的，而它非暴力地传达对象的那种自由也是反体系的。哲学仍然注重体系，但这只不过意味着哲学面对的异质的东西是一个体系。

被管理的世界朝这一方向前进。体系是"否定的客观性",而不是"肯定的主体"。在这个历史阶段,体系已经被放逐到不祥的"思想之诗"的领域(因为体系还严肃地对待其内容),只残存下来一些图式秩序的苍白轮廓,故而已经很难想象当初究竟是什么让哲学精神对体系兴趣盎然。

反思哲学史,党性原则不应阻止我们认识到近两百年来的哲学体系要比其对手(理性主义或唯心主义)高明得多。和体系相比,其对立物微不足道。体系殚精竭虑地解释世界;其他人却只是在说"这不可能",他们退却了,放弃了,失败了——如果真理在他们一边,哲学就只是昙花一现。不管怎样,哲学要克服真理的这种卑微性,要打败那些并不夸耀哲学高明的哲学。今天,甚至唯物主义哲学也表明了它产生自厄布底拉城(Abdera)。按照尼采的批评意见,体系只说明了一件事,那就是学者们的狭隘无能——为了补偿他们的"政治无能",他们用概念结构解释事物,行使对存在事物的行政权威。体系的需要,也就是说,不能容忍知识的拼凑而要求绝对知识的需要(每一具体判断的明确结论都不自觉地声称着绝对),有时并不仅仅是精神伪装变形为战无不胜、攻无不克的数学和自然科学方法。

在哲学史上,17世纪的体系尤其具有补偿的意图。符合资产阶级利益的理性冲垮了封建秩序及其思考形式——经院的本体论。但是这同一个理性在面对废墟,面对它自己的作品时很快就感到了混乱带来的恐惧。这一不祥之兆在理性统治下继续存在,并随着理性的统治权力的越来越大而逐渐衰弱,理性却在它面前害怕得发抖。这种恐惧塑造了整个资产阶级思想的行为模式的最早起源:资产阶级思想不断强化现存社会秩序,迅速扑灭通往解放的每一步。在资产阶级解放的不彻底性的阴影下,资产阶级意识害怕更先进的阶级来兑现它们:既然资产阶级意识并不是彻底的自由,它仅仅制作了一幅自由的漫画像,于是它甚为惊恐。因此资产阶级意识把它的自律扩张为理论体系,与其强制机制极其相似的体系。

资产阶级理性从它自身着手,重建被它否定了的社会秩序。这秩序一旦生成,就不再是秩序,而是无法满足的需要。任何体系都只不过是秩序,既荒谬又理性的产物:把事物设定为"自在之物"。体系的起源仍然是一种已经脱离了其内容的形式思维;否则,体系就无法控制物质材料。哲学体系生来就是自相矛盾的。它们的萌芽中已缠绕着不可能性。正是这一点使得在现代体系的早期历史中,一个体系被下一个体系轮番歼灭。作为体系而推行的理性实际上根除了它提及的全部"质的规定性",最终就同它假装要理解,其实却践踏了的"客观性"造成不可调和的冲突。理性越脱离客观性,就越是令客观性彻底地屈服于它的公理,最终是同一性的公理。所有体系的学究味——从康德的烦冗的建筑术到黑格尔的庞大计划——都是冥冥中注定其失败的标志。在康德体系的裂缝中,这种失败标志和无与伦比的热诚同样可见。在莫里哀那里就可以看出,学究味已经是资产阶级精神的本体论核心了。

为了理解不与概念同一的某物,概念被迫采取过度的组织形式,以免思维产物的严密性、可靠性和至上性遭到任何指责和怀疑。伟大的哲学总是与偏执狂相伴,除了它自身,它不能容忍其他事物,而要照单全收,一览无遗——"理性的狡计"却使它和目标越追越远。按照同一性的概念来说,非同一性的最小残余都足以彻底否定同一性。自从笛卡儿的松果腺和斯宾诺莎的公理、定义以来,体系的赘疣已充满了演绎抽象出来的整个理性主义体系。这些赘疣的虚假表明了体系自身的虚假和癫狂。

【作为愤怒的唯心主义】

在体系中,至高无上的意识在想象中把自己神化了。这在前意识的、物种的动物生活中可找到其原初历史。猛兽饿了,但捕食困难而危险。猛兽需要外在推动力才敢于捕食。饥饿和推动力合二为一,成为对捕猎物的愤怒,表现为惊吓、震慑猎物。通过心理投射,这种愤怒进化到人性中,被理性化了。对敌人很有胃口的"理性动物"幸运地获得一个"超我",要为"捕食"找个理由。人越是服从自我保存法则,就越不能向他自己和别人坦白这是他的首要法则。如果他这么做了，那么正如现代德国人所言，人好不容易获得的"政治动物"的头衔就没有任何可信度了。

"理性动物"要吞噬的生命形式一定是邪恶的。人类学图式千方百计地升华到了"认识论"。在唯心主义当中（最明显不过的是在费希特那里），意识形态无意识地将非我（他者）乃至一切自然的记忆贬低为劣等的东西，以便让倾向于自我保存的思维统一性能够心安理得、毫无顾忌地吞掉它们。随着人的胃口越来越大，这一思想原则也因此被证明是合理的。体系是变成了肚子的精神，愤怒是一切唯心主义都携有的标志。这种怒不可遏甚至玷污了康德的人道主义，驱散了懂得穿衣服的人的高贵光环。"人位于中心"的观点近乎对人类的蔑视：没有什么东西是无可争辩的了。道德律令的崇高必然性是对非同一性的一种理性化了的愤怒。自由主义的黑格尔也没有做得更好一些。他用那充满恶意的优越感，驱逐了那些对思辨的概念——精神的基础——持有异议的人。[1] 尼采思想带来的解放在于他说出了这一秘密。这是西方思想真正的转折点，尽管胜利果实被后人窃据了。精神解除了"理性化"这一魔咒，就不再通过自我反思成为穷凶极恶，不再被他者所激怒。

然而，体系由于自身的不完善而解体的过程是跟社会的进程相反的。在交换原则的形式下，资产阶级理性确实日益成为一种与之相称的、与其自身同一的体系，成了现实的体系。它越来越成功，却潜伏着杀机——被理性遗漏的东西越来越少。理论中不足挂齿的东西，却讽刺性地得到了实践的验证。因此，按照体系自身的那种现已过时的理想，对"体系的危机"的时髦谈论（哪怕是先前对体系敢怒不敢言的那些哲学类型）不过是意识形态。不再需要继续解释现实，因为现实已经被彻底解释了。现实的非理性在一种特殊的理性（通过整合进行的分化）的压力

---

[1] "面对有限的存在、实存的思想或概念，将被驱逐到上述提到的巴门尼德创立的科学的开端。巴门尼德提纯、提升了他的构想——连同后来的一些构想——使之成为存在本身的纯粹思想，因而产生了科学的一大要素。"（黑格尔，《逻辑学》，《全集》第 4 卷，第 96 页。）

下得到强化，成为上述意识形态的一种借口。如果社会可被视为一个封闭的、与主体不可和解的体系，那么只要主体还是这样的主体，社会就依然令他窘迫不安。

所谓的存在之"畏"，是体系化社会的幽闭恐惧症。其体系性质，昨天还是学院派哲学的口头禅，现在却被这一哲学的健将们大肆抨击。他们无耻地成为自由的、原始的、非学院的思想的代言人。这种滥竽充数并没有取消对体系的批判。与拒绝下明确结论的怀疑论哲学相反，所有立场鲜明的哲学都认为哲学只有作为体系才可能。这一主张曾和经验主义一样残害过哲学。哲学要下结论的事物，在它开始提出规定之前就存在着。体系，即包罗万物、毫无遗漏的总体性形式，将思想绝对地对立于思想的所有内容，并且把思想的内容消解于思想中：在提出任何唯心主义观点之前，这就已经是唯心主义的做法了。

【体系的双重性质】

批判并不简单地清算体系。在启蒙运动的巅峰期，达朗贝尔用百科全书派的方法正确区分了系统精神和体系精神。"系统精神"不仅仅是把不连贯的东西连贯起来的琐碎动机，它不仅仅满足了把所有东西都塞进范畴里的官僚统治的野心。体系这一形式适合于摆脱了人类思想统治的物质世界。但统一性和一致性同时也是令人满意的、不再对抗的状况在占统治地位的、压抑性的思想坐标系上的倾斜投影。哲学体系的双重含义别无选择，唯有将思想的力量从哲学体系中释放出来，使之进入个别要素的开放的规定性。

黑格尔的逻辑学对这一过程并不完全感到陌生。对个别范畴的微观分析，同时也是范畴的客观的自我反思，用来使每一概念、所有概念过渡为它的对立面，而不管上面覆盖着什么。对黑格尔来说，这种运动的总体就是"体系"。这种终结性的、导致静止的概念同动态的概念（概念通过纯粹自足的生成创造出了主体，并构成了哲学的所有体系特性）之间既有矛盾又有亲缘关系。黑格尔要消除静态概念和动态概念之间的张力，就只能把他的统一性原则（即"精神"）说成是自在之物，是纯粹的生成。这是亚里士多德主义的经院哲学的"纯活动"的复辟。这一构造的不完善性——它在主体的生成与本体论之间、唯名论和实在论之间坐跷跷板——将导致内在于这一体系的张力的不可消除。

然而，这样一种"哲学的体系概念"超出了单纯的科学系统——后者要求对思想进行有组织、有秩序的表达，要求各学科领域的连贯结构，而从客体的角度看来，它却并不严格坚持各个要素之间的内在统一性。这种内在统一性的假设前提来自于另一假设前提：所有存在着的事物均与认识原则同一。一旦这一假设前提像唯心主义思辨那样肩负重任，就合法地恢复了各个客体彼此间的亲和性，而这种亲和性是科学的秩序要求所禁止的，并被迫服从其图式的替代物。客体所传达的东西并不是分类逻辑将客体还原成的原子，而是客体自身的规定性的痕迹。康德否认这些东西，反对康德的黑格尔则试图通过主体来重建它们。

理解事物本身，而不是仅仅让它适合于体系名录并登录在册，意味着认识它在和其他事物的内在联系中的特殊要素。这种反主观主义潜伏于绝对唯心主义的碎裂外壳中。它旨在回到事物本来的样子，以打开现在讨论的事物。体系的概念则反之，它要求非同一物的连贯性。非同一物正是被演绎体系毁害的东西。对体系的批判和反体系的思想，如果不能把唯心主义业已赋予先验主体的连贯能力松绑的话，就是肤浅的。

【体系的二律背反】

建立体系的自我原则，剔除了任何内容的规定方法，始终是理性。它不受理性之外的任何东西约束，哪怕是所谓的"精神秩序"。如果说，唯心主义在它的每一个发展阶段上都证明了这个实定的无限性原则，那么它就把思维的构成性、思维的自律化进程变成了形而上学。唯心主义摈弃了存在中的一切异质的东西。体系被规定为纯粹的生成，纯粹的过程，最终如真正的哲学体系化大师费希特宣称的那样，是绝对的创造。在康德那里就获得了解放的理性——"无限的进程"——由于认识到（至少在形式上认识到）非同一性而裹足不前。总体性和无限性的二律背反是唯心主义的本质的二律背反：因为无休止的无限将破坏自满自足的体系，然而体系之所以存在，却只是因为无限性。

这个二律背反是对资产阶级社会的核心矛盾的摹写。为了保存自己，为了保持同一，为了"存在"，资产阶级社会也需要不断扩张、不断进取，不顾任何限制地推进其边界，而不能维持原样不变。对资产阶级社会而言，只要它到达了某一顶点，不再有可供扩张的非资本主义领域，它自身的功能就会迫使它自我崩溃。这表明了为什么现代的运动概念仍然像古代那样不适合于体系，尽管有亚里士多德。就连在其诸多对话录中选用了诘难形式的柏拉图，这两个概念也只能回溯性地归属于他。康德对柏拉图老人的指责并不仅仅是康德所称的"逻辑问题"，而是历史问题：彻头彻尾的现代问题。另外，体系性深植于现代意识之中，连胡塞尔的反体系努力（先是以本体论的名义开始，从中衍生出基础本体论）也不可救药地回到了体系，并付出了形式化的代价。

于是，体系的静态特征和动态特征总是相互纠缠，相互冲突。只要体系事实上是一个不容忍任何"化外之民"的封闭体系，那么不管体系如何设想运动，作为一种实定的无限性，它就是有限的、静止的。它就这样保持着静止，黑格尔就是这么夸耀他的体系的。恕我直言，封闭的体系是有待完成的体系。黑格尔认为，世界历史之完美体现乃是普鲁士国家。类似这样的奇谈怪论不仅仅是意识形态目的造成的偏差，也不是和总体无关的。它们必然的荒谬性粉碎了体系和它的运动之间的统一。运动否认有限的概念，并维持着运动自身，那么在理论上就总是有"化外之民"。结果，运动总是倾向于否认运动自身的产物——体系。

探讨一下现代哲学如何设法处理好体系的动态特征和静态特征之间的矛盾，可能会是硕果累累的。黑格尔体系自身并非真正的生成，它的每一项规定都是暗地里预构好了的。这种保证只能使它陷于虚假。可以说，意识必定无意识地让自己沉浸在它赖以立足的现象中。这当然会带来辩证法的质变。体系的一致性灰飞烟灭。现象不再如黑格尔所言，仅仅是概念的实例（哪怕黑格尔还有与此相反的说辞）。思维担负的任务比黑格尔给它派的活更艰苦、更繁重。因为黑格尔只是让思维从客体中把已经是思维的东西提出来。黑格尔的思维不顾自我实现的计划，而满足于自身；不过它的螺旋式的前进往往需要其对立面。如果思维真的将自身外化为客体，如果重要的是客体而不是客体的范畴，那么这些客体就会在思维的匆匆一瞥下开始说话。

黑格尔反对认识论，认为一个人只有通过打铁才能成为铁匠——只有通过对抗拒着认识的事物（非理论的东西）的认识活动，才能获得认识。黑格尔的这句话必须践行。没有别的能归还给哲学，除了黑格尔所称的"走向客体的自由"。在"自由"概念的魔咒下，在主体的设定意义的"自律性"之下，哲学失去了"走向客体的自由"。但打通难关的思辨力量仍然是否定的力量。体系的运动只存在于否定之中。体系批判的范畴也同时是理解个别事物的范畴。在体系中曾合法地超越了个别性的东西，位于体系之外。通过对现象的解释，目光在现象之外看到了比存在的事实更多的东西，而仅仅因为这一点，它的存在就把形而上学给世俗化了。只有碎片形式的哲学才能给唯心主义构想的那些虚幻的单子提供栖身之地。这些单子是总体性的表象，但总体性是不可设想的，只能显现在个别事物中。

【论据和经验】

思维如果不对存在于"现实的辩证法"之外的东西做任何肯定的假设，那么思维就不再屠戮客体，就不再装作自身与客体同一。这样一来，思维反而比它在成为绝对的概念的时候更为独立。在绝对的思维概念中，至尊无上和百依百顺是互相依存的一体两面。也许，康德将一切内在性都排除出认知领域，就是想要这一体两面。将辩证的内在性增强到极致，即深入到特殊事物之中，就要求"走出客体的自由"——被同一性的声称取消了的自由。黑格尔恐怕会放弃这种自由，他依赖的是客体之间的彻底中介。在认识实践中，当我们要解决无法解决的问题时，思维的这种先验性的要素就会告诉我们：它是微观的逻辑，却被用作宏观的逻辑工具。

要想不用体系而又有说服力，就得运用思维模型。思维模型可不仅仅是单子之类的东西。模型包括了特殊性而又高于特殊性，但它并不用更为普遍的"上位概念"把特殊性消解掉。哲学思维就是用模型来思维；否定的辩证法是模型分析的集合。如果哲学自欺欺人地隐瞒事实，否认它必须将客体的内部推动力从外部注入客体之中，那么哲学就把自己彻底贬低为一种令人安慰的肯定性。客体内部期盼着的东西需要这样的干预来让它发声，也需要那些从外部集结起来的力量（最终是所有作用于现象的理论）在现象中保持安静。在此意义上，哲学理论也就意味着它自身的终结：通过它的实现。

与此相关的意图在历史上不乏先例。法国启蒙运动从它的最高概念"理性"那里获得了形式上的体系风格。然而"理性"的概念和客观上理性地组织起来的"社会"的概念夹缠不清，使得体系丧失了热情。一直到理性放弃了实现自身，并把自身绝对化为精神，体系才重新赢得了热情。作为百科全书的思想，作为理性地组织起来但并不连续的、非体系的、松散的思想，表现了理性的自我批判精神。这种精神代表了后来被哲学开除的东西；后来，哲学同实践的距离越拉越大，并且彻底沦为学术职业的喧嚣。这种思想代表了尘世的经验，代表了关注现实的目光，而现实的要素也是思想的要素。

精神的自由不是别的，正是这种思想！发散的"文人气质"虽然遭到小资产阶级的科学精神的诋毁，却是思想的一个不可或缺的要素。当然，思想也缺少不了被"科学化的哲学"滥用了的一个要素，即思考的收敛集中——"论据"，它带来了大量的怀疑论。只要哲学是有真实内容的，就会同时出现这两个要素。从远处看，辩证法可以被表述为向着自我意识提升的努力，这种努力本身充满了辩证法。否则，具体的论据就退化为那些在概念当中却没有概念的专家们的一种技术，就像现在学术界流行的所谓"分析哲学"那样，连机器人也能学会和复制。

一方面，内在的论据之所以接受这个被同一化为体系的现实，只是为了用它自身的力量去反对现实。只有这样的论据才是合法的。另一方面，思想的自由也代表着一种权威，它已经知道该联系的虚假性。没有这种知识，就不可能有突破；若不借助体系的力量，突破就会失败。两个要素不会严丝合缝，这恰恰是体系真正的力量之所在：体系包含了潜在要超越体系的东西。内在性联系本身的虚假性表现在一种令人震惊的经验中：组织为一个体系的世界尽管看起来像是真的实现了黑格尔曾夸诩的"理性"，但它同时也使得看似万能的精神再也不能对精神的非理性方面做些什么了。唯心主义的内在批判表明了唯心主义是怎样被它自己欺骗的，但这恰恰是在为唯心主义辩护。按照唯心主义，第一性的东西是精神，但精神却和夜郎自大的"现存事物的第一性"结成了秘密同盟。绝对精神的学说助纣为虐，直接助长了这种夜郎自大。

科学的共识可能倾向于承认经验亦包含着理论。但它认为理论不过是一种"立场"，充其量是假设的立场。科学主义的谈判代表要求所谓"正当的""清晰的"科学能够说明这一类假设前提。这一要求和思想经验正相抵触。如果经验需要立场，那么这个要求无非是食客对烤肉的要求：经验要存在，就得把立场吞下；只有当立场消失在经验中了，才会有哲学。只有到那时，精神经验中的理论才算遵守了纪律，那些令歌德觉得他和康德的关系非常痛苦的纪律。要是经验只依靠它自己的运动和好运，那它根本就不会停下来。

意识形态潜藏于精神之中：这种精神像尼采的查拉图斯特拉那样洋洋自得，几乎无法阻挡地成为绝对。理论能阻止这一切。理论矫正了精神的自满中的幼稚性，却并不强迫精神牺牲它的自发性，反而以自发性为理论自身的目标。在精神经验的所谓主体部分和它的客体之间的差别是无论如何也不会消除的。认识主体不得不付出的艰苦努力证明了这一差别。在尚未和解的状况下，非同一性被经验当作否定、消极的东西。主体避开了它，返回自身，返回其反应模式的完备性。唯有批判的自我反思才能防止它受到这一完备性的限制，防止主体和客体之间被墙隔开，防止把主体"自为的存在"设定为"自在自为的存在"。主体和客体之间的同一性被假定得越少，被设定为认识主体的东西、它的不受限制的力量和开放的自我意识就越显得充满矛盾。

　　理论和精神经验需要互相作用。理论不是所有问题的答案，但它是对这个错到骨子里的世界做出的反应。将从世界的魔咒下解放出来的东西，不会再受到理论的审判。运动的能力是意识的本质，而不是它偶然的特征。这意味着双重的行为方式：其一，内部的方式，内在的过程，是完全辩证的；其二，自由的、无拘无束的方式，好像脱离了辩证法。两种方式并不是截然不同的。放纵不羁的思想对辩证法有亲和性，作为对体系的批判，辩证法召回了体系外的东西；使认识的辩证运动能自由发展的力量正是反抗体系的力量。意识的这两种态度是在互相批判中、而不是在互相妥协中联系起来的。

25. 奥斯维辛之后的形而上学 ①

一

我们再也不能说"不变的是真理、短暂易变的是现象"了。就连时间性和永恒概念互不相关的观点，也随着黑格尔的大胆解释——暂时的存在，由于其概念中固有的毁灭因素，有助于永恒的毁灭表达的那种永恒——而站不住脚了。在辩证法中世俗化了的神话冲动之一就是如下学说：尘世和历史与传统形而上学强调的超验性相关——至少，用较少诺斯替主义风味的、不那么激进的话来说，与意识在哲学教条布置给形而上学的那些问题上的立场相关。在奥斯维辛集中营之后，我们的情感抵触任何对此在的肯定性宣称，认为它们是伪善的，是亵渎牺牲者的。我们的情感禁止从牺牲者的命运中榨出任何意义，不管如何洗白。这些情感的确具有客观性：发生的事件已经嘲笑了任何具有先验意义（肯定地设定一种提供意义的先验性）的内在性建构。这样的建构只确证了绝对的否定性，并有助于它的意识形态存在。其实，那种否定性依然继续存在：只要社会还存在，在社会自我毁灭之前，那种否定性就一直存在于社会的原则中。里斯本大地震足以治愈伏尔泰对莱布尼茨的神正论的信仰，而和第二自然即社会的灾难相比，第一自然那些看得见的灾难根本

---

① 本文选自《否定的辩证法》（1966）第三部分"模型"的第三章《关于形而上学的沉思》。此处的标题"奥斯维辛之后的形而上学"为本书编者所拟。见《阿多尔诺全集》德文版第 6 卷，总页码第 3415–3426 页。

不算什么：人类根本想象不到，人的邪恶会造成什么样的人间地狱。我们的形而上学能力瘫痪了，因为实际发生的事件动摇了思辨的形而上学思想与经验和解的基础。量变引起质变的辩证法主题又一次获得了无声的胜利。行政管理对数百万人的谋杀使得死亡成了从来没有像今天这么恐怖的事情。个人的经验生命遭遇到的死亡再也不可能是生命过程的死亡了。个人最后一点可怜的所有物也被剥夺了。在集中营里，死亡的再也不是个人，而是样本——这个事实也将影响那些逃脱了行政管理措施的人的死亡。种族大屠杀是绝对的一体化。无论在哪里，只要人们被夷平（或者用德国军队的说法，"磨一磨"），事情就会一直发展到人真的被消灭，就像消灭他们和完全的虚无概念之间的偏差一样。奥斯维辛证明了纯粹同一性的哲学原理就是死亡。贝克特的《残局》的最引人注目的格言"真的再也没什么可怕的了"是对一种实践的反应，集中营给出了这种实践的第一个例子；而在这种实践的概念（曾经值得尊敬的概念）中，埋藏着消灭非同一性的意识形态种子。绝对的否定性已经让人熟视无睹了，见怪不怪了。恐惧曾经和自我保存的个体化原则相连，但个体化原则由于自身的逻辑而走向了自我毁灭。集中营的施虐狂们像牺牲者预告：明天你们将化成烟，从这个烟囱升天。其中透露出来的对每个个体生命的漠视乃是历史的趋势。哪怕在形式的自由中，个人也是一样可互换、可替代的，一样被清除者的靴子底踩着。既然在这个以普遍的个人利益为法则的世界上，个人唯一拥有的就是这样一个无足轻重的自我，那么陈旧的、人们熟悉的趋势又死灰复燃就成了最可怕的事情。人们无法摆脱这一趋势，就像无法逃出集中营周围的铁丝电网一样。日复一日的痛苦有权表达出来，就像一个被酷刑折磨的人有权喊叫一样。因此，说奥斯维辛之后再也不能写诗，恐怕是错了。但是，问一个和文化关系不大的问题却是没错的：在奥斯维辛之后，你还能继续活下去吗？尤其是那些幸免于难的人，那些本应被杀死的人，还能继续活着吗？他的幸存本身就要求冷漠，资产阶级主体性的基本原则，而没有这一原则就不会有奥斯维辛。这就是劫后余生的人的强烈内疚感。作为补偿，他将被噩梦折磨，比如梦到他不再活着，梦到他在 1944 年被送进炉子里，梦到他自那之后的生存全是杜撰的，是一个 20 年前就被杀死的人的疯狂愿望。

反思者和艺术家常常给人一种置身事外的感觉，仿佛他们根本不是他们自己，而是看客。其他人常常觉得这种感觉令人恶心。克尔恺郭尔就是因为这个而向他所谓的"审美领域"发难的。然而，对哲学人格论的批判表明，这种对直接性的态度、对任何存在姿态的否认之中也包含着客观真理的要素，它超越了自我保存的动机的表象。"这真的要紧吗？"我们喜欢把这句话和资产阶级的冷漠联系起来，然而这句话最可能让个人毫不畏惧地意识到他的生存的无关紧要。存在的不人道的一面，即保持距离、超然物外、隔岸观火的能力，归根结底是人道的，恰恰是人性的意识形态家抵制的那一部分人性。信不信由你，不朽的人性恰恰是这一行为方式。萧伯纳在去剧院的路上碰到一个乞丐，他向乞丐出示证件，匆匆说了句"记者"就跑了。在表面的玩世不恭背后，隐藏着一种意义。它有助于解释一件令叔本华错愕的事情：面对死亡，无论是他人的死亡还是我们自己的死亡，情感往往都是很脆弱的。人当然都毫无例外地中了魔咒，没有一个人能够去爱，所以每个人都觉得自己缺爱。但是看客的姿态同时也表达了一种怀疑：真的就这样了吗？在自欺中觉得自己非常重要的个人是否真的一无所有，只有贱命一条？魔咒让生存变成了"不自觉的冷漠"（适合弱者的审美生活）和"当局者的野蛮"之间的二选一。两者都是错误的生活方式。但是正确的超然和同情同时要求这两方面。有罪的自我保存冲动被克服了，也许正是不断存在的威胁为其正名的。自我保存的唯一问题是，我们忍不住要怀疑它给我们的生活，因为生活已经变成了某种让我们发抖的东西：变成了鬼魂，变成了我们清醒的时候觉得并不存在的幽灵世界的一部分。生活的罪恶感——活着这个纯粹的事实就将杀死别人的生命，因为从统计学上看，将有绝大多数人被杀，只有极少一部分人获救，仿佛是由概率论决定的——是和生存不相容的。这种罪恶感并没有停止自我复制，因为它从来没有完全进入当下的意识。迫使哲学思考的正是这个问题，而不是任何其他问题。我们在哲学中深感震惊的是：哲学越深刻、越有力，我们就越是怀疑哲学把实际存在的事物从我们身边夺走了——揭露了本质，却让最肤浅、最平庸的观点压倒了追问本质的观点。这便把一束强光打到了真理本身。我们觉得有义务在思辨中给常识（思辨的对立面）一个位置，作为对思辨的矫正。生活造成了一种不祥的预感：应该被认识的东西也许更像是尘世之物而不是崇高之物；这种预感很可能在世俗领域之外也得到证实，尽管思想的幸福、其真理性的应许之地只在高处。如果世俗是定论，如果世俗是真理，那么真理就堕落了。庸俗的意识，正如实证主义和未反思的唯名论对它的理论表达那样，也许比崇高的意识更接近于"事物符合思想"（adaequatio rei atque cogtationis）；它对真理的嘲笑讽刺也许比崇高的意识更真实，除非一种不同于"符合"的真理概念取得成功。形而上学只有放弃自身才能获胜，这种感觉也适用于别的真理，它同样也是走向唯物主义的重要动机之一。这种倾向可以从黑格尔式的马克思一直追溯到本雅明对归纳的拯救中；卡夫卡的著作也许是这种倾向的高潮。如果否定的辩证法要求思想的自我反思，那么其言下之意就是：思想为了成为真理，尤其是今天的真理，就必须也是一种反对它自身的思想。如果思想不用它逃离概念的远度来衡量，那么它从一开始就沦为那种音乐伴奏，也就是党卫军冲锋队用来掩盖其牺牲者的哭喊声的音乐伴奏。

二

　　希特勒向处在不自由状态中的人类强加了一个新的绝对命令：人必须纠正他们的思考和行动，以避免重蹈奥斯维辛集中营的覆辙，确保不再发生类似的事情。这一绝对命令无法搞定它的基础，就像康德的绝对命令无法收拾给定的事实。用推理逻辑来处置它，将是犯罪：身体能够感觉到其中添加给道德的要素。身体之所以能够感觉到，是因为实际上存在的正是对个人遭受的无法忍受的肉体痛苦的深恶痛绝，哪怕个性这种精神的反思形式正在消失。道德仅仅存在于不加装饰的唯物主义动机中。历史的进程迫使传统上和唯物主义直接对立的形而上学走向了这一结局。精神一度自夸可以定义为、解释为跟它同一类的东西，走向了不同于精神的东西；它们逃离了精神的统治，并表明这种统治是绝对的恶。生命存在的身体层面，远离意义的层面，是苦难的舞台：集中营的苦难无情地烧掉了精神及其对象化（文化）的一切安慰。形而上学已经没有回头路了，它只好跟它曾经认为的对手联合起来。自青年黑格尔以来，只要哲学还没有把自己出卖给官方钦定的思想，就不得不陷入物质生存的问题。儿童知道这一点，他们迷恋来自盗匪丛生的地方的味道，迷恋尸体、腐烂物发出的恶心的甜味和那个地方的脏话。那个地带的无意识力量也许大得像婴儿期的性的力量一样。两者交织在对肛门的迷恋之中，但它们完全不是一回事。无意识的知识向儿童低声说着被文明教育压抑了的东西："重要的是这档子事儿。"但悲惨的物质生活撞击出同样受压抑的最高利益的火花，它点燃了"这是什么？"和"它去向何方？"的问题。有人试图回忆起当初"粪堆"和"猪圈"之类的话在他身上撞击出的东西，这种人也许比黑格尔的《绝对知识章》更接近绝对知识，那一章向读者许诺说，只要放弃高傲的姿态就能获得绝对知识。理论应该取缔文化对肉体死亡的整合——但不是为了本体论上叫作"死"的纯粹存在，而是为了尸体的恶臭表达的东西，为了"遗体"这种说法对我们的愚弄。有个孩子喜欢一个名叫亚当的小旅馆老板，看着他在院子里用棍子打洞中灌出来的老鼠。正是按照这个亚当的形象，这个孩子形成了他自己的第一个人的形象。这个形象已经被忘记了，我们不再想起我们曾经在捕狗人的大货车面前的感受：这既是文化的胜利，也是它的失败。文化竭力效仿老亚当，不能容忍对那个地带的记忆，而这种观念恰恰不容于文化对它自身的概念。文化憎恶恶臭，因为它发出恶臭——用布莱希特的漂亮词句说就是，因为文化的宫殿是用狗屎建造的。这句话写了没几年，奥斯维辛集中营便无可辩驳地证明文化失败了。在哲学、艺术和启蒙科学的全部传统中间发生了这种失败，这不单单说明这些传统和这些传统的精神缺乏掌握人、改变人的力量。这些领域本身有一种虚假性，它们格外强调的自足性声称中有一种虚假性。奥斯维辛之后的一切文化，包括对它的急切的批判在内，统统是垃圾。在文化的景观中未遭抵抗地发生了这种事情之后，文化又欣欣向荣了，所以文化已经完全变成了它向来可能成为的意识形态——只要同物质存在相对立的文化自以为它能为物质存在带来光明（精神和体力劳动的分离阻挡了这一光明），它就可能成为意识形态。任何人只要祈求维持这种罪恶滔天、肮脏腐朽的文化，就是它的帮凶，但是拒绝文化的人就直接助长了我们的文化已经表现出来的那种野蛮。哪怕缄默也不能使我们走出这个怪圈。我们的沉默不语只不过是用客观真理的状态作为我们主观上的无能的借口，只不过是又一次将真理降格为谎言。

危机的神学记录了它曾经抽象地反对因而反对无效的一个事实：形而上学已经和文化沆瀣一气。文化的光环和精神的绝对性原则是一码事儿，它不停地侵犯着它假装要表现的东西。在奥斯维辛之后，任何大话（包括神学的大话在内）若不彻底变革，就不再拥有任何权利。传统话语提出了挑战；试探——上帝是否允许这一切而不会愤怒地干预——再次对牺牲者执行了判决，而尼采很早以前就对观念执行过这一判决了。

那些凭借凛然大勇才从奥斯维辛及其他集中营幸存下来的人怒气冲冲地反对贝克特：如果贝克特在奥斯维辛集中营待过，就不会这样写了，而是会写得更积极些，具有幸存者的战斗信念。幸存者的正确之处并不在他自认为正确的地方；贝克特和任何能够控制自己的人，都会在奥斯维辛崩溃，并且恐怕不得不为幸存者用"试着给人勇气"这样的词句伪装起来的战斗信念而忏悔：似乎勇气取决于某种精神的结构，似乎这种劝人适应的意图、改变他人的意图并没有夺走人应当得到的东西（无论他们有没有勇气都应当得到）。这就是我们在形而上学中遇到的情形。

26. 论主体和客体 ①

一

一开始思考主体和客体，就面临着一个困难：如何精确地陈述所讨论的主题是什么。主体和客体这两个词显然是多义的。例如，主体可以指单个人，也可以指康德的《未来形而上学导论》中所说的"意识一般"的普遍属性。这种歧义不是仅仅靠澄清术语就能消除的，因为这两个意义相辅相成，缺少一个就很难领会另一个。任何主体的概念都不能脱离个别的人性（谢林称之为"自我性"）这一要素来加以思考；如果不谈及个别的人性，主体也将失去任何意义。反过来，一旦我们按照概念的普遍性形式来思考个别的人类个体，一旦我们指的不再仅仅是某一特定的个人的现实存在，我们就已经把单个人变成了一般概念，就像唯心主义的主体概念所做的那样；就连"单个人"这个术语本身也需要"人"的类概念才有意义。一方面，即使在专名中也仍然包含着同普遍性的关系。它们指的是叫作那个名字的那个人，而不是叫任何其他名字的一个人，因此"某个人"就省略地代表了"人"。另一方面，如果我们试图给主体和客体这两个术语下定义来避免这类混乱的话，我们就会陷入康德以来的现代哲学在定义问题上始终遇到的困境。因为主体和客体的概念——或者确切说，它们表示的东西——在某种程度上要先于一切定义。下定义

① 本文首次发表于《关键词：批判模型之二》（1969），载于《阿多尔诺全集》德文版第 10 卷（下册），第 741 页以下。

意味着主观地运用一个固定不变的概念去捕捉客观的某物，而不管它本身可能是什么样。因此主体和客体是抗拒定义的。要确定其意义，恰恰就要思考被"定义"活动为了概念的可操作性而切除的东西。因此，可取的做法是一开始就把"主体"和"客体"这两个经过哲学语言仔细琢磨的字眼作为历史的积淀物；当然，不是坚守这种约定俗成，而是继续进行批判分析。可以从这样一种所谓朴素的（尽管已经经过中介）观点出发：认识主体（无论它是什么）面对着认识的客体（无论它是什么）。因而这种在哲学术语中通称"间接知觉"的反思就是含糊的客体概念回过头来与同样含糊的主体概念发生关联。第二级的反思思考的是第一级的思维，它更严密地确定了由于主体概念和客体概念的内容而造成的那种含糊性。

二

主体与客体的分离既是真实的又是虚假的。说它是真实的，是因为认识领域的这一分离表达了真正的分离，表明了人的现实的分裂状况，表现了强制的历史进程造成的结果；说它是虚假的，是因为不能把这种历史形成的分离看成是实体化的，不能变魔法般地把它变成永恒不变的东西。主体与客体分离的这种矛盾被转移到了认识论。虽然分离的主体和客体不能分开来思考，但是这种分离的表象还是在它们的相互中介中，在被主体中介了的客体中，但更多地，也更困难地在以客体为中介的主体中表现出来。分离一旦未经中介而被凝固化，就成了意识形态，这才是它的常规形式。这时思维就要求占有某种绝对独立的位置——但它并非绝对独立的：思维的独立要求意味着统治的要求。主体一旦完全脱离客体，就把客体还原为主体；主体吞没了客体，忘记了主体本身在多大程度上也是客体。主体和客体之间的愉快同一的原始状态（可能是时间性的，也可能是时间之外的），这一图景是浪漫的，但是话说回来：尽管有时这是一种充满希望的设想，然而在今天只是个谎言。主体形成之前的未分化状态是对自然的天网恢恢的恐惧，是神话；伟大的宗教中的真理因素正在于对这种神话的抗议。此外，未分化并不等于统一性，因为统一性需要构成统一体的多种不同实体，即使按照柏拉图的辩证法也得如此。对于那些体验到同一的人来说，分离状况的新恐怖就把混沌状态的旧恐怖给美化了——两者从来是一回事。对分裂的无意义性的恐惧使人忘记了曾经同样可怕的一种恐惧：伊壁鸠鲁的唯物主义和基督教的"不要恐惧"想要让人类免于对睚眦必报的神灵的恐惧。没有主体，就不能完成这一拯救。如果主体被消灭，而不是被扬弃为更高的形式，其后果将不仅仅是意识的退化，而且是退回真正的野蛮状态。命运——自然和神话的共谋——来自于社会在政治上的全面不成熟，来自于自我反思还没有睁开眼睛的时代。在那个时代，主体尚不存在。应当彻底忘掉未分化状态的旧魔咒，而不是以一种集体实践来召唤这个旧时代的复归还魂。未分化状态的延续就是思维的同一意识；这种思维的同一性强行将其对立面转形为和它一样的对象。如果说，主体和客体的和解状态是可以设想的，那么这种状态绝不可能是主体和客体的无差别的统一，也不可能是两者敌对的对立状态：相反，它是有差异的东西之间的相互交往。只有到那时，作为客观概念的交往概念才达到其自身。目前的交往概念之所以如此声名狼藉，是因为它背弃了最好的交往（人与物和谐一致的潜在可能性），而变成了信息传播，即根据主观需要进行的主体间的信息告知。主体与客体的适当关系——即使就认识论来说——应该是人与人之间以及人与其对立面之间的一种和平关系。和平是没有统治关系的差别，是彼此分化却又你中有我我中有你。

三

在认识论上，主体通常被理解为先验主体。按照唯心主义的学说，主体要么是沿着康德的路线，将未分化的物质材料加工成一个客观的世界，要么就是像费希特以来的那样，产成了客观世界本身。其实，这一构成了经验的全部内容的先验主体反倒是从活生生的个人中抽象出来的：首先发现这一点的并不是对唯心主义的批判。很明显，先验主体的抽象概念——也就是说，各种思维形式，各种形式的统一，以及意识的原创能力——恰恰是以它们许诺要建立的东西为前提条件的，这就是现实的、有生命的个人。唯心主义哲学知道这一点。真的，康德在他论述心理谬误的篇章中，试图确立先验主体和经验主体之间的一种根本的、构成性的、等级上的差别。但他的继承者——尤其是费希特和黑格尔，但也包括叔本华——却借助于微妙的逻辑来对付不可避免的循环论证问题。他们经常回到亚里士多德的主题：首先呈现给我们的意识的东西——这里就是指经验主体——本身并不是最先的东西，因此假定了先验主体为其条件或始因。甚至胡塞尔反对心理主义的论战，他对起源和效度的区别，也是这种论证方式的继续。这种论证是一种辩护。被决定的东西被说成是无条件的，派生的东西被说成是第一性的。这里重复了整个西方传统的陈词滥调：除了最初的东西——或如尼采批判地描述的那样，除了尚未演化的东西——其他任何东西都不可能是真实的。这种论调的意识形态功能不可小觑。个体越是和体制发生关联，从而实际上被贬低为社会总体的功能，纯粹的人、作为原理的人就越是被吹捧为具有创造力、绝对统治力和精神等等属性的人，这只是一种精神胜利法。

尽管如此，先验主体的实在性问题要比它作为纯粹精神的崇高表象，比它在唯心主义的批判招魂中的出场来得更为重要。尽管唯心主义不太会承认，然而在某种意义上，从众多心理学个体中抽象出来的先验主体要比那些个体更具实在性，也就是说，它更能决定人与社会的现实行为；心理学个体则沦为社会机器的附庸，最终变成了意识形态，因此在这个世界里无话可说。有生命的单个人不但行为受拘束，就连他的内心也被塑造成那样，于是他成了"经济人"的化身——他更接近先验主体，而不是更接近他不得不立即扮演的大活人。在这个意义上，唯心主义学说是现实主义的，并且无须因为被对手指责为唯心主义而感到窘迫。先验主体的学说忠实地揭示了种种抽象的、合乎理性的关系的先验性——这些关系是从人类个体及其环境的关系中抽离出来的，交换关系是这些关系的模板。如果交换形式是社会的标准结构，那么交换的合理性就构成了人：至于他们自己是什么样子的，他们认为他们自己是什么，则是完全次要的。一开始就被机械论扭曲了的人又在哲学上被美化为先验的主体。经验主体这个看似最明显不过的东西，实际上不得不被看成是尚不存在的东西；从这个观点出发，先验主体乃是"构成性的"。作为一切具体对象的所谓本源，固定不变的本源，它是具体地对象化（物化）了的，完全符合康德关于先验意识的固定不变形式的学说。先验哲学按照这种固定性和不变性来产生一切客体对象（起码是为客体立法），但这种固定性和不变性是在社会关系中客观发生的人与人的物化关系的反思形式。拜物教特性（一种具有社会必然性的假象）已经历史地转变为先天的东西，而它本来是后天的东西。关于构成的哲学问题已经颠倒为它自身的镜像；然而正是这种颠倒说出了人类已经达到的历史阶段的真理——可以肯定，第二次哥白尼革命可以从理论上否定这·真理。颠倒也有积极的一面：具有优先性的社会保持了自身，并使社会成员得以生存下来。个别的单个人具有了成为普遍存在的可能性，这一可能性的证据就是思维：思维本身是普遍的，因而也是一种社会关系。思维对个人的先在性并不仅仅是拜物教。唯心主义却仅仅把一个方面实体化了，但这一方面若离开了它同另一方面的关系是无法理解的。不以唯心主义为转移的既定事实（唯心主义的障碍物）将一次又一次地表明这一实体化的失败。

四

强调客体的首要性，并没有复辟旧的"直接知觉"——恰恰存在于批判的这个方面的一种对外部世界的盲目信念；"直接知觉"这一人类学状态缺少的是一种自我意识，该意识最初是在把认识与认识者重新联系起来的语境中形成的。朴素实在论中主体和客体的原始对立当然有其历史必然性，并不是单凭意志便能取消的。但它同时也是虚假抽象的产物，已经是一种物化。一旦识破了这一点，我们就再也不会无反思地拖带着那种将自身物化了的意识，一种正这样指向外部，但实际上受外部作用的意识。回归主体的这种转向——尽管开始时意在强调主体的首要性——并不随着修正而径直消失；修正在很大程度上是出于主体对自由的旨趣。毋宁说，客体的首要性指的是主体就其自身而言不过是一种异质的客体，比客体更根本的客体，因为离开意识就无从认识客体，所以客体也是一种主体。通过意识认识的必定是某物；中介一定用在被中介的某物上。但是，主体（最典型的中介）并不是一个与客体相对立的、以任何可设想的主体概念为前提的"是什么"，而是"怎样是"。没有主体，也还有可能设想客观性（即使实际上这是不可设想的）；但没有了主体性，就无法设想客体了。不管我们怎样定义主体，客观存在都不可能脱离主体。如果主体不是某物，而"某物"表示的是某种不可还原的客观要素，那么主体就什么都不是了；即使作为某种抽象的活动，仍需指向某个在进行活动的东西。客体的首要性是间接知觉的间接知觉，而不是回炉热了热的直接知觉；它是对主体还原论的一种矫正，而不是对主体方面的贡献的否定。客体也是被中介了的，但是，按照客体自身的概念，它并不像主体依赖客观性那样完全依赖主体。唯心主义忽视了这些差别，结果就是一种粗制滥造的精神化（其作用只是为抽象打掩护）。但这就导致了对传统理论对待主体的通行立场的一种修正：传统理论在意识形态上拔高主体，在认识实践方面贬低主体。话说回来，如果一个人想要获得客体，那么客体的主观规定因素或主体性质就不应被消除——这样做反而违背了客体的首要性。如果说主体确实有一个客体的内核，那么客体中的主体性质就更加是一个客观的要素。因为客体只有获得规定才能成为某物。在看似只是被主体外加的诸规定中，主体自身的客观性来到了前台：它们全都是从直接知觉的客观性那里借来的。哪怕按照唯心主义的学说，主观的规定也不仅仅是附加的东西；它们始终是被规定之物所要求的东西，这一点就确证了客体的首要性本身。相反，所谓纯粹的客体，没有附加任何思想或直觉的客体，却是抽象主观性的直接反映：只有抽象主观性才会通过抽象把他物变得跟它自己一样。未缩减的经验对象并不是还原论的那种无规定的基质，它要比那种基质更为客观。其实，被传统的认识论批判剔除出客体，并归之于主体的质性规定应归于客体在主体的经验中的首要性；间接直觉的统治却瞒天过海，隐瞒了这一点。传统的认识论批判的遗产移交给了一种获得了历史被决定性（最终是社会的被决定性）的经验批判。因为社会是内在于经验之中的，而不是经验的彼岸世界。只有对知识进行社会的自我反思，才能让知识得到"认识论上的客观性"——只要认识还盲目地服从在其中起作用的社会强制而不去思考这些强制，它就无从把握这种客观性。对社会的批判是一种对知识的批判，反之亦然。

五

只有在客体对主体（最广义的主体）的首要性多多少少获得规定的时候，也就是说，在它不像康德的物自体那样仅仅作为一切现象表象的不可知的原因的时候，对客体的讨论才是正当的。可以肯定的是，不管康德怎么说，即便是物自体也含有最起码的规定性：它有别于范畴的谓词；这样一种否定的规定只能是无关因果律的规定。这一规定足以跟赞成主观主义的流俗观点分庭抗礼。客体的首要性改变了跟主观主义无缝对接的物化意识所持的观点，从而证明了自己。主观主义没有在内容的水平上触及朴素实在论，而仅仅致力于提供其有效性的形式标准，就像康德的经验主义实在论模式业已证实的那样。客体首要性的一个论据确实不相容于康德的构成学说：在现代自然科学中，理性向它自身构筑的那一道墙外张望，它攫取了不同于它自身的那些精密范畴的碎片。理性的这种扩张彻底动摇了主观主义。然而，规定了居于第一性的客体、使之有别于"主体打的包裹"的东西可以被理解为决定了范畴表（而按照主观主义的模型，客体是被范畴表决定的）的东西，也就是说，是决定客体的条件的被决定性。按照康德的学说，产生了客观性的范畴本身的规定性也是假定的，因此它们其实是"纯粹主观的"。这样一来，"以人为中心的还原"就变成了人类中心论的坍塌。连作为构成者的"人"也是人造的，这一事实就使得思维创世说的神话灰飞烟灭。但是既然客体的首要性既要求对主体进行反思，又要求对主体的反思进行反思，那么主体性（不同于那种其实根本容不得辩证法的粗鄙唯物主义）就变成了一种被牢牢抓住的要素。

六

自从康德的哥白尼转向以来，以现象论的名义得出的结论——除非通过认识主体，否则就不可能获得任何认识——业已同对思维的盲目崇拜结合在一起。对客体首要性的洞察使得这两个观点发生了革命。黑格尔曾想保持在主体的括号中的那些东西现在产生了粉碎它们的批判性后果。一旦主观性被当作一种客体的形式来把握，那么认为神经感觉、洞察、认识都是"纯粹主观的"这样一种普遍信念就无济于事了。"主体变成了决定它自身的根据""主体被设定为纯粹的存在"之类的神奇转变就只不过是幻象。主体自身必定会被带入其客观性中；主体的活动一定不能被排除在认识之外。但是现象论的幻象是一种必然的幻象。它证明了作为虚假意识的主体所产生的，同样也是主体所隶属的那种实际上无法抵抗的欺骗性关系。主体的意识形态就在那种不可抵抗性之中。缺陷意识——对知识的限度的认识——变成一大功绩，使缺陷变得更能让人忍受了。集体自恋发挥着作用。然而，倘若不是以某种真理，哪怕是歪曲了的真理为基础，就不能形成具有强大说服力的主流观点，就不能产生最强有力的哲学。先验论哲学所赞扬的富于创造力的主体性乃是主体加诸自身的画地为牢。主体仍然被拘禁在它所思维的一切客观事物之内，就像一只无法摆脱其甲壳的动物；唯一的区别在于动物绝不会把自身的囚禁当作自由来夸耀。我们有充分理由问一问，人类为什么会这样。他们的精神囚禁是再真实不过的。作为认识的主体，人依赖于空间、时间和种种思维形式，这表明他们对类（物种）的依赖。类（物种）在这些构成要素中获得了表达，尽管如此，那些构成要素依然有效。先验的东西和社会是互相交织在一起的。那些形式的普遍性和必然性，康德赋予它们的美名，恰恰是把人类合为一体的东西。为了生存下去，人类需要这样的同一性。监禁被内化了：个人不但被禁锢于普遍性之中，被禁锢于社会之中，同样也被拘禁在自身之中。于是产生了一种将监禁重新解释为自由的"利益"。范畴对个人意识的监禁只不过重复了每个人的实际上的被监禁状况。就连允许看穿"形式决定了监禁"的这一意识视角本身也已经移植到个人身上。个人的自我拘禁本身也许会使他们认清社会对他们的禁闭：阻碍这种认识的始终是维护现状的资本利益。为了现状的利益，哲学不得不逾越其界限，其必然性亦不亚于形式本身的必然性了。唯心主义甚至在它开始把世界颂扬为绝对观念之前就已经是这样一种意识形态了。最初的补偿中就已经包含了如下假设：现实——被吹捧为假定的自由主体之产物——会反过来证实它自身是自由的。

七

在这个主体无能的时代，同一性思维（主流的主客体二分法的影像）已经不再以"主体的绝对化"的形式提出。取而代之的是一种表面上反主观主义的、具有科学客观性的同一性思维的形式，即还原论；早期的罗素被称为新实在论者。它是当下的物化意识的典型形式，其虚假性在于它的隐蔽的，因而也就更要命的主观主义。这种思想残余是按照主观理性的排序原则炮制的，而它对自身的抽象完全符合那种主观理性的抽象。将自身误认为自然的这种物化意识是天真幼稚的：作为一种历史形成的东西，本身经过了诸多的中介、再中介的东西，它把自己当作"绝对本原的存在领域"（借用胡塞尔的说法），而把它面对的物（和它自身捆绑在一起的物）当作它觊觎的事物本身。这一为追求客观性而将知识"去人格化"的理想，只能得到客观性的渣滓。一旦承认了客体的辩证的首要性，那么这种非反思的实用科学的假设（客体是扣除了主体之后余下的决定因素）就站不住脚了。主体不再是客观性的一种可扣除的附属物。去除了一种基本要素的客观性则变成虚假的客观性，变成不纯粹的客观性。产生了这种客观性剩余物概念的思想观念，其原型就在某种假设的、人为的东西中：但绝不是在取代了纯粹客体的"自在之物"的观念中；毋宁说，它的原型正是扣除了一切生产成本后余留在资金平衡表上的利润。而利润不过是局限于计算形式之内、被还原为计算形式的主体利益。对于利润思维的冷静务实来说，重要的绝非物质：物质消失为它得到的回报。无论如何，认识是由未被残害的交换所引导的——然而，鉴于已经不存在任何未被残害的交换了，不如说认识是受交换过程所掩盖的东西支配的。客体既不是主体设定的，也不是无主体的剩余物。这两个矛盾的规定相反相成：被科学设定为真理的这种剩余物就是主观地组织起来的操作过程的产物。定义客体是什么，也是该组织过程的一部分。在每一历史阶段和认识的阶段上，客观性都只能通过反思获得，这既是对当时被表述为主体和客体的东西进行反思，也是对它们的中介进行反思。在这个意义上，客体确实如新康德主义所说，是"一项无限的既定任务"。作为不受任何限制的经验，主体往往要比为了适应主体理性的要求而形成的那些经过过滤和裁剪的剩余物更接近于客体。未被还原缩减的主体性，就其在哲学史上的呈现状态和争议状态而言，要比客观主义的还原更能客观地发挥作用。传统的认识论论点颠倒了是非，公正就是不正当，不正当就是公正：所有认识都被施了魔法，中了妖术，误入歧途。个人经验的客观内容不是通过比较概括的方法产生的，反而是在把那些妨碍个人经验（本身是一种偏见）毫无保留地服从客体的东西消除掉之后产生的——如黑格尔所言，要运用一种自由，将认识主体真正消解为客体，而主体由于自身的客观存在，是跟客体非常相似的。主体在认识中的关键位置是经验，而不是形式；康德眼中的构成要素实际上是毁形要素。认识的这种作用基本上是对它的常见功用（＝对客体施加暴力）的解构。主体撕开了它编织在客体周围的帷幕，就更接近了对客体的认识。只有在主体毫无焦虑地、消极地完全信赖自身的经验时，才能实现这种认识活动。只有在主体理性感知到主体的密切相关性的地方，客体的首要性才能发出闪光：客体不是含有主观附加成分的客体。主体是客体的作用者，不是它的构成要素；这一事实将对理论和实践的关系产生重要影响。

<h2 style="text-align:center">八</h2>

即使对哥白尼革命重加思考后，康德的最富争议的论点仍含有某些真理成分：这就是先验的物自体同被构成的具体客体之间的区别。因为在这种情况下，客体最终不是同一的，它将摆脱主体的魔咒，并可以通过客体自身的自我批判来把握——如果客体确实存在，如果客体真的不是康德用范畴概念所列出的东西。这种非同一性十分接近康德的物自体，尽管他坚持认为物自体是主体可以无限接近的最终消失点。非同一性不是祛魅的知性世界的遗迹，毋宁说，它比康德的哥白尼革命从非同一性中抽象出来的，并从中发现其界限的那个"可感知世界"来得更为实在。而按照康德的路线，客体是由主体所"设定"的东西，是主体投射在某个没有质性规定的东西上的一套形式；归根到底，客体是一套法则，这套法则将被客体和主体的关系所分解的"现象"统合为一个具体的客体。康德给法则的重点概念贴上了必然性和普遍性等等属性，这些属性像物体一般坚固，并且就像对立于生活的那个社会世界一样牢不可破。按照康德的说法，主体给自然规定的那套法则——他的概念客观性的最高体现——既是主体的最完美表达，又是主体的自我异化的最完美表达：其构形的狂妄顶点就是主体把自己冒充为客体。然而悖谬的是，这种论点还是正确的：事实上，主体也是一种客体；只不过在主体成为自主的形式之后，它就忘记了自己是怎样构成、由什么构成的。康德的哥白尼革命精确表述了"主体的客体化"这一物化的现实。其真理内容根本不是本体论的，而是历史地积聚起来的、横亘在主体和客体之间的障碍。当

主体声称自己凌驾于客体之上并因此欺骗自己的时候，就竖立起了这种障碍。而在非同一性的真理中，客体越是远离主体，主体就越是"构成"了客体。康德哲学为之绞尽脑汁的障碍同时也是那个哲学的产物。作为纯粹的自发性、原始统觉的主体，俨然是绝对的动力学原则的主体，由于它与物质材料的分离，其实是跟自然科学构成的物质世界一样"物化"的。这是因为，由于那种分离，所宣称的纯粹自发性本身便中止了——尽管对康德而言并非如此；形式被设定为"某物之形式"，但是形式自身的构成使得它不能同任何"某物"发生相互作用。自发性突然脱离了个别主体的活动（该活动已被贬低为偶然的心理活动），这就颠覆了康德哲学的核心原则：原始统觉。他的先验论使得纯粹活动失去了时间性，而没有时间性就没有"动力学"。活动退居为第二层级的存在；众所周知，晚期费希特公然拒斥了他自己的 1794 年的知识学。康德将客体的二元性带入了客体概念中，关于客体的任何定理都不可能对此视而不见。严格说来，客体的首要性指的是不能把客体理解为一种抽象地跟主体对立的，并且必然如此这般显现的"现象"；应消除这一"现象"的必然性。

九

可以肯定，主体实际上并不"存在"。唯心主义对主体的实体化走向了荒谬。荒谬之处在于主体的定义中包含了被设定为与主体相对立的东西，而这绝不仅仅是因为主体这一构成者必须以被构成者为前提。主体本身就是一个客体，这是就主体"存在"而言的——唯心主义构成论的言下之意便是必定存在某一主体，以便它能够构成某物；而所谓"存在"的规定本身是从事实性的领域借用来的。既然"存在"这个概念指的不过是实际存在之物，于是作为存在物的主体便一度落入客体的名下。然而作为纯粹统觉的主体乃是一切存在物的绝对他者。甚至在这里，某种真理也以否定的伪装出现了：君临一切的主体施加给万事万物（包括主体自身在内）的"物化"是一种假象。主体将一切超出物化之魔爪的东西都转置于它自身的深渊；当然，随着这种荒谬而来的便是主体对其他一切物化的批准许可。唯心主义拿起了正确生活的概念，却错误地在内心设想它。作为创造性想象的主体，作为纯粹统觉的主体，最终是作为自由行动的主体，却把人类再生产其生活的那种生活、极有希望给人类带来自由的那种生活转译成密码。正是因为这个理由，不能让主体消失为客体（或者其他所谓更高级的东西，任何可以被实体化的存在）。这种自我设定的主体是一种假象，同时又是极度具有历史真实性的东西。它包含着扬弃它自身的统治的潜能。

十

主体和客体的差异既切断了主体，也切断了客体。不能将这种差异绝对化，同时也不能将它从思维中去除。实际上，主体中的一切都可归因于客体；主体中所有"不是"客体的东西从语义上讲就逾越了"是"的藩篱。传统认识论的纯主体形式就其概念来说始终不过是某个客观事物的形式，永远离不开这种客观性；而如果没有这种客观性，主体简直是根本无法想象的。认识论上的自我的可靠性，即自我意识的同一性，显然是按照对持久的、同一的客体的"未反思的经验模式"仿制而成的；就连康德基本上也依赖于这种仿造。倘若康德未曾默认这种借用的客观性，即他用来跟主体相对立的客观性，那么他就根本不能把主观形式说成是客观性的条件。然而，在主体性收缩的极致之处，就其综合统一的单一观点看，被整合到一起的东西从来只不过是已经在一起的东西。否则综合就成了独断的归类。当然，如果没有主体的综合活动，这样一种归并整合也是无法想象的。就连先验的主体也只是因为它的客体方面才具有了客观有效性；没有这样一个客体方面，被先验主体构成的客体就只不过是主体的纯粹同义反复。最后，由于客体是不可消融的、给定的、外在于主体的，所以它的内容——就是康德说的"认识的质料"——同样也是主体中的某种客体的东西。照此看来，也就很容易把主体当成无，把客体当成绝对——这就跟黑格尔的思想非常接近了。但这仍然是先验的幻觉。主体的实体化最终使它被还原为无，成了能从无中生有的东西。实体化的缺陷在于它不能满足最根本的、素朴实在论的存在标准。对主体的唯心主义建构错就错在它把"主体是客观的"变成了"主体是某个自在的存在物"；但主体恰恰是"非存在"：用实体的标准衡量，主体便注定是个"无"。主体越不是存在，就越存在；主体越是相信自己存在，就越不成其为主体。无论如何，作为一个基本要素，主体是不能根除的。消除了主体这个要素，客体就会分崩离析为主体生命的转瞬即逝的搅动和闪烁。

十一

尽管客体变弱了，但它同样也不能离开主体而存在。如果客体中缺少了主体这个要素，它本身的客观性也会变得毫无意义。休谟认识论的弱点就是一个臭名昭著的明显例证。它仍然是主体取向的理论，却依然相信认识没有了主体也照样进行。因此它必然要判断个人主体与先验主体之间的关系。如康德以来关于个人主体的无数不同版本的说法所言，个人主体是经验世界的一个有机组成部分。但是个人主体的功能，即它获取经验的能力（先验主体没有这种能力，因为任何纯逻辑的实体都不可能拥有任何经验）不但是建构性的，而且其建构性的程度远远超过了唯心主义赋予先验主体的程度——其实，先验主体本身不过是对个体意识的一种深奥的、前批判的实体化抽象。然而先验的概念提醒我们，由于思维自身内在的普遍性要素，思维超越了与之不可分割的个体化。普遍性与特殊性的对立也兼备必然性和虚假性两种性质。两者相互依存——特殊性只是被规定的东西，普遍性也一样；普遍性只是特殊事物的规定，因此它本身是特殊的。两者都存在，又都不存在。这就是非唯心主义辩证法强有力的动力之一。

十二

主体对它自身的形式主义的反思就是对社会的反思，结果产生了一种悖论：按照晚期的杜克海姆的思路，一方面，形式的构成要素是从社会中产生的，而另一方面，正如当前流行的认识论夸耀的那样，这些要素是客观有效的。按照杜克海姆的论证，每一个证明这些要素的被决定性的命题都是以这些要素为前提假设的。这一悖论跟主体在客观上的自我拘禁其实是一回事。没有认识的功能，就不会有主体的差别和同一；而认识的功能本身是历史地产生的。它基本上存在于那些形式的构成要素中；这是在如下意义上说的：凡是认识发生之处，认识都必须符合形式构成要素，哪怕看上去认识已经超出了那些要素。形式要素规定了认识的范畴。但这些形式要素不是绝对的，而是和认识的功能本身一样有着历史的发展。因而，它们消失的可能性也不是渺茫的。强调其绝对性，就会使认识的功能——主体——绝对化；将其相对化，则会独断论地废除认识的功能。反对上述思路的人宣称，这里面包含了一种愚蠢的唯社会学论：上帝创造了社会，社会创造了"人"和遵从人的形象的"上帝"。但是，一旦把个人或者它的生物学原始形态看成是实体化的，社会的逻辑先在性的论点就显得非常荒谬了。从进化史的观点来看，更为可信的假设可能是时间上的先在性，起码是类的同时发生性。那种先于人类而存在的"人"，要么是一种《圣经》的回声，要么就是彻头彻尾的柏拉图主义。自然界在它的低级阶段充满了未个体化的有机体。如果像晚近的生物学家所说的那样，人生下来实际上比其他动物的装备要差得多，那么他们恐怕只有联合起来，通过原始的社会劳动，才有可能生存下去。与这样一种假设的生物学分工相比，个体化原则是次要的。首先出现的是单个的人、作为原型的人，这种情况是不大可能发生的。然而，对这种情况的信仰却神话般地将现已得到充分历史发展的个体化原则投射到远古，或是将它们设想为永恒观念的天国。物种（类）可以通过变异使自己个体化，为的是然后依靠生物独特性在（即通过个体化）个体身上复制物种本身。人是结果，而不是理念；黑格尔和马克思的洞见直指所谓构成问题的要害。"人"的本体论——先验主体的构成模型——是以发展起来了的个人为中心的，在语言学上有歧义：因为"人"字既可以指个人，也可以指人类。就此而言，唯名论要比它的对立面（本体论）包含了更多的类的首要性、社会的首要性。唯名论否认"类"（物种）的存在，大概是因为"物种"这个字眼儿有动物的含义，而在这一点上，本体论确实是和唯名论沆瀣一气的：本体论把个人提升到总体的形式，上升到与"多"相对立的自在存在；唯名论则无反思地赞颂个人，宣称个人是真实存在的实体。本体论把社会贬低为个人的一种缩略语，从而在概念上否定了社会。

图书在版编目（CIP）数据

阿多尔诺基础读本 /（德）特奥多·阿多尔诺著；
夏凡编译 . —杭州：浙江大学出版社，2020.4
　　ISBN 978-7-308-20138-4

　　Ⅰ.①阿… Ⅱ.①特… ②夏… Ⅲ.①阿多诺 (Adorno,
Theodor Wiesengrund 1903–1969)—哲学思想 Ⅳ.① B516.59

中国版本图书馆 CIP 数据核字（2020）第 055352 号

阿多尔诺基础读本

［德］特奥多·阿多尔诺　著　夏凡　编译

责任编辑	王志毅
文字编辑	伏健强
责任校对	王　军　牟杨茜
装帧设计	周伟伟
出版发行	浙江大学出版社
	（杭州天目山路 148 号　邮政编码 310007）
	（网址：http:// www.zjupress.com）
制　作	北京大有艺彩图文设计有限公司
印　刷	北京时捷印刷有限公司
开　本	635mm×965mm　1/16
印　张	32
字　数	445 千
版 印 次	2020 年 4 月第 1 版　2020 年 4 月第 1 次印刷
书　号	ISBN 978-7-308-20138-4
定　价	98.00 元